谨以此书
献给我的家人

〔美〕罗安妮（Anne Reinhardt）——著

王 果 高领亚——译

大船航向

近代中国的航运、
主权和民族建构
（1860—1937）

Navigating Semi-Colonialism

Shipping, Sovereignty, and Nation-Building in China,

1860-1937

社会科学文献出版社
SOCIAL SCIENCES ACADEMIC PRESS (CHINA)

中文版序

　　我非常兴奋地期待着我 2018 年出版的《大船航向：近代中国的航运、主权和民族建构（1860—1937）》一书的中文译本。本书最初是一篇博士论文，当时我正专注于如何理解中国与殖民主义相遇的特殊性，并从全球角度阐述了这些问题。在此后的许多年里，我在研究和实现这些想法的过程中学到了很多东西。一路走来，我在美国、中国、日本和英国欠下了许多知识债务。我希望这次译著的出版能让更广范围的读者可以使用这些赊欠的债务，提出更多的问题和意见，从而带来更多的对话和交流。

　　目前，我正在写一本关于卢作孚的新书。了解卢作孚及其非凡的人生和成就是我写作第一本书过程中一个意想不到的乐趣，这也迫使我深入挖掘他在民国时期的商业、政治和社会活动。希望这本新书可以尽快与大家见面。

罗安妮

2021 年 5 月

译 序

轮船与近代中国的半殖民秩序

　　"海通"是近代中国的起点，近代中国又称"海通以还"，说明"海通"的意义是跨时代的，它改变了中国历史的进程，使之进入"半殖民地半封建社会"。尽管历史上像"海通"这样重大的现象不多，但中国如何从"海通"走向"半殖民地"的历史图景还相当模糊。这大概与既有的研究范式相关。过去对"海通"的研究，大多从两头入手，从早年的"冲击与回应"模式，到后来的"在中国发现历史"，以及最近的全球史转向。关注的重点，要么侧重西方的"刺激"或"挑战"，要么侧重本土的因应与改变。对于"海通"本身的过程和机制，关注得不够。将目光从"海通"的两头，转向"海通"本身，讨论"海通"发生的地域、规模、层次、范围和机制的变化，必将大大丰富我们对近代中国转型的整体认识。

　　罗安妮所著《大船航向：近代中国的航运、主权和民族建构（1860—1937）》一书，就是近年来不多见的专门讨论"海通"及其机制的力作。该书由博士论文经 16 年修订而成，英文版于 2018 年由哈佛大学亚洲研究中心出版。与近年来关注"海通"其他环节的研究（诸如条约体系或海关制度的研究）不同，本书讨论的是"海通"的最前沿，两个世界相遇的结合点——轮船及航运，这是"海通"的风口浪尖，最早也最敏感地反映着"海通"的变化，"最能说明半殖民地的形成"。作为该书的译者，我很愿意将阅读、翻译所得，择要述之，以就正于方家。

中国的轮船航运体系，比铁路建成早几十年。轮船的形象，充满象征意味。一方面，作为先进的运输工具，它推动交通和贸易的发展，带来全新的时空体验；促进经济、文化、人员的流动，将沿江、沿海地区带入由航运所开拓的世界网络，创造更多就业的同时，也带来新的可能性。另一方面，帝国主义正是凭借坚船利炮打开中国的大门，轮船也是对华持续扩张的手段和外国特权的明显标志。正是在这种爱恨情仇的交织中，时人常常将国家比作轮船，"造新国家，好比是造新轮船一样"（孙中山语），带领全国人民的领袖也被称为"伟大的舵手"。尽快让中国这艘船赶上外国，甚至能跑得更快、更稳、更好，成为一种全民隐喻，颇能撩动时人的心弦。

罗安妮此书对轮船的关注不是技术的，而是着眼于技术与社会的关系。最大的特点，在于从"连接处"观察"海通"，将近代中西两个世界相遇的宏大进程，聚焦到相遇的潮头，讨论与"连接"（connection）有关的观念、过程、制度、媒介和人员，从中揭示"海通"的具体过程及其造就的半殖民秩序。如该书英文书名所揭示的，两个世界相遇的结合处并不固定，它是动态的、"航行的"。在晚清、民国的几十年里，它由点及面，最后发展成一个网络，成为一个体系。作者对这一过程的考察，不是仅从轮船公司史这样的经济史视角入手——刘广京、朱荫贵等前辈学者已有很好的研究，而是动态地考察中国航运体系的创建与发展，将其置于两个世界的互动与近代中国社会性质转型的过程中来认识。

统摄全书的"半殖民主义"，是马克思主义史学中最重要的问题之一，但是近二三十年早已淡出学界论域，该书再次重提这一概念，显示出这一理论仍有相当的洞察力，其中很多问题仍值得进一步深入思考。罗著较完整地讨论了航运体系中半殖民秩序从建立到壮大，再到受民族主义、国家建设的冲击，直至瓦解的全过程，将之与"殖民主义"治下的印度两相对比，彰显出近代中国的重要特点。正因为是"半殖民"而非被完全"殖民"，在殖民的一方和被殖民的一方都是多头政治，列强多有顾忌，民族自信未绝，所以中国有更多的斡旋空间，更多样的制度安排和更曲折的历史实践。这都为近代中国的历史进程增添了更多的不可预测性和丰富性。

晚清 50 年中国航运体系的建立，创造了中西联系的新模式，这是该书前半部分的主题。这一分布在各通商口岸之间，联通中外、联结沿海与内陆的航运网络，主要由列强和清政府在条约体系的"合作"框架下共同建立。此时的"合作"，主要着眼于效果，尚未深究与帝国主义者合作是否合乎道义的问题，尽管后来这一点变得很致命。"合作"的领域与范围非常广泛，从航运区域的组合，到客货运业务的协商，再到资本寻求避税的"挂洋旗"，处处体现出"半殖民主义"体制中的相互博弈与配合。其中最重要的机制，是 1877 年由"三公司"——清政府背景的轮船招商局、英属太古轮船公司，以及怡和轮船公司，结成的寡头联盟。这一组织设定运费，分割贸易，分配利润，主导中国航运长达几十年，直到全面抗战期间才告衰落。联盟中各国公司并不平等，总体上有利于起步时相对弱小的英国公司，客观上也保护了日后全面落后的招商局，维持着长江航运的相对均势，支撑着航运业务的扩张与繁荣。

进入民国，政治秩序已天翻地覆，联通两个世界的航运主体和机制亦随之改变，导致半殖民秩序从扩张到止步，直至最后瓦解，这是本书后半部分讨论的重点。民国时期国家分裂，中央权威迟迟不能建立，让晚清那种合作模式的基础——中央的权威和国家主权，不复存在。在各自为战的民国，民族主义此起彼伏，集中表现为收复航权和航运自治运动。这些运动的后果之一，是"三北""民生"等本土轮船公司的乘势而起，涌现出张謇、虞洽卿、卢作孚等一大批民族航运资本家。尽管国民政府的国家建设没有很好地与航运民族主义协调起来，民族资本的航运企业也未能取得国家的大力支持，但由于"多头政治"的特征，个别区域的航运自治还是取得了相当的成功，刘湘支持下的长江上游的民生公司可为代表。这些公司和民族资本家最终成为取代外国航运公司的力量。

在方法论上，罗著讨论的轮船，不仅是物质空间，更是东西方相遇的社会空间。轮船的内部舱位设计、饮食娱乐等服务安排、职员等级体系、技术国别属性等，无不体现出"半殖民秩序"，折射出"海通"过程中东西方权力与知识的冲突。从晚清到民国，随着民族主义的兴起，这种冲突愈演愈烈，轮船的社会空间中发生了权势的转移。这一变化，不仅表现在用"茶房"取代"买办"，更表现在较高技术含量的技术和管理岗位上中外区隔的模糊，以及用华人取代外国人。这方面最为成功的是卢作孚的民生公司。通过采用新的管理方法，民生重新构建了员工与公司、公司与乘客、公司与社会的关系，批判了带有种族主义色彩的"中国佬"观念。正如孙中山所言之"新轮船",卢作孚重组了完全中国化的轮船,它比当时中国境内的洋轮"更高效、更现代、更和谐"。在后来的"新生活运动"中,民生的做法成为一种被推广到整个中国航运界的典范。

航运不能全面阐释半殖民秩序,但是其中一个重要因素。即便几十年后,中国的现代铁路、公路体系逐步建立,航运仍是联通国内外的主要途径。在14500公里海岸线和内河航线的通商口岸航运网络中,国内外商品、人员和观念通过轮船完成交换,与口岸群体、海关体系、治外法权、市场网络、文化宗教等社会秩序中的其他因素形成了更广泛而深入的关联。尽管这些问题已经超出航运体系本身,罗著仍广泛地涉及这些话题,提出了很多可资延伸的问题。作者目前的研究,是利用中国、日本、英国和印度的材料,比较中印两国资本主义企业在去殖民化运动中的不同作用,从材料和主题上看,都是该书主题的进一步延续,相信会对航运与半殖民秩序问题有进一步的关联、呼应。

王果

2021 年 1 月

目　录

致　谢 / 001

引言 -- 001

半殖民主义与半殖民困惑 / 004

航运与半殖民主义 / 008

第一章　主权问题：半殖民轮船航运网络的形成（1860—1911）

-- 021

起源：沿海贸易在 1842—1860 年的非正式扩张 / 023

正式化：《天津条约》体系下的航运网络（1860—1870）/ 026

主权、技术与扩张（1864—1870）/ 037

内地斗争（1870—1895）/ 045

内地的暗淡："瓜分狂潮"中的航运网络（1895—1911）/ 051

结　论 / 057

第二章　资本和旗帜的统一：轮船航运业（1860—1882）

-- 063

航运领域中的"万国"资本（1860—1872）/ 065

资本和旗帜的统一：英国和中国的航运公司（1872—1882）/ 071

结　论 / 089

第三章　作为合作机制的班轮公会（1882—1913）

-- 093

在华班轮公会（1882—1895）/ 096

作为合作机制的公会 / 103

受到挑战的公会（1895—1913）/ 112

再论合作：1895—1913 年的轮船招商局 / 122

结　论 / 126

第四章　作为社会空间的轮船（1860—1925）

-- 130

共享运营模式：轮船公司的组织和管理 / 132

轮船船员：种族和技能的等级体系 / 137

种族和乘客空间 / 145

解读轮船空间：作为孤立空间的中国舱区 / 165

第五章　航运民族主义：民国初年的航运政治与商业（1912—1927）

-- 176

清末民初的收回航权 / 179

中国水域中的中外航运（1912—1927）/ 184

航运业中的民族主义政治（1912—1927）/ 191

作为民族资本家的中国航运企业家 / 200

结　论 / 209

第六章　南京和重庆：国家重返航运界（1927—1937）
--- 213

南京：收回航权运动 / 215

重庆：刘湘和收回航权 / 221

重庆："化零为整" / 232

南京：中国航运的国营与民营（1933—1937）/ 239

结　论 / 244

第七章　"新轮船"：社会空间的转型（1925—1937）
--- 247

轮船上日益模糊的种族和技能界限 / 250

茶房危机（1930—1937）/ 257

重新审视乘客空间（1930—1937）/ 272

结　语　航运网络的去殖民化（1937—1956）
--- 288

注释中的缩写 / 300

注　释 / 302

参考文献 / 345

索　引 / 363

致　谢

　　撰写本书的漫长岁月中，我得到过很多帮助，也受到了很多恩惠。
非常荣幸终能在此对他们表示感谢。

　　首先是我的导师韩书瑞（Susan Naquin）教授，她从本研究开始之初就给予我最慷慨的指导。我也十分荣幸能向罗芙芸（Ruth Rogaski）以及谢尔登·加伦（Sheldon Garon）两位老师请教，他们树立的榜样和给予的指导，于我而言意义重大。高家龙（Sherman Cochran）教授一直从旁指点，让我注意到卢作孚，并介绍了好几位在中国的重要研究者。回首过往，我很感激能有此机会，向帮助我走到今天的各位老师表示感谢，尤其是华安澜（Alan Wachman）、包弼德（Peter Bol）、魏斐德（Frederic Wakeman）和刘禾等几位先生。

　　本书写作期间，我到访过中国、日本以及英国等许多不同地方，每到一处我都得到了许多帮助和建议。目前任职于复旦大学的朱荫贵教授，无论是我在中国社会科学院研究期间还是之后，都给了我十分耐心的指导。在成都，四川大学和北京大学的罗志田教授给我的论文研究提供了很多帮助，此后仍惠我良多。重庆大学的张瑾教授对我来说亦师亦友，她多年来的建议对我的研究影响颇大。此外，我还要向重庆民生轮船股份有限公司的总经理卢国纪先生及其研究室的项锦熙、牟莉和蔡艾玲表示衷心的感谢。我到访重庆期间，他们多次接待，并帮助我与众多卢作孚研究者取得了联系，尤其是其中的赵小玲、周鸣鸣和刘重来教授。我还要感谢上海社会科学院的黄汉民教授、南京大学的范金民教授，以及四川大学图书馆、中国社会科学院经济研究所图书馆工作人员的友好协助。

在中国台湾，"中央研究院"的陈国栋先生对我的两次访学给予了帮助，并热情接待，台北故宫博物院的庄吉发先生在我参观藏品时做了精彩的讲解。在日本，我有幸得到滨下武志先生的指教，查阅了东京大学图书馆东洋文化研究所的藏书。田付茉莉子（Tatuski Mariko）女士和后藤光也（Goto Mitsuya）先生为我介绍了日本的轮船公司。感谢怡和集团伦敦分公司允许我使用剑桥大学图书馆馆藏的怡和集团档案，感谢太古集团的朱利安·索洛格德（Julian Thorogood）女士以及罗布·詹宁斯（Rob Jennings）先生允许我使用收藏于太古大厦的档案资料。剑桥大学图书馆以及东方与非洲研究院档案馆藏部的工作人员也为我提供了大量的帮助和信息。

关于身边的人，我要感谢南希·诺顿·托马斯科（Nancy Norton Tomasko），她非常友好地让我使用她私人收藏的亚洲旅游书籍和旅行指南。普林斯顿大学葛思德图书馆、哈佛大学燕京图书馆、罗切斯特大学图书馆和威廉姆斯学院图书馆的工作人员，也都为我提供了有益的帮助。

本书研究过程中受到以下基金的支持：普林斯顿大学刘子健奖学金、蒋经国博士论文奖学金、对华学术交流委员会博士论文奖学金、哈佛大学费正清研究中心王安博士后奖学金和威廉姆斯学院赫尔曼奖奖学金。此外，我还获得了罗切斯特大学和威廉姆斯学院研究基金的资助。

从读过本书部分章节或评论过本书的人那里，我所学甚多。他们是柯文（Paul Cohen）、沈艾娣（Henrietta Harrison）、何伟亚（James Hevia）、柯伟林（William Kirby）、孔飞力（Philip Kuhn）、裴宜理（Elizabeth Perry）、傅高义（Ezra Vogel）、曾小萍（Madeline Zelin）等先生。威廉·瑞（William D. Wray）在提供建议、建立联系和指点资料方面都不吝赐教。感谢毕可思（Robert Bickers）让我参与了他的两个项目，本书从中获益良多，也感谢他慷慨的建议和强大的资料支持。葛凯（Karl Gerth）、林郁沁（Eugenia Lean）和柯丽莎（Elisabeth Köll）在不同场合都对本研究表示过赞同，对于他们的善意和信任我铭记于心。

朋友们曾给予我各种各样的帮助，如国外结伴、帮助翻译、轮船讲解和无数次的交谈，等等。感谢达尼·博茨曼（Dani Botsman）、经崇仪、妮希·库拉（Nixi Cura）、查罗·D. 切维里（Charo D. Etcheverry）、克里斯特尔·菲斯特（Crystal Feimster）、佩兹·考勒曼（Paize Keulemans）、梁弘明、陆扬、汤姆·麦格拉斯（Tom McGrath）、特蕾西·米勒（Tracy Miller）、弗雷达·默克（Freda Murck）、艾莉森·罗特曼（Allison Rottman）、萧玲、马克·斯维斯洛奇（Mark Swislocki）、阿拉法特·瓦利亚尼（Arafaat Valiani）、王笛和查克·伍德里奇（Chuck Wooldridge）。特别要感谢我同届（2003—2004届）王安奖学金的获奖者：罗伯·卡尔普（Rob Culp）、邵丹、卡洛斯·罗哈斯（Carlos Rojas）、艾琳·奥蒂斯（Eileen Otis）、雪莱·德雷克·霍克斯（Shelley Drake

Hawkes）、凯瑟琳·克莱顿（Catherine Clayton）和沈秀华。

我幸运地得到罗切斯特大学和威廉姆斯学院的教职。两所大学的历史系都给了我巨大的鼓励和支持。特别感谢罗切斯特大学的威廉·B.豪泽尔（William B. Hauser）、迈克·贾维斯（Mike Jarvis）、简·佩德森（Jean Pederson）、琼·鲁宾（Joan Rubin），以及威廉姆斯学院的亚历山德拉·加巴里尼（Alexandra Garbarini）、肯达·穆通吉（Kenda Mutongi）、克里斯托弗·纽金特（Christopher Nugent）、艾科·西尼亚韦尔（Eiko Siniawer）和阿南德·斯瓦米（Anand Swamy）。曾就职于威廉姆斯学院信息技术办公室的莎伦·麦克林（Sharron Macklin）制作了本书中的地图。这两所大学的学生研究助理：卡尔·菲勒（Carl Filler）、伊莉丝·史密斯（Elise Smith）、加伦·杰克逊（Galen Jackson）和丹尼尔·金（Daniel Kim），帮助完成了劳动密集型的研究任务。

哈佛大学亚洲中心的鲍勃·格雷厄姆（Bob Graham）在我努力地完成本书的过程中一直非常耐心。哥伦比亚大学维泽赫德东亚研究所的丹·里韦罗（Dan Rivero）曾为我提供了极好的出版建议。

我的父母，保罗和梅·C.莱因哈特（Paul and May C. Reinhardt），一直都是我前进的动力。我一直很感谢我的父亲和妹妹对近年来大小家庭事件的宽容。我的孩子，毕胡和拉隆（Bihu and Lalon），给我带来了很多欢乐，使我在工作之余得到些许放松。感谢帮我照顾他们的人，尤其是凯伦·麦卡锡（Karen McCarthy），因为她的帮助，我才能在孩子们小时有时间外出、教书、写作。最后，我要感谢我的另一半阿瑞丹姆·杜塔（Arindam Dutta）。他几乎陪伴我走过了整个研究过程，在智力、生活和情感上都给予了莫大帮助，对此我感激不尽。

引　言

我们造新国家，好比是造新轮船一样，船中所装的机器，如果所发生的马力很小，行船的速度当然是很慢，所载的货物当然很少，所收的利息当然是很微。反过来说，如果所发生的马力很大，行船的速度当然是极快，所载的货物当然是极多，所收的利息也当然是极大。……如果我们所造的新轮船每小时可以走五十海里，世界上便没有别的轮船能够来比赛。我们的轮船，就是世界上最快最大的新轮船。[1]

——孙中山《三民主义》（1924）

孙中山的著名演讲《三民主义》写于 1923—1924 年国民党重组期间。当时，中国持续屈从于外国帝国主义势力，早期民国政府分崩离析，迫使国人重新设想"国家"与"民族"。孙中山关于"国家之船"的时髦展望，已部分体现在他工程技术救国的热情之中。[2]然而在这篇文章中，孙中山明确表示，他想要实现的不仅仅是现代化和机械化，他更想超越这些基准，创造出前所未有的成果。

"国家之船"的比喻在 20 世纪的中国颇为常见，从小说家刘铁云在《老残游记》中将衰落的清王朝形容成一艘沉船，到毛泽东被称为"伟大的舵手"。[3] 恰如米歇尔·福柯（Michel Foucault）所言，这个比喻源自政府的古代形象，那时政府治理的对象不仅是领土，而是人和物的"复合体"。因此，政府就像这艘船的指挥官，不仅要监控船只，保证安全航行，而且要管理船上之人，协调内部关系。[4] 孙中山选择用轮船来代表未来的中国，其包含的隐喻不仅如此，它还让人联想到帝国主义渗透中国的历史，其中航运正是其在华势力扩张的模式之一，轮船业也成为中国主权与外国主导之间长期斗争的领域。在这艘船应当如何被彻底重新设计的想象中，孙中山将它从这段历史中抽离出来，作为决定国家未来的根本所在。

本书考察了 19 世纪和 20 世纪中国水域中的轮船及其航运，以此探讨欧美和日本帝国主义侵华的历史。早在 19 世纪 30 年代，欧洲海军和商人就将轮船驶入中国，并帮助英国在第一次鸦片战争中获胜，随后在华东沿海运输鸦片及其他商品。几十年来，它们成为中国基础设施的重要组成部分，从事延伸到内陆的对外贸易，运送国内消费商品和在华旅行的旅客。轮船，作为对华扩张的持续手段和外国特权的重要标志，同时也是冲突和批评的对象，成为 20 世纪民族主义运动的重要领域。到 1924 年，孙中山写下引言开头这段话时，轮船已经根深蒂固地烙印在近代中国的物质与政治图景之中。

1937 年以前，中国与西方以及日本帝国主义的接触已广为人知。中国大部分地区并没有被某个单一的外部力量所殖民。然而，中国与几个西方大国（最后是日本）签署了一系列不平等条约，保障外国人在中国的经济和法律特权，同时保留了中国政府的统治。此时条约的几乎所有条款——开放通商口岸、治外法权、协定关税、片面最惠国待遇等——都侵犯了中国主权。于是，这些条约和规定对大多数的中国人产生多大的影响，对中国近代的历史进程造成多大影响，成了一个不确定且富有争议的问题。"外国势力存在"有时被认为对中国近代化具有良性影响，有时则被认为是一种帝国主义的剥削模式。它被视作中国近代变革的一种动力，是局限于一个庞大帝国边缘地区的一系列有限的接触。[5]航运是条约体系的重要组成部分，连接着条约的抽象性和物质现实性，因此可以以之阐明这一制度的概念体系及其实际后果。

迄今为止，在讨论帝国主义对中国的影响时，航运的作用并未得到太多关注。它只是时不时地被纳入条约体系的要求之中。然而，从 1860 年开始，挂洋旗的轮船，以及之后的轮船航运成为条约的重要组成要素，对物质生活有着无可争辩的意义。轮船航运将通商口岸连接成机械化的运输网络，比铁路建设早了几十年。它为贸易和旅行带来了新的可能性，同时也带来了更多的就业机会，以及全新的时空体验。一个企业新领域应运而生，在这一领域，外国航运利益集团与中国客户、合作伙伴和竞争者之间进行着频繁的互动博弈。轮船航运还提供了全新的社交空间，使原本分散的人之间产生了紧密的联系，并投射出一种特有的社会秩序观念。尽管轮船航运只是条约体系多重面相中的一面，但其丰富的层次可以使我们更为生动地理解这一体系的动态机制，以及折射出的全球化进程。

半殖民主义与半殖民困惑

　　本书用"半殖民主义"（semi-colonialism）一词来指代中国在条约体系下的外交关系。这不是一个新的概念，它有着悠久的历史和丰富的内涵。这一名词起源于 20 世纪早期的帝国主义批评家，如霍布森（J. A. Hobson, 1858—1940）和列宁（1870—1924），最初用来指代世界上那些明显被外部势力或权力所支配，却尚未成为真正殖民地的地区，如中国、波斯、暹罗和奥斯曼帝国。列宁认为，这些地区处于完全沦为殖民地过程中的"过渡阶段"。[6] 该词也用于中国马克思主义史学中，其中"半殖民地"和"半封建"相搭配，用来描述阻碍中国走向完全近代化的社会经济形态。[7] 目前，该词仍然是描述西方和日本帝国主义在华势力形成的通行说法。也有很多人抨击该词，孙中山警告说，中国人不应该因为中国"仅仅"是半殖民地而非殖民地而沾沾自喜。最近一些学者也开始质疑该词是否能够涵盖因帝国主义冲击所带来的种种现象。[8] 尽管该词有诸多含义，但我选择使用它是经过深思熟虑的。我发现它特别有用，在积极地思考英文连字符两边"半"与"殖民"的情况下，它既涵盖中国经历的特殊性，又有兼容于其余殖民环境的可比性，还能代入 19 世纪后半叶以来欧洲帝国的全球崛起过程。[9]

　　我对这一术语的解读，是为了解决困扰当今学界关于中国如何经历帝国主义的难题：这一经历是否能够在相同的殖民主义框架下理解？或者它是否特殊到需要有自己的概念和工具？这一争论在从事殖民和后殖民研究的汉学家中尤为突出。四十年来，这些后殖民学者运用跨学科方法，致力于探讨欧洲的全球扩张及其现代性之间的复杂关系。汉学家对这些领域具有的批判潜力兴致盎然，但还不确定能否将之运用到对中国历史的研究中。

在这场争论中，"半殖民主义"一词通常用来区分中国的独有经验与殖民世界的普遍规律。例如，白露（Tani Barlow）的文章《战后中国研究中的殖民主义》（Colonialism's Career in Postwar China Studies）就认为，学术研究中淡化了殖民主义与中国历史的关联，将中国与那些"完全属于欧洲"的地方区分开来，并呼吁"重新审视中国半殖民主义的复杂性"。[10] 白露的分析表明，过去中国研究的范畴和范式——比如现代化范式，视本土"传统"为桎梏，强调之后帝国主义的经济影响——与过去研究殖民主义的范式相差无几。因此，她指出"半"这一限定词仍然有必要，用以强调中国情况的特殊性。[11]

其他研究进一步发展了这种差异，强调中国半殖民统治的结果——通常是受文化的影响——与殖民统治下的有所不同，并常常用英属印度来做比较。史书美对民国时期文学现代主义的研究，也许是对中国半殖民秩序的具体特征最详细的讨论，她强调多重势力（而不是某个单一"殖民者"）在没有殖民国家机构的情况下行使控制权。她认为，这种政治上的分裂产生了特定的文化结果，使得中国知识分子能够将"大都市中的西方"（值得效仿）与"殖民的西方"（值得批判）区分开来。在史书美的论点中，有一种微妙的暗示，即这种差异使得中国知识分子对殖民主义的批判变得不那么有效，因为他们没有对"后启蒙时代的理性进行真正的批判"。[12] 顾德曼（Bryna Goodman）关于1893年上海庆祝维多利亚女王登基50周年的文章，同样把外国对华控制的形式与文化领域的成果联系起来。她批评其他学者未能从实质上区分半殖民主义和殖民主义，认为 19 世纪中国主权的存在和在华外国特权的有限行使，确实使半殖民主义与殖民主义有质的区别。¹³ 她分析的结论是，在 19 世纪的上海，中国人并没有从"任何类似于殖民主体性"的角度来看待外国人和他们之间的互动。¹⁴ 在这两项研究中，外国政治控制的具体模式都与文化结果直接相关，因而也提出了进一步讨论半殖民主义特有性质的要求。

　　何伟亚在《英国的课业》（*English Lessons*）一书中，明确地阐述了他的对立立场，认为对殖民主义和半殖民主义进行详细区分毫无必要。他将所谓的殖民主义"霸权工程"从殖民统治的各种形式中剥离出来，指出政治控制只是欧洲帝国建设的手段之一。他在书中详细描述了 19 世纪中叶英国指导清政府和中国人民"如何在一个由欧洲帝国军事和经济主导的世界中正常运转"，他把这一过程描述为一种殖民形式。¹⁵ 何伟亚更进一步提出没有一种殖民统治是完备的，所以我们可以认为"帝国时代诞生的所有实体都是某种形式的半殖民主义"。¹⁶ 不在殖民主义和半殖民主义之间做出实质性区分的学者还大有人在，但何伟亚利用这一框架对中国历史做出了最为明确的解释。¹⁷

　　争论双方的立场都不会完全令人满意。条约体系是一种非常特殊的政治形态，它保留了清政府，以及之后的民国政府，尽管其主权遭到削弱，但仍然存在。无视其特殊性，就看不到变化性和偶然性，因而不能深刻反思欧洲的全球扩张进程。但过于强调中国例外或其经验的特殊性，就可能意味着中国与更宏大的殖民主义进程是分离的或隔绝的。双方的问题在于，它们各自执迷于两种不同但又互有交集的殖民主义概念：首先是作为一种统治方式、由殖民国家来实现的殖民主义；其次是将殖民主义作为一种把欧洲（或源于欧洲）的权力或知识模式强加到别处的过程（何伟亚所谓的"霸权工程"）。过去几十年，殖民研究的学术实践为这些概念之间的摇摆提供了一些解释。弗雷德里克·库珀（Frederick Cooper）观察到，殖民研究的主要贡献之一是殖民主义的"无限性"，即把研究的重心从获得和控制殖民地的过程，转移到西方权力 / 知识范畴的传播过程。这一转变使得殖民研究能够对西方现代性观点提出批评，并反驳一旦前殖民地获得独立，殖民主义就结束的观点。[18] 然而，正如库珀和其他学者注意到的，无限殖民主义的这种论点大多是从以往臣服于欧洲帝国主义的地区研究中得出来的，如英属印度、法属非洲和荷属印尼，从而使其从殖民统治的语境中独立出来，变得更加困难。[19]

我在本书中使用"半殖民主义"，不是为了强调其差异性，而是为了突显其特性，便于比较。关于 19 世纪和 20 世纪中国半殖民秩序的研究，主要的研究方向不止一个。本书旨在探讨半殖民主义作为一种政治形态有何特殊之处，它与其他历史脉络有何关联；讨论在这段时期，半殖民地中国如何卷入了欧洲全球扩张的宏大进程。轮船航运是一个特殊而资料丰富的研究个案，足以阐明众多半殖民主义的核心机制，探讨它与其他地区及历史脉络的相互关系。不可避免，这一个案的选择将某些方面看得比其他方面重要，但我的目的是描写一个引人入胜的片段，而不是一个可以涵盖所有的模式。更清晰地描述半殖民主义的历史图景，不仅对促进学术对话很重要，而且因为关于这段中国历史当前尚有着截然不同的半殖民主义的用法和解释。一些人认为，对半殖民的讨论很容易被忽视，因为它与现实的中国毫无联系。而持不同意见的人则认为，通过叙述一段百年民族屈辱史，可以培养当代中国人的爱国情怀。[20]

航运与半殖民主义

以往的英文文献对中国近代航运的研究主要集中于轮船公司——不是研究航运业商人的创业成就，就是研究航运公司与国家之间的关系。而与之不同的是，本书将视角放在轮船航运本身，通过它去了解半殖民地时期的中国。[21] 在本书的视角中，轮船航运是一个更为广阔的领域，其中交织着政治、经济、社会和文化等各种因素。书中考察了清代轮船航运的发展，轮船航运业的组织结构及其参与者身份的转变，以及轮船作为一个社会空间的变化。它通过民族主义者对这些问题的回应和批评，将对这些问题的研究延伸到 20 世纪。另外，本书还比较了轮船航运在中国和印度的不同，不仅衡量了半殖民地和殖民地之间的特殊性和连续性，而且还考察了两个地区参与全球扩张的方式，而后者已经超出了中印各自的特殊语境。

尽管从轮船航运角度来认识半殖民秩序并不全面，但内容也颇为精彩纷呈。在政治和商业领域，轮船航运揭示了中国的主权尽管遭到侵犯，但仍然在积极运转，也体现了中国政府与约束其主权的条约国之间的不平衡关系。在社会和文化领域，轮船航运的社会空间凸显出种族等级和种族排外的形成和加剧。以此视角观察民国时期的民族主义，不难发现从轮船航运的争论中，透露出的中国对半殖民秩序批判的坚定性。

本研究的目的不是事无巨细地呈现中国水域中轮船航运的历史，而是重点关注 19 世纪和 20 世纪中国内河航运网络，探讨它如何将东部沿海与长江流域联系起来。许多海外和区域航运网络也包括中国港

口，但是长江和沿海航运网络是条约体系不断发展的产物，尤其是在
1860 年《天津条约》签订之后。它最能说明半殖民地的形成，即本
书的主题。

主权与合作

中国水域的航运发展，是一个政治过程，也是一个商业过程。19
世纪四五十年代，用悬挂外国国旗的船只运输中国人拥有的货物，开
始成为西方国家在中国沿海拓展商业活动的一种非正式手段，但在第
二次鸦片战争之后，外国船只在中国内陆和沿海水域航行的特权被载
入了不平等条约之中。之后，随着蒸汽轮船在这些航线上逐渐取代帆
船，所有关于外国轮船进入大清帝国不同地区的通行问题，都是按照
条约来裁断的。条约国，尤其是英国，一直敦促清政府扩大轮船航行
的范围和轮船航运网络的规模。到 1911 年清朝灭亡，轮船航运网络
的范围已经明显扩大，条约所授予的航运特权也显著升级。在对条约
条款进行谈判的同时，外国轮船企业也扩展到整个航运网络。起初，
这些企业都在通商口岸筹资建立，但到 19 世纪 70 年代末，被英国资
本支持的强大公司所取代。1895 年后，受到政府资助的日本企业也
成为中国水域的重要竞争者。

然而，中国方面对这些政治和商业的扩张，并不是被动的或是不
知情的。在这一过程中，清政府扮演了特别重要的参与者和质询人的
角色。清政府的官员对外国航运特权的扩大十分关切，并努力对其进
行限制，以维持清王朝的自治权，他们的努力左右着航运网络的实际
形态和深入程度。随着外国航运公司的不断发展壮大，清政府也介入
这一商业领域，支持旗下的商船企业，以遏制快速发展的外国公司。

于是，轮船招商局成为航运业中经久不衰的竞争者。

　　本国政府是否拥有主权和管辖机构，是区分半殖民地与殖民地的最明显标志之一，但它的界定并不总是很清晰。它可能仅仅被认为是条约国剥削中国的一种象征性的、便利的掩护手段，或者被解释为一种抵抗的能力，由此立刻带出一个新问题，为什么中国政府不能更有效地做出抵抗？本研究将在合作框架下分析半殖民主义下的中国主权。"合作"（collaboration）是一个有争议的术语，但是我们可以通过它来认识中国政府和条约国关系中的脆弱性和偶然性，以更好地理解各自寻求的利益和优势，观察中国在半殖民主义时期的主权以及其局限性。

　　"合作"对于研究帝国主义的历史学家来说是一个熟悉但又存在问题的概念：其道德上的瑕疵常常让人忽视它本身想要描述的互动关系。它会立即使人联想到那些在第二次世界大战期间帮助日本或德国军事政权的合作者；在帝国主义史学中，它常常作为指责的标签，贴在那些鼓吹殖民政权崛起的个人或团体之上。[22] 于是，这些合作者被指控为了自身的狭隘利益，背叛祖国和人民。中国历史学者经常称之为买办，就是那些在外国企业和当地市场中居间协调的华商。[23] 在现代中国的马克思主义史学中，"合作"可谓"半殖民地半封建"经济基础的核心，起于外国帝国主义、买办、官僚、军阀和大地主的联盟，而他们都被认为是"人民的敌人"。[24]

　　严格地说，要研究半殖民主义，就不得不讨论外来与本土力量之间的谈判。尽管"合作"这个词带有强烈的道德色彩，但它将我们的注意力集中在这些权力关系之上。罗纳德·罗宾逊（Ronald Robinson）在 1972 年发表的论文《欧洲帝国主义的非欧洲基础：合

作理论概述 》(Non-European Foundation of European Imperialism:
Sketch for a Theory of Collaboration) 中提出了他关于合作的观点,
他强调合作的效果,而非其道德含义。他指出,合作者是帝国主义列
强与地方政治局势之间的调解人,也承认这一身份可能是不受欢迎或
不自愿的。[25] 他强调本土合作者与帝国主义势力的相互依存性,认为
外国势力的范围取决于合作者对地方社会的介入能力。如果列强提
出的要求太过分,极可能让合作者名誉扫地,进而导致整个系统的崩
溃。[26] 他文中列举了帝国主义多种控制模式下的多种合作关系,但在
讨论 19 世纪的中国时,他把这种调停作用赋予"中国的满大人"(清
政府官员)。[27]

　　基于罗宾逊的合作概念,本书将详细讨论半殖民地时期中国轮船
航运业出现的几种商业和政治合作机制。我重点强调这些机制,而不
是作为合作者的特定个人或群体,是为了理解合作这一术语及其发展
动态。虽然合作总是基于某种程度上的共同利益,但它也体现了权力
上深刻的不平等关系,从而影响着参与者的行动和选择。对轮船航运
意义重大的合作机制有几个共同特点。第一点,合作的条款是由外国
参与者(条约国)制定的。因此导致了第二点,外国参与者在合作方
面往往比当地的参与者有更多的经验,并且更容易获得相关信息和资
源。由于这种不平衡,随着时间的推移,合作强化了外方与本土参与
者之间的不平等,并推动了帝国主义的扩张。第三点,本土的合作参
与者往往只能选择维护或捍卫现有的系统或机构,所以合作对他们来
说不是简单的机会主义行为。第四点,尽管存在明显的不平等,但本
土参与合作的结果并不是完全消极的:合作机制一定程度上支持了本
土主权及其代理人的运行,尽管始终是在不平等的框架下。因此,理

解合作机制的制约因素对于理解本土参与者的动机和选择至关重要，他们常常因为未能推进民族自治、现代化发展等现代目标而受到批判。

从 1860 年至 1911 年，条约体系本身就是一种合作机制。伴随清王朝在第二次鸦片战争中战败，条约体系通过《天津条约》从无到有地强加于中国，该条约几乎支配了中国的全部外交关系。[28] 然而，签订条约的西方国家和清政府官员都希望维持清王朝主权，西方国家想借此避免直接征服和统治的代价，而清政府想保全自存。[29] 条约国想借仍有主权的清廷，以保证条约条款的执行。因此，尽管条约体系削弱了清政府的部分主权，但同时也给清廷留有余地，这对于条约体系的运转是必不可少的。将外国航权延伸至中国水域的过程，有助于我们观察这种"剩余主权"在晚清的实际运作。有时，清政府官员在此过程中能够抑制列强需求，限制其运输网络。然而，在大部分时候，他们无法阻止或逆转扩张势头，从而不得不接受有损于其自身权威的条件。通过考察条约体系内的合作机制，可以全面了解清政府权力的失衡，这种不平等的权力既允许又限制了 1860 年至 1911 年晚清政府的主权行为。

对条约体系内合作的关注，揭示了半殖民秩序的内在变化。1911 年清王朝覆灭后，条约体系得以保留，但其中央合作机制仅仅几年后就告瓦解。在军阀割据时代，中国分裂成若干相互竞争的军事政权，条约国遂无赖以在全国行使条约特权的中央政府。[30] 列强没有投入更大的武力来扶持新的合作者，反之，它们停止了晚清时期那种为扩张而向政府不断施压的策略。在获得海关和盐税收入后，他们不再要求新的航运特权。尽管民国早期不乏个别合作的案例，例如军阀与帝国主义签订协议，但是全面的政治合作机制已不复存在。伴随着这一变化，中外之间的公开利益冲突变得越发突出。外国列强依靠武力来捍卫条约特权；中国人民举行示威游行，表达抵制和抗议。过去，清政府是抵制外国扩张的主要力量，但在民国时期，社会力量在很大程度上扮演了这一角色，工人、知识分子、专业组织、企业家甚至军阀政权都参与了民族主义运动。由于没有作为合作者的中央政府，这种反抗远没有清王朝时期那么拘束。晚清和民国时期合作方式的转变，为本研究的展开提供了时间框架。

条约体系的外交进程为中国水域的轮船航运网络带来变数，但置身其中的轮船企业决定了贸易和旅行的步伐。中国水域中轮船企业的发展促成了中外之间几种不同类型的合作模式。19 世纪六七十年代，航运业内有一种典型做法，中国商人投资外国轮船公司，以此来保护他们的财产免受清政府侵害。随着航运业的发展变化，这种形式很快被更持久的合作机制所取代，这种机制与条约体系一样，为考察外国扩张主义与清政府应变之间的复杂关系提供了一个视角。这一机制始于 1877 年由长江流域和沿海区域最大的三家轮船公司——清政府赞助的轮船招商局、英属太古轮船公司与怡和轮船公司——发起的班轮公会。整个 19 世纪 70 年代，这三家公司展开了激烈的竞争，轮船招商局得益于国家的支持，而另两家公司则受益于英国航运在世界范围内的扩张。到 19 世纪末，这些公司想要通过公会来协调它们的冲突：形成寡头垄断的卡特尔，设定运费率，分割贸易和利润。在公会中，公司们共同协作，确保彼此的生存与繁荣。这种机制一直延续到抗日战争全面爆发时期，具有不同程度的影响和势力。

与条约体系一样，随着时间的推移，班轮公会也加剧了成员之间的不平等。英国公司是最明显的受益者。公会以英国海外轮船公司之间达成的类似协议为范本，由经营太古轮船公司的英国商业公司负责人在中国推动建立。起初，公会维持了三家公司的相对均势，但随着时间的推移，英国公司凭借雄厚的资本和关系获取资源，使它们能够多样化发展，并拓展轮船招商局无法企及的新贸易。在中国水域内，英国公司所占的份额稳步增长，而轮船招商局的份额却在不断下降。

1877 年，轮船招商局是当时中国水域最大的轮船公司，但是到1911 年，它已经不是英国公司的对手。历史学家经常批评招商局负责人加入班轮公会的决定，因为这意味他们放弃了从外国公司手中夺回航权这一"原初民族主义"（proto-nationalist）的目标。[31] 然而，作为一种合作机制，公会并没有完全损害清政府（以及之后民国）的主权利益。相反，虽然到 20 世纪初，招商局在船队规模、关键航线市场份额、经营范围等方面都落后于英国同行，但是公会对安全和利润的保障也让其挺过了一段艰难岁月，包括管理困境、官员对其贪腐的指控、政府支持的式微，以及 1895 年后，德国、日本和法国航运公司在主要航线上展开的新一轮竞争。换言之，即使公会加剧了英国公司和轮船招商局之间的不平等，但它也为中国公司提供了急需的庇护。随后，招商局历经几次转型——1911 年私有化，1933 年国有化，但直到 1937 年，它仍然是一个"中国"（包括清朝和中华民国）旗下独立发展的重要的商船公司。

社会空间

轮船在航运网络内各个港口间穿行，形成了新的物质和社会空间，其突出特征就是让在附近工作和旅行的人数显著增加。轮船内部空间的有限性要求对它进行清晰的规划，以便于指挥和控制，从而增加船上举办各种活动、互动的可能。这种精心设计，为中外船员与乘客提供了一个时而冷漠，时而又特别亲密的空间。尽管主权和合作问题凸显了半殖民地形成过程中的一些特殊性，但将轮船作为社会空间来研究，可以揭示殖民研究中的一个经典问题，即中西权力／知识的冲突：种族分类和等级制度的产物与强化。

在工作和旅途中，种族特权将船上的空间等级化。在船员中，欧洲人（或日本公司中的日本人）担任拥有最高权力和最需要技术知识的岗位，而中国工人则总是在技术含量较低的岗位。乘客住宿的客舱则分为"外国""中国"不同等级，最昂贵、最豪华的客舱位于"外国"舱区，设施不那么完善且更便宜的三等、四等舱则标注为"中国"舱区。这种等级结构存在本身并不一定说明问题；但重要的是，它们是如何在由英国、日本和中国公司组成的航运领域中，被接受且继续维持的。轮船公司并没有明确政策禁止中国员工担任技术职务，或禁止中国乘客乘坐外国头等舱。轮船管理实践为等级制度和排外性的延续做出了部分解释，但是这些种族观念、其建构过程以及背后的支撑力量，却常常不在航运公司的档案之中，需要从外来观察者、游记作者或亲身体验并记其感受的记者等人的作品中挑选出来。

整个航运领域类似实践的一致性，为观察半殖民地中国的合作提供了另一个视角。招商局轮船上的空间构造也与日本、英国公司相似，只是在管理方式上有细微差别。这种一致性，部分是班轮公会的产物，部分是外国公司在行业中首要地位的结果，使之可以主导行业标准，并让后起的中国和日本公司采用。无论是班轮公会的机制，还是有关实践的认识，都被当作了行业领域的标准，很难完全背离，因此它们在某种程度上得到了中国水域中所有轮船公司的贯彻执行。

在半殖民地时期的中国，种族排斥似乎并不存在，因为几乎没有任何明显的痕迹。没有一个殖民国家的档案馆中，有相关法律和政策来区分本土公民和殖民主体。[32] 在俱乐部、学校或宗教场所等通商口岸的各种外国机构中，更加明显的是，不同的机构与中国人来往的方式各不相同。在这种情况下，排外往往是针对某个特定群体而言的，因此被限定在一个非常特定和个性化的范围之内。[33] 一些常见的例子提醒我们，如果排外现象所发生的社会空间模糊了部分群体和公众之间的界限，那么这个所谓的排外现象可能是值得怀疑的。上海公共花园著名的标语"华人与狗不得入内"也许是捏造出来的，但是公共花园（尽管它名字是"公共"）仅供外国人使用的原则，在花园历史上大体也是成立的。[34]

轮船是另一个模糊了这种界限的空间："外国"头等舱是专门留给外国人的，还是说整艘船上的空间是向任何有能力买票的人开放的？重要的是，中国乘客抗议的不仅是被头等舱拒之门外，还有"中国"舱区的管理方式。他们反对将"中国"舱区的管理外包给买办，似乎轮船公司就可以对这些舱位的条件不负任何责任。由于买办也是中国人，这一做法加强了这样一种观念，即这些住所的脏、乱、挤代表着中国乘客的实际偏好。当轮船往来于各个港口之间，它们以无比具象的方式展示了这种种族主义结构和等级制度。20 世纪二三十年代，轮船的社会空间成为民族主义者批评和改革的目标，他们倡导重新规划这一空间，来表达他们对民族的想象。

航运民族主义：民国时期对半殖民主义的批判

民族主义者的言论和抗争，如此深刻地烙印在中华民国史之中，以至他们对自己试图破除的危害也产生了某种怀疑。这种怀疑主义最极端的表现形式是极大弱化半殖民统治的历史意义，而将其阐释为中国民族主义者的杰作。例如，罗兹·墨菲（Rhoads Murphey）提出，中国民族主义者夸大了外国统治的经济效力，将不尽如人意的经济和政治状况尽数归咎于此。[35] 甚至那些对民国时期的民族主义深有研究的学者，也对如何解释激烈的民族主义话语和有限的外国存在之间的矛盾感到棘手。费约翰（John Fitzgerald）在他关于国民革命的研究中，就注意到这一明显错位，他谨慎地提醒："任何试图通过精确量化外国在华经济或政治影响力以解释反帝情绪的尝试，本身可能就是一种误导。"[36]

很可能，正是将作为整体的"外国存在"与同样整体化的中国民族主义并置，才滋生出关于冲击与回应孰轻孰重的疑惑。轮船航运作为半殖民秩序的一环，提供了一个特定场景，以观察半殖民主义的实际影响如何为民族主义的想象和建构提供了关键素材。民国时期，轮船航运是民族主义者活动集中的领域。尽管参与辩论的中国民族主义者都极尽辩才，但他们的论点和建议都是针对该领域的具体情况。一旦牵涉民国时期的航运，就不可能忽视挂洋旗的船只在主要航线上的主导地位，以及维系其存在的条约特权。

主流民族主义者的争论围绕着收复航权和航运自治的相关观点。晚清以来，收复航权的言论改变了中国主权的讨论内容，从晚清时期如何维系现有治理体制，转移到力图宣示其作为民族国家的国家主权，并参与到国际法体系之中。在航运自治方面，其主张主要集中在消除中国水域内的外国航运力量，并以自给自足的中国航运企业取而代之。尽管从不同地区和机构提出的行动方案不尽相同，有时甚至相

017

互矛盾，但这些概念是民国时期航运民族主义的核心。

　　航运民族主义情绪在清末民初出现的新一代中国民营航运公司中尤为强烈。这些年来，尽管外国航运企业在中国水域持续发展，但新兴的中国公司已然开始在主要贸易领域发起挑战。在争取进入这些领域的过程中，中国公司善于利用民族主义运动的语言和策略扩大优势。其中几家新公司的创始人也有意识地塑造自己和公司的民族主义形象，使公司发展与公众形象的塑造相辅相成。虽然这些公司没有取代占主导地位的公司和班轮公会系统，但它们确实成为长江和沿海航线的重要力量。

　　民国时期的航运民族主义没有很好地与国民政府的国家建设努力协调起来。民国早期，航运民族主义在轮船公司和活动家中萌芽时，国家尚未有过多的介入和支持。国民政府于 1927 年在南京成立，声称代表中央政府，再次使航运成为国家干预的舞台。除了修订条约，南京政府还将权力的触角伸向了航运的监督和管理。然而，由于南京政府对整个国家的控制力有限，它仅成为追求航运民族主义目标的众多主体之一。1929—1938 年，半独立的军阀刘湘便在长江上游四川省实施了自己的航运自治计划。他的举措颇见成效，不仅削弱了外国航运力量，而且提升了中国公司在长江上游的势力，但他的行为与国民政府的修约计划有所冲突，甚至对其造成了某种破坏。尽管国民政府的控制力不稳定，但是民族主义的支持者仍然希望国家在实现其目标过程中发挥核心作用。船东协会游说政府采纳收复航权的主张，挑战外国的在华航权。民营航运公司希望得到政府援助，以支撑它们与外国公司的斗争。然而最终，两方都失望而归，因为南京在这些领域都乏有建树。

　　在航运民族主义的背景下，轮船的社会空间成为新的审视对象和亟待改革的目标。中外轮船公司都以某种方式回应了民国时期的民族主义政治。出于成本考虑，中国船员的技能培训和资格认证得到改善，劳工运动增多，这些因素促使轮船公司模糊了此前外国技术人员与中国工人之间严格的区分。一些公司，不论华洋，试图淡化旅程中的中外客舱之别，为日益苛刻的中国客户提供一系列新选择。然而，对于当时一些民族主义改革者而言，改造轮船空间的需求远比其他微小调整和渐进式改进更加紧迫。对他们来说，该空间是展示中华民族及其公民新观念的场所。最引人注目的轮船空间改造的实例，是由重庆的民生实业公司在其创始人卢作孚的领导下进行的。民生公司摒弃了航运业的普遍做法，而采用新的管理方法，重新构建员工与公司、公司与乘客之间的关系。卢作孚对轮船空间的独特修正，不仅抨击了旧组织的低效，而且批判了它所代表的种族主义和"中国性"（Chineseness）。后来，蒋介石在"新生活运动"中就采用了卢作孚的改造方案，并将其推广到其他中国航运公司，这充分说明卢作孚对半殖民主义创造的社会空间的回击是卓有成效的，卢作孚的探索对因半殖民主义而形成的社会空间产生了深远影响。

　　由于抗日战争的全面爆发和战时对航运的激进重组，民国时期的航运民族主义演进的多重线索中断了。因此，尽管它的许多方面在战后特别是中华人民共和国成立初年得到复苏，但民国时期的航运民族主义并没有推动民族解放的线性发展进程。民国时期的航运民族主义的重要性在于，它能够组织生产力，反对半殖民主义，并对之提出精确批评。

中国与印度

　　航运网络的发展、轮船企业的成长、轮船的社会空间以及民族主

义者对外国主导航运业的回应，为 1860—1937 年的中印比较提供了
具体视角。这些比较通过对照两种背景下的一致性和差异性，推进了
本书关于半殖民主义特殊性和可比性的论点。[37] 更重要的是，这些比
较也让我们清楚地看到中印两国的历史在此时是如何相互交织的。这
里的几个比较，印证了毕可思和何伟亚的观点，即在英国在华势力的
形成过程中，英属印度扮演着关键角色，它为英国提供人力和经验，
带来焦虑和期望，这些因素都影响了英国的对华决策和行动。[38] 此外，
这些比较还说明，中国和印度既是 19 世纪中叶英国航运势力全球崛起
的受害者，又是这一进程的参与者。这一进程得益于印度的殖民，远
远超出了某一殖民地或其他帝国疆域。因此，比较的目的是要阐明半
殖民地时期中国的特殊性，同时将其置于 19 世纪和 20 世纪西方全球
扩张加剧的更大历史画卷之中。

　　本书主要分为两部分，分别对应 1860 年至 1937 年间中国半殖
民主义的两个不同时期。每个部分，各章讨论了航运政治、航运业组
织以及轮船社会空间的若干重要问题。第一部分考察从《天津条约》
的实施到清朝灭亡这段时期。此时半殖民主义的中心动力是清政府与
条约体系的紧密互动。第二个时期从中华民国成立到抗日战争全面爆
发，其特征是中国分裂成相互竞争的军阀政权，重建中央政府的努力
迟迟不得成功，以及全国民族主义运动的兴起。本书截止于 1937 年
抗战的全面爆发。战争让本书所讨论的过程戛然而止。当然，中国航
运的自主权问题要到中华人民共和国成立之初才得以完全解决，结语
部分详细述及了这一过程。

第一章

主权问题：半殖民轮船航运网络的形成（1860—1911）

1848年，英国驻上海领事阿礼国（Rutherford Alcock, 1809—1897）就中国沿海地区外国轮船数量的增加发表评论道："从政治角度看，将沙船贸易中较值钱的部分转让给外国是极具意义的。通过培养中国人民及统治者依赖西方巨大物质优势的倾向，从而有效瓦解他们仇外情绪里的自大与傲慢，这比其他任何提升我们地位的官方措施都更有效。"[1] 对阿礼国而言，中国对外国航运服务的需求，印证了他所设想的中英之间的特殊关系，其中，中国承认并依赖于西方优势。用洋轮运送中国货物是一种说服手段，可以借此打消清政府对这种关系的厌恶和疑虑。外国航运也许从未实现阿礼国赋予它的政治使命，但他对这种需求的预言还是正确的。在第一次鸦片战争后的几年里，用沿海的洋轮运输中国货物成了赚钱的买卖，西方船东专门将船只调往中国从事此类贸易。第二次鸦片战争后，挂洋旗船只在清王朝水域内航行的行为，得到了不平等条约的承认，并进一步发展。直到1911年清朝灭亡，航运一直是一种外国扩张的方式。

既然曾经"非正式"且"未经批准的"洋轮沿海贸易成为条约体

系的一部分，清政府采取行动限制这些船只单独驶入通商口岸，这一
决定确定了中国东部沿海以及长江流域的航运网络。在通商口岸网络
中，轮船迅速超越帆船，使其对国内贸易和旅行变得和对海外贸易一
样重要。[2] 这一网络在 19 世纪后期持续扩大，沿着现有路线变得更
加密集，并将新的区域纳入其中。在 19 世纪 90 年代铁路开始建设之
前，它是中国唯一的现代化交通网。

　　航运网络的扩张通过条约体系得到进一步调整，这一过程体现了
清廷与有关条约国之间的关键交涉。1860—1895 年的轮船航运网络，
主要是清朝与单个国家——英国之间关系的产物。英国不断发起谈
判，要求中国对扩大其航运范围做出让步。英国在这一领域的主导地
位，既是该国在条约国中起到领导作用的结果，也是其在世界航运领
域日益增长的势力和兴趣的标志。1895 年后，日本在中国水域和海
外航线上自称航运大国，加入英国，一起争取清王朝的航运特许权。

　　这些交涉反映了清政府在半殖民地状态下的主权运作。鸦片战争
和不平等条约尽管有损中国主权，但到 1860 年，列强并未征服、殖
民中国，他们赞同条约体系，支持清朝的继续统治，并克制他们的在
华特权。这种体系基于这样一种原则：有效的中央政府能够确保条约
条款的执行。[3] 清政府在条约体系下运作，以限制更极端的要求，并
遏制扩大外国航运而产生的不良影响。新成立的总理各国事务衙门，
持续存在了几十年：捍卫清政府仍具有管辖能力的领域，免受国外航
运和贸易可能造成的不稳定后果的影响。外国观察者经常将清政府对
主权的捍卫，解释为他们对技术和进步优势的漠视，然而在此过程
中，清廷官员历史性地塑造了新兴的航运网络。

　　1860—1911 年，清政府力图扼制外国航运的增长，而列强却迫

使清朝让予越来越多的航运特权。这一动态反差说明，条约体系是一种合作机制，其中充满紧张与矛盾。双方都努力保存清朝主权，但在扩大或遏制外国航权的问题上彼此冲突。这种不对称的权力关系从合作早期就显露无遗，这有助于理解清政府抵抗的局限性：在清廷决定建立航运网络之时，又被迫将外国特权的非正式扩张合法化，对此它既无法扭转，也无法摆脱。此外，英国利益集团对英国在华的角色局限存在分歧，迫使清政府在 1860 年至 1911 年不断扩大航运网络。尽管英国和后来的日本在这一时期成功地实现了航运范围的稳步扩大，但清朝官员的扼制外轮之声仍得以持续。

起源：沿海贸易
在 1842—1860 年的非正式扩张

直到 19 世纪 60 年代初，轮船才在中国沿海和内河航运中占据重要地位，这一最终占据主导地位的航运网络起源于两次鸦片战争期间沿海地区的挂洋旗航行活动。在此期间，欧美船只利用《南京条约》的新条款，成为中国沿海贸易的承运者。挂着洋旗的轮船航运，已不仅是清朝与外国之间进出口贸易的运输工具，而且已经成为一项服务，供从事国内贸易的华商使用。这种新型航运贸易，让当初《南京条约》的外国、本土缔结者始料未及，却在两次战争之间，通过非正式的渠道蓬勃发展。

《南京条约》中的五个通商口岸及其分散式管理，为这种新型贸易形式提供了空间。此前的广州体系（1757—1842）仅允许欧洲商人在广州活动，他们的船只也只能进入广州一港。新条约增设了四处通商口岸，外国船只得以在其间通航。这些船只——常常在寻找货物的最佳市场，几乎立刻就加入了这一新型贸易。这一条约体系的另一显著特点是，贸易体制内的冲突、争端和问题，均由派驻口岸的清政府专员处理，这意味着不同口岸对条约事项的管理，常常有着相当大的差异。条约没有限制外国船只在通商口岸间的行动，而具体细节常常是在实践中决定的。

由于起初这些船只大多只载运进出口货物，因而它们的沿途航行带来了一个新问题：究竟该向所有停靠港口缴纳进出口关税，还是仅在入口港纳税。经过一段混乱时期，清政府开始给过往船只颁发"免税证书"，证明其已在某港完税，并享有在其他港口的纳税豁免权。随后，清政府与列强签订的其他条约，如《中美望厦条约》和《中法黄埔条约》，就包括了明确批准外国船只在通商口岸之间航行的规定。[4]

随着航运形势的发展，挂洋旗的轮船开始突破框架，向中国商人提供航运服务。除了自己的贸易活动，船舶还可以通过在通商口岸之间运输中国货物来赚取运费。对于中国商人来说，悬挂洋旗的轮船速度更快，并且还提供武装保护，尤其在受到海盗和太平天国运动影响的沿海地区。此外，还有海运保险，这是沙船运输所没有的。这项生意获利颇丰，很快便不再仅仅是其他贸易的附属：欧洲人开始专门把船调到中国海岸从事该项事业。一些华商甚至包下整艘洋船，并将货舱转租给其他商人。[5] 英文文献把这些港口之间为华商提供的航运服务称作"沿海贸易"（coasting trade）。[6] 19世纪40年代，外国船舰开始从事护航贸易，用全副武装的纵帆船（带有中式桅杆的欧式船体）保护中国渔船和货船免受海盗侵袭，从中收取费用（有人说是敲诈性的）。[7]

　　沿海贸易中也有一些明显违反条约内容的行为，其中最突出的是悬挂洋旗的船只将货物运输到条约口岸以外的地方。船长会辩称，这种做法是正当的，因为船只租给了中国商人，需要把他们的货物运送到沙船运输不安全的地方。他们把地方政府对此事的沉默当成默许。[8]

　　即使在船只停泊在通商口岸时，悬挂洋旗的船只运载华商货物，也混淆了国内外贸易管理体制的区别。清政府通过海关体系征收外贸关税，通过内关（常关）系统征收国内贸易税。在海关制度中，外商货物只缴纳一次进出口关税，因为它们主要是从国外入境，或者在国外清关。而在常关税制中，中国货物要在商路沿途的多个关口缴税，尽管税率要远低于海关税。而哪一种制度适用于由挂洋旗船只运输的中国货物却并不清晰，各港的清政府官员采取不同办法来解决这一问题。官员抱怨，参与这类交易的人为了自己的利益，在两种制度之间极力钻空子。[9] 1847 年，在英国香港总督与钦差大臣耆英签署的备忘录中，默认了沿海贸易，双方同意中国商人可以用外轮运送货物，只要正常缴纳关税，尽管他们没有具体说明如何裁定这些税收。[10] 到 19 世纪 50 年代末，通商口岸的官员逐渐形成一种共识，即挂洋旗船只上的货物，不论其所有权，一律按海关税支付。这种办法可能是避免核实同一艘船上多种货物所有权的最简单方法。[11]

　　在其他贸易令人失望的背景下，这种沿海贸易为欧洲商人提供了可靠的利润来源。在许多欧洲人看来，《南京条约》中获得的特权并没有如其所愿地扩大贸易。在通商口岸，只有上海和广州维持了可观的直接对外贸易，而其他口岸，如厦门、福州和宁波，几乎没有。然而，对沿海贸易服务的大量需求，证明这些港口确实是利润的来源，是拯救贸易的"救星"。[12]清朝在第二次鸦片战争中战败后，英国商人群体组织游说，想让参与沿海贸易成为一项新的条约特权。

额尔金伯爵［即詹姆斯·卜鲁斯（James Bruce），1811—1863］是当时英方负责新条约谈判的官员。他拒绝了英国商人关于在谈判中提出沿海贸易参与权的请求，并援引国际法原则：一国之内的产品从一个港口到另一个港口的运输权通常属于该国船只。外国参与另一个国家的航运"并不是欧洲国际惯例所承认的一项权利，以至只能通过武力强制实施"[13]。1858 年的《天津条约》和 1860 年的《北京条约》都没有提及沿海贸易。[14]额尔金对这种贸易侵犯清政府主权的清醒认识，只能说明他不愿意在正式谈判中讨论这个问题。他和其他欧洲外交官员都没有采取任何行动阻止沿海贸易，从第二次鸦片战争到 19世纪 60 年代，这种贸易一直在持续快速增长。

正式化：《天津条约》体系下的航运网络（1860－1870）

《天津条约》的签订结束了第二次鸦片战争，并使清朝与条约国的关系以及中国对外贸易和航运管理的许多方面，都发生了重大变化。[15]在新的条约体系下，沿海贸易的航运网络——以前体制的意外产物——得到承认和正式化，并被纳入条约体系。这一网络的正式化不是发生在谈判期间，而是在谈判之后，在中英双方官员解决执行条约过程中遇到的问题和分歧之时。在此过程中，三个关键决策厘定了航运网络的范围：认定沿海贸易，限制挂洋旗轮船到港范围，以及允许中方所有的西式船只（轮船或快艇）遵照与外轮同样的限制。前两项决议在1861 年条约生效后立即颁布，第三项则在 1867 年由总理衙门颁布，当时国人对轮船业的投资已变得不容忽视。

通过谈判解决条约执行中的问题，本身就是新体制的产物。《天津条约》允许欧洲列强设立驻华使节进行外交谈判，并要求清政府放弃其早期的外交政策，采纳欧洲国家之间的外交理念。[16] 而在《南京条约》的体系下，外国领事需向派驻口岸的帝国专员反映诉求或意见，现在则改到首都，由列强的外交使节和清政府直接商定。英国的条约谈判官认为，将"中国中央政府"纳入谈判，能够最大限度地减少先前体系中的随意性和冲突性，并能更好地保障条约的实施。[17]

尽管直到第二次鸦片战争惨败，清廷都一直拒绝在北京设立外交使馆，但此后不久就进行了必要的制度调整，以融入这一中外关系的新体系。1861 年 1 月，清政府成立总理各国事务衙门，以处理列强相关事务，由咸丰皇帝之弟恭亲王（奕䜣）执掌。[18] 在重大事项的决策上，总理衙门要咨询一批具有丰富"洋务"经验的官员。他们包括：镇压太平天国的著名将领（和军事现代化的推动者）曾国藩、李鸿章和左宗棠，以及沿海诸省的督抚，通商口岸的贸易、海关官员。[19]

028

《天津条约》将中国海关的外籍监督制度推广到各通商口岸，并在北京设立了总税务司。外籍监督制度始于 1854 年上海局势动荡时期，一开始仅是应付危局的权宜之计，由洋员代表清廷官员帮办关税。但是，由于它为清政府带来的收益更高及对外商征收关税的更一致性，新条约遂用这种新的官僚集权体制取代了以往征收关税的旧制。[20] 尽管总税务司是英国人，许多职员也是欧洲人，但它仍然是清

政府的机构，以清政府的名义收税。同总理衙门的官员一样，赫德
（Robert Hart，1835—1911）也密切参与了新条约体系的管理，他于
1859 年担任副总税务司，1863 年就任总税务司。[21]

　　1861 年夏秋，这一新机构与英国外交官谈判的首批问题之一就
是长江的开放。在这次谈判中，他们找到了解决有关沿海贸易地位的
几个问题的办法。谈判产生了一系列新规定，即 1861 年 10 月颁布的
《长江各口通商暂行章程》。这些规定确立了挂洋旗船只航行的若干
重要标准，并成为十年内清朝水域中所有船只航行必须遵守的标准。

　　沿海贸易并不是谈判关注的核心，但它确实为新条约的实施带来
了很多障碍，他们在谈判中多次提到这一点。新的海关税务部门积极
推动问题的解决，当时他们正面临如何对挂洋旗船只运输的中方货物
进行征税的问题。赫德向总理衙门提出了这一难题，经过深思熟虑，
他和衙门官员设计了一套征收沿海贸易关税的制度，然后他们将这一
建议提交给了英国和法国使臣。与两次鸦片战争期间的做法类似，沿
海贸易的货物在新体系中仍按照船只、而非商品所有者的国籍进行分
类，因此挂洋旗船只仅需支付海关税，而不用缴纳常关税或其他地方
税。海关还对在一个通商口岸缴纳了进出口关税并转入第二个口岸的
船只仅征收附加的半关税（称为海岸关税）。这笔款项付清后，如果
货物再转运其他口岸，则不再进一步征税。这一新制度一经英法两国
批准，就被写入 1861 年的《长江各口通商暂行章程》。[22]

　　这套沿海贸易税征收体制，相当于正式承认了通过非条约渠道发
展起来的贸易，并将之纳入正式的条约体系之中。第二次鸦片战争的
后果之一，即是清政府认为，不管在政治上还是逻辑上，这种贸易形
式都不可能根除。若承认并将之纳入条约体系，不仅便于清政府监

管，还能获得并分配它的收益。尽管如此，这个决定还是会对清政府的主权造成相当冲击。承认这种贸易，就意味着清王朝放弃了国家的沿海航运权。随后，寻求与清政府签订商贸条约的国家都声称，参与沿海贸易是一项条约权利：与丹麦（1863）、西班牙（1864）和比利时（1865）签订的条约中都包括了这些条款。[23]

然而，《长江各口通商暂行章程》的有关谈判对清政府来说并不是完全失败的。有关长江这一核心问题，总理衙门能够利用谈判结果来阻断外国航运和贸易体系进一步非正式扩张的途径。章程明确限定了向外国航运开放的口岸：除条约中指定的口岸，悬挂外国国旗的船只不得在任何地方停泊或开展贸易。这一条款是对开放长江最直接的回应，当时周边许多地方都处于太平天国的控制之下，但它也中止了战时沿海贸易中一种非法的，但很大程度上可以容忍的行为，即挂洋旗船只将货物运输到条约中未开放的口岸。

《天津条约》第十条宣布开放长江的对外通航和贸易，但又规定在太平天国被完全镇压之前，暂不开放。1860 年 11 月，后来在北京担任英军司令的额尔金伯爵和他的弟弟——新上任的英国驻华大使卜鲁斯（Frederick Bruce, 1814—1867），向恭亲王提出了尽早开放长江的建议，宣称对外贸易将有助于恢复战乱地区的商业、增加清政府的财政收入并有助于镇压叛乱。恭亲王遂同意了他们的提议。[24]

欧洲商人的强烈预期可能推动了兄弟俩提出此项提议。对准入这条主要河流的憧憬，大大提升了对中国水域轮船航运前景的期待。两次鸦片战争期间，沿岸贸易主要靠帆船进行，只有少数几家大型贸易公司使用轮船快速地运输鸦片等贵重货物。[25] 内河航运将证明，轮船在建造和能源方面虽然所费不菲，但其具有快速航行的能力，即使是逆流的情况下。[26] 早在长江正式开放之前，大公司和个别商人就已将轮船从世界各地驶入中国。

获得清政府的许可后，额尔金和卜鲁斯都采取了开放长江的措施，尽管他们的做法各有不同。《天津条约》将镇江、九江、汉口三个河港列为通商口岸。在北京，卜鲁斯起草了一套暂行条例，规定在这些口岸允许开展贸易，但严格禁止与太平天国进行武器弹药交易。[27] 1861年初，额尔金和他的军队从中国撤退时，停驻上海，他以此为起点，开始以不同条件开放长江。额尔金派遣海军上将何伯（James Hope，1808—1881）和领事巴夏礼（Harry Parkes，1828—1885）由沪逆江而上，确保与太平天国领导人达成协议，不攻击外国船只，不干涉对外贸易。[28] 额尔金在对巴夏礼的指示中特别指出，他不希望英国船只被限制在特定的口岸，而是希望"开放整条河流供其自由地开展贸易"。[29] 巴夏礼于1861年3月18日通过领事函，宣布长江开放对外贸易。函件中称，由于上海镇江段之间太平天国势力过于强大，该段流域已经禁航，不过"在镇江上游的口岸和码头，合法商品的装卸运载都是允许的"。这也就是说，在镇江和汉口沿江的所有地方，贸易都能进行。在这些规定生效的几个月里，外国商人和船东在镇江上游的长江流域享受到了所谓的"自由贸易"。[30]

031　　长江水域几个月的自由贸易带来的利润大大超出了欧洲贸易商的想象，特别是来自航运业的利润。因为轮船能够快速驶过太平天国占领区，因此他们可以收取高昂的货运、客运和帆船拖运费用。时居上海的一位英国商人宓吉（Alexander Michie，1833—1902）如此形容当时的贸易盛况："中国内陆已被太平军阻断多年，就像一个水库，一旦叩开一口，商贸洪流就会一泻千里，远超现有任何交通工具的承载能力。因此，对轮船的需求变得极为迫切，所有烧煤的船只都被投入这项贸易服务之中。"[31] 其他人也注意到，轮船一本万利，因其具有巨大的市场需求。[32]

然而，额尔金命令开放长江后，立即引起了清政府的抗议。尽管与太平天国的贸易被明令禁止，但清政府官员报告称，挂洋旗船只在叛乱地区仍继续进行着大量的食品和武器贸易。[33] 他们控诉中国商人利用挂洋旗船只走私食盐，逃避税收。[34] 厘金是对中国国内贸易征收的转口税，由于该项税收是镇压太平天国运动的主要资金来源，因此在厘金上做出让步可能会给清政府带来严重的后果。[35] 1861年夏天，卜鲁斯和总理衙门开始就落实条约条款进行谈判，第一步措施就是废除何伯和巴夏礼的暂行条例，即废止允许挂洋旗船舶在镇江上游任意登陆的内容。新规限定，今后长江流域的对外贸易将仅限于镇江、九江和汉口三地。后来修订后的条例约定："禁止在江上任何其他地点承接、装卸货物，违反规定的船只和货物一律没收充公。"[36]

这一决定引发欧洲商人的强烈抗议。各口英国商会宣称，新条例让他们失去了已从清政府获得的"权力"。[37]《北华捷报》的一篇社论认为，将贸易限制在通商口岸违背了《天津条约》的"精神"。[38] 另一篇则抱怨，清政府官员执行禁止船只在非通商口岸卸货的禁令"过于强硬"，破坏了蓬勃发展的贸易。[39] 卜鲁斯回应道，额尔金、何伯和巴夏礼在开放长江的问题上太过草率，没有充分考虑清政府的顾虑。[40] 他强调，自己赞同这些规定能够避免英国卷入非法贸易活动，并称这些贸易是"阻碍和平进程的巨大障碍"。[41] 尽管商人们强烈反对这些规定，但英国外交部还是支持了卜鲁斯的决定。[42]

1861年的《长江各口通商暂行章程》正式承认了悬挂外国国旗

的船只在中国水域的航运网络，并使之成为条约体系的一部分。沿海贸易起初是条约体系外的产物，后来得到官方认可，并将其税收体制化。将外国航运限制在通商口岸，排除了通过长江沿岸的自由贸易进行扩张的可能性，并明确宣布此前外国船只停靠非通商口岸的做法是非法的。这些规定使清朝水域中的挂洋旗航运从一套形制不定的实践，变成一张界定清晰的网络：外国船只可以在通商口岸之间航行，在海关缴纳关税，运输国内外贸易货物，但它们不得驶入通商口岸之外的地方。要扩展航运网络就要开辟新的通商口岸，因而必须在清王朝首都进行正式谈判。随着轮船在此航运网络中的数量越来越多、作用越来越重要，这些规定的重要性也越发明确。

《长江各口通商暂行章程》的谈判体现了条约体系下的合作机制。在此过程中，清朝主权的行使及其局限都显而易见。从外国船只仅可在各通商口岸间航行的限制即可看出，清朝官员能够扭转威胁王朝控制力的外国政策，也对航运网络的形成产生了深远影响。但是，这种主权只能在一定限制内行使。清朝官员意识到，他们没有能力根除沿海贸易，因此只能选择承认并规范它。这样一来，他们就放弃了利用国际法捍卫清帝国沿海贸易仅属于本土船只的权力。

1861 年以后，在通商口岸网络间流动的轮船航运变得越发重要。在上海和广州等重要港口，虽然进出这些港口的货物有的来自国外，有的运往国外，但越来越多的货物是来自或送往另一个通商口岸的。

1861 年的一份报告估计，经过上海的轮船航运中，50% 是运往其他通商口岸的，而不是运往国外的，到 1863 年，这一比例已经达到 70%。[43] 很多通商口岸鲜有对外贸易，但航运赋予了它们重要性。比如，英国驻镇江的领事就控诉，镇江的商业是"偶然的"，它成了长江航行轮船的呼叫站。[44] 整个 19 世纪 60 年代，轮船从挂洋旗帆船手中接管了通商口岸之间的大部分运输贸易。[45]

1867 年，总理衙门决定将通商口岸网络由只针对外国航运转变为所有轮船航运。这项决议使华商所有的轮船（包括其他西方设计的船舶，如快艇）享有与外人轮船同等的待遇：限制在各口之间通航，在海关缴纳关税。随着这一决议的实施，中国水域内的所有轮船都与通商口岸网络联系了起来。

在对中国商人名下的西式船只实行管控这一多少有些特别的过程中，总理衙门得出这样的一个结论。根据法律规定，清朝臣民禁止购买或拥有轮船（包括其他西式轮船），但通商口岸的许多商人都拥有轮船，通常他们会购买在外国登记注册并悬有外国国旗的轮船，加以运营。[46] 华商还常常是西方贸易公司在通商口岸运营轮船（以及之后的轮船公司）的所有人、合伙人或股东。[47] 清政府把购买外国注册船只看成掩盖犯罪和逃避税收的手段，而购买外轮股份使商人可以隐瞒财富，并免受官方盘剥。[48] 清政府还担心华商会被欺骗，以及外国政府对中国企业提出索赔。[49]

通过制定西式轮船中国所有人的有关规定，总理衙门希望将这些活动纳入政府监管之下。

总理衙门收集了上海、福建、广东官员对规章制度的意见，在讨论过程中，又提出了另一个问题：清政府当局应该如何对待臣民拥有的轮船，它们应该被当作挂洋旗外轮，还是应视为本国帆船或其他本土船只？若将之视为外国船只，则将被限制在通商口岸，并在海关缴纳关税；若作为本国船只，它们便可以在整个中国水域自由航行，在国内关卡缴纳常关税和厘金。尽管一些接受咨询的官员认为，像对待其他本国船只那样对待华商轮船，会给予他们优于外轮的优势，但1867 年公布的最终规条规定，所有华商船只都需遵守管理挂洋旗外轮的相同规则。[50] 之所以做出这个决定的原因来自李鸿章，他认为，给予华轮任何优于外轮的特权，只会授予洋人要求同样特权的借口。[51] 因此，1867 年颁布的《华商买用洋商火轮夹板等项船只章程》规定，这些船只的活动也仅限通商口岸，并在海关缴税。

　　总理衙门的这些规定并没有立即产生多大影响：没有商人按照这些规定向清政府进行轮船登记，也没有停止在外国注册或购买外国轮船股份。[52] 但当 1872 年清政府批准建立政府资助的商业轮船公司轮船招商局时，该公司的船只也受到同样限制。虽然该公司的目标之一是与外国轮船公司竞争，但中国商船也不能进入通商口岸以外的地方，且必须在海关缴税。该公司规章的文本印证了李鸿章的顾虑：华轮一体遵守这些规定，"以免受洋商以口实"，谋求进入更多中国水域。[53]

　　总理衙门将华轮限制在各口岸似乎否定了中国船商本应享有的本土航运优势，一些当代研究将此规定视为清政府统治下压制商业活动的证据。[54] 然而，这种说法并没有充分体谅清政府在此合作机制中的地位。清政府做出这一决定的考虑，是认为列强对航运特权的要求将继续并加剧——对这一问题的担心远远超出了改善本土商人经营条件的想法。通过限制华商船只的优势，清政府意在进一步事先阻断列强借条约体系寻求更多利权的要求。如此，清政府也许违背了华商利益，但其首要任务是遏制列强扩张。

　　这些规定的结果是，随着长江及沿海轮船航运的不断发展，所有轮船——不仅是悬挂外国国旗的轮船——都被限制在通商口岸之内。因此，港口成为航运基础设施的重要组成部分，是停泊、装卸和缴税的节点。轮船航运与通商口岸之间的密切联系，意味着轮船航运网络的未来发展绕不开条约体系的外交渠道，因为想要发展轮船航运网络，就需要开放新的通商口岸或扩大条约中的特权。这一特点对中国的轮船航运造成了一定程度的限制。1860 年以后，轮船凭借其速度、动力、可靠性将 13 处通商口岸相互连接，并可通往国外，但各口岸之间的地方无法到达（见地图 1.1）。这种相对稀疏的航运网络取代了一些原本存在的长途贸易，其中最引人注目的就是，从长江各省运送贡粮到天津的沙船，但提高了通商口岸和中间地带之间沙船运输的水平。[55] 将航运限制在开放口岸，使得不定期的零散航运生意无利可图，而有利于班轮船运公司的发展，它们协调船队定期往返于各口岸之间，运送高价值货物。[56]

　　这一航运网络覆盖很广，不仅连接南北沿海港口，还将这些沿海地区与长江流域的中心腹地连接起来。由于上海位于长江流域、沿海海岸与国际航运线的交汇处，迅速成为航运网络的枢纽和进出口贸易的中心市场。长江流域的汉口和九江，因为靠近红茶和绿茶产区而被选定为通商口岸，但在 19 世纪 60 年代，这些地区的茶叶贸易大多在上海进行，因为轮船能够迅速将农产品运至沪上。[57] 天津、广州等沿海口岸的领事报告，进出港口的大多数船舶，不是来自上海，就是去往上海。[58]

　　19 世纪 60 年代轮船航运网络的固定化，也改变了进出口贸易。外商抱怨称，轮船航运的有效性使华商能够从欧洲贸易商手中接管进出口贸易主要商品——鸦片、茶叶和纺织品——的分销。虽然许多贸易公司在 1860 年后的新开商埠设立了分部，但他们发现，管理费用更低、市场信息更灵通的中国商人，能够利用轮船航运以更低的成本

037

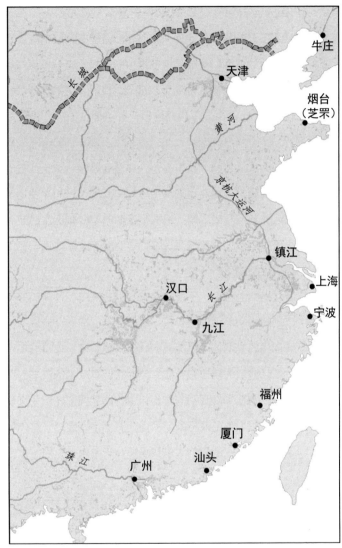

地图 1.1　开放通商口岸（1860—1877）*

选自：K.C.Liu, *Anglo-American Steamship Rivalry*, 5.

---

* 该地图中的通商口岸缺南京。——译注

分销这些货物。[59]《北华捷报》报道：自从华商开始使用轮船，外商曾经享有的"快速运输和往返"的优势现已尽归中国人。[60]

到 19 世纪 60 年代末，轮船航运及其运输网已成为清王朝国内商业的重要组成部分。轮船最初集中于进出口贸易领域，运载鸦片、丝绸和棉布等高价值且不占空间的货物，但到 19 世纪 60 年代末，它们越来越多地参与中国区域间贸易。中国乘客，如押货的商人、赴京赶考的举子，以及原棉、大米等国内大宗运输商品，成为轮船公司的主要利润来源。[61] 就在这十年，轮船航运网络成为清王朝国内一项主要交通基础设施，直到 20 世纪初，它的重要性还在持续提升。

主权、技术与扩张（1864—1870）

1861 年的《长江各口通商暂行章程》，以及总理衙门将华商船只置于与外国船只相同限制之下的决定，使整个航运体系等同于通商口岸。尽管这一原则一直持续到 20 世纪中叶，但它一直不断受到挑战，尤其是在晚清。轮船航运仍然是列强在华扩张的关键方式，外国势力持续不断地向清政府施压，想要扩大现有网络，使外国船只能够摆脱其限制。在中日甲午战争之前，几乎所有这样的要求都来自英国。英国通过各种机会修改条约内容，提出新的要求，扩大这一网络，使其远远超出其最初范围。

中英政府关于扩张中国水域内轮船航行范围的冲突是显而易见的，不仅表现在 1861 年的谈判过程中，而且一直延续至清末。总理衙门和中方官员的立场始终保持不变：力图最大限度地遏制外国航运势力，杜绝一切非正式扩张的潜在渠道，防止挂洋旗船只向新区域扩张。之所以如此，是因为总理衙门和洋务官员最关心的问题是清王朝的主权，并表现在非常具体的领域和条款之上。他们致力于尽可能保障王朝权威、行政体系和税收制度在尚未纳入条约体系的地区不受干扰。条约体系允许享有治外法权的外国船只进入新的地区，可能会改变中央和地方政府之间的财政平衡：北京获得部分海关收入，而地方政府对常关税、厘金和其他贸易税保持更大的控制。外国航运每新扩张至一处，挂洋旗船只不仅只缴纳海关关税，而且如果它们导致当地航运破产，就可能扰乱该地的财政收入。[62] 对于清政府而言，外国贸易和航运还提高了逃税概率，威胁到攸关政府利益的现有航运系统，增加了国人与外国人发生冲突的可能。作为对扩张要求的回应，清政府反复表达了对这些主权问题的关切。

英方要求扩大在华洋轮航行特权的压力，并非源自某项具体政策，而是英国商业团体和外交代表之间长期紧张关系的产物，他们对英国在中国应扮演的角色有着不同的理解。商人团体中有一种信念，认为清政府的限制措施削弱了他们的贸易，而对中国进行进一步的扩张能够弥补他们的损失。同时，英国外交部和驻华外交机构却并不认为，对华贸易的潜力大到足以弥补让英国更深入地卷入中国而可能付出的代价。[63] 这些商人团体包括：贸易公司，如怡和洋行；驻上海、香港等通商口岸的英国商会；以及在伦敦和曼彻斯特的商业组织，南森·伯尔考维茨（Nathan Pelcovits）称之为"中国通"。《北华捷报》等口岸出版物为他们的观点提供了平台。[64] 尽管面临着官方对其贸易潜力的质疑，"中国通"仍一直游说英国政府为他们争取更多的特权。[65] "中国通"的行为是毫无疑问的扩张主义，有时几乎叫嚣把中国变成殖民地。

英国外交官从来没有对"中国通"的建议表示过明确赞同，但他们也没有忽视。每当有机会通过外交方式强迫清政府进一步做出让步,或者调整条约内容以适应各种情况时,英国外交部和驻华外交官都会咨询这些商人团体。20世纪之交,中国轮船航运业的扩张,正是被这种对"中国通"言论的不时关注所推动的。19世纪60年代,英国外交官奉行与清政府的合作政策,在这一政策下,他们承诺通过谈判解决争端,支持清政府的"正当利益",以换取条约能够顺利执行。尤其是此时,外交官们更愿意维持清政府主权,而不是更为极端的"中国通"主张。[66]

19世纪60年代,在关于轮船航行和运输特权的冲突中,"中国通"的观点反映了他们自身的愿望,即扩张是不可避免的、技术进步是有益的;而清政府对扩张的抵制,则体现了对技术的恐惧或误解。在更广义的殖民话语中,用技术粉饰扩张主义并不罕见:轮船、铁路等技术的"文明"力量常常被欧洲用作实施殖民的理由。[67]然而,即便过去史研究对清政府的刻画都如此整齐划一:作为保守派,他们对传统的坚守阻碍了对西方现代性的接受。但令人吃惊的是,在这些案例中,只有西方的"中国通"才讨论技术问题。中方关于交涉的资料中从来不涉及技术,或技术的能力与潜力等问题。对他们而言,轮船技术显然不是什么大问题。他们更为关切的是因航运扩张以及相应的外贸体系的扩大,从而造成的对王朝秩序和控制能力的直接挑战。

清政府官员、英国外交官和"中国通"之间的交涉模式,在1861年《长江各口通商暂行章程》的谈判过程中显露无遗。清政府官员坚持把外国船只的航行范围限制在通商口岸,英国商人抗议清政府取消已经让步的"权利"(在长江流域自由贸易),英国外交官则支持清政府。几年后,当清政府试图执行决议,将挂洋旗船只限制在

040

通商口岸时，这种模式再次上演。1864—1865 年，时任两江总督的李鸿章，就关闭了杭州、苏州和上海之间进行的外国轮船运输贸易。

这种贸易始于太平天国占领江南地区期间，当时挂洋旗的轮船可以相对安全地在江南城市和上海之间运送丝绸和现金等货物。但当太平天国运动被镇压，李鸿章就叫停了贸易，因为这些轮船总是停泊在通商口岸以外的地方。[68] 参与贸易的英、法、美商人则争辩，既然清政府未能在早期阻止这类贸易，就应该承认他们在实践中获得的权利。一些轮船主企图争辩，《天津条约》的领事护照制度已经批准他们的贸易，因其允许外国人通行于清朝全境。[69] 新任英国驻北京大使阿礼国驳斥了这一说法，认为这是对条约条款的过度解读，并支持李鸿章的禁令。[70]

《北华捷报》的一篇社论对此事件的解读是，轮船贸易的取缔，代表着清政府无法领会轮船和其他运输技术的益处：

> 除了对与外国接触本能的反对，它首先表现为试图将我们彻底驱逐，现在又促使他们尽可能地限制我们的活动范围，官员反对引进轮船或铁路的真正原因，是担心这样会让本土船运失业。只要想想，英格兰大工业城镇中的工人，如何破坏了那些他们认为注定会取代手工业的机器，这是多么近的事情，你就不会对中国官员的不理解感到大惊小怪。只有历史经验会教会他们，就像它教育我们那样，机械设备的进步实际上是增加而不是减少了对劳动力的需求。[71]

这一论述将中外矛盾从限制外国船只在通商口岸活动转移到轮船技术之上。这篇文章不仅将清政府的反对形容为本能的而非理性思考的结果，而且暗示这是由于对新技术缺乏经验使然，因而产生恐惧心理。这与英格兰反对纺织机械化的勒德分子（the Luddite）*如出一辙。

在李鸿章与总理衙门有关这条禁令的来往信函中，轮船并不是焦点所在。相反，他重点讨论的是，外贸体系一旦向太平天国占领后的重建区延伸，情况将会异常复杂。江南水域中新增的交通运输，可能会妨碍这一富庶地区盐业垄断和漕粮体制的恢复。挂洋旗轮船可能增加中国商人利用此类船只逃避厘金的可能性，如此便会威胁到支持重建工作的财政收入。[72] 李鸿章还担心蒸汽轮船会对这些水域的中国沙船贸易造成威胁，但他在意的不是"船夫水脚"的生计，而是确保一支可靠的船队来恢复漕运和盐业专卖。除了对重建江南的担忧，李鸿章还强调加强将挂洋旗轮船活动范围限制在通商口岸的重要性：不法外国人可能利用此机会，逃出口岸，以逃避领事管辖，如果在此项贸易中纵容任何例外，很快其他外国人也会要求获得此项特权。[73]

在禁止轮船贸易过程中，李鸿章行使了条约体系赋予清政府的部分主权，维护了王朝的"正当利益"，并利用条约条款来遏制外国扩张。这一举措被《北华捷报》解读为针对轮船本身的道德立场：历史悠久的文化传统对引进"新技术"的后果感到恐惧。然而，在李鸿章关于禁令的讨论中，没有任何有关文化传统和技术进步的需求或者后果的哲学层面的思考；他限制外国在华势力的观点是相当务实的，既是为了保障太平天国运动之后重建计划的进行，也是为了减少列强未来进一步要求的可能。

042

---

*　勒德分子是 19 世纪英国工业革命时期，因为机器代替人力而失业的技术工人。现引申为持有反机械化和反自动化观点的人。——译注

　　英国大使阿礼国在轮船禁令的问题上，支持清政府的主权利益，拒绝了"中国通"的建议，但随后他又征求了英国商人团体的意见，形成新的需求并递交清政府。《天津条约》原定于1869年修订，但早在1867年，阿礼国就开始探访各口岸，为修约收集意见。英国商人团体向外交部递交请愿书，并在《北华捷报》发表文章，详细阐述他们对现有条约体系的不满，并提出修改建议。[74] 这段时间给了"中国通"制定条约体系修订议程的机会，他们的建议带有毫不掩饰的扩张主义色彩，其核心原则是取消几乎所有的对外贸易限制。

　　"中国通"的各类团体一致认为，《天津条约》未让英国在对华商贸中捞到好处。持此看法的人还指出中国商人在分销进出口商品中的作用不断扩大，并对在非通商口岸分销货物的低效率与高成本表达了不满，他们将这些困难皆归咎于交通运力的不足与清政府税收的"不规范和过度"。[75] 众多请愿书和文章中提出的关键补救措施是，取消通商口岸的障碍，提供通达全国范围的全面通航。正如一篇社论所言："自由进入，像移民一样，进到中国各地——离开通商口岸，直接从生产商购买，直接售给消费者。"[76] 除了这项特权，"中国通"还要求"内河航行"权，意思是"允许外国船只完全自由地进入任何中国港口"[77]。"中国通"请愿，主张扩充他们的在华势力，如此最终会有利于双边贸易，因为借此机会，他们能够借助轮船、铁路、煤矿和电报等技术服务于清帝国的发展。[78]

　　随着这些言论在通商口岸发表，总理衙门也开始为修约做准备。总理衙门向督抚以上高官和具有洋务经验的官员就条约体系发出一封密函，请他们对"中国通"议案中的关键点做出回应。密函暗示，总理衙门没有打算接受这些提议，指出除非外商放弃治外法权，与华商一视同仁，否则他们不能去往通商口岸以外的地方。[79] 这些官员在回复中也响应了这一观点。大部分回函也表示，内河航行权将对清政府主权和领土控制构成巨大威胁：无论是中国商人利用对外贸易制度逃避缴税关卡，还是外国商人去往通商口岸以外的地方，都将危及清朝的军事统一，甚至招致混乱。[80]

中国官员对"中国通"通过西方技术发展清王朝建议的回应再次表明，用技术理由为扩张正名与清政府实际关心的问题之间没有任何联系。大多数回复都驳斥了大规模引入西方技术最终将使清朝子民受益的观点，但这并不是因为他们反对技术革命。相反，他们认为这些试图推进的改变并不能帮助清政府解决当前的首要问题。例如，在扩大轮船航行范围的讨论中，"中国通"一再宣称，清政府不必担心传统沙船运输贸易的衰落，因为轮船将为更多的中国工人提供就业机会。[81] 好几封密函的答复对这套说辞嗤之以鼻，辩称普通工人的命运并不是其关心所在。在对内河航行这一提议的反对中，他们引述称，曾经服务于漕运和食盐专卖的大规模沙船贸易，已经在与沿海的轮船航运竞争中衰落下来。这些贸易对国家利益至关重要，理应得到国家保护，且涉及许多清政府官员本身的利益。[82] 清政府对所谓"技术开发"议案的抵制，既非道德主义，也非感情用事：官员们反对的是外贸体制的形式已经扰乱或破坏了清王朝的主权。

阿礼国意识到清政府反对态度的强硬，于是在 1869 年的修约中 044 并未推动"中国通"的议案。英国外交部没有提出诸如内河航行或在全国范围内修建铁路、铺设电报网、开采矿山之类的要求，而是选择逐步解决贸易争端。修订后的协定，又称《阿礼国条约》，主要由对现有体系的调整组成，除了开放两处新的口岸，没有要求进一步扩大轮船航行范围。[83] 然而，事实证明，外交官无视"中国通"建议的代价是巨大的。因为未能迫使清政府做出更大的让步，条约引起轩然大波。特别是在伦敦，商人团体阻止英国政府批准新约。阿礼国、英国外交部以及伦敦商会之间持续争论了一年多，但最终，《阿礼国条约》也未能通过或在中国执行。[84]

19 世纪 60 年代发生的事件，如禁止蒸汽轮船以及 1869 年的修约，体现了后来几十年轮船航运网络扩张进程中的种种机制："中国通"的极端扩张主义、清政府极力预测和遏制这种扩张，以及英国外交官的从中斡旋。19 世纪 60 年代，英国外交官很在意清政府的反对，但是在 1870 年天津教案以及随后放弃合作政策之后，清政府就不能再指望他们的支持。"中国通"的要求继续成为扩大轮船航运和对外贸易体系的议案来源。

在 19 世纪 60 年代的扩张主义话语中，清政府官员表现出的对技术的天然畏惧，超过了他们对清朝主权的考虑。刘禾认为，以往历史研究的立场常常是受传统思想束缚的清朝官员无法应对现代西方提出的挑战，这一观点往往对清朝对欧洲扩张的抵制轻描淡写，不将其作为对空前政治形势的理性回应，而是刻画成传统主义者顽固地抵制社会变革。[85] 这一立场正是"中国通"的扩张主义论调想要达到的效果。清政府对轮运扩张的反对，不仅是捍卫王朝统治、秩序和财政收入等主权的实际可行的举措，而且反对列强航运扩张的总理衙门和洋务官员，在实际部署清朝轮船工业技术中也以现实为导向。[86] 他们使用轮船，在镇压太平天国运动期间运送士兵和漕粮，在珠三角巡逻缉私、打击海盗。他们在福州船政局和江南机器制造总局发起了军事自强的洋务运动，并建造了中国第一艘轮船。在成立官办的轮船招商局过程中,许多人参与其中。[87] 清政府官员固守"传统"阻碍了对现代西方的充分回应,这一观点长期以来一直饱受诟病,但它的源头是19世纪60年代的扩张主义话语,这是值得注意的。[88]

内地斗争(1870—1895)

1869年《天津条约》修订版的未获批准,意味着在此过程中提出的许多问题,特别是英国获得更大可进入范围的问题,没有得到最终解决。在随后的二十五年里,要求清政府扩大外贸体系和航运网络的压力持续存在。与19世纪60年代不同的是,英国外交部门的新立场。"中国通"还是一如既往地支持扩张,但英国外交官不再保护清政府的权益。天津教案后,英国和其他列强放弃了合作政策,更希望迫使清政府做出惩罚性让步,或试图抓住清政府没有履行条约义务的把柄。[89] 外交立场的转变,让"中国通"获得了过去十年以来最大的发言权:当外交官们找到新的机会向清政府施压要求让步时,他们一次次地参考"中国通"的议案来形成他们的意见。

关于扩张的争论集中在进入清朝"内地"(interior)的问题上。这个词在当时有两个略微不同,但同样重要的含义。第一层含义是指远在中国内陆的广大区域,这些地方因为19世纪60年代欧洲人的考察而为其所知,当时,他们可藉《天津条约》下的领事护照进入中国。对内地的新认识增加了中国的诱惑力,它真正的商业潜力蕴含在向欧洲贸易开放范围以外的地方。第二层含义是各项条约中该词的特有意涵,这里的"内地"泛指中国尚未辟为通商口岸的其他地方。"中国通"仍迫切要求进入所谓的内地,希望消除仅限于口岸通航的障碍。清政府也使用"内地"一词，借以在列强要求扩张的持续压力下捍卫清朝的完整：对他们而言，"内地"指的是条约体系尚未染指的地区，在这些地方，清政府的治理和税收体系没有受到对外贸易的干扰，即使该地区处在沿江或沿海的位置。1870—1895 年，英国要求进入新的区域，并继续挑战限制在通商口岸的底线。

从 19 世纪 60 年代末开始，远赴中国边远地区的探险考察团所收集的地理和经济情报的大量出版，为扩大准入范围的言论增添了丰富性和迫切感。《天津条约》使欧洲人仅凭领事护照就能游历整个中国，许多人借此机会去到新的地方。其中不乏有人怀着宏大的帝国抱负而去，比如寻找连接中国和帝国殖民地印度的路线，或者在世界范围内争夺权力和领土，胜过俄国和法国。当勘查者们想要找出适合的航运或铁路线路，以促成这种连接的时候，交通技术发挥了重要作用。其中好几次勘查的对象是长江，包括 1861 年由英国海军上尉白拉克斯顿（Thomas Blakiston, 1832—1891）率领的勘探队，以及 1868 年由加尔各答商会成员托马斯·T. 库珀（Thomas T.Cooper, 1839—1878）率领的勘探队。他们的目的是追溯这条河流的源头直到喜马拉雅山脉，找出连接中国、缅甸、印度的高效交通线。

这股勘探潮的一项具体诉求，就是把外贸拓展到四川省，特别是长江上游的门户重庆。白拉克斯顿、库珀等人报告了重庆巨大的商业潜力，指出重庆港是云、贵、川三省贸易商的汇聚之地，其重要性可与上海、汉口和广州等重要口岸媲美。在中国内地深处发现一个不为人知的贸易转口，其巨大潜力令人十分兴奋，但重庆无法通航轮船这一问题，又平添了一丝隐忧。将重庆与可通航的长江下游分割开来的是三峡天险，这里有各种危险的急流、漩涡和浅滩，轮船航行十分危险。[90] 探险家们认为，尽管目前的轮船技术还不足以安全地航行到这一地区，但如果能攻克这一困难，航运的拓展将让欧洲人得以触及重庆繁华的商业。[91]

1868 年，英国使臣阿礼国安排了一项长江航运和商业调查，其结论是，要参与重庆繁荣商贸的最好办法，就是打开湖北宜昌港，这里是长江可顺利通航的最前端。在制造出能穿越上游急流的轮船之前，可将货物运至宜昌，再将轮船换为沙船，然后继续运往重庆。[92]

进入重庆将为中西贸易注入急需的动力，这一想法在当时深入人心，以至 1872 年 1 月，英国联合商会请求外交部争取长江上游的航行权，并称如此"中国最富有、最勤劳的省份将可以与欧洲直接交流"。[93] 同一年，新任命的英国驻华领事威妥玛（Thomas Wade，1818—1895）向总理衙门提出这一建议，作为修约谈判之外，就商业让步进行短期尝试性协商的一部分。总理衙门以保障地方财政为由拒绝了威妥玛的请求：四川省官员不希望外国贸易和航运影响到他们的厘金和常关税收入。[94]

白拉克斯顿和库珀的探索都因为华西边陲动乱或地方的反对而中止。这种持领事护照的探险考察，以及在华西边陲陷入麻烦的趋势，为英国官员提供了迫使清政府做出外交和商业让步的新机会。1875 年，马嘉理（A. R. Margary, 1846—1875），英国领事馆的一位下级职员，在云南一处偏远地区考察连接云南和英属缅甸的铁路路线时，被掸族[*]人杀害。[95] 威妥玛领事要求清政府采取补救措施，理由是政府没能保障持有领事护照的马嘉理的人身安全。因为这次事件，威妥

---

* 　据查应为景颇族。——译注

玛称他要"争取新的特权作为惩罚"[96]。1876 年谈判达成的《烟台条约》平息了马嘉理事件。

总的来说,《烟台条约》中的惩罚性条款并没有明显背离 19 世纪 60 年代的贸易体系原则,但扩展了轮船航运网络,使其沿着现有路线变得更加密集。尽管"中国通"拒绝了通过逐步开放更多的通商口岸来促进贸易的想法,但《烟台条约》的确做到了,除了确立六处沿江停靠口岸,还新增了五处通商口岸——沿海的温州、北海,以及沿江的芜湖、宜昌和重庆。安徽芜湖的开埠,享有在一个新省份设立海关的好处,从而有助于安徽进出口贸易过境关税征收的正规化。[97]长江的停靠口岸:沙市、陆溪口、武穴、湖口、安庆、大通,皆为通商口岸之间的大城镇,多年来,一直有人发现轮船在这些地方上下乘客。[98] 将之辟为停靠港,让总理衙门可以监督和限制其中的外方活动。为了防止外国人在这些口岸建立仓库或者定居,条约规定轮船只能在此上下乘客,不得装卸货物。轮船不允许到港停泊,而必须在河中间将乘客转移到登记在册的沙船之上。[99]

《烟台条约》还试图确定条约体系话语中"内地"一词的含义。条约规定,该词适用于沿海或长江,也适用于内陆地区,泛指通商口岸以外尚未开放对外贸易的所有地区。[100]

随着宜昌、重庆的开埠,《烟台条约》满足了将对外贸易深入内地的愿望,但也是有条件的。由于轮船可以轻易地到达宜昌,从而成为长江轮船航运网络的最西端。条约允许在重庆派驻一名英国领事,但又规定该港在轮船能够到达之前,不会完全对外开放贸易。[101] 因此,这种有条件的开放,对那些急于进入重庆的人而言,也是一种挑战,要尽快设计出一艘能够在长江上游自由航行的轮船。

　　清政府也许已经同意有条件开放的方案，他们希望借此延缓轮船航运网络和贸易系统向四川的扩张。《烟台条约》签署后，总理衙门拒绝了怡和洋行、招商局等许多中外轮船公司考察长江上游并评估其可航性的要求。主要的顾虑是，在四川开展对外经贸的环境还太不稳定，当时该省的土匪、秘密组织，以及暴力教案等事件都有所攀升。[102] 在重庆地区传教士遭受一系列袭击后，总理衙门认为，轮船的出现，甚至是轮船到来的谣言，都可能导致进一步的排外骚乱和暴力行为。而对于这些事件，清政府清楚，他们可能要为此承担责任。[103]

　　但是这些事件并没有动摇那些坚信开放华西将会带来收益的人。阿绮波德·立德（Archibald Little, 1838—1908），一位英国品茶师，同时也是商人，专门写了一本很受欢迎的书来宣传个中道理，称把航线延伸到重庆将"在华西创造出另一个上海"。[104] 立德在英国筹集资金，以为长江上游量身定制一艘轮船：它必须足够轻，能够通过暗礁和浅滩，但也要有足够动力，能够冒着激流逆行而上。1887年，他驾驶此船来到中国，打算用它撬开重庆全面开放的大门。[105] 总理衙门要求英国公使华尔身（John Walsham, 1830—1905）阻止立德驾船驶入长江上游，但华尔身怀疑总理衙门借口四川动乱的报道来逃避履行《烟台条约》中有条件开放的约定。华尔身拒绝阻止立德，坚称他的行为并未违反条约。[106]

　　无法阻止这次冒险，总理衙门遂命令鄂川两省地方官员预先采取措施，以免沿江民众干扰立德的航行。[107] 总理衙门还坚持要求英国驻宜昌领事与湖广总督和四川总督的代表在立德启航前，起草一份防止长江上游轮船与沙船发生碰撞的规则。然而，围绕这些规则的谈判旷日持久,以至立德决定接受清政府对其船只的补贴,以换取他十年内不再在长江上游航行的承诺。[108] 立德称他已经用完所筹资金,但仍有人怀疑这艘船尚未证实适合在长江上游航行。英国外交部反对这一解决方案,认为这不过是清政府企图逃避条约义务的办法,指示华尔身对开放重庆提出正式要求。这一要求最终导致了 1890 年 3 月 31 日《烟台条约》附加条款的签署。

这一附加条款在尚未有通航轮船的条件下正式开放了重庆。作为对清政府顾虑的让步,它规定,只有在清朝本国轮船在长江上游已经存在的情况下,外国船只才能通航。由于轮船航运不能立即展开,附加条款确立了一套"沙船租用制度",以运送宜昌和重庆之间的货物。这些都是专门指定的中国船只,悬挂着租船方的旗帜,并在海关纳税。[109] 不难预见,沙船租用制度引起了地方官员的关注:湖广总督张之洞称,它为中国商人利用洋旗逃避税卡提供了又一个机会。[110] 为保护地方财政收入,四川总督刘秉璋要求允许省政府增加挂洋旗船只的鸦片税,降低华商的厘金,这一建议被附加条款的最终版本所采纳。[111]

通过长江三峡延伸到重庆的轮船运输,也许是该航运网络发展史上唯一一次技术困难超过了政治困难。在这条线路上建立正规的轮船商业运营,花了将近二十年时间。1898 年和 1899 年,立德两次成功穿越三峡,但他的船太小,没有商业运营价值。1900 年,一艘德国轮船在急流中失事以及四川的铁路修筑计划,中止了进一步尝试,长江上游的轮船航运就仅限于英法两国的轻型炮艇。然而,在 1909 年,一家四川地方官员开办的公司在宜昌和重庆之间建立起了定期航线,所使用的船只是由海关长江上游帮办薄蓝田(Cornell Plant, 1966—

1921）设计的。

"中国通"希望突破条约体系对贸易的限制的整体愿景，具体落实到将国际贸易和航运体系向内陆深入拓展至重庆这样的计划之上。清政府的目标还是一如既往，力图控制外贸和航运造成的不稳定因素，尤其是在这些对此完全不熟悉的地方。尽管这些立场与之前非常相似，但英国外交部门的立场从支持清政府的主权关切转向怀疑清政府的动机，从而意味着条约体系下合作关系的日益紧张。总理衙门以及其他机构几乎一直处于扩大航运网络的压力之下。尽管他们仍有力量来调节、转移或减缓扩张的过程，但航运网络的规模和密度在此期间都得到了明显的提升。

内地的暗淡："瓜分狂潮"中的
航运网络（1895—1911）

1895 年的中日甲午战争后，英国作为轮船航运网络的主要开创者和列强在华势力领袖的地位，受到他国挑战。在列强相互竞争、竞相要求清政府做出让步的高峰时期，1898 年英国再度施压索取内河航行权，他们对此权利的定义，与 19 世纪 60 年代后期"中国通"的解释如出一辙："允许任何外国船只完全自由地驶入任一中国港口。"[112] 理论上，内河航行权让通商口岸毫无意义，内地与通商口岸之间也再无区别。然而，此项特权带来的结果是戏剧性的，英国获得特权后，海关总税务司、总理衙门和清政府成功地采用反制手段，遏制了这项政策的影响。1898 年以后，通商口岸不再是轮船航运网络的绝对界限，但它们仍然维持了条约体系和清朝贸易的中心地位。

　　英国提出这一要求的背景是中日甲午战争结束后的"瓜分狂潮"。在《马关条约》给予日本专属领土特许权的推动下，德国、俄国和法国也开始要求清政府给予专属特权，包括要求划分租界和"势力范围"，在这些地区该国享有修建铁路、开采矿山和创立产业的专属权利。列强之间的竞争态势、战后清政府外交的软弱以及义和团运动，又给予列强新的动机和机会谋取更大的商贸特权。

　　几十年来，英国在条约大国中一直占据"同侪之首"的地位，就像它在谈判和扩大航运中表现出的主导地位那样。其他大国新获得的租界，增加了英国失去在华主导地位的风险。伦敦的商人组织"中国协会"（China Association），主张英国要求整个长江流域作为势力范围来应对这一威胁，几年后，协会还建议英国在长江流域成立一个保护国。然而，英国外交部选择与清政府签署了一项"不割让"协议，其中清政府同意不把领土割让给与英国竞争的大国。[113] 此外，《马关条约》还明确传达了日本与英国争夺在华航运霸权的计划。通过该条约，日本保障了两个区域的航运权，过去中英双方曾因此相互周旋，即长江上游（不必等到中国轮船事先到达）和沪、苏、杭之间的内河航道。

　　也许正是来自竞争对手的压力，促使英国向清政府施压，要求内河航行权，这一特权远远超出了早期条约中的对外贸易和航运体系。1898年，清政府拒绝接受一项担保贷款，作为补偿，英国获得了中国所有内陆水域的航行权。清朝随后与英国（1902）和日本（1903）签订的商业条约取消了对内河航行的额外限制，并承认外国人在此前划分的"内地"拥有租用码头和建立仓库的权利。[114]

　　内河航行权本应该让过去的航运体系成为历史，因为轮船已经拥有在中国任何地方停泊和交易的权利。但实际上，其影响程度十分有限。这项条款确实拓展了外轮的可达范围，但是以加强而不是破坏通商口岸网络的方式。清政府想方设法地应对内河航行带来的影响。1898 年条约签订后，总理衙门立即颁布限制内河航行的规定，使其自成一体，独立于通商口岸航运体系之外。该规定将内河航行仅限于拥有通商口岸的省份，并限制内陆航行船只的大小。更重要的是，条例规定开赴内地的轮船必须与中国船只在相同政策基础上开展贸易，也就是说，它们必须在沿途的所有海关和厘金卡缴纳税金。海关总税务司赫德协助起草了这些条例。他认为，他有责任防止内河航行演变成一场"无视［清朝］国家和地方利益，向内地倾销未经许可商品的狂欢"。[115]

英国公使窦纳乐（Claude MacDonald, 1852 — 1915）不同意这些规定，坚称内河航运和通商口岸间航运之间不该有任何区别。他进一步主张，在许可内河航行的同时，清政府也应该把治外法权扩大到内地，这一观点遭到清政府的强烈反对。[116] 窦纳乐和总理衙门未能解决这场冲突，直到义和团运动后的中英商贸条约谈判中，这些问题又被重新提出。1902 年《中英商约》中的规定消除了"内河"与"沿江沿海"航运两者之间的区别，但将治外法权扩展到通商口岸之外这一中心问题仍悬而未决。[117]

尽管窦纳乐将其内河航行的观念贯彻在 1902 年的商约之中，但由海关总税务司和清末新政时期政府各部门制定的种种程序，再次缓和了它所造成的影响。清外务部 * 规定，凡是想将轮船航行到新航

---

*　1901 年，《辛丑条约》签订之后，总理衙门更名为外务部，班列各部之上。——译注

线的，必须向最近的海关总监提出申请，随后等待商务处的批准和指示。[118] 程序上，各部门有权否决任何提议的线路。因此，内河航行的实际情况从未达成"中国通"将清帝国全境向其轮船开放的理想。像从前一样，任何外国航运的扩张都必须经过谈判。[119]

1904—1905 年航运公司申请内河航行的许可证表明，内河航线的获批颇为困难。地方和海关总署官员会以惯用的理由拒绝申请：该省的混乱局势、申请轮船曾参与走私活动，或仅因此前轮船未曾驶达该区域。[120] 清朝的最后几年，内河航运只在特定航线上稍有发展，通常是通商口岸的腹地。[121] 一批又一批内河航运公司组建起来，分布在广州地区（晚近开埠的珠江）、上海（服务苏杭沪长三角）和汉口（连接湖南沿湘江的城市和通商口岸）、大运河镇江—扬州段、汉江以及九江—南昌之间的鄱阳湖。[122] 内河航运因而成为一种隔绝的通道，航运只是局部延伸，而不是中国内地的全面开放。[123]

为了遏制内河航运的影响，清政府采取的进一步举措，是鼓励在内河航线组建悬挂清朝旗帜的航运公司。1873 年成立轮船招商局后，清政府为维护它在通商口岸网络中本国航运的实际垄断地位，通常会拒绝其他个人再成立公司的请求。[124]1896 年，清政府开始鼓励华商在沪杭苏航线组建轮船公司，以阻止外国航运公司"抢占优势"。1898 年，政府进一步放宽对民营航运公司的限制。[125] 虽然政府对这些公司的支持，无法与其对招商局的支持相提并论，但促进了它们的发展，防止内河航线被外国公司侵占。1895—1911 年，轮船招商局仍是航行于各口之间唯一的清旗公司，但在内河航线，新一代小规模中资航运公司开始出现，有人估计，它们占到内陆运输的 90%。[126]

尽管内河航行的初衷，是扫清通商口岸对贸易造成的"障碍"，然而一经实施，它似乎更加强化了通商口岸和航运网络的重要性。通商口岸依然是这一网络最重要的节点，即使这一网络偶尔也会延及内河航线。英日两国要求正式开放新口岸，如长江上游的万县（1902）和湖南长沙（1904），尽管进入这些地方可能早已写入内河条约。各埠的建制，尤其是各关税务司，既可稳定新区的航运和贸易，又能增加政府批准该地区内河航行的机会。[127]1898 年，为了增加贸易和海关收入，清政府开始主动自开商埠。在好多例子中，这一决定究竟有多自愿，颇难辨明：清政府将岳州、长沙和常德（均在湖南省）列为"自开商埠"，但在有关这三处的抉择中，日本或英国的压力显然发挥了作用。[128] 然而，通商口岸的海关税务司为中央带来收入的能力，可能才是自愿开埠的重要动机，如此不仅可以资助新政期间的国家建设，也可赔付政府的战争赔款。[129] 到清朝覆灭，轮船航运网络远比 1895 年之前更大、更密、更复杂，但其运营模式几乎一如从前。

20 世纪之交内河航运的例子，凸显了条约体系下合作机制的连续性。与过去一样，清政府依然重要：英国和日本给清政府施压，索求内河航行权，但在条约实施过程中，清政府又戏剧性地缓解了它的可能后果。1870 年以来，英国和清政府就遵守和执行条约条款问题的关系日趋紧张，但英国仍相当维护清政府的主权，支持——也许是勉强地——清廷回避他们扩张主义的种种诉求。英日并没有获得航运权的充分扩展，也没能获得内地的域外保护，但如果认为清政府能够有效地遏制外国扩张，那就错了。1895 — 1911 年，在争夺特许权的推动下，外国在华整体势力呈指数级增长。除了新的租界和"势力范围"，通商口岸网络本身也在发展，新开商埠至少 21 个，并延伸到两广地区的珠江，北至满洲里（地图 1.2）。

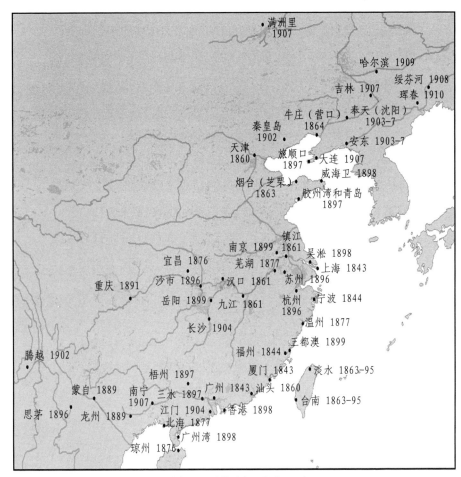

满洲里
1907

哈尔滨 1909

绥芬河 1908
吉林 1907　　珲春 1910

牛庄（营口）　奉天（沈阳）
1864　　　1903-7

秦皇岛
1902　　　　安东 1903-7

天津　旅顺口　大连 1907
1860　1897　威海卫 1898

烟台（芝罘）
1863　　胶州湾和青岛
　　　　1897

镇江
南京 1899　1861
　　　　　　吴淞 1898
宜昌 1876　芜湖 1877　上海 1843
重庆 1891　沙市 1896　汉口 1861　苏州 1896
　　　　岳阳 1899　九江 1861　杭州　宁波 1844
　　　　长沙 1904　　　　1896
　　　　　　　　　　温州 1877

腾越 1902　　　　　三都澳 1899
　　　　　梧州 1897　福州 1844
蒙自 1889　南宁　三水 1897　广州 1843　厦门 1843　淡水 1863-95
思茅 1896　龙州 1889　1907　　　　汕头 1860
　　　　　江门 1904　香港 1898　台南 1863-95
　　　　北海 1877
　　　广州湾 1898
琼州 1876

地图 1.2　开放通商口岸（1911）

选自：Albert Feuerwerker, "The Foreign Presence in China," 130.

　　从《天津条约》签订形成的新体系至几近清末，清政府扩大轮船航运网络的压力从未间断，需求更是有增无减。19 世纪 60 年代以后，尽管清政府和英国的外交关系日渐冷淡，但清政府依然是可靠的合作者，他们在保护自我利益的同时，照顾英方需求，并尽力遵守条约。这种关系一直延续到清末，甚至民初的一小段时间。1911 年后，条约体系依然稳固，但消失的——尤其是 1916 年以后——是一个可以在全国范围内执行条约条款的中央政府。1916 年后，政治分裂，军阀割据，可与列强合作的可靠盟友不复存在，早期的合作模式成为泡影。在航运领域最明显的后果是，在清末几十年里，这种扩张势头已然停止。1911 年后，列强除偶尔寻求新的内河航线，并没有要求进一步扩展或调整轮船航运网络。[130] 对于这一停滞，其他可能的解释包括航运网络已达其最大潜力，列强被欧洲的战争分散精力，但缺乏强有力的中央合作方，特许权就不一定能得到贯彻。在半殖民地的条件下，合作不仅是扩张的助力，更使其成为现实。

结　论

　　1860—1911 年轮船航运网络的发展，揭示了半殖民地条件下清政府主权的实际运作和制约。尽管清廷没有能力将悬挂洋旗的船只逐出其水域，但清政府可以限制船只的流动性及其在国内的活动范围，从而决定了航运网络在此空间的效能。清政府在扩大航运网络和外国航运特权的持续压力下，努力维护朝廷的主权关切。在条约体系下，清廷和条约国都需维护清政府的残余主权，但这一合作是矛盾的，且不公平的。清政府的某些决定，可能会被解读为有损王朝自治，比如承认沿海贸易，以及对华轮实行与洋轮一样的管制。然而，这些举措并不是出于无知，也不是为安抚列强，而是面对列强提出进一步要求的压力，以及预计可能发生外国暴力的情况下，出于维护清廷权威的精心考虑。以后来的民族主义或现代化标准，将这些决定斥为无能，显然忽视了条约体系下合作的中心地位。

1860—1911 年轮船航运网络的发展，也为认识通商口岸提供了一个新的视角，将其作为动态交通系统中的节点，而不是单个的城市中心。尽管通商口岸处于 19 世纪和 20 世纪中国现代发展的前沿，并且一直是研究半殖民社会史和文化史的中心，但关于它们是特殊空间的指控仍然难以反驳，因为很难通过它们了解全国的情况。[131] 然而，由航运连接的通商口岸网络，凸显了这些口岸和条约体系在近代中国社会和物质根本变革中所起的更广泛的作用。各口轮船航运网络是第一个现代的机械化运输网络，比铁路建设早了几十年。即使是在 19 世纪 90 年代铁路建设正式拉开帷幕之后，口岸航运网络依然是中国发展交通基础设施的重要组成部分，建于 20 世纪 30 年代以前的主要铁路，几乎全与长江航线相交，而不是平行。[132]

尽管完整绘制出通商口岸融入轮船航运网络所产生的复杂的社会、经济、空间和时间效应超出了本书的研究范围，但显而易见的是，它不仅改变了单个口岸，而且改变了各口之间、口岸与其腹地之间的关系。这些变化是轮船航运发展的结果，而不仅是外国势力或国际贸易使然。[133] 长期以来，镇江一直是领事和海关官员抱怨对外贸易相对贫乏的地方，后来却成了长江流域大米转运福州和广州等华南口岸的起点。随着《烟台条约》的签订，镇江丧失了这一地位，被新开埠的芜湖取代，因后者更靠近大米产地。[134] 流动人口也能反映这一网络内部的变化：旅居人口不仅会在大口岸上海寻找季节性短工，也会去较小的"外港"。芜湖海关税务司就记述过从外地涌入的季节性短工潮。[135] 这些例子表明，通商口岸远不只是外国飞地，还是不断扩大的运输网络的节点，经历着因其发展带来的各种社会和经济变化。[136]

将清朝发展的轮船航运网络与几乎同时出现在英属印度的航运网络比较，可以看出在不同帝国形态背景下产生的运输网络，造成的不同且又相似的结果。在若干重要方面，中国和印度的航运网络颇为相似。在这两个国家，轮船都被引入高度商业化和区域一体化的大型经济体中。[137] 这一引进几乎完全是英国的手笔。轮船运输在两国被迅速采用，并很快在国内贸易和运输中占据了和海外交通中一样的重要地位。[138] 然而，这两个网络的范围及其形成过程又截然不同。

在中国的航运网络中，轮船交通被限定在正式开放的通商口岸，只有通过条约体系进行磋商，才能修改。相比之下，印度的网络则更灵活。南亚次大陆的船只航行不受限制，口岸的废立，可以根据利益或便利，灵活行事。[139] 印度的航运网络与其强大的铁路同步发展，两者在建设过程中协同互助，在运输服务上相辅相成。随着两大运输系统的发展，航运网络的主要节点日益成为沿海口岸，而铁路则将其与内陆地区连接在一起。[140] 印度的航运网络可以同时支持班轮和不定期货船贸易：维持重要沿海口岸的定期服务，同时允许临时不定期货船在较小的口岸和水系之间赚取运费。[141] 因为将航运局限于通商口岸，中国网络内的轮船航运主要是班轮业务。

中印两国的轮船航运网络之别，看似与领土准入有关，于是很容易将它们之间的主要差异归因于殖民印度和半殖民中国对领土控制的

060

程度不同。但这只是整个系统的一小部分：两者更重要的区别在于建设的速度和紧迫性，以及相应的官方投资程度。

在印度，轮船航运网络的形成相当迅疾，一开始就得益于印度政府和英国企业的密切合作。它是政府对交通、安全和税收需求的产物。1857年兵变之后，为了节约成本，新成立的政府决定解散东印度公司的印度海军，将海防任务移交给皇家海军，并与民营航运公司签订合同，满足自身的运输需求。[142] 从1862年开始，它向一家名为英印轮船公司（British India Steam Navigation Company）的英资公司提供了一系列邮政合同。[143] 该公司负责按时递送邮件，维护邮路速度，并在紧急情况下为政府提供船只。作为交换，公司获得了一笔运营成本补贴，以及按固定费率运输政府人员、武器、现金和其他货物的专运权。[144] 因此，政府的交通需求决定了沿岸航运网络的基本结构，但合同的资金保障，让英印轮船公司可以围绕合同框架开发商业航运，确定最佳口岸或最有利可图的生意，根据赢利能力开停航线。[145] 英印轮船公司并不是19世纪60年代印度沿海唯一的轮船公司，但它很快击败了大多数竞争对手。1873年，英印轮船公司将其与政府签订的各种合同合并为一个为期十年的合同，这使它几乎完全垄断了印度政府的运输工作，并进一步清除竞争对手。自此联盟开始，印度政府获得了满足其需求的可靠的运输系统，而英印轮船公司则得到支持，足以在印度沿海运输中占据主导，后来又扩展到亚洲短途航线和海外航运。[146]

在中国，英国政府在扩大和发展轮船运输网络方面也发挥了核心作用。尽管中国轮船航运网络在20世纪之交发展势头迅猛，但较之于印度，不过是一个通过零散需求和外交进程推动的渐进过程。在选择新开商埠时，在华英国官员大致都有战略和贸易考量，但这些考虑和印度的殖民地交通基础设施的需求相比，就显得没那么迫切。正如第二章所示，英属轮船公司在口岸网络中占据了重要地位，但没有证据表明，在华英国官员和英国企业之间存在着这种紧密合作，正如体现在英印轮船公司的成长展过程中的那样。从 19 世纪 40 年代开始，英国政府特许一家名为半岛东方 * 的海外轮船公司，经营中英两国间的邮政运输业务，但从未向在各通商口岸网络内从事经营的公司提供业务合作。[147] 尽管在华的英国轮船公司实力强大，但它们控制航运网络的程度，从未像在印度海岸的英印轮船公司那样彻底。它们时刻面临着其他公司的竞争，包括清政府资助的轮船招商局。可以说，整个条约体系为英国政府提供了一种支持在华英国企业的手段，但正如航运网络的例子所表明的，英方只是偶尔且有选择地满足英国商人的请求。因而，中印两国轮船航运网络的差异远不只是领土控制和进入程度的不同所造成的：在战略、制度和意识形态上，英帝国的投入在两国十分不同。

考虑到清朝主权和政府机构在航运网络形成过程中的重要作用、条约体系内的合作动态、及其彰显的英国实力和投资的特殊配置，中国水域轮船航运网络的历史成为一扇窗口，借以从帝国形成的全新角度考察半殖民主义，这一视角并不能简单地归入广义的殖民主义。在航运网络中，可以看到这一形成过程对中国新兴运输系统具体且明显的影响。与印度沿海网络的对比，突出了中印两国不同的历史背景，

---

*　英文全称 The Peninsular and Oriental Steam Navigation Company，又名大英轮船公司，简称 P&O，是一家总部位于英国伦敦的轮船公司，成立于 1837 年。——译注

而不是对殖民统治和半殖民统治的不同之处做全面解释，不过它强调这些形成过程可能会造成不同的结果。

　　与此同时，必须承认，半殖民和殖民统治并非毫不相关或相互排斥的外部控制模式。两者共存于同一时空，并相互影响。在中国网络的扩张过程中昭然若揭的是，完全殖民控制的可能性持续地左右着"中国通"的扩张议程，英属印度是他们不断提及的例子。在印度，他们的技术和商业愿景不会受阻于不配合的地方主权。1866年，《北华捷报》的一篇文章曾抱怨道："然而，无论我们在印度取得了怎样的成功，都是因为我们的地位允许我们大胆引入和运用现代科学，不必顾及印度人民的漠视或反对。印度人只需从实践中学习。在中国，情况正好相反。引入过程中，首要任务是说服本地人相信这些运用的价值，情况大不一样。"[148] 由于"中国通"对仍具主权的清政府施加的种种约束感到不快，对英国政府在华承诺的各种制约也有所不满，他们在 20 世纪之交极力推动轮船航运网络的扩张。

第二章

资本和旗帜的统一：轮船航运业
（1860—1882）

条约体系下的各方要求、相互协商和达成妥协，划定了航运网络 的范围，为蒸汽轮船在大清帝国内的通航地点设定了可能和限制。然而，航运网络的整体形态仅是其中一个方面：航行的速度、涉及口岸的相对重要性，及其开展贸易的类型，均是由 19 世纪 60—80 年代在华成立的轮船企业决定的。

1860 年之后的十年，条约体系的政治生态和轮船业的商业业态，彼此略有相通之感。19 世纪 60 年代，英国外交官和总理衙门官员，正就沿海贸易和内地航运引发的管理问题，展开正式谈判；航运业务也不稳定，主要集中在通商口岸的各商业团体。许多国家的轮船来到上海，想要从新开放的长江中分一杯羹。各口中国商人和形形色色的外国资本家均支持各商贸公司尝试轮船贸易。然而，到 19 世纪 70 年代，航运业已呈现条约体系下的两极化：悬挂英国旗帜和清朝旗帜的轮船公司在业内两家独大，相互争夺更大的贸易份额。1877 年，《北华捷报》的一篇文章，以惋惜的口吻，反思了航运业的这一转变，对所谓的"万国并举的"轮船公司在中国水域的消失满是叹息：支持这些公司的通商口岸资本源自世界各国，船头悬挂之国旗亦是五彩斑斓，然此"仅是巧合，而非必然"[1]。

到19世纪70年代，航运业中资本与旗帜统一，在船上悬挂旗帜成为一种规定行为。这一转变出自两个互有关联的历史过程：英国航运业在世界范围内的迅猛发展，以及清政府对中国水域航运业的干预。英国的航运力量崛起于19世纪70年代初的"通信革命"。苏伊士运河开通（1869），轮船在海外贸易中的应用亦随之倍增；欧亚电报直通以来，欧洲与中国的交流更加密切快捷。英国的技术和金融实力使之能尽收这些变化之利：英轮主导国际航线，英国自身亦是世界金融、航运和保险业的中心。尽管早在19世纪60年代的沿海和内河航运中，英国已占据显要地位，但它与日俱增的全球航运和金融实力，则为纯粹英国背景的公司在航运网络中谋求强势地位，提供了大量资本、巨大热忱和专业技能。太古轮船公司（The China Navigation Company，1872年成立）是一家新成立的公司，与英国强大的航运和造船利益集团关系密切。怡和轮船公司（The Indo-China Steam Navigation Company，1882年成立）是在英资支持下，由怡和洋行之前的航运业务重组并购而成。

清政府对航运业务的干预，源自洋务派官员日益增强的一种信念，认为中国水域中的商业航运具有重要的战略、政治和经济意义。他们创办轮船招商局——一家官督商办的航运公司，主要目的是收回外国航运公司在中国水域中积累的利润。次要的目标则是打破盛行的中外合作模式，其中华商借投资外轮公司，向清政府隐瞒自己的财产。《北华捷报》惋惜的轮船公司"万国并举"局面的消失，就是在回应轮船招商局收购其中最大一家公司。这一事件使这家悬挂清朝旗帜的公司成为中国水域中最大的轮船企业。

横贯 19 世纪 70 年代，这些公司之间的竞争可谓激烈，但到 70 年代末，航运业从另一个侧面呈现与条约体系政治相似的面貌：这些公司选择合作，而不是长期冲突。1877—1882 年，前面提到的两家英国公司和轮船招商局达成一系列协议，按照三家公司都能在航运业中存活并繁荣的方式，切分了贸易蛋糕。这些协议构成了班轮公会的基础，并与"三公司"一起，成为中国航运业的核心和决定性力量，直至第二次世界大战爆发。

航运领域中的"万国"资本（1860—1872）

1861 年长江开放后，英美贸易公司率先成立轮船公司，发展通商口岸网络。这些正是在华销售印度鸦片、欧洲纺织品和其他进口商品，并向欧美出口茶叶、丝绸和其他商品的公司，它们源于东印度公司垄断下的私人贸易商和广州体系中的牙行，在第一次鸦片战争后进入通商口岸。[2] 其中规模较大的公司，如英国怡和洋行和美国旗昌洋行等，在 19 世纪 50 年代只是偶有用及轮船，在沿海口岸之间或粤港内河航线上，快速运输鸦片和信件。但是，随着长江的开放，预料中的航运热潮给上海带来大量各类船舶，尤其是轮船。[3]1862 年 1 月，长江开放半年后，上海和汉口之间的运营轮船只有 17 艘。到 1862 年 9 月，增至 58 艘，大约 20 家商行参与到轮船业务之中。[4]

这些贸易公司经营航运，但往往不是任何特定轮船的唯一所有者。购买和运营轮船需要大量资金，公司通常不愿意将其贸易资金全部投入航运项目。因此，在 19 世纪 60 年代初，大多数轮船都是股份制的：一家公司持有一部分股份，然后将剩余的股份卖给通商口岸的洋商和华商。中国投资人通常是买办、出口商或其他与外国商行有密切业务往来之人。这些投资人的参与程度不等，有的只持有一船之数股，有的则拥有大部分股权。例如，琼记洋行的"火镖号"（Fire Dait）共有 20 股，其中洋行自持 13 股，船长 2 股，个人投资者（包括几位华商）持其余 5 股。[5]买办陈裕昌则独支同一洋行"山东号"收购价格的 85%。[6]怡和洋行、轧拉佛洋行（Glover & Company）、马立师行（Morris，Lewis & Company）等其他商行经营的轮船，亦程度不同地为口岸中的中外投资人共同所有。[7]这些轮船所悬之旗，乃经营者所属之国旗，但这些早期航运项目背后资金的很大一部分，募集自通商口岸中不同国籍的投资人。

其中一个早期项目，由美国旗昌洋行投资，就将船舶的个人所有权形式扩展成了一家规模更大的股份制轮船公司。19 世纪 60 年代初，洋行一位合伙人金能亨（Edward Cunningham，1823—1889）对其佣金业务的下滑深感担忧，希望将业务扩展至航运业。发现公司不愿意投入资金后，金能亨在上海、香港和旗昌在中国以外的合作伙伴中寻找投资人，承购三艘轮船。上海投资人中很多都是公司的"老朋友"。[8]1862 年，他用这些船成立了旗昌轮船公司（Shanghai Steam Navigation Company）。

金能亨对最初设法募集到的资金并不满意。当时，大多数公司在长江和沿海经营的轮船不过两三艘，且时断时续。金能亨设想中的公司，旗下应包括五艘内河轮船和五艘沿海轮船，由此可以保证从各口岸出发的固定班次。为了实现这一扩张，他开始寻觅更多投资人，特别是在上海的华商，其中很多人是他在担任旗昌洋行上海代表期间结识的。为了从英国小型贸易公司中吸引投资人，他称新公司将使他们摆脱对大型英国公司航运服务的依赖。当年晚些时候，金能亨为旗昌轮船公司筹集到了 100 万两银子的股本，股东包括至少 9 位华商、8 位与小公司有关的英商、其他欧美背景的在华口岸商人，以及旗昌洋行的几位个人投资者。金能亨对可利用的口岸资本挖掘得如此深入，以至有竞争对手抱怨，几乎没给竞争企业剩下一星半点。旗昌轮船公司于是成为一家股份制公司和旗昌洋行的所有人，而洋行则成了轮船公司的经营代办机构。[9]

到 19 世纪 60 年代中期，旗昌轮船公司在轮船航运业中占据了主导地位，几乎垄断了长江和沿海地区的轮船运输。金能亨坚持提供定期的班轮服务，帮助公司渡过了 1864 年航运市场的萎缩，而很多相互竞争的同行都在这次打击中败下阵来。太平天国运动被镇压后，长江和一些沿海航线的运费大幅下降，这些航线上的沙船运输又恢复到了和平时期的水平。仅 1864 年，长江轮船企业就从 20 家锐减至 10 家。但此时，旗昌轮船公司在长江航线的一端上海和另一端汉口还保持着每周两次的定期发航。公司还保证在上海和汉口随时停靠一艘轮船，以便托运人在一周中的任何一天都可以装卸货物。随着竞争的加剧，旗昌班轮服务的规律性和高效率成为公司的一大优势。[10]

此外，旗昌轮船公司精心培养了一批中国托运人客户，使公司能够从埠际贸易形势的变化中受益。1860 年以后，华商越来越多地从洋行手中接管了茶叶、棉织品和鸦片等进出口商品的分销，开始使用轮船运输国内商品，如糖、丝制品、铜钱、原棉、桐油和烟草等。1863 年，旗昌轮船公司开始为中国商人提供免费的货物仓储和码头服务，并给予所付运费 1% 的回扣。两年后，旗昌洋行聘请陈裕昌为公司买办，利用他的人脉关系，进一步拓展公司的中国业务。经过这般直接地吸引中国托运人，在旗昌和其他洋行贸易业务衰退之时，旗昌轮船公司却从中受益。旗昌洋行合伙人福士（F. B. Forbes，1839—1908）吹嘘，光是轮船公司中国客户的业务，就足以支付公司成本，且有盈余。[11]

到 1867 年，旗昌轮船公司成为长江以及沪津、沪甬沿海航线上最大的竞争者。它在长江上的竞争对手从 1862 年的 20 家公司缩减至 1865 年的 4 家，此外，它还通过收购破产竞争者的船队进一步发展壮大。此时，它已足够强大，可以与怡和洋行达成协议分割轮船贸易：它承诺不染指上海至福州的航线，以换取怡和远离长江的保证。1867—1872 年，旗昌轮船公司得以在其三条主要的沿海和内河航线上设置垄断运价。它的竞争对手都是些规模较小的公司，以至旗昌能够独断专行。[12]

1867 年以后，旗昌轮船公司成为新兴轮船企业的典范。新公司模仿它的组织形式，在商行和口岸商人联合投资的支持下，建立股份制航运公司。英国轧拉佛洋行于 1867 年为长江贸易创立了公正轮船公司（Union Steam Navigation Company），该公司最大的股东就是华商。[13] 在 1868 年为沪津航线成立的北清轮船公司（North China Steamer Company）中，1/3 的股本由从事北方沿海港口贸易的华商认购，1/3 属某商行，最后 1/3 则属于天津和上海的欧洲居民。[14] 1872 年，怡和洋行为沪津航线组建华海轮船公司（China Coast Steam Navigation Company）。怡和持 64.2% 的多数股，中国投资者占 20.3%，其他外国投资者占 15.5%。该公司的船队包括以前由怡和首席上海买办唐廷枢拥有的船只，其投资人包括唐廷枢和公司福州买办招募的华商。[15] 这一代的轮船公司共同组成了所谓的"万国"公司，然而不到十年它们就将消失无踪。

将这些航运公司定性为"万国"，虽抓住了它们的一些特点，却掩盖了内部更为复杂的权力关系。因为这些公司的资金来自通商口岸，它们的投资者来自多个国家，所以轮船悬挂的旗帜显得比较"偶然"或随意。然而该词并没有恰当地描述中国投资人和外国公司之间的关系。虽然从这一代公司可以看出，中国水域的航运业务严重依赖于华商资金的大量投入和持续支持，但中国投资者并不一定与欧美同行一样有能力指挥和管理这些公司。

关于通商口岸的华人投资者的学术研究也反映了这种万国特征。华人在航运业的投资被视为19世纪末通商口岸"附股"大趋势的一部分。通过详细阐述通商口岸华人如何认购各类西洋企业中的股份，包括银行、保险、工业和航运等不同领域，此类研究将这些投资解读为可以在通商口岸获得资本的证据，也是中国投资人具有企业家精明头脑的证明。[16] 学者们看到，这些投资为商人提供了一个使其财富不受清政府勒索或干涉的手段，但他们并没有深入探讨附股的政治意义。[17]

然而，在清政府看来，轮船航运业的附股是一种令人深恶痛绝的与洋商合作的形式。1867年，清政府颁布《华商买用洋商火轮夹板等项船只章程》之前，禁止臣民购买或经营轮船。持有个别船舶或航运公司的股份，是华商规避这些限制、参与这一利润丰厚的新业务的一种方式。然而，即使朝廷打破这一限制之后，华人对挂洋旗航运公司的投资仍在继续增长，未有船只注册在清政府名下。[18] 清政府欲改变这一局面。1872年，李鸿章主张设立官办商业航运公司的理由之一便是其可吸引投资于洋行的华商资本回流至清政府的这一事业。[19]

李鸿章对附股的批评，远远超出了清政府理论上拥有本国商人资本的观念。他还强调了中国投资人的弱点，指出航运业务的利润巨大，但因为这些投资没有得到官方批准，如果被洋行欺骗，他们就没有法律保障。[20] 正如他所言，附股的确有可能给中方参与者造成相对于外国合伙人的不利地位。

对旗昌等轮船公司的组织结构做更进一步的研究，便可发现，李鸿章的担心并非空穴来风。有研究显示，这种合作形式虽然表面上是基于华洋商人的共同利益，但有可能为了优先考虑洋商，而不惜牺牲华商利益。虽然没有中国股东被剥夺分红的记录，但在轮船公司的管理方面，他们并不总是享有与外国投资人相同的权利。在旗昌轮船公司，旗昌洋行的合伙人持有的公司股份不到1/3，但对该公司董事会拥有相当大的控制权。[21] 董事会由旗昌洋行的执行合伙人、洋行另一名成员以及从非洋行成员的欧美股东中选出的两名董事组成。华人股东不仅在董事会中没有直接代表，而且还被认为要忠于洋行的利益，并理所当然地支持洋行合伙人的决定。由于旗昌洋行合伙人——连同华人股东——拥有公司60%-70%的股份，占到董事会的多数，使他们能够抵御外部董事和股东的偶尔反对，操控公司管理。[22]

旗昌洋行合伙人之所以默认华人股东会支持他们，是因为很多股东可能与合伙人有着密切的私人关系。附股在19世纪60年代可算是新生事物，华人投资者倾向于依靠地区、家族或朋友来选择他们支持的企业。[23] 然而，旗昌轮船公司的管理结构中对待华人股东的方式，甚至连对待"外部"欧美股东的方式都不如：在决定公司政策和运费方面，他们没有独立于旗昌洋行合伙人的发言权。也许并非所有的"万国"轮船公司都是如此：怡和买办唐廷枢在 1867 年被选为华海轮船公司董事会成员。[24] 然而，旗昌轮船公司的组织结构表明，即使在外国企业和华人投资者的利益看似相同的合作模式中，华人投资者仍然可能会被边缘化。因此，用"万国"来形容这样一家公司，会掩盖其背后的权力失衡，以及旗昌洋行合伙人操控公司的决心。旗昌轮船公司船只上悬挂着美国旗帜也许根本就不是偶然。

在 19 世纪余下的时间里，附股在其他行业得以继续，并有所发展，但在 19 世纪 80 年代，这种形式的合作在轮船航运业内部急剧萎缩。以旗昌轮船公司为榜样的国际性航运公司逐渐被旗帜和资本明显一致的公司所击败。首先，清廷实施了筹建政府资助的商业航运公司的计划，公司股份仅限清朝子民。李鸿章以一家公司重整中国资本的希望得到了部分实现，但该公司在 19 世纪 70 年代的迅速扩张，足以将许多规模较小的公司赶出这个领域。具有同样重要意义的是，一个新成立的和一个经过重大重组几乎完全由英国资本组成的英国轮船公司的到来。到 19 世纪 80 年代初，轮船航运行业中的附股几乎没有了前景。

资本和旗帜的统一：英国和中国的航运公司（1872—1882）

19 世纪 60 年代末 70 年代初的全球通信革命，以及清政府对商业轮船航运领域日益浓厚的兴趣和关注，为中国带来了三家新的轮船公司，击败了所谓万国公司的一代。新公司的出现导致了一个竞争特别激烈的发展时期。至 1882 年，这三家公司控制了沿海和长江的主要航线。

紧随大英帝国 19 世纪中叶不断扩张之后的通信革命，让英国成为世界航运大国之翘楚。1865 年，阿尔弗雷德·霍尔特（Alfred Holt, 1829—1911）证明蒸汽船可以有效地在长途货物贸易中与帆船竞争，加上苏伊士运河的条件更利于蒸汽轮船而不是帆船，这都增加了轮船在国际贸易中的使用，并掀起了世界范围的造船热。英国处于这一浪潮的前沿，享有世界上最富有的货币市场、发达的钢铁和机械工业以及物美价廉的蒸汽机用煤供应。至 19 世纪 80 年代，苏伊士运河往来吨位的 4/5 属于英国。加上 1870 年建成了欧亚之间直接的电报通信，其中英国控制着大部分新的海底电报电缆，通信革命将英国的航运力量扩展到全球。[25]

中国经历的通信革命，最初的表现是中欧传输货物、人员和信息所需时间的减少。苏伊士运河的开通使伦敦和上海之间的旅行时间从 4 个月减少到 2 个月，19 世纪 70 年代，时间进一步缩短至 29 天。[26] 至 19 世纪 70 年代中期，5 家新兴的海外轮船公司（其中 4 家是英国私营公司）加入了英国半岛东方轮船公司和法国邮船公司（French Messageries Imperiales）的旧的、有补贴的邮政运输线，定期往返于欧洲和中国之间。[27] 英国造船业鹊起的杰出声誉在中国的表现也颇明显：19 世纪 70 年代初仍主导港口间贸易的美国旗昌轮船公司，就用英国制造的铁质轮船替换了美国造的木质轮船。[28] 电报通信能够实现几天之内传送新闻和市场消息，这一发展改变了商行业务，因为他们不再需要为采购中国货物准备大量资金储备，或在西方市场大量囤积茶叶、丝绸和其他商品。[29] 新的公司，虽没有老牌企业的资金支持，但可以利用航运、电报和金融机构，以较低的管理成本开拓业务。日益激烈的竞争导致许多老牌商行纷纷倒闭，其他的则通过多元化发展，进入航运、保险、银行和公共事业等行业而存活下来。[30]

随着这些变化改变了对外贸易和通信环境，中国国内的轮船航运服务市场得到蓬勃发展。19世纪60年代，蒸汽轮船东要服务于进出口贸易，运输价值高、体积小的货物，比如鸦片、丝绸、棉纺织品等。到19世纪60年代末，蒸汽轮船逐渐融入地区间贸易。中国乘客——比如随货到市的商人或前往京城的举子等——已经成为轮船公司的重要利润来源。[31] 更有前景的是，有几次轮船公司从大宗商品的区域间运输中获得了巨大利润。1867—1871年，长江上游的洪水冲毁了四川、湖南和湖北等地的棉花作物，轮船将江苏剩余的棉花作物从上海运到汉口，供应上游被淹省份的手工业。棉花运输又反过来刺激了四川商品，如桐油、菜油、白蜡和丝绸等，从汉口运往上海。[32] 这些洪水年份让旗昌轮船公司发了笔意外横财，它们的船每年都用原棉"填满了船上每一寸可利用的空间"[33]。1871—1872年，恶劣天气又一次让南北方的水稻作物受灾，而长江流域却获得了丰收。轮船将水稻从长江下游平原北上运至天津，南下运至广州和汕头。这次水稻贸易的规模如此之大，以至各轮船公司不得不租用远洋轮船来补充自己的船队。[34] 这些事件表明了在长江和沿海地区扩大航运的潜力，并促使新的企业进入航运领域。

这些年间，清政府已经敏锐地意识到了商业航运的经济和战略意义。他们正面临把漕粮从长江下游各省运往北京的挑战。19世纪40年代，古老的京杭大运河遭到破坏之后，政府与走海运的沙船商人签订了漕粮运输合同，但是在19世纪60年代，很多沙船商人在与轮船的竞争中败下阵来，放弃了自己的生意，于是政府重新寻找运输这一重要物资的替代办法。1872 年，洋务派官员重新提出了 1865 年以来备受争议的、用轮船运送漕粮的建议。这一提议最终演变为对两个洋务项目的支持，即江南机器制造总局和福州船政局，为中国国防建造现代化武器。二者都遭到了内阁学士宋晋的批评，认为所费过靡，滋生腐败。对此，江南机器制造总局创始人曾国藩制定了一项计划，联合江南机器制造总局和福州船政局打造一支船队，应季配运漕粮，战时运送部队和补给，太平时期则租给商人。曾国藩于当年晚些时候去世，该计划继由时任北洋大臣兼直隶总督的李鸿章接手。李则将其变成了一个以商业为主、意在与外国轮船公司竞争的项目。他设想建立一家官督商办的轮船公司，为政府运送漕粮和军队，但主要任务是从外国公司手中"夺回"长江和沿海。[35]

因为这些发展，三家新兴航运公司进入了长江和沿海贸易。太古轮船公司是一家英国航运公司，由新成立的太古洋行创办。航运公司和商行与位于通信革命中心的英国航运利益集团密切相关，而太古轮船公司就是为了利用不断扩大的中国国内航运市场专门成立的。轮船招商局是曾国藩和李鸿章向皇帝建言的产物；是一家官督商办的航运公司，内为政府提供优惠运输服务，外与外国航运公司在主要航线上展开竞争。怡和轮船公司成立稍晚（1882），起于对怡和洋行旗下各航运公司的重组和整合。怡和轮船公司将怡和洋行的不同船队纳入统一组织管理，扩大其规模，这一过程主要由英国资本出资。新兴公司

进入中国轮船贸易，导致激烈竞争时有发生，不断有后来者取代或吸收原有的公司。当三家新公司开始相互竞争，为了能与竞争对手的服务相匹敌，它们扩大了长江和沿海航运业务的范围。

太古洋行：太古轮船公司

太古洋行组建太古轮船公司的过程，说明了英国商行如何利用英国在世界航运领域的新优势来扩展它们的在华活动。这家商行 1866 年才成立，基本算是中国贸易中的一个新手。它的总部位于棉花和航运的中心利物浦，最初是由约翰·施怀雅父子公司（John Swire & Sons）的老板约翰·萨缪尔·施怀雅（John Sammuel Swire, 1825—1898）和英国羊毛商人理查德·巴特菲尔德（Richard Butterfield, 1806—1869）合伙成立的，目的是在中国销售英国纺织品。[36] 1867 年，太古洋行在上海开设办事处，销售棉纺织品，并代理阿尔弗雷德·霍尔特的远洋轮船公司（Ocean Steamship Company）。洋行的一项重要业务是开拓远洋轮船公司的中国和日本业务。施怀雅 1867 年访华后，极力劝说霍尔特家族组建一家长江流域的轮船公司，为其海外航线提供货源。发现霍尔特家族不感兴趣后，他便自己组建了一家公司，买下了公正轮船公司（以前旗昌轮船公司在长江流域唯一的竞争对手）的两艘船和岸上地产。1872 年，公司进入长江贸易之时，从英国订购的三艘新船使这一新兴轮船公司的船队更趋完善。[37]

太古轮船公司有一点与旗昌等轮船公司类似，就是它拥有独立的所有权，而由太古洋行持管理合同，重要的不同之处在于，太古轮船公司的所有股票都在英国买卖，没有中国或外国的通商口岸投资人参与。然而施怀雅虽然知道通商口岸群体是潜在的资金来源，但他从未试图利用它们。取而代之的是，太古轮船公司的资金来自一个基于利物浦的由家族和商业伙伴紧密组成的团体。施怀雅、他的弟弟威廉·哈德逊·施怀雅（William Hudson Swire, 1830—1884）和威廉·兰格（William Lang，太古洋行的上海合伙人）持有大量股份，阿尔弗雷德·霍尔特和霍尔特家族其他成员也持有一部分。另外，造船商约翰·斯科特（John Scott，1830—1903）与拉斯伯恩（Rathbone）家族、伊斯梅和伊姆雷公司（Ismay, Imrie & Company）等利物浦船业老板，以及其他对纺织、保险感兴趣的商人都投资了太古轮船公司。这个团体中，施怀雅、霍尔特和斯科特三大家族合作尤其密切，商业利益一荣俱荣。斯科特家族的造船厂为霍尔特家族公司和太古轮船公司建造船舶，太古洋行在中国和日本充当霍尔特家族的代理人，斯科特家族成员则成了太古洋行的合伙人。[38] 太古轮船公司堪称英国商行在英国资本市场上运作新业务这一新风尚的典范，但它不仅仅是可以获得英国资本的一般性证据，还是一个通过将英国航运和贸易集团紧密结合而促成的事业。随着这些企业的日益显赫，太古洋行的母公司从利物浦搬到伦敦，更方便获得那里的金融服务和信息。[39]

太古轮船公司的资金实力是其在华竞争力的关键。1872年，当太古进入长江航运贸易时，是旗昌轮船公司业绩最好的年份之一。这家美国公司在长江和沿海经营着一支拥有17艘船的船队，可以规定弱小对手的运费和条款，并从棉花和大米等区域间的大宗贸易中获得前所未有的利润。为了打破这一垄断，施怀雅投放了5艘太古船于长江之上。第二年，尽管持续亏损，太古轮船公司的管理层还是拒绝了与旗昌公司签订限制太古船队规模的协议，同时也拒绝了对方全盘收购的提议。1874年，旗昌轮船公司被迫接受一个更公平的安排，两家公司在费率上达成一致，维持同等船队规模，且沪汉之间发出的班次相同（每家公司每周三趟）。[40] 这家美国公司不再像以前那样一副居高临下的姿态，因为它认识到了太古公司背后的财力。旗昌洋行的合伙人保罗·西蒙·福士（Paul Siemen Forbes）当时刚去过伦敦，对当地的资本供应印象极深，看到太古轮船公司背后是"英国自豪感和资本在实践中的无限供应"[41]。

在长江贸易中地位巩固后，太古轮船公司引入了新的商业惯例，这些惯例很快成为航运领域的标准。它毅然改进对中国客户的服务，力度之大，令其竞争对手感到不安。公司通过向中国有名的交易商提供佣金和其他激励措施，来招募货运经纪人，为自己的船舶招揽货运生意。太古轮船公司向经纪人支付 5% 的佣金，半年后再通过这些经纪人向忠诚的托运人返还 5% 的佣金。过去，旗昌轮船公司只向中国股东提供 10% 的货运回扣，但很快就采用了太古公司更慷慨的佣金和回扣制度。[42] 当太古轮船公司为远洋轮船公司的海外航线提供太古船舶直接订货时，同样促成旗昌轮船公司与半岛东方轮船公司达成协议，开通通商口岸与伦敦之间的直达货运。[43]

两年内，太古轮船公司就在长江贸易中取得长足的发展，以近乎平等的条件与旗昌轮船公司打交道。然而这种暂时性的平衡可谓昙花一现。1873—1874 年，清政府支持的轮船招商局进入沿海和内河贸易，公开的竞争再次回到了这一领域。

清政府和轮船招商局

轮船招商局的英文名称是 The China Merchants Steam Company，于 1873 年在清政府支持下创办。它的缘起是，用蒸汽轮船运送漕粮并挽救处境艰难的江南机器制造总局和福州船政局的奏议，但皇帝批复的 1872 年奏议，却更明确地表达了清王朝的权力和主权。轮船招商局由清政府组建，知名商人经营发展，是一家悬挂清朝旗帜的商业轮船公司，创办意图在挑战外国公司在沿海和内河航运中的主导地位。1873—1882 年，它并没有实现其创始人所设想的所有目标，却让清朝旗帜在航运网络中争得了非常重要的一席之地。

1872 年初，李鸿章递交了一封得到皇帝批准的奏折。在这份奏折里，他详细设计了一家由商人出资经营、清政府监督的轮船公司。[44] 该公司将拥有特价运送部分漕粮的特许经营权，为国家提供必要的服务，同时李鸿章还希望，它能维持一定的利润水平，让公司具有竞争力，并吸引投资人。在说服创办这样一家公司时，李鸿章引用了"商战"的概念。这一概念系由曾国藩等洋务大臣于 19 世纪 60 年代首次提出。他们认为，抵制外国向中国扩张的最好办法，就是允许中国商人将更了解本地情况的优势，与运用西方某些经验和技术相结合，在竞争中战胜外国商人，釜底抽薪地剥夺西洋企业的在华利益源泉。[45] 李鸿章看到"我内江外海之利为洋人尽占"，指出这家轮船公司的目标将是"渐收利权"。[46] 所谓"利"或"利权"，本意指政府从体制中汲取收入的能力，比如盐业专卖或漕粮制度。清朝末年，随着中外争夺电报线路、矿产资源和海关部门收入的控制权，该词获得了"经济权利"的引申意涵。[47] 然而，在 19 世纪 70 年代，它宣示了对中国蓬勃发展的航运业务中经济利益的国家主张，同时意味着，公司一旦成功，最终将把外国轮船公司驱逐出中国水域。

李鸿章奏议中的一个重要观点，即是该公司将由商人出资经营。他想把持有外国航运公司股份的华商招揽到这家新公司，并提出了一个希望能够吸引他们的组织形式。股权将仅限于清朝臣民；外国投资人不能入股。[48] 清政府将对公司实施一定监督，但该公司将由商人经营管理，由他们决定公司的规章制度和日常运营。[49] 为了清楚表明公司与洋人企业竞争的态势，李鸿章决定其船舶将按与挂洋旗船只相同的标准向海关缴税。[50] 为这些商人设定的角色的意义，从公司的中文名称中就可见一斑，"轮船招商局"可以逐字理解为"招徕商人的轮船局"。

轮船招商局的组织形式，被称为"官督商办"，是协调航运在政治上和战略上的重要性，与商业上企业可行性需要的一种尝试。轮船招商局的官方监督，由李鸿章亲自担任，同时兼任北洋大臣和直隶总督。李鸿章支持商人经理的自主权，但保留了任命和解雇他们的权力。他任命自己的亲信盛宣怀去轮船招商局协助处理公司与政府的关系。对商人出资企业施以官方监管的这一模式，成为 19 世纪 70 年代由李鸿章创立的许多现代企业的模板，包括湖北广济兴国煤矿（1875）、开平煤矿（1877）、上海机器织布局（1878）等。[51]

李鸿章的计划获得批准后，招徕商人的过程亦相当复杂。刚开始，想通过漕运局总办朱其昂争取浙江巨商，失败后，李鸿章委任买办唐廷枢和徐润为总办，责其筹集资金 100 万两。[52] 唐徐二人有着丰富的外国轮船企业经验。自 1861 年以来，唐廷枢一直担任怡和洋行的上海买办，负责为怡和的航运企业招揽货物。他还直接或共同拥有五六艘由外国公司经营的轮船的股权，并在公正轮船公司和北清轮船公司担任董事。徐润则是宝顺洋行（Dent & Co.）的买办，持有公正轮船公司和旗昌轮船公司股份，并广泛参与上海房产、地方银行业，以及茶叶、丝绸、鸦片和棉花等贸易。[53]

两人都将自己的资金投入了刚刚成立的轮船招商局，并通过自己的业务和同乡关系招募到更多的投资者。唐徐二人都来自广东省香山县，与各口其他粤籍商人过从甚密。唐廷枢是上海广东同乡会广肇会馆的领袖。很多广东商人都参与了各口之间的航运，特别是上海与据《天津条约》开放的北方港口之间的货物运输，还有很多人持有外国航运公司股份。利用与这些商人的关系，唐徐二人将公司的实收股本从 18 万两增加到了 47.6 万两。[54] 当时，招商局 20%-30% 的股份由李鸿章、他的副手盛宣怀以及对漕粮运输感兴趣的沙船家族持有；唐廷枢和徐润、二人的家人以及其在各口的朋友持有 60%-70% 的股份。[55]

1873 年后，唐徐二人致力于为招商局寻找更多的投资者。1873—1876 年，他们仅募到 20.9 万两新股，总实收资本远远少于 100 万两的目标。[56] 尤其是，在唐徐二人个人和同乡关系之外的、外国航运公司的中国投资人对招商局仍兴趣索然，华人在旗昌轮船公司的附股正值此时达到顶峰。[57] 许多潜在投资者对招商局的官方背景持谨慎态度，因为持有该公司的股份，不能让资本逃离官方视线。粤籍买办与江浙买办长期不和，这也可能招致其他投资人对广东人在公司各层级的主导地位心怀不满，上至担任经理的唐徐二人，中至担任各分公司经理的股东，下至充任货运经纪人的同乡会成员。[58] 与外国公司关系密切的商人可能也不愿意仅仅因为投资行为——投资一项被《北华捷报》称为"彻底排外的事业"——而破坏这层关系。[59] 不管他们保持沉默的确切原因是什么，对招商局的实际投资的确远低于李鸿章的预期，即把所有投资于外国航运公司的中国资本都投入这家依靠政府支持的公司。招商局最后依赖政府贷款，填补了资金缺口，度过了 19 世纪 80 年代。[60]

唐徐二人的公司章程及股东报告书，依然如此描述招商局：其中国背景是竞争中的一大优势，且有能力从外国航运手中"夺回"内河和沿海。他们认为，招商局有一个特殊的优势，即可以与同胞谈判，提供比外国公司成本更低的仓储和劳务。[61] 他们声称，招商局的服务对中国托运人更具吸引力，因为与外国公司不同，招商局在发生货物丢失或碰撞时会提供公平的赔偿，并且在设定运费时更能对地方情况（比如干旱或饥荒）做出敏锐的反应。在短期内，招商局的竞争有助于阻止外国公司设定不公平的高运价；长远言之，招商局将完全从外国公司手中收回对运输贸易的控制。[62]

　　开业的头几年，轮船招商局竞争劲头十足。1873 — 1874 年，招商局的船只进入三条主要航线——长江、沪津、沪甬线——费率比其他公司低 30%，并向托运人提供更大回扣。它积极扩充船队，在原有 6 艘轮船的基础上新增 8 艘，并在华人船东的委托下接管另外 3 艘。这些举措破坏了旗昌轮船公司和太古轮船公司之间谨慎达成的长江协议，也破坏了旗昌轮船公司与怡和洋行的华海轮船公司达成的有关沿海航线的协议，从而引发新一轮的公开竞争，所有公司在其中都蒙受损失。几家公司熬不住，曾考虑卖给招商局，但没料到的是，1876年秋，提出此议的竟是航运网络的前霸主——旗昌轮船公司。1877年 1 月，唐廷枢签署协议，以 222 万两的价格买下旗昌轮船公司的船舶和岸上资产。[63]

　　这次收购让轮船招商局成为中国境内最大的轮船公司，共有轮船33 艘，让所有竞争对手相形见绌。招商局在长江航线有 10 艘轮船，而太古仅有 3 艘；招商局在沪津航线有 11 艘，而华海仅有 4 艘。它还利用新获船只，侵入以前被认为是某些公司的保留航线，比如怡和的上海福州航线，以及太古洋行在东北港口牛庄与东南港口汕头之间开辟的航线。招商局轮船还往返于上海和香港之间，并涉足华南港口和新加坡之间的移民贸易。[64]

目睹招商局令人生畏的规模和咄咄逼人的策略，通商口岸报界发出警告，称其很快就会成功地把挂洋旗的航运公司赶出沿海和内河航线。[65]《北华捷报》的一篇文章呼吁英国船东奋起捍卫他们参与这一贸易的条约权利。[66]然而，这些论点通常基于招商局获得清政府不可动摇的支持的假设之上，而实际上，该公司与政府的关系既复杂，又脆弱。尽管满怀斗志，但在1877年收购旗昌轮船公司之后，招商局在政治和财务上的处境都很微妙。

清政府从未直接投资招商局。该公司从清廷得到的支持，体现为回报丰厚的运价合同，以及各种税收优惠和其他特权，类似于英印轮船公司和印度政府之间的关系。最重要的政府合同，是按此前运费的两倍价格在沪津线上运送漕粮。在经营的最初几年里，招商局运输的漕粮越来越多。[67]1877—1899年，国家又进一步给予公司一些类似经营补贴的优惠，包括免征关税，免除中国蒙古和俄国市场铜矿和茶叶贸易的关税和厘金，以及让其垄断各省发往天津的官方货运等。政府使用招商局船只运送军需物资和军队。[68]虽然公司规章制度中没有提及正式的垄断权利，但招商局实际上垄断了19世纪末清朝旗下的轮船航运业务。清政府一再拒绝其他中国人注册新航运公司的申请。1877年和1882年，李鸿章压制了上海商人创办私人轮船公司的企图。台湾总督刘铭传1888年创办的轮船公司的船只被禁止进入招商局经营的航线。[69]垄断有助于保护招商局的生存能力，使其能与外国公司一较高下。[70]尽管所有这些措施都支持了这家公司，也帮助补贴了运营成本，但清政府从未直接注资。

此外，轮船招商局没有被纳入清朝官僚体系，也不隶属于任何一个政府部门。这家公司由清廷官员创办，官员对它的运营进行一定程度的监督，但它不属于清政府的正式机构。在它运营的头几十年，北洋大臣兼直隶总督李鸿章亲自监督。李鸿章扮演的角色主要是赞助人与保护人。事实证明，他的赞助对公司的发展至关重要，因为他能够在关键时刻获得政府贷款和特殊优惠，但他的支持与其政治地位有关，未能形成长效机制。后来，随着李氏政治声望的下降，他就不能再用这样的方式支持和保护招商局。[71]

　　轮船招商局在 1873—1877 年的快速扩张，既体现了李鸿章赞助以及公司官方背景的意义，也暴露了它的局限性。公司的扩张主要得益于李鸿章能从政府财政部门中获得低息贷款。招商局仍有部分股本尚未被认购，面临与挂洋旗公司激烈竞争之时，公司的资本和收入都不足以支撑新船的成本。它从漕粮贸易中获得的可观收益，被竞争中的损失以及向股东支付 10% 的分红保障政策（意在吸引更多的商人投资者）所抵消。这些年购买新船的资金部分来自唐徐二人争取的地方银行贷款，部分来自经李鸿章协商而来的江苏、浙江、直隶和山东等省的财政贷款。1877 年，当招商局欲收购旗昌轮船公司时，李鸿章和盛宣怀又从各省财政中争取到了贷款。这些贷款是一种有限援助方式，因为招商局必须在短期内偿付 8%-10% 的贷款利息。招商局不得不在偿还政府贷款利息的同时，向旗昌洋行支付收购余款，这让其在实力似乎达到顶峰之际，又陷入了岌岌可危的财务深渊。[72]

084

　　唐廷枢恳求李鸿章安排延迟偿还政府贷款，但李鸿章无法从省级财政获得这样的支持。由于招商局在多条航线上与太古和怡和旗下的公司开展价格战，财务状况非常不稳。在这种情况下，招商局为了确保自身的生存，放弃了先前的积极竞争的姿态。唐廷枢与太古和怡和就费率协议和贸易划分进行谈判，结束公司间的公开竞争，确保所有参与者的稳定收益。[73] 这一协议标志着招商局放弃从外国公司手中夺回内河和沿海的目标：为了继续经营，它不得不推迟实现这一目标。

轮船招商局与英国公司签订的协议帮助其稳定了收益，同时也助其扩大了股本。新股东的来源颇有点出人意料：收购旗昌轮船公司之后，唐廷枢和徐润原以为这家美资公司的华人股东会把他们的股份转给招商局，但这些股东继续抵制。许多人直接拒绝认购，还有的为赈济山东饥荒大捐善款，借以回避官方购买股份的"邀请"。[74] 一群浙江商人牵头组织前旗昌轮船公司股东，另成立一家挂美国国旗的新公司，表明他们或对招商局的官方背景仍心存疑虑，或不信任其广东籍领导层，或二者兼而有之。[75] 然而，尽管这部分人不感兴趣，其他中国投资人对持招商局股份的需求，却出现激增。到 1880 年，招商局已售出足额股本，实现了计划的 100 万两资本目标。三年内，它的股本再翻一番，甚至不得不拒绝一些潜在的投资者。[76] 对公司兴趣的增加，可能是公司收益稳定使然，抑或是华人更加熟悉资本持股的结果。[77]

1873 年，轮船招商局进入轮船航运领域带来的变化，较之上一年太古带来的改变，甚至更大。招商局从官方渠道获得了足够的支持，得以强势进入，并立刻在这个由挂洋旗公司主导的领域占据了重要位置。没过几年，它便收购了最强大的对手——旗昌轮船公司，成为长江和沿海地区最大的公司。尽管该公司与政府的关系并不像外国观察人士想象的那样密切，但对清廷官员而言，确保其在轮船航运网络中的稳固地位，既是一项商业成就，也是一项主权行为。在这一时期，招商局既没能实现从外国公司收回航运利润的最初愿望，也没能聚集投资于外国公司的中国资本，但它已经成为一个有实力、有地位的企业，并一直维持到 1937 年。

怡和洋行：怡和轮船公司

1877 年，轮船招商局收购旗昌轮船公司对轮船航运业的另一个影响，就是让英国怡和洋行经营的轮船公司，成为硕果仅存的，仍用万国模式筹集口岸资本组建的大公司。华人和通商口岸洋人投资者持有怡和洋行旗下的华海轮船公司（1872 年成立）38.5% 的股份。怡和洋行在 1877—1880 年赚到了前所未有的利润，创办了一家新的扬子轮船公司（Yangtze Steam Navigation Company，1879），为牛庄至汕头贸易航线建造新船，并为华海和扬子两家企业招募通商口岸投资者。[78] 然而，怡和洋行于 1882 年将旗下多个航运公司合并为怡和轮船公司，怡和航运项目的投资主体也从中国变成了英国。

怡和轮船公司是怡和洋行对更加充沛的英国资本的回应。新公司船队共 13 艘轮船，由华海轮船公司船只、扬子轮船公司船只、为牛庄至汕头航线建造的船只，以及怡和经营的香港和加尔各答之间的 3 艘船只组成。[79] 为了给这次合并融资，怡和洋行的克锡（William Keswick，1834—1912）将目光投向家乡格拉斯哥，将股份卖给那里涉足英国航运和造船业的合伙人。伦敦与格拉斯哥航运工程公司（London and Glasgow Shipping and Engineering Company，曾为怡和轮船公司建造过一些新船）的詹姆斯·麦格雷果（James MacGregor），与另一家著名的格拉斯哥公司的老板托马斯·里德（Thomas Reid），成为怡和轮船公司最大的股东。[80] 还有一位怡和轮船公司的首任董事，是格林邮船公司（Glen Line）的创始者——怡泰洋行（MacGregor Gow & Holland）的资深合伙人。[81] 面值 10 英镑的股票则可由一般的

"英国投资大众"持有。[82] 支持怡和轮船公司的航运和造船利益集团网络，或许不如支持太古轮船公司的紧密，但这两家公司都得到了英国造船商和海外航运集团的支持。

在这一改变的过程中，怡和并未完全放弃口岸股东。公司的初始资本为 44.98 万英镑，其中 21 万英镑归英国投资者持有。约 20 万英镑的怡和股票，占初始资本的近一半，留给了中国投资人。然而，这些保留股份中，一半由怡和洋行自持，仅 10 万镑留给了华海和扬子轮船公司的口岸投资者。[83] 尽管怡和在新的股权结构中重新承认了口岸股东，但没有证据表明公司继续在华寻求投资。怡和轮船公司新的英国认同是毋庸置疑的：公司持有的股份和英国的股份加起来占公司总资本的近 3/4，并且公司总部和各位董事都在伦敦。

怡和的合并是中国水域中轮船航运业转型的最后一步。太古、招商局与怡和三家公司，不但统一了资本和旗帜，它们经营的规模也比过去的公司大得多。它们拥有更大的船队，到 19 世纪 80 年代初，三家公司在主要的沿海和内河航线上提供着相似的服务。以往，由一家公司控制或垄断一条或多条航线并不鲜见，但在 1877—1882 年，当太古、招商局和怡和展开相互竞争之时，各自开始侵入原本属于其他公司的航线。招商局在收购旗昌轮船公司之后，用扩大后的船队，进入了被认为是太古或怡和的专属航线。英国公司也一样。当怡和 1879 年进入长江贸易时，太古则将船开到了怡和的沪津线。怡和开始建造牛庄—汕头航线船舶，而太古和招商局正围绕这一航线展开激烈竞争。[84] 到 1882 年，三家公司都保有长江、沪津、牛庄—汕头航线服务，怡和在沪榕线上和招商局竞争，太古则在沪甬线上和招商局

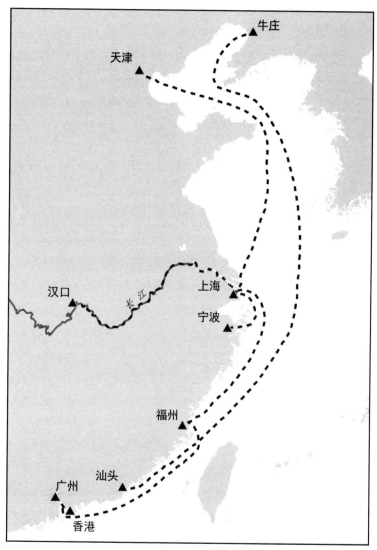

地图 2.1 长江和沿海一带的主要轮船航运路线（19 世纪 70 年代）

改编自：K.-C.Liu, *Anglo- American Steamship Rivalry*. 5.

逐鹿（见地图 2.1）。尽管各家公司提供的服务略有不同，但没有一条主要航线仍专属于某一家公司。

一旦这些公司的规模和范围达到一定程度，它们就不再进行公开竞争，转而选择通过航线和运费协议来控制竞争。这种有控制的竞争在航运网络中并非没有先例：19 世纪 60 年代以来，关于费率、贸易划分和专属特定航线的协议已很普遍。与之前不同的是，现在的协议更加全面，将利润集中在一起，更根据共享航线的具体比例划分班次。1877 年签署的一系列类似协议为招商局、太古和即将成立的怡和赢得了"三公司"的称号。随后的 1882 年协议，进一步调整了"三公司"的扩张和并购，细分了最重要的长江和沪津航线业务。根据这些协议，"三公司"组成了班轮公会，在未来的 60 年里，这一组织帮助它们把持了头把交椅的江湖地位，对中国水域的轮船航运业产生了决定性影响。

怡和将其航运企业重组为怡和轮船公司，是对昔日中国水域航运业世界主义的最后一击。两家英国公司都没有积极寻找口岸股东，招商局也禁止外国投资者认购公司股票。随着这三家不断扩张的公司逐渐占据航运网络的主导地位，它们船只所挂之旗已成为背后利益的实际标志。附股行为没有完全从航运业中消失，从怡和轮船公司为口岸投资者保留少数股份便可看出，此外，在 19 世纪八九十年代，偶尔也会在口岸出现新的航运企业。然而，这些新企业规模都很小，且往往昙花一现，而"三公司"则资本雄厚，实力强大。[85] 因此，针对附股活动在 19 世纪八九十年代有所增加的观点，轮船航运业算是一个例外。尽管附股现象在银行、保险、纺织、出口加工和轻工业等领域不断增加，但在通商口岸网络内的商业轮船航运再未成为这类投资的重要舞台。[86] 发生在 1872—1882 年的资本和旗帜的统一，是新的政治和经济环境影响轮船航运的结果：英国航运的全球扩张，英国公司转向本国寻求资本之源，以及清廷想要通过轮船招商局收回沿海和内河航行权。

结　论

轮船航运业在 19 世纪七八十年代发生的变革，将商业领域融入条约体系的政治之中。过去航运领域以通商口岸为基础，多国投资和多边利益的格局，让位于英国和清王朝的利益冲突。在政商两界，一触即发的终极冲突，在一种新的合作形式之中得到化解："三公司"的班轮公会。

第三章将从合作方式的角度，专门分析 19 世纪 80 年代以来的班轮公会。19 世纪六七十年代，最重要的合作方式看上去有些老套：通商口岸华商投资外国航运公司。这种合作方式，是基于华商的共同经济利益，而不考虑或无视当局的权威和主权。虽然李鸿章和其他轮船招商局的创始人从未完全成功地将这些商人招募到招商局的事业中，但他们试图干预这种合作的尝试，加速了商业轮船航运领域内附股活动的急剧萎缩。尽管招商局最终加入了班轮公会，但整个清王朝，华人权益都集中在这家国字号的公司，该公司也保持了清朝旗帜在中国水域的存在，并且维持了相当规模。

通过比较 1860—1882 年中印两国轮船航运业的发展，可以看出两国轮船航运业之间的历史关系，说明 19 世纪 60 年代在印度进行的殖民国家建设，助推了随后几十年英国航运力量向中国的扩张。概而言之，印度的殖民化让英国航运在那里获得了超越当地殖民边界的能力，成为一股全球性的力量。丹尼尔·海德里克（Daniel Headrick）认为，印度的殖民化对 19 世纪下半叶英国崛起为世界主要航运强国至关重要：印度平衡了英国的全球贸易，并为英国的航运服务和商品提供了一个几乎是垄断的市场，使英国成为世界金融、航运和保险中心。[87] 这一新角色对中国和世界其他许多地区都产生了深远的影响。

印度 19 世纪 50 年代至 60 年代初的沿海航运业，与中国 19 世纪 60 年代的万国公司非常相似。轮船公司的大部分资金都来自印度当地的印度和欧洲商人，且彼此通常是合伙人关系。轮船公司的主要投资人，是美国内战期间在孟买和艾哈迈达巴德纺织业红火时发财致富的印度商人，或参与中国贸易的帕西商人。[88] 然而，到了 19 世纪 60 年代末，几乎所有本土融资企业都在与英印轮船公司的竞争中败下阵来，该公司有政府邮政合同、英国资本以及英国建造船只的支持。[89]

英印轮船公司与印度政府的邮政合同，是实现这一主导地位的关键所在，且实效远不止于此。1862 年后，邮政合同帮助英印公司在英国募资，助其扩张。公司融资途径畅通，得以保持大量资金储备，并不断升级船队，强化在印度的竞争地位。[90] 此外，英印公司在 19 世纪 60 年代的快速发展，使之立于有利地位，能够预见世界航运因通信革命而发生的变化，并能从中获利。由于对苏伊士运河将给印度带来更先进的轮船技术和管理更高效的公司的预估，英印公司精心准备，储备了煤炭，改造了船只，裁减了船员。[91] 运河开通后，英印公司与新的海外轮船公司签署了联航协议，使其得以保留对印度沿海航线的控制权，进一步阻止了新公司的进入。[92] 随后，英印公司又扩展了与印度政府的合同和联系。[93] 该公司因此成为通信革命带来的印度

海上对外贸易和国内贸易增长的主要受益者。公司的兴旺使它能够将
服务延伸至印度尼西亚群岛（1866）和东非海岸（1872），并开辟了
通往欧洲的海外航线（1874、1876）和印度与澳大利亚之间的航线
（1881）。到1882年，英印公司拥有世界上单一公司所有的最大的船
队。[94] 通过与殖民政府签订邮政服务和确保殖民通信网络安全的合同，
公司走出印度沿海，成为世界级的航运劲旅。

　　英印公司的发展和扩张比新兴的英国公司进入中国早了整整十
年，但在其他很多方面，这些公司非常相似。苏格兰银行创立英印公
司前身铁行轮船公司（Mackinnon，Mackenzie & Company）的历史，
与在中国的太古洋行和怡和洋行类似。它从亚洲的一个贸易中间商，
转变为一家更加多元化的公司，与英国本土的经济联系使其在海外竞
争中占据优势。铁行轮船公司的创始合伙人来自苏格兰同一个城镇，
他们于1847年在加尔各答成立了这家公司。19世纪五六十年代，公
司开始从贸易转向航运，最终将其不同的航运企业合并成了英印轮船
公司。随着航运业在其业务中发挥的作用越来越大，铁行轮船公司的
实力，越来越少地依赖于其印度的地理位置（以及从中获取的信息），
越来越多地依靠在英国争取到的对印度新兴企业的资金和支持。公司
主要依靠格拉斯哥紧密的家族和商业网络，来寻找股东和职员；公司
船舶则购自苏格兰克莱德河造船厂。[95] 不难看出，英印公司的迅速崛
起建立了先例和条件，有助于太古、怡和等洋行在英国国内找到充足
资金，投放于中国水域的有关企业。

　　印度和中国的轮船航运分别出现在19世纪通信革命的首尾两端，
都对19世纪英国航运力量在全球扩张有所助力。两国经验的时间关
系表明，殖民地的国家建设是这一进程的重要推动力。殖民政权为英

印公司提供了一个快速扩张并获得最大利润的环境，使投资其他海外航运企业在英国成为一种具有吸引力的事业，从而将英国航运的边界拓展至帝国边界之外。

然而，19世纪70年代中印航运业的显著区别在于，英印公司在印度沿海航线上几无对手，而在中国的英国公司则与轮船招商局展开了激烈的竞争。到了19世纪70年代末，可以明显看出，无论是独立，还是联合起来，太古轮船公司和怡和旗下的航运公司都无法淘汰招商局，招商局也无法击败它们。这一局面最终因班轮公会的成立而得到解决。在中印两国，这十年的业务格局在很长一段时间内都没有改变，英印公司到第一次世界大战期间几无对手，班轮公会的"三公司"到第二次世界大战期间从未退出过长江和沿海地区。正如巴尔德夫·拉杰·纳亚尔（Baldev Raj Nayar）所表明的那样，殖民时期的印度几乎没有本土航运的空间，因为殖民政府和英国航运利益集团是如此紧密地交织在一起。纳亚尔认为，"国家主权，更重要的是国家主权的行使，才是民族商业船队生存的根本"[96]。中国很难自外于英国航运实力的崛起，但清政府在轮船招商局的幌子下进行了干预，保证了悬挂清朝旗帜的商业船队的存在。

第三章

作为合作机制的班轮公会
（1882 — 1913）

1883 年 3 月，太古轮船公司的约翰·萨缪尔·施怀雅对新协议下"三公司"关系的变迁做了如下描述："我们为了共同利益联合起来，发展多种业务，进行多元化经营。我们之间有过家庭争吵、意见分歧、意气用事，甚至暂时分居，但我们绝不会因此离异。将来，我们必会同床共枕，正所谓是天地作合。"[1]施怀雅所言不虚，从 19 世纪 80 年代到 1937 年，该公会一直是中国航运业的中流砥柱。这一"天地作合"的联盟，多数时候完全主导着航运业，虽然有时也会遇到新对手的挑战，不过，它作为通商口岸网络核心体制的地位一直无法撼动。该公会形塑了轮船运输的基本业态，也决定着中国水域中轮船运输的速度与节奏。作为一种重要的合作机制，该公会也凸显了半殖民体制下相互合作中的矛盾性。

该公会在中国的沿海沿江航运中的角色十分特殊、极其重要，因为像这样的公会与 19 世纪晚期的国际航线关系紧密。公会是一种卡特尔式的同业联盟，通过订立固定的最低费率抵制外部竞争，以此保护内部成员的市场份额。就保护公会公司的业务而言，卡特尔被认为是非常必要的，因为它们曾斥巨资购买船只和建立固定航线，而那些不正规的轮船公司只运有利可图的货物，却不提供定期的航运服务。19 世纪 80 年代，班轮公会在国际航运路线上遍地开花，而推手多是英国船商。到世纪之交，公会已控制大多数国际贸易航线。² 约翰·萨缪尔·施怀雅通过谈判为霍尔特远洋轮船公司达成一系列有关国际航线的公会协议，中国水域的公会协议也是在他的积极促进下达成的。随着英国在中国航运业及组织班轮力量的增强，加之其他海外公司也亦步亦趋，清政府最终接纳了公会制度。

由轮船招商局、太古轮船公司和怡和轮船公司组成的班轮公会，在 1882—1895 年达到权力顶峰，并确立了此时中国航运的基本框架。在多年的竞争中，公会保障三家公司收入的稳步增长。它不但规定船期，还订立统一费率，使整个轮船航运更加规范有序。这些年间，公会机制可以很轻易地包容偶尔的外部竞争者和内部的竞争。支持者认为公会对稳定整个航运业起了很大作用，而反对者则认为它阻碍了清帝国航运的扩张。

班轮公会也为半殖民体制下的合作机制提供了一个十分鲜明的实例。招商局内部的批评者认为，和英国公司签订协议的决定背叛了招商局的最初使命：从外国公司手里"收回"内河及沿海航权，尽管公会对这家挂着清朝旗帜的公司的实际影响要复杂得多。和其他形式的合作一样，公会的影响有些自相矛盾：1882—1895 年，由于公会的介入，在轮船招商局和英国公司之间出现了无疑对后者更有利的不平等。同时，公会协议带来的稳定的贸易关系和经济利益，保护了招商局，让它在政治的风雨飘摇和管理的波谲云诡中得以存续。尽管招商局没能把外国航运公司从中国水域驱逐出去，但还是在维护清王朝国家主权上起到了一定作用。

中日甲午战争之后，一批新兴的轮船公司开始挑战班轮公会对通商口岸网络的控制权。这些新兴公司来自日本、德国和法国，由本国政府资助，代表国家想在中国水域分得一杯羹。1895 — 1911 年，由于新的竞争和陆续从清政府获得的租界特权，航运网络的速度和规模都得到了提升。公会的地位在这一时期虽受到挑战，但最终挺了下来，权力也未受到太大影响。到 1911 年，在中国水域唯一能与公会的三家公司一较高下的新竞争者，是日本的日清汽船株式会社，该公司于 1913 年也加入了公会。

这期间，航运业竞争激烈，发展很不稳定，公会内部的合作对轮船招商局的影响更加显著。到 1913 年签订新协议之时，招商局的市场份额已低于英国和日本公司，丧失了参与他们开发的重大新贸易项目的能力。与此同时，公会组织依然支持招商局，尽管招商局和清政府的关系渐行渐远。清政府不仅不再像以前一样为招商局提供有利特权，而且还开始向招商局索取费用，或为其他目的动用招商局资金。1911 年，轮船招商局正式登记为私有企业，完全脱离清政府。清朝末年，清政府很明显不再像以前那样把航运当成事关主权的领域。但是，轮船招商局作为公会成员还能在清王朝风雨飘摇的这些年间存活下来，是因为清政府可以通过它寻求其他有利条件。结果，清朝覆灭后，轮船招商局和公会体系依然健在，直到抗日战争全面爆发，轮船招商局继续在航运网络中悬挂中国旗帜，彰显着中国的影响力。

在华班轮公会（1882—1895）

1882—1885 年，班轮公会在中国水域的实力攀至顶峰。"三公司"组建的公会定义了当时的航运业态，并形成了轮船运输的基本形态。班轮公会不仅缓和了航运业的竞争态势，稳定了航运贸易和交通；而且公会成员之间还达成协议相互承认客票和转交货物，共同抵制公会之外的竞争。由此，航运服务形成了相对统一的标准。尽管 19 世纪六七十年代，相互竞争的轮船公司之间也签署过类似的协议，但 1882 年的班轮公会突出了其对贸易监管的全面性，且与世界各地海外航线中兴起的班轮公会趋势相平行。

中国沿海轮船公司中公会组织的出现，与 19 世纪 70 年代国际班轮公会的迅猛发展有关。这些公会，也被称为卡特尔或联盟，它们是在苏伊士运河开通后的航运业竞争新局面下，从国际航运公司中产生的。公会限制内部成员的相互竞争，阻止新来者参与运营。1875 年，加尔各答班轮公会成立，由此开启了 19 世纪 70 年代晚期形成的由英国公司控制的公会体系。远东班轮公会（成立于 1879 年）的成员可提供从欧洲到中国和日本的班轮服务，除了法国邮船公司，其他的都是英国的航运公司。[3] 到 20 世纪之交，英国主导的公会控制了大部分国际贸易航线，其中包括通往澳大利亚（1884）、南非（1886）、西非（1895）、巴西（1895—1896）及南美西海岸（1904）的航线。[4] 这些班轮公会决定了 19 世纪末 20 世纪初国际航运体系的基本形态。

班轮公会的基本理念是确保班轮贸易的持续赢利。19 世纪六七十年代，远洋轮船技术突飞猛进，让定期海外航运服务成为可能。专门从事定期航运业务的班轮公司有特定航线，一般运输高价货物，比如工业制成品，或是水果之类的对时间要求比较高的货品。这些公司的船只开销巨大，固定成本极高（高达航运总成本的 75%），只有依靠高效的组织机构才能赢利。班轮公司很容易受供求变化、贸易季节性波动和竞争态势的影响。19 世纪 70 年代，造船业十分兴盛，这些公司经受住了新兴班轮公司、不定期货船或"游击船"带来的激烈竞争。不定期货船或"游击船"是没有组织的货船，会在旺季加入班轮航线，拉低正规公司的运价。班轮公会成员通过共享特定路线，可以减少与新兴班轮公司和不定期货船或"游击船"的竞争，从而增加各自的收益。

　　因为中国将轮船航运限制在通商口岸，19 世纪 60 年代中期后，航运网络中活跃的轮船公司多按班轮公司运营，也同样容易受竞争和季节变化的影响。随着美资旗昌轮船公司在 19 世纪 60 年代中期以后规模和影响的扩大，公司管理者开始与竞争对手签署协议，维持统一费率，或在很多情况下划分航线。[5] 紧随 1872 年太古轮船公司进入长江流域，约翰·萨缪尔·施怀雅倡议缔结更强有力的协议，限制关键航线的竞争。凭借"费率合营"政策，施怀雅分别于 1874 年和 1877 年与旗昌轮船公司、轮船招商局划分长江贸易航线。所谓"费率合营"，是指各参与公司统一收费标准，制定严格的离港时刻表，集中利润，并在营运周期结束时瓜分收入的一种合作形式。[6] 施怀雅的传记作家认为，他在中国内河和沿海航线订立的协议产生了稳定的效果，这一经验让他觉得也可以将之运用于海外航线。因为太古是霍尔特远洋轮船公司的代理商，施怀雅遂助其组建了远东公会和其他欧亚航线公会。[7] 限制竞争的协议对于航运业来说并不是什么新鲜事，但是，19 世纪 70 年代，太古轮船公司在中国的经验促进了英国主导的班轮公会走向世界，"三公司"于 1877 年以这种形式签订了一份公会式的协议，1882 年又签署了一份更为全面的协议。

班轮公会通过维持对所属成员的内部控制，减少相互竞争。他们协定运费，或者也可能实施合营协约：预先划定成员公司在特定线路上的贸易份额，各公司根据船队规模、吨位或效率有权分享利润总额。在每季度末，公会成员还会根据这些比例再次分配总利润。"三公司"公会的核心就是这套全面的合营协议。1882 年，太古轮船公司、轮船招商局和怡和轮船公司均得到进一步的发展，他们的船队规模和航线范围基本相当。公会设定长江干流和津沪航线的班次和利润分配比例。在长江航线，轮船招商局占收益的 42%，太古轮船公司占 38%，怡和轮船公司占 20%。在津沪航线，轮船招商局占 44%，太古轮船公司与怡和轮船公司各占 28%。公会还达成共识，各公司已开发的航线，其他公司不得染指：因此上海—温州航线和香港—加尔各答航线则分别为轮船招商局和怡和轮船公司所独有。太古轮船公司同意不进入上海—福州航线，怡和公司也同意远离上海—宁波航线和香港—广州航线，招商局和太古则在这两条航线上互相竞争。[8]

除了内部控制，公会还采取排外措施，遏制新的竞争对手。其中最常见的手段是延期回扣。这是一种激励托运商对公会船舶保持忠诚的措施。如果托运商在一段特定时间（通常是半年至一年）内只使用班轮公会的船舶，公会在此之后会将他们已付运费的 5%-10% 返还。"战舰"行动是针对公会以外的公司试图进入公会航线的措施。每当有新的竞争对手的船舶离港，公会都会派出一艘收费很低的船舶与其抗衡，利用成员们的财政资源把新来者逐出航线。为了让托运商对公会船舶保持忠诚，"三公司"在规定的一段时间结束时会向他们提供5% 的回扣。当有新船舶进入航线，他们会与其同时航行，或马上降低运费。他们也不会向别家轮船提供相互之间可享有的服务，比如承认其他公司的客票或拖航遇到困难的船舶。

　　1882 年成立的班轮公会稳定并最终提升了"三公司"的收益。[9]此外，它还保障了通商口岸间的航运业务按照规定班次和统一费率进行。比如，长江各口的日常航运就十分有规律——周一到周六，每天都有一艘商船从上海和汉口的终点站出发。每家公司每周需安排两次定期航行，从航线两端的一方出发：招商局船周一、周四从上海离港，太古船周三、周六，怡和船则是周二和周五。[10]"三公司"精诚合作，确保航运平稳运行，包括：头等舱乘客可以乘坐公会任一船只返程；万一出现问题或延误，货物也可安排其他公司船只运输；船只一旦搁浅，则相互帮助拖航，等等。[11]正如此时英国的海外航线被称为"海上铁路"，中国内河和沿海的日常航运，也保障了通商口岸之间平稳有序的通联。

　　班轮公会可以减少竞争，但不能完全消除竞争。1882—1892 年，"三公司"有时也会吸纳新的竞争对手成为预备会员。预备会员在公会内部虽无选举权，但必须遵守公会设定的船期表和费率。依附于公会，尽管可以让新公司参与贸易时免受攻击，但公会也会限制他们的发展，比如限定其船只吨位以及航行路线。[12]19 世纪八九十年代，长江航道上的两家英属小公司成为"三公司"的预备会员，即麦克贝恩轮船公司（McBain & Company）和鸿安轮船公司（Hong'an Company）。与"三公司"相比，这两家的船队和运营都难望其项背。[13]他们的船只被允许每周从上海和汉口离港两次，但必须和"三

公司"的始发时间相同。¹⁴ 正如《北华捷报》描述的："为了在主航
道上造成相互竞争的假象，它们制定了严密的游戏规则。"¹⁵

一个试图与班轮公会竞争的对手如何最终屈服被收编？我们可以
从鸿安轮船公司的历史中找到答案。该公司成立于 19 世纪 80 年代
末，目的正是为挑战公会霸权。它由本地华人和英国资本联合出资组
建，其中包括与"三公司"有关的买办和经纪人。鸿安公司旗下最初
只有轮船 11 艘，提供往来于长江、上海—天津、汕头—台湾的航运
服务。几年竞争下来，该公司经营萎缩，只剩下服务长江航道的 4 艘
小船，最终于 1897 年加入班轮公会，成为预备会员。¹⁶

公会为成员之间的内部竞争设定了办法。"三公司"竞相使用最
高效的船只，以实现利润最大化，如此带来的连锁反应是，该公司
又有钱投资装备更好的新船。久而久之，随着船队规模和容量的扩
增，该公司就可能向公会提出重新协商公会条款。整个 19 世纪 80 年
代，太古轮船公司都在扩张自己的船队。到 1889 年原公会协议届满
之时，约翰·萨缪尔·施怀雅就要求新协议需要考虑太古轮船公司今
非昔比的地位。其他公司对此并不同意，公会协议暂时终止，最终导
致 1890—1892 年"三公司"内部公开竞争的状态。他们将这段公开
竞争的时期称为"价格战"，每家公司都试图削弱对手，共有航线的
运费被压得极低，甚至低于成本。在此期间，"三公司"都侵入了此
前同意撤出的领域：怡和公司在上海—宁波航线增设一船，轮船招商
局在珠江增开一船，太古公司则在上海—福州航线增设一船。¹⁷ 1893
年，几家公司终于订立了新的公会协议，承认太古公司规模的扩张，
以及怡和公司此时的新发展。这体现在协议中，就是对各公司重要贸
易所占份额的调整：太古公司在长江和华北沿海航线的份额增加 4%，

101

怡和公司增加 1%，轮船招商局则损失了 5%。此协议于 1896 年得以
续签，一直沿用至 1901 年。[18]

　　无论是国际航线，还是国内航线，公会体系都引发了争议。在英
国，很多人批评它是一种反竞争的垄断行为，背离了海洋自由的理
念。自由贸易倡导者正是基于这一理念于 1847 年废除了英国的《航
海法案》（Navigation Act）。[19] 公会体系的拥护者则认为，在常受货
物供应各种波动影响的航线上，提供有规律且高效的航运服务，是非
常必要的。[20] 他们相信，公会体系可以提供更加稳定的费率，从而提
高市场的可预测性，让托运商和消费者从中受益。[21] 支持者们着重强
调公会体系内部的制衡。公会不会把运费抬得过高，否则"游击船"
可能会侵入，而且，公会也不会固定成员，以便吸纳成功的新竞争对
手。[22] 由于其反竞争的特质，公会的合法性在 1885 — 1890 年在英国
法庭屡遭质疑，不过法院和主要的政府研究报告，比如英国皇家委员
会关于班轮公会的报告（1909）和美国亚历山大报告（1914），都认
为公会是一种法律上可接受的海洋航运的组织形式。[23]

　　在中国，有人抱怨，公开竞争的缺失会导致航运业十年如一日般
一成不变，最终将阻碍其发展。一份英国领事关于 1888 年以来汉口
贸易的报告注意到，蒸汽轮船出入港的节奏稳定，但老式沙船的大量
存在说明此地轮船运输尚有很大潜力。[24] 想把轮船航运引入四川的人
则认为公会阻碍了该航线的开展。按照"三公司"的公会协议，长江
上游航线是轮船招商局的专属特权，但该公司仅偶尔派船运营汉口以
上航线。[25] 对于那些希望把轮船航运拓展到清朝新区域的人而言，公
会协议尽管一度维持现状长达数年，但从更长远着眼，却是阻止了航
运扩张的进程。

尽管有人对日常航运的缓慢节奏颇感困顿，但很多人还是对公会体系下可预测且服务高效的益处称赞不已。当 1890 — 1892 年公会协议突然终止时，公会体系维持贸易与运输秩序的价值凸显出来。运价波动不定，迫使托运商推迟装运，造成贸易速度减缓。[26] 价格战期间，客运票价的奇低，使得客流量突增。许多观察人士认为这是犯罪和骚乱爆发的根源。芜湖海关专员说道："轮船票价低廉，便于盗贼和其他坏人团伙四处流动，聚集到他们盯上的任何口岸。"[27] 在 1891 年 5 月长江各口及停靠站爆发的一系列反基督教运动中，表现得更加突出。运动顺江而上，渐次蔓延，从扬州到芜湖，再到南京、安庆、丹阳、武穴、九江和宜昌。发动者据说是哥老会成员和退役士兵。低廉的船票使其得以沿江而上，逃避抓捕，煽动更多骚乱和示威。[28] 后来，价格战结束，公会达成新约，动荡局面也随之结束，很多人感到庆幸不已。

无论是国际还是在华的托运商，都反对公会决定航运费率和程序的权力。中国商人按照行业和／或籍贯组成行会，以此与"三公司"对抗和谈判。早在公会体系发展成熟之前，华商行会就曾组织针对某些航运公司的"罢运"（抵制）活动，抗议他们认为不公的政策。行会成员悄悄地组织抵制活动，做法也很简单，就是拒收那些经手问题公司船只的货物。[29] 这些行会大部分都有分支，遍布各口网络，因此抵制活动可在多处同时开花。比如，1873 年夏，山东行会就组织了一次针对旗昌轮船公司的罢运运动，以抗议该公司拒绝补偿行会某成员在一次运输事故中的损失。旗昌轮船公司最终不得不同时与行会的上海分会和天津分会交涉，来停止罢运。[30] 随着公会体系的建立，这些行会倾向于在罢运运动中从"三公司"中挑出一家来抗议公会政策，并把行会和其他两家公司协商和解的重担压在这家公司身上。尽管公会机制保障被抵制公司也可获得其利润份额，但抵制活动对公司的业务和名声来说无疑是一记重击，这也可能为外来竞争者制造可乘之机，借满足行会要求，挑战公会权力。[31] "三公司" 高度重视抵制运动，与行会尽力达成和解：公会很少诉诸组织力量压制罢运，因其担心如此便会与运动幕后的行会完全疏离。[32] 公会无疑是有这种能力的，但借处理行会罢运之机，公会可以名正言顺地了解托运商们的诸种诉求。

1882—1895 年，"三公司" 公会主导着长江和沿海的航运业务。公会不仅保持了 "三公司" 的强势地位，还决定着航运网络中贸易和行进的步伐。时人中称赞其稳定作用者有之，批评其缺乏活力者有之，然而这都改变不了它一直处于行业中心的支柱地位。

作为合作机制的公会

轮船招商局创办的初衷是从外国船商手中收回江海利权。19 世纪 70 年代，它展开了声势浩大的扩张进程。然而，招商局于 1877 年和 1882 年两次决定加入班轮公会，这很明显是对其初衷的彻底背叛。很多历史学家曾批评，轮船招商局公然背弃其原初民族主义立场，热衷于与外国航运利益集团相互妥协。比如，樊百川——一本内容丰富的中国近代航运史的作者，就把这种背叛归咎于轮船招商局的主事者，如唐廷枢、徐润和李鸿章等人，认为他们不能适应商业竞争，加入公会是为了防范个人财产遭受损失。[33] 在更新的关于公会协议的研究中，陈潮提出，招商局加入公会的决定同时阻碍了其他中国航运企业的潜在发展，因为它通过与外国企业合作，垄断了航运业。[34] 两种说法都认为，轮船招商局的决定只照顾了狭隘的自身利益，牺牲了国家发展的更大使命，即要么保持自身独立，要么让中国现代航运变大变强。

但是，如此评价轮船招商局在班轮公会中的角色，就忽略了班轮公会对中方企业相当复杂，甚至自相矛盾的影响，以及半殖民体制下合作机制的精微之处。轮船招商局确实违背了自己的初衷，为了渡过财政危机加入公会，但从其自身发展或维护清朝主权的角度看，加入班轮公会对招商局而言并不全然消极。像条约体系和其他形式的合作一样，班轮公会也滋生了成员之间的不平等。1882—1895 年，英国公司在各种贸易中所占份额稳步增长，而轮船招商局的份额却不断萎缩。但加入公会同时也保全了轮船招商局，让它得以在内部纷争和与政府关系的动荡时期度过时艰。

19 世纪 70 年代，轮船招商局的快速扩张，以及对旗昌轮船公司的收购，使其债台高筑。债主除了清政府，还有旗昌洋行、本地银行和其他个人债权人。19 世纪 80 年代早期，招商局再也无法延迟偿还政府贷款以及所欠旗昌洋行的债务。班轮公会带来的稳定环境和固定收益，助其解决了债务危机。1882—1895 年，招商局还清了巨额债务，还有足够盈余升级船队，即便其更新速度跟不上当时公会的其他成员。[35]

1882—1895 年，轮船招商局在班轮公会内部的地位发生了改变。1882 年，招商局的船队规模最大，在多数线路上都占有最大的利益份额。到 1893—1894 年，"三公司"重新洽谈公会协议时，它的船队规模已沦为末次，还损失了 5% 的利润份额给其他公司。1882 年，招商局旗下轮船 33 艘，太古公司 20 艘，怡和公司 13 艘。到 1894 年，招商局旗下船队缩水至 26 艘，虽然总吨位仅有些许下降（从23697 吨降至 23284 吨）。与此同时，英国公司却在不断壮大升级自己的船队。太古公司船队从 20 艘增至 29 艘（总吨位从 22151 吨增至 34543 吨），怡和公司船队从 13 艘增至 22 艘（总吨位从 12571 吨增至 23953 吨）。[36] 尽管新的公会协议只是想内部调整，而非大幅削弱轮船招商局，但招商局最终还是将部分领地拱手让人。

这一变化的原因，学界往往归结为招商局的商业决策或管理模式，而没有考虑到公会参与的影响。刘广京把招商局的萎缩归因于它在 1873 — 1893 年实行的一项政策，即无论经营状况如何，招商局每年都会向股东派发 10% 的股息。刘广京认为，这项政策表明公司管理层太看重短期收益而忽视公司长期的健康发展，不能很好地把利润再投资到固定资本设备之上。与此相比，英国公司会在向股东派发股息之前，用利润填补折旧和建立储备金。[37] 还有观点认为，轮船招商局财产缩水正是 1883 — 1884 年盛宣怀取代唐廷枢和徐润之时，盛宣怀是政府官员，而唐廷枢和徐润则是商人出身的管理者，唐廷枢和徐润的管理相对自主，盛宣怀的管理更具官僚化，在这样的管理之下，公司经营被说成停滞不前。[38] 尽管具体的商业运营模式和管理风格可能会影响公司此间业绩，但加入班轮公会同样会对其前景有所影响。

在中国水域，"三公司"的公会协议保证每家公司都具有一定数量的轮船班次、利润份额和航线划分。但是，一旦离开中国水域，公会协议保持的这种表面上的对等就消失了。三家公司都在英国主导航运、贸易和金融的全球背景下运营，英国公司更有机会利用英国强大的航运资源，1882—1895 年轮船招商局和英国公司之间出现的诸般不平等现象多来源于此。这样，轮船招商局就遭遇了双重困境：一是难以复制英国公司对英国强大航运资源的易得性；二是依附性，就算

106

是在中国水域，也不得不依赖英国主导的航运基础设施，包括造船、保险、维修和燃料供给等。在更为宽广的运营领域，三家公司的表现亦相差很远，因此招商局的内部政策和管理充其量也只不过是这些年其竞争地位发生变化的部分原因而已。

一项对太古和怡和轮船公司 1882—1895 年发展的研究，揭示了这两家公司保持优势的关键原因。监管这两家公司的贸易公司，进一步涉足了让航运获利的多元化的业务，并将业务从中国沿海拓展至国际航线。无论是中国还是外国，这两家公司与其他英国商业和航运集团的亲密关系，对它们的扩张都起到了至关重要的作用。1882 年，太古洋行在香港成立附属制糖厂——太古糖业。太古轮船公司的船舶将原糖从爪哇岛和菲律宾运至中国香港，然后又将精制糖发至中国内地、日本和澳大利亚销售。运糖遂成为太古轮船公司的重要收入来源。[39]19 世纪 80 年代，太古轮船公司将其海外航线业务拓展至马尼拉、西贡、曼谷、爪哇、日本、澳大利亚以及俄国的东海岸。[40]怡和洋行在香港成立了一家炼糖厂和一家制冰厂，将其业务范围延伸至香港和上海的保险和码头公司。[41]怡和轮船公司还开辟了前往英属海峡殖民地*和加尔各答的航线。[42]19 世纪 90 年代，太古轮船公司和怡和轮船公司的经营均已跳出了通商口岸的范围，开发新业务，开辟新航线，将中国与东南亚甚至更遥远的地区联系起来。尽管这次扩张在很大程度上是发生在国外，但新开辟的交通线路和业务范围增加了公司在长江和沿海的承载量。

---

* 海峡殖民地（Straits Settlement），是英国在 1826—1946 年间对位于马来半岛的三个重要港口和马来群岛各殖民地的管理建制。——译注

19世纪80年代，英国主导的公会体系开始垄断国际航线，太古、怡和两家公司的迅速扩张，就主要得益于与英国海外航运利益集团的紧密关系。这两家公司为英国海外主要航线开设代办点，这些航线的所有者也持有公司股份。太古洋行长期担任霍尔特远洋轮船公司的亚洲代理，而霍尔特家族持有太古轮船公司和太古糖业的股份。怡和洋行与半岛东方轮船公司也保持着紧密联系，包括持有其股份。[43] 商行还为其他国际航线、保险公司和银行开设代理业务。[44] 当这些基于中国的航运公司拓展海外航线时，它们就不再是试图在以公会为主导的贸易体系中搏出一片天地的门外汉，而是直入其中，攫取谈判关键信息和关系，并确保贸易中的有利地位。此外，与海外航运公司的联系，使之成为其中国代理业务和主要海外航路的方便桥梁。

18世纪80年代的十年，轮船招商局放弃了建立海外航线的计划，并非偶然。英国公司纵然可以利用关系，将业务拓展出长江和沿海，但招商局的类似动作则受挫于班轮公会和海外其他贸易保护主义的反对。自成立以来，发展海外业务一直是招商局的目标：早在1873年，它就曾遣船经营神户、长崎的客运和廉价煤炭运输业务。[45]19世纪80年代初，招商局另辟中国至东南亚港口航线，比如马尼拉、新加坡、海防和西贡。招商局还致力于开拓联通中国、欧洲和北美的航线，1879年，派船开赴夏威夷；1880年，又派船驶往旧金山和伦敦。招商局还向夏威夷和美国的华人发行了价值20万两白银的新股，以支持其海外航线计划。[46] 在东南亚和欧洲航线，招商局屈从了班轮公会的反对压力。而美国和日本政府为保护本国航运利益，也采取措施禁止招商局船只入港。[47] 到1882年，招商局活跃的海外航线仅有中国至越南海防和西贡一条，但随着1883年中法战争的爆发，这条航线也不复存在。[48] 要想打入公会主导的航线，招商局要么需要大量资金储备，要么需要政府提供巨额补贴，以化解阻力，但两者都没有。1890 年，李鸿章拒绝了招商局经营者重启海外业务的请求，原因正如他所解释的：援助他们进入竞争激烈的海外航线，还没有提上政府议事日程。[49] 与英国公司迥异，到 19 世纪 80 年代中期，招商局既无海外业务，也无海外航线的关系，这种差距在随后的几十年里进一步拉开。

　　19 世纪 70 年代，轮船招商局还尝试打造相关产业集群，以支持其航运发展，并摆脱在维修、保险、燃料供应等领域对外资（通常是英国企业）服务的依赖。然而，这些企业要么倒闭，要么没有与其保持足够紧密的联系，无法给予多少助力。1874 年，唐廷枢和徐润创立了两家企业：一是同茂铁厂，以期使公司具有自行修理船舶的能力，从而不必送至上海的外资船厂；二是仁和保险公司，目的在于使公司免受外国保险公司高额保费的盘剥。然而，这两家公司都未能达成使命。同茂铁厂在 1879 年的招商局管理重组中解体。仁和保险公司虽一度为招商局旗下船舶提供过短暂保险，但收购旗昌轮船公司的巨大资本需求，迫使招商局再次回归外国保险公司。[50]1877 年，在李鸿章的资助下，唐廷枢参与创办开平矿务局。该矿属官督商办企业，旨在为船舶提供国产煤炭来替代进口，并为招商局的天津漕粮返空船只提供回程货物。19 世纪 80 年代中期，矿务局开办之初，唐廷枢已卸任招商局经理一职，两家企业并没有保持密切关系。[51] 李鸿章资助创办的另一家企业上海机器织布局，创立于 1878 年，即后来的华盛纺织总厂。织布局或确有出货，但恰逢中日甲午战争后外国纺织企业的激烈竞争，使其从未成为利源。[52] 到 19 世纪 90 年代，招商局不仅缺乏能够提升自身业务的附属企业，而且仍甚依赖外国服务。

招商局此时不能自力更生的最显著例子，是其对英国制造船舶的依赖。公司的创始人曾希望支持江南机器制造总局和福州船政局的造船业务，但他们很快发现，这些工厂制造的船舶不能应付商业竞争。1912年之前，除了收购旗昌轮船公司所带来的船舶，招商局长江和沿海船队的所有新船皆以高价购自英国克莱德河造船厂。[53] 对英国制造船舶的依赖被认为是招商局内部管理不善的一个案例，因为所购大部分船舶均由同一英国海事总管经手。据说他通过让招商局高价从其兄弟的船厂中购买船只，积累了大笔个人财富。[54] 他确可能从中渔利，但招商局别无选择，它只能够买能与英国竞争对手相匹敌的船舶。与此相比，太古和怡和二公司则不必假手中间人，因为克莱德河造船厂持有他们的股份。[55] 直到1912年，招商局才从中国船厂购买了第一艘国产船舶，这家企业是江南造船所。[56] 在此之前，1870年后中国水域轮船航运大扩张的最大赢家，几乎完是英国造船商。这又是中印航运发展史上的一个共同点，因为印度航线的船舶也同样购自这些商家。[57]

1882—1895年，"三公司"内部出现的不平衡已非常明显。英国公司扩张到海外航线，而招商局则主要局限在中国水域。招商局在拓展相关产业方面也遇到了更大困难，仍然依赖英国的服务业和造船业。尽管招商局在这段时期业务收缩幅度不大，但在随后的几年里，"三公司"之间的不平衡愈演愈烈，对这家悬挂大清国旗的公司造成了更大的影响。公会名义上将三家公司放在"同一起跑线上"，但因其获得全球航运资源的差距悬殊，从而对它们的未来前景造成了显著影响。

公会参与性不平衡的影响甚巨，但公会对轮船招商局的保护效用也同样不可否认。公会多次帮助招商局渡过短期危机，还帮助维持悬挂清朝国旗的航运力量在中国水域的长期存在。[58] 公会所保证的稳定的业务和收入，使招商局具备生存能力，助其挺过清政府发起的腐败调查和领导管理层的巨变。

招商局与清政府关系非比寻常，这使其易受官僚体系的干扰，通常表现为公司外部官员发起的对财政渎职行为的指控和调查。公司向地方财政和其他官方机构所借债务，使之更容易面临此类审查。清廷分别于 1877 年和 1880 年派官员审查公司的腐败行为。李毅在他关于招商局与清朝官僚文化的研究中，将这些调查描述为源于与官方有关的企业的"官僚运作潜规则"，比如盐业专营和漕粮运输。他认为，牵涉其中的官员期望谋取私利，但是倘若其中某个人或者某个特定团体获利过多，官僚体系中的反对派就会指控企业的腐败问题，将利润重新分配给更广泛的群体。[59] 1877 年和 1880 年对招商局的两次调查均指向李鸿章对公司利润的把持，并要求扩大监管公司的官僚范围。[60] 当时，李鸿章的权力足以维护自己的地位，而招商局却不得不接受改变其管理和组织的意见。

19 世纪 80 年代中期，中法战争一触即发，导致招商局领导层和人员更为彻底的改组。1883 年，中法两国在印度支那问题上的紧张关系日益加剧，引发了上海的金融恐慌，在此期间，公司经理唐廷枢和徐润的个人财务崩溃破产。这次恐慌暴露出，唐徐二人曾向公司借取大量资金，投资其他项目。领导公司长达十年后，唐廷枢和徐润被免职，个人股票被没收。经此剧变，招商局又在中法战争前夕将整个船队临时出售给旗昌洋行。1885 年，招商局购回船队，恢复业务经营，盛宣怀接替唐廷枢和徐润，掌管招商局。与过去相比，招商局所受的监管更为严格，必须向户部汇报经营状况。李鸿章在中法战争及其停战谈判中饱受诟病，政治地位动摇，以致他不能像从前那样有效地充当招商局的保护人。19世纪70年代，他曾为招商局扩张业务争取到官方贷款，而如今再也无能为力。[61]

1882—1895年招商局内部的种种乱象表明，加入公会对它维持赢利至关重要。尽管招商局19世纪70年代快速扩张的局面一去不复返，但它八九十年代的业绩还算稳定，虽说经历了动荡和重组。虽然与英国公司的快速发展不可同日而语，但招商局此间的表现亦属尚佳。1883—1889年，它的年贸易量都超过了配额，收益可观。到1893年，招商局新增轮船16艘，不过这还无法完全弥补亏损和贬值造成的损失，也没能赶上竞争对手的扩张速度。[62] 在1893年的公会协议中，招商局继续经营范围最广的沿海航线，享有长江和华北港口的最大贸易份额。盛宣怀能够帮助公司减少负债，使之免于官僚们的进一步构陷。[63] 至1893年，招商局的竞争地位确有下滑，但变化不大，尽管内部出现动荡，但它仍是在中国最有影响的航运三巨头之一。

在让招商局渡过难关的同时，班轮公会也有助于达成清廷的目标。1882—1895年，招商局继续承办漕运，为清廷运输专门物资和军队，为此政府继续支付丰厚报酬。尽管招商局与英国公司合作密切，但它仍能贯彻国家意志，诸如将挂洋旗航运限制在公会范围之内。比如，1882年的公会协议规定，招商局享有汉口至宜昌的长江航线专营权。根据1877年中英《烟台条约》开埠的宜昌港，不仅是三峡的入口，还是四川贸易的门户。总理衙门担心此地过于敏感，对允许外国船只沿江深入至此地非常谨慎。1882年以后的近十年里，只有招商局的商船才能驶入宜昌。招商局的服务时断时续，让垂涎四川贸易的外国商人倍感沮丧，却帮助总理衙门将外船拒之门外。直到 1891 年，重庆正式开埠，英国公司的船只才踏入这条航线。[64] 即便此时，清廷还是针对招商局出台了特殊政策，助其保持有利地位。川东道台对公司承运的货物减免了某些税费。于是，托运人倾向让招商局船只运输鸦片等高税率货物，在随后的几年里，招商局依然享有长江上游贸易的最大份额。[65] 1895 年，轮船招商局再次遭到贪污指控，并被审查起诉。总理衙门对之保护有加，辩称其"在恢复经济权利方面发挥了显著作用"[66]。

从合作机制着眼，班轮公会更像条约体系，而不是 19 世纪 60 年代中国口岸商人与外国贸易公司之间的那种合作。在英国船商的推动下，公会促成英国航运企业在 19 世纪 80 年代快速扩张，最终推动了外人来华扩张的目标。但班轮公会和条约体系一样，具有保护作用，为清朝的主权利益提供了一定程度的支持。尽管清廷与招商局的关系十分脆弱、令人担忧，但它仍是清政府和权力的产物。招商局加入公会后，不得不放弃从外国公司手中收回沿海和内河航运的抱负，而公会也帮助它维持经营，并拥有一支悬挂清朝旗帜的商业船队。即使有公会的限制，公司依然能够贯彻清廷意志，比如禁止外国航运染指长江上游。尽管招商局从未呈现出英国竞争对手那样的发展前景，但一家重要的本土商业航运公司的持续存在，是中国的半殖民航运网络有别于殖民地印度的一个显著特征。

受到挑战的公会（1895—1913）

在中日甲午战争至清朝灭亡期间，新的航运利益集团对"三公司"把持中国水域航线的特权发起了挑战。"三公司"继续合作，但不得不抵制资本充盈的新公司从生意中分一杯羹的企图。航运业的新形势，是甲午战争后列强"瓜分狂潮"中的激烈竞争的直接反映。日本、德国和法国政府补贴本国公司，支持他们打破"三公司"垄断，在长江和沿海航运网络中树立该国的地位。

114

这些新形势，尽管与中国国内政治和经济发展态势相关，但也反映了全球航运竞争日趋激烈的状况。英国主导的班轮公会控制主要国际航线后不久，由各国政府资助的新商船公司就开始挑战他们的权威。[67]早在19世纪80年代，美国、法国、意大利、日本和德国就开拓出新的国际航线，发展本国航运，对抗英国霸权。政府对新航线的补贴，有助于它们抵消公会的竞争。这些公司并非个个成功，但其中不乏实力雄厚者，足以迫使现有公会接纳它们成为公会成员。到1900年，原本除了法国邮船公司之外都是英国成员的远东公会，也已吸纳了德国、奥地利、意大利和日本的航运公司。[68]

在中国水域，新航运公司的到来导致长江和沿海地区承载能力的飙升。与过去十年相比，中国航运网络中的船只数量增加，竞争的新态势意味着稳定性和可预测性都大不如前。这些新情况，加之从清廷获得的新航运特权，迅速发展出很多新航线，远超以往日常航线的范围，航运公司之间也出现了新的竞争领域。

长江航线为考察航运领域的新形势和竞争态势提供了颇具说服力的场景。这条航线贯穿中国内地很多快速发展中的区域，尤其是长江中游的汉口—宜昌段和上游的宜昌—重庆段。1895年以后，清廷兴建南北铁路，与长江相交于汉口，使之成为交通运输的战略要地。对新老航运公司而言，强劲的长江贸易可以为沿海沿江航线提供充足的货物。此外，在新的缔约国要求清政府给予独家特许权的时候，他们把长江视为英国的在华根基。尽管英国外交部拒绝了商人们将该区域作为英国势力范围的要求，但在新来者看来，这里是挑战英国航运主导权的理想场所。[69]

1895—1913 年，列强内部的竞争和新航线补贴的出现，最终都未能破坏甚至取代"三公司"的班轮公会。在此期间，"三公司"内部一直信守协议，尽管偶尔竞争过于激烈时，也会适当调整或暂时搁置。此后，"三公司"再也未能恢复 1882—1895 年的航运主导地位。1913 年，它们接纳日清汽船株式会社为正式会员，分享航线、贸易和利润的公司由三家变成四家。尽管"三公司"顺应了航运新形势，但在 1913 年前后，它们还是遭遇了空前强劲的反对之声。

1895 年后，日本的轮船公司成为首批进入中国航运网络的"外来者"，而且来势汹汹。1895 年签订的《马关条约》，将其他列强享有的在华航运权及在内地的新航运权扩大到日本。新的条款包括长江上游的正式航权，湖北境内长江港口城市沙市的开埠，以及上海、杭州和苏州之间内陆河道的航行权。条约签署后不久，几家日本公司就开始在华运营。

这些公司充分利用了甲午战争之后日本政府对航运企业与日俱增的支持。早在 19 世纪 70 年代，明治政府就对欧美轮船公司在日本沿海和海外贸易中的压倒性优势感到不安，于是开始支持本国商业船队的发展，这也有助于日本军力的提升。日本政府向三菱这样的航运企业提供补贴，1895 年还支持它和一些竞争对手合并，组建日本邮船株式会社，并定期获得政府补贴。日本邮船东要经营日本沿海和东亚内部航线业务，并开通了一条日本港口至中国上海和天

津的航线。甲午战争期间，日本政府发现这支商业船队不能满足国
家军事运输的需要。战争结束后，日本获得中国巨额赔款，为其航
运业的发展提供了进一步的财政支持。1896 年，日本政府出台支持
计划的扩大版，只要船队规模和速度符合政府标准，经营海外业务
的任何日本航运公司皆可获得补贴。[70] 这些补贴帮助多家日本公司
开拓了在华航运业务。

　　大型的日本公司，比如大阪商船株式会社（1885 年成立）和日本
邮船株式会社，利用政府补贴将航运服务及其地区和海外航线联系起
来。1897 年，大阪商船株式会社获得长江航线补贴，1899 年又获津沪
航线补贴，由此建立了华北港口和日本之间的直航服务。[71] 1900 年，
大阪商船凑集资金，扩大长江航线的船队，为上海—汉口和汉口—宜
昌航线配置了 3 艘 2000 吨以上的新造船舶，取代了原来的船舶（每
艘约 600 吨）。这些新船使大阪商船成为长江上承载吨位最大的公司，
还提高了服务频率，上海至汉口航线增至每周 2 次，汉口至宜昌增至
每月 6 次。[72] 日本邮船最初把新补贴用于开辟日本到印度和欧洲的航线。
该公司发现，从欧洲返航的船只很容易装满，但日本货物则不足以装
满驶往欧洲的船只。不过，日本邮船发现上海有大量发往欧洲的货物。
1899 年后，该公司开始将上海，而不是横滨或神户，作为其欧洲、北
美和澳大利亚航线的枢纽。1900 年，为了加快中国货物运往这一枢纽
的速度，日本邮船加入了大阪商船的长江和津沪航线。[73] 1903 年，日
本邮船收购了麦克贝恩轮船公司——一家曾是"三公司"班轮公会附
属会员的英国小公司——的财产，开始为长江航运建造新船。[74]

　　规模小一些的日本公司也利用了中国内地通航的新机遇。1904
年，湖南湘江之滨的长沙开埠后，湖南汽船株式会社开辟了一条经洞

116

庭湖连接长江干线与湘江的新航线。在此之前，湖南省内没有外国航运，公司投资者认为，该地区发展时机已经成熟。为了服务新开通的连接上海、苏州和杭州的内河航线，又专门组建了大东汽船株式会社。[75]

就在此时，德国航运公司也开始进入中国水域。从 19 世纪 80 年代开始，德国政府就开始对航运公司予以政策性补贴，支持它们与英国航运巨擘竞争。在中国，德国将其需求与殖民形势的发展相配合，1898 年占领胶州湾，山东半岛成为其势力范围，政府也为该地区的主要航线提供补贴。同年，瑞克麦斯轮船公司（Rickmers）、亨宝船行（Hamburg- Amerika）和北德劳埃德轮船公司（North German Lloyd）联合建立了从汉堡到中国沿海港口的海运和邮政服务。[76] 1900 年，亨宝船行和北德劳埃德轮船公司又联合开通长江航运服务，竞争上海—汉口和汉口—宜昌航线的业务。[77] 1900—1904 年，德国政府每年为这些公司提供相当于 18750 英镑的航线补贴。[78]

在遭遇日本和德国竞争的航线上，"三公司"全盘采取公会策略应对新对手：降低运费，将后期回扣从 5% 升至 10%，并拒绝向新对手提供互惠服务。[79] 这些尝试并未立即见效，因为日德的政府补贴就旨在抵消它们。为了吸引客户，新公司降低运价、给予特惠，竞争越发激烈。比如，大阪商船就宣传提供 15% 的回扣。[80] 随着商战的继续，日本和德国的公司几乎把长江的运载能力翻了一番。一些观察人士称，这一增长不由需求推动，而是这些公司想要保持其业界地位。[81] 如此一来，长江航运速度加快。"三公司"的每家公司以前每周都会从长江航线两端驶出两次，但现在每周大部分时间，公会日常航运都会面临德国或日本船只的挑战。

　　1902 年，"三公司"续签长江航运协议之时，德国公司正式请求

加入。由于德日公司已开始连接各自的长江、沿海航线，规模上也与

公会公司接近，所以"三公司"对签约颇感兴趣。然而，德国公司发 118

现，公会准入条件严苛，不但限制其航线和吨位，而且所允的长江航

运份额也低于预期。因此，"三公司"于 1902 年 8 月正式续约，而

德日公司仍安于"编外"。[82]

　　此后，随着法国补贴公司的到来，长江航运的竞争进一步升级。

1906 年，法国东方轮船公司（Compagine Asiatique de Navigation）

在沪汉线增加两船，在沪宁线增加一船。[83] 该公司每年从法国政府获

得一笔补贴，这是法国政府扩大在华国家经济实力计划的一部分。[84]

东方轮船公司还拟制造高速船，连接京汉铁路，以便利用长江航道将

法国影响深入长江上游和中国西部。[85] 1906 年，由于法国和日本船

队的扩大，沪汉航线上轮船总数达到 33 艘，客票和运费降低了 40%

以上。[86]《北华捷报》社论对无限制竞争提出警告，透露出对公会霸

权时代的留恋之情：

> 　　日本、中国长江流域及沿海一带的旅费和运费全面降
>
> 价，商业大战在即。托运人和度假者轻而易举地利用这些好
>
> 处，并不计较谁将承担直接损失。然而，长远看来，这种因
>
> 行业竞争而产生的状况并不正常，势必会多少反作用于整个
>
> 业态。恶性竞争最终会像垄断组织和托拉斯一样，使全行业
>
> 沦丧败坏。[87]

　　尽管有这样悲观的看法，但长江航运长期竞争的结果之一，是活

跃的航运网络远超 1895 年之前。所有公司都积极发展长江中游地区的汉口业务，京汉、粤汉铁路的建设为此地带来了前景可观的巨大转运商机。[88] 公会诸公司试图赶上竞争对手的行动：为了与湖南汽船竞争，太古与怡和于 1903 年开通了汉口至湘潭的"湖南水域"航线。[89] 竞争环境中，汉宜线也得到迅速发展，成为所有公司长江航运服务的必备线路。根据 1882 年的公会协议，汉宜线属于轮船招商局。不过招商局只有一艘船在此航线上提供不定期服务。到 1897 年，英国公司也开始不时派船前往宜昌。1900 年，大阪商船和北德劳埃德轮船公司专为汉宜线定制了新船。至此，所有公司才开始提供前往宜昌的相应服务。[90]

　　在此期间，英国公司走出公会，争取英国外交部门的援助，遏制获得政府补贴的竞争对手的扩张——这可能是它们在这种竞争环境下感到四面楚歌的一个迹象。太古与怡和呼吁英国驻长江各口领事以及北京和伦敦的官员，保持对长江各口关键码头的控制。1903 年，日本邮船收购麦克贝恩时，英国公司曾通过申请租赁，试图阻止日本公司接管位于汉口英租界的麦克贝恩的运输码头。过去，英租界对承租人的国籍没有限制，但这些公司现在主张租界内的前哨不应拱手让给外国公司。他们成功说服英国外交部支持租赁申请，阻止了日本邮船在长江航线利用这些便利的码头设施。又过了几年，日本邮船才在汉口法租界找到相当的设施。[91] 1907 年，英国公司在镇江和九江也采取了类似策略，抗议把原本属于麦克贝恩的码头租给法国东方轮船公司，再次获得这些码头的使用权。[92] 九江海关官员表示，此举对法国东方轮船公司的业务产生了直接的负面影响，托运人不愿支付额外费用将货物拖出法国船只。[93] 尽管英国公司过去从未做过类似的事情，但它们利用国别优势垄断了最好的设施，并限制了新竞争对手的业务。[94]

121

长江航运激烈的竞争态势最终放缓，一因日本政府加大了对长江航运的投入，再则德国和法国公司后来从该区域退出。1907 年，日本交通省提议将所有日本公司的长江航运业务并入一家新公司，即日清汽船株式会社。日本政府希望借此增强在中国内地的实力，同时避免四家本国公司的内部竞争。[95] 日清汽船由此成为日本第四大航运公司，拥有 810 万日元股本。与之前接受政府补贴的公司相比，日清汽船与政府的关系更为密切。它每年获得补贴 80 万日元；作为交换，必须遵守日本政府对其组织形式以及每月船舶航行次数、吨位和速度的规定。政府有权随时征用其船只和船员。日清汽船社长来自日本交通省船舶局，交通省有关官员和原来四家公司的高管监督其运营。对规章制度的任何修改都必须经过交通省批准，在华分支机构也必须接受交通省审计。这些分支机构还需向交通省汇报中国商业状况。[96]

日清汽船被称为"国策会社"，通常由日本政府和一些服务政府战略需求和商业目标的大公司合作经营。[97] 它经常与南满洲铁道株式会社相提并论，后者也建立于日俄战争刚结束之时。正如南满加强了中国南满洲和日本之间的经济联系一样，日清也旨在发展华中与日本的贸易关系，让日本在竞争激烈的长江航运中占据一席之地。[98]

日清汽船得到优厚补贴，握有四家公司的资源，成为长江航运业中的一支劲旅。经过合并，它的船队在长江上规模最大（日本政府规定的 28000 吨），船只也最先进。[99] 起初，这支船队的规模超越了公司赢利范围，该公司便用过剩运力提供服务吸引客户。比如，日清保证在枯水季将上游出口货物运至上海，而其他公司则不能做到；日清还承担将汉口英法德租界的货物运到其在俄租界码头的费用。日清还

122

提供从长江航线到大阪商船和日本邮船海外航线的快速转运服务，使公司从中国出口贸易的增长中获利。当时，中国出口贸易的增长速度远超国内贸易。日清承运的大部分货物——占 1911 年的 90%——都是运往海外，而非中国国内港口。英国轮船公司亦争相提供类似的海外航运服务。最初几年日清虽靠补贴度日，但到 1911 年它的利润就已超过补贴。1903 年，日籍船只占长江总运载吨位的 23.7%，到 1911 年，仅日清就占到了 46.6%。[100]

不知是慑于日本大公司的前景，还是简单地厌倦了长江航线长期持续的竞争，德法公司在日清组建前后开始从该水域撤离。1906 年，亨宝船行将其两艘在长江的船舶卖给了省港澳轮船公司；次年，干脆彻底撤出长江，把精力集中在沿海航运。到 1911 年，长江航线只余 3 艘德船。同年，法国东方轮船公司也将其 3 艘内河船舶出售给太古与怡和。[101] 附属"三公司"的一家小型公司——鸿安轮船公司则歇业多年。[102] 到清朝末年，长江航运竞争主要在"三公司"与日清之间展开。

"三公司"经受住了上一代补贴公司的考验，但这次日清的威胁不仅仅停留在业务层面，更有公会组织形式本身。日清于 1908 年与 1910 年两度拒绝公会的入会邀请，在"三公司"看来，此举拉长了公开竞争，无人从中获利。[103] 但是，日清又无法罔顾日本政府的相关规定，接受公会协议对航线和吨位的限制。在与日清的竞争中，公会协议甚至试图限制英国公司，后者希望能尽快扩大船队规模，以便在海外转运贸易中与日清一较高下。为了在长江航线上新增船舶，太古、怡和两公司不得不向招商局申请打破公会协议。[104]

　　1913 年，经过近二十年的持续竞争，"三公司"和日清终于达成协议，全部加入公会组织。而协议只带来了短暂的和平：三年后，日本政府提出的新要求促使日清再次脱会。[105] 在这短短的一段时间里，"三公司"变成了"四公司"。尽管新协议让贸易更为稳定，但许多中国船商对此表示反对，威胁要抵制日清。由于过去不是公会成员，日清一直试图为客户提供优惠的价格。新协议将日清的运费和仓储费提高了 50%。四家公司与上海总商会达成妥协，这一问题才最终得以解决。[106]

　　1895 — 1913 年这段时期，始于公会"三公司"与接受补贴的后起之秀之间的对峙，终于"三公司"及其公会组织与日本"国策会社"日清之间来之不易的短暂休战。这一时期，尽管航运市场波动剧烈，竞争火热，却是长江和沿海航运的一个高速发展期。长江之上，上海和汉口之间停靠揽货的"日常小船"，让位于更大规模的集群船队和航运网络。截至 1913 年，上海周边、湖南省内航线以及汉口至宜昌的长江中游均已有定期班船服务。即使德法轮船撤出长江贸易，长江航线的轮船吨位也至少是 1895 年以前的两倍。因为与沿海和海外航线联系更加紧密，"四公司"从主要港口离港的次数也是"三公司"1895 年以前的两倍。[107]

　　在公会"三公司"和后期补贴公司之间的战争中，没有一方可算是绝对的赢家。即便是有政府支持的超大规模的日清汽船也没能摧毁班轮公会："三公司"终此时段始终信守协议，保持着贸易中的主导地位，即使收编了一家实力强大的新公司。不过，公会再也没能恢复昔日所拥有的权力。在接下来的三十年来，协议几经翻新，重构贸易体系，但日清从未成为公会永久成员。实际上，它一直根据政府要求和商业机遇，相机加入或退出公会。

再论合作：1895－1913 年的轮船招商局

1895－1913 年，公会"三公司"在组织上一直保持着相对健康的状态，但内部公司之间的关系发生了变化。英国公司继续坐大，1907年后，它们尤其专注于与日清汽船的竞争。轮船招商局的状况则有点糟：1913 年，它已是公会中实力最弱的一家，经营规模也不再能与其他成员相提并论。招商局这一时期的境遇，凸显了公会内部合作的长期效果。1882－1895 年，"三公司"之间出现的不平衡，至此愈加突显，让招商局再也无法跟上其他公司的步伐。与此同时，清政府收回了 19 世纪 70 年代以来提供的大部分援助，在某些情况下，甚至为达其他目的，直接从招商局提取资金。如此情形下，班轮公会对于招商局的生存发展甚至变得更加重要。招商局经历了一段困难时期，但挺过了晚清，直到 1937 年，一直是航运网络中的一支重要力量。虽然再也未能完全恢复与英国和日本同行平等竞争的地位，但作为中国境内四大轮船公司之一，轮船招商局仍是班轮公会的一员。

1895－1913 年的竞争环境加剧了轮船招商局与英国公司之间在1895 年之前就已出现的不平衡。招商局在主要贸易中的份额出现萎缩。根据一项统计，招商局占长江载货量的份额从 1903 年的 27.1%，下降为 1911 年的 16.1%。[108] 造成这种状况的直接原因是新船的涌入，尤其是日清汽船。但或许更重要的原因是，英国和日本公司发展和竞争的主要舞台已集中在海外直接贸易。招商局没有海外航线和联系，被完全排除在这一业务之外。

尽管地位日益下降，但轮船招商局并未沉沦至微不足道。它已无法与竞争对手的增长相匹敌，也不追求与其他公司在湖南航线或通过长江发展直接海外贸易等新业务上相媲美。[109] 但招商局在这些年间也不是停滞不前的，它通过有选择地向新领域扩张，并投资于最核心业务，巩固了自己的地位。1902 年，招商局在沪苏杭长三角成立了一家新的子公司——内河轮船招商局。该公司由招商局上海办公室运营，到 1911 年已建成一支拥有 30 艘轮船的船队，并将其业务范围从长江以北延伸至淮河，并利用新的内河条例，成长为中国最大的内河航运企业之一。[110] 在招商局业务的传统中心沪汉航线，公司也跟上了不断加快的贸易步伐。1903 年，三家公司每周从沪汉线两端出港两次，到 1914 年，四家公司每周出港四次。[111] 招商局为这条航线投资了更大的新船，增量与他其公司 1904 年之后增加的至少两艘3000 吨以上级船只大体相当。[112] 在汉宜线上，招商局的两艘船舶，与英国和日本公司相比，虽然更小且更旧，但从每月四次的出港频率看，与其他两家公司亦不遑相让。[113] 一份 1913 年长江公会协议的提案证实了招商局生存发展的能力：它获得了沪汉航线的最大份额——28.8%，而日清汽船占 24%，两家英国公司各占 23.5%。[114]

　　随着轮船招商局和英日公司之间的不平衡在这些年间愈演愈烈，公会对这家悬挂清朝旗帜公司提供的保护也日益式微。1895 年后，清政府突然收回对招商局的资助，不过来自公会有保障的稳定赢利让公司渡过难关。自招商局创立以来，清政府曾给予各种优惠政策，诸如为运输公务货物和人员支付较高运费、特许税收豁免，等等。然而，1895 年以后，这些优惠多半成了繁重负担。比如，招商局此时依然承运漕粮，但清廷在 1898 年削减运费，而要求的运载量却有增无减。到 1911 年，招商局一直蚀本经营此项业务。同样，运送军队、军需和官方物资的补贴也在减少，以致耗散公司资源。[115] 招商局在国内遭遇享受政府补贴的外国公司竞争的同时，又失去了清政府的财政支持，但没有卸下为其服务的义务。

此外，清廷还开始要求招商局提供"额外"资金支持其他项目。这些支出被称为"报效"，可以理解为，曾经接受政府援助的责任。清廷早在 19 世纪 90 年代就要求这种补偿。1891 年，清政府挪用招商局储备金作为政府贷款利息用于赈济饥荒。1894 年，又为慈禧太后生日庆典"进献"10 万两白银。[116] 中日甲午战争后，清廷财政状况不断恶化，招商局日益成为此类需求的目标。1899 年，盛宣怀接到一道圣旨，要求他将所监管的轮船招商局和其他官督商办企业的"盈余"定期上缴国库。盛宣怀通过协商，将上缴利润缩减到每年 6 万两白银，但并未能免除。1904 年，招商局还必须定期提供资金支持新成立的商部。[117] 在没有盈余的年份里，招商局只得用折旧基金支付这些款项，由此制约了它更新过时船只和设施的能力。[118]

中日甲午战争和义和团运动之后，清政府财力进一步削弱，这是它不再支持招商局的最直接的理由。不过，对招商局持续不断的榨取，至少说明招商局已被当成一个稳定的资金来源。盛宣怀也用招商局的资金帮助他所监管的其他企业。1896 年以后，招商局资金先后资助了中国通商银行、萍乡煤矿、汉阳铁厂（后合并为汉冶萍煤铁厂矿公司）以及江苏、浙江和粤汉铁路。盛宣怀如此挪用招商局资金，有时被攻击为企图中饱私囊，但这也表明对招商局赢利能力的足够信心，即便将其资源用至别处，也不致摧毁它。[119]

清政府的航运政策也表明，政府不再同意为了与外国公司竞争而支持单一公司的想法。1895 年后，清政府开始鼓励组建悬挂清朝旗帜的内河航运公司，以抗衡日本和英国向中国内河航运的延伸。[120]
这一决定终止了招商局对中国水域航运的事实上的垄断，尽管这些新
公司绝大多数胸无大志，没有参与主要航线的竞争。[121] 而且，清政
府也没有向这些新公司提供过去给予招商局的那种支持和保护。清政
府保障招商局处于与外国公司一样的境况：仅在通商口岸间航行，并
在海关缴纳关税，但是其他中国航运公司则必须缴纳厘金，对此挂洋
旗的船舶是享有豁免权的。这样的差别对待，加之地方官盘剥新轮船
公司的倾向，中国轮船公司购买外国注册和悬挂洋旗的船只进行经营
的做法又再度复苏。[122] 清廷初衷本是利用这些新兴企业来发展现代
航运业，但它已不再为这些公司或招商局提供支持和保护。

　　清末的政治斗争如此严重地干扰了招商局的领导层，股东们最终
斩断了与政府的所有联系，并于 1911 年登记为一家民营商业公司。
主要庇护人李鸿章的声誉在中日甲午战争之后损而又损，再也无力庇
护。李鸿章被解除北洋大臣之职后，他的继任者——王文韶、荣禄或
裕禄——对招商局事务兴味索然。1901 年 11 月李鸿章去世后，袁世
凯就任北洋大臣，介入公司事务，立刻与盛宣怀发生冲突。1903 年，
袁世凯在盛宣怀丁忧期间用自己一干亲信取代了招商局原来的督办，
其中最引人注目的就是 1884 年被解职的徐润。1907 年，盛宣怀利用
自己作为最大股东的影响力发起运动，拟据《钦定大清商律》将招商
局注册为一家民营商业公司。[123] 盛宣怀此举虽未成功，但就在当年
晚些时候，袁世凯离职，盛宣怀重获招商局的控制权。1909 年，清
廷诏令，轮船招商局不再受北洋大臣节制，而归新成立的邮传部管
辖。尽管盛宣怀在邮传部供职，但他支持招商局股东选举董事会，为
他们争取公司更大的管理权。1909—1911 年，股东和邮传部官员就

128

招商局的控制权明争暗斗，局面一直持续到清朝覆灭。1911 年，董事会完全控制公司，经过数十年的官督商办，招商局终于成为一家民营商业公司。它保持了民营性质，直到 1927 年。[124]

1895—1913 年，当清政府收回对招商局的支持，将其资源挪作他用之时，公会协议所保障的稳定业务和利润有力地保护了它。尽管与清政府的关系发生重大变化，但它始终是一家独立发展的公司和航运业的重要力量。考察招商局与政府关系的转变，及其参与公会的状况，透露出它地位的尴尬。首先，很可能正是因为招商局拥有作为公会成员的基本权益，政府才能将其视为资金来源。其次，尽管招商局与政府关系不断交恶，但它之所以能成为清朝主权的象征，多少也是通过公会的保护来实现的。终其晚清及其以后，悬挂大清旗帜的招商局，一直是长江流域和沿海地区的一支重要航运力量。

结 论

1883 年，约翰·萨缪尔·施怀雅对公会的描述无疑是正确的，他称组成公会的"三公司"不会"离异"。从 1882—1895 年达到权力顶峰，到 1895—1913 年遭遇新兴公司的激烈竞争，公会一直居于中国水域中航运业的核心地位。此时，施怀雅可能还不能预见日本航运公司的在华扩张，并最终与"三公司"并驾齐驱。他可能也没有预料到招商局命运的起伏：1882 年的最大公司，到 1913 年沦为从属地位。

班轮公会的历史体现了半殖民体制下相互合作中的矛盾性。公会的主要功能是调控竞争，稳定中国水域的航运业务。这促成了英国的扩张主义，使英国公司有机会将大英帝国的其他资源与其航运业务联系起来，并利用这些资源进行扩张，进而扩大他们与招商局之间在获得全球资源方面的差距。与此同时，公会的稳定成为日益陷入重重困境的招商局的救命稻草，助其面对内部的动荡不安和外部失去的清政府支持。因此可以说，公会助推了英国的扩张计划，同时又帮助招商局船队成为本土主权的象征。这两方面看似冰炭不能相容，但在这种合作机制下，它们却又同时发生。

19 世纪末 20 世纪初，轮船招商局的表现，在企业家精神或民族主义方面可能有所欠缺，但其在沿海和内河航运中的长期影响和核心地位的意义不容低估。半殖民地中国和殖民地印度在航运领域最大的不同，就在于英国几乎完全控制了印度沿海。凭借与政府签订的邮政合同，英印轮船公司发展壮大，几乎完全将印度资本排挤出沿海航运。没有一家印度背景的航运公司可以与轮船招商局相提并论。这一缺位，为印度航运企业试图打入由英印公司或英国控制公会主导的沿海、海外航线时，设定了极高门槛。有时，殖民地政府会出面支持英国航运公司对抗印度公司。19 世纪末 20 世纪初，印度企业家想要进入航运领域，面临着商业和政治两方面的障碍。

随着英印轮船公司实力的增长，它开始允许一些小型竞争对手的存在，并与一些公司达成协议，划分航线。然而，这些"对手"大多是英国公司，包括位于缅甸、总部设在格拉斯哥的托德芬得利公司（Todd, Findlay & Co.），以及位于孟加拉湾、总部设在利物浦的特纳莫里森公司（Turner, Morrison & Co.）。[125] 这条规则的一个例外，是孟买轮船公司（Bombay Steam Navigation Company），它和英印公司共用孟买—卡拉奇航线。该公司最初由印度商人于 19 世纪 40 年代创办，19 世纪 60 年代被英国人收购，1869 年又经英国和印度合伙人再次重组。1884年，该公司与英印公司竞标孟买—卡拉奇邮政合同时，证明公司的印度所有权成为负累。公司给出低价，但做决定的邮政官员认为公司"不可靠"，原因正是它有印度合伙人。最终，合同给了已把持多年的英印轮船公司。[126]

连接印度港口和亚洲其他港口的海外航线均由英国主导的公会控制，这些班轮公会可为依赖它们运输的印度公司设定各种不利条件。19世纪90年代中期，印度工业家J. N. 塔塔（J. N. Tata, 1839—1904）抗议半岛东方轮船公司向他运往中国和日本的棉布和棉纱收取高额运费，尤其是在他发现该公司还向他的竞争对手提供回扣之后。[127] 发现抗议石沉大海后，塔塔试图向后起的"外来者"——比如意大利航运总公司（Rubbatino）和奥地利劳埃德公司（Lloyd）——寻求帮助，共同抵制半岛东方轮船公司。但这些公司都加入了公会，收取的运费甚至更高，塔塔大失所望。1894年，塔塔集团试图通过与日属航运公司以及棉织品出口商结盟来摆脱公会。他前往日本，会晤日本邮船株式会社以及纺纱协会，提议由塔塔和日本邮船联合组建一家富有竞争力的航运公司。塔塔从印度托运人处获得许诺保障新公司货源，日本邮船也从日本棉线出口商处得到类似承诺。这家新成立的联合企业遭遇公会公司的价格战，后者将棉纱免费运往日本，并在保险市场上贬低对手的船只。塔塔不得不在第二年退出。[128] 然而，对于日本邮船来说，创办这家联合企业具有不同意义：恰逢中日甲午战争结束，该公司大可利用日本政府增加的补贴，在日本和印度航线上占据一席之地。1896年，日本邮船加入了孟买—神户航线的班轮公会。[129]

在沿海地区，印度企业，诸如孟买的沙阿航运公司（Shah Line）以及缅甸孟加拉轮船公司（Burmese Bengal Steamship Company），都因

与英印公司的价格战而破产。[130]"斯瓦德希运动"（1905 — 1908）*
期间，一家带有明显民族主义色彩的印度航运企业遭到英印公司和
政府的联合抵制。1906 年，泰米尔领导人 V. O. 奇丹巴拉姆·皮莱
（V. O. Chidambaram Pillai, 1872 — 1936）成立了斯瓦德希轮船公司
（Swadeshi Steam Navigation Company），经营杜蒂戈林、科伦坡、
孟买和加尔各答之间的航线。该公司股东全是印度人。为"招呼"这
一苗头，不仅英印轮船公司不惜发起一场免费搭载乘客的激烈价格
战；政府官员也接到抵制航线的命令，在英印公司船舶驶离之前，斯
瓦德希公司的船只都必须滞留港内。1908 年，皮莱因参加某个政治
会议被捕，此后斯瓦德希公司关门歇业。[131]

直到第一次世界大战后，印度背景的航运公司才能在主要航线上
与英印公司进行正当竞争，或是挑战班轮公会对海外航线的控制。这
种排拒不仅限于航运，它是拉雅·K. 雷（Rajat K.Ray）所称的南亚
次大陆"经济空间分割"的一部分，其中总部设在英国的英国企业主
导着次大陆的贸易、金融和航运，而印度人很难进入这些领域。[132]
在中国，经济空间的分割并不如此绝对，就像轮船招商局一直都是长
江和沿海地区最重要的航运公司之一。由于公司缺乏海外联系，这固
然可能将其业务局限于中国水域，但在国内，直到 1937 年，它一直
都保持着这种地位。和印度一样，中国本土的航运业在第一次世界大
战后发展壮大，曾经规模较小的内河航运公司向主要航线扩张，新兴
的本土公司在很多方面向公会公司发起挑战。由始至终，招商局始终
是中国最大的航运企业，为民族商业航运奠定了基础。

* Swadeshi Movement，爆发于孟加拉国，抵制英货的印度民族主义运动。——译注

第四章
作为社会空间的轮船
（1860 — 1925）

　　在半殖民地中国，轮船不仅是外国经济扩张的工具和企业经营的新焦点，还是流转于通商口岸网络中的新型社会空间。它们比帆船更大，运输技术更复杂，运送乘客更多，搭载的船员也更专业。轮船虽然宽敞，但空间高度分隔，其中各色人等、各项流程和彼此互动都井然有序，既有配合，又有管制。这里的空间不仅平行分隔，还区分等级，用以管理规范员工和乘客的活动与关系。在 19 世纪和 20 世纪的中国，轮船旅行的经历虽不是人尽皆有，但也还算常见，很多人都有此经历，体验过这一空间。

　　轮船空间最无可争议的一大特征，就是在运营和旅行的过程中具有明显的种族和阶级特权的等级差异。在轮船船员中，凡拥有最高权力、需要技术知识的职位，几乎均由欧洲人担任，而中国工人总是屈居非技术岗位。当 19 世纪 90 年代日本公司进入中国时，这种等级差异仅仅变成由日本人占据日本船上的技术岗位。旅游客舱分为"外国"和"中国"两个等级，最昂贵和豪华的舱位被定为"外国"，旅费较低、设施较少的三四等舱则被定为"中国"。尽管四大轮船公司都有多国背景，但它们在工作和乘客空间的组织上都遵循着这一普遍模式，只有细微的不同，从而使得这些等级差异变得如此明显而具体。

　　轮船空间内部的种族等级划分和排外行为并不唯半殖民地中国所特有。在这个空间里，种族被当成一种能力，带有技术和文化的含义。出于对种族之间含混不清或过从甚密的担忧，边界应运而生。类似的社会空间组织形态不仅出现在殖民地之中，在正规殖民地之外，种族话语和意识形态亦与之相互唱和。轮船空间的情况表明，尽管中国具有半殖民地的特殊机制和特征，但它仍不能幸免于殖民权力和知识体系的霸权计划。

　　对于中国来说，研究轮船空间尤有助于阐释这些特定的等级制度是如何在中国水域的轮船上构建和延续的。轮船公司没有明确的规定或法则来说明这种空间组织方式的合理性；所以必须通过支撑它的结构和实践来寻求解释，它们往往是中国航运领域所特有的。其中一种解释便是大型轮船公司的并行管理结构，尤其是它们与中国劳动力、货物和客运市场的关系。另一个重要的因素是外国（英国或美国）公司组织模式的先例，它们通过公会体系已成为根深蒂固的标准模式。班轮公会要求参与公司之间互可通约，且不鼓励对这些标准提出挑战。除了这些结构，还监督轮船上不同空间的日常做法，无论是正式的还是非正式的，是持续性的还是非持续的。

　　参与轮船空间的人对它的理解和解释是评估其意义和影响的另一种方法。许多语境中常见的关于轮船社会空间的一种阐释是，强调船舱是对外部世界的复制或反映，比如，横渡大西洋的轮船被称为"漂浮的城市"，路易斯·亨特（Louis Hunter）称美国水域中的轮船为

一座"缩微世界",其中"生活的基本过程得以延续,甚至比陆上普

通生活经验的特征更为明显"。[1] 与之不同,米歇尔·福柯则将轮船,
连同其他某些社会空间,一并视作"异托邦":某种真正的空间,可
以挑战或破坏它们自我生成文化的社会关系。尽管他认为花园、监
狱、妓院和寄宿学校都是异托邦的例子,但福柯把轮船称作"异托邦
的典范"。[2] 在 19 世纪末 20 世纪初的中国,记者和旅行者在他们的
作品中也反映了这种种解读。许多外国游客也将轮船描述为"小小世
界",它验证了他们对社会秩序和社会地位的预判。而 19 世纪的中
国记者在考察轮船空间,尤其是为中国乘客提供的住宿时,提出了截
然不同的观点,因为它证明外人对社会关系的预判完全是错误的。到
20 世纪 20 年代末,先前记者们关于船上中国乘客待遇的困惑,已被
一种更为政治化的解读所取代。后者将轮船空间视为中国地缘政治状
况的象征,此观点的兴起也开启了民族觉醒的道路。

共享运营模式:轮船公司的组织和管理

考虑到四大轮船公司的多国背景,本章将中国水域轮船视作单一
特色的社会空间,可能显得过于简单。尽管国家起源确实导致了一些
差异,但对轮船社会空间的调查发现了更为令人吃惊的结果,四家公
司的船舶之间有着莫大的相似之处。尽管他们悬挂着不同的旗帜,但
各公司的组织和管理方式是相似的,这些做法构建了他们船上的社会
空间。这种一以贯之的组织方式有几个源头,其中最突出的是中国航
运业的市场需求,以及航运业的历史发展和班轮公会的管理体制。

高家龙(Sherman Cochran)在对民国时期在华的英国、日本和

中方企业所做的研究中，批评了不同的民族文化产生各具特色的商业组织的观点，并反驳了西方和日本企业倾向按照等级制和公司制运营，而中国企业往往通过横向的社会关系网进行组织的论点。高家龙的研究表明，民国时期活跃的在华西方、日本和中国企业在不同时期出于不同目的都运用过这两种不同的组织方式。[3] 晚清和民国时期的英国、中国和日本的轮船公司都主要按照社会关系网进行组织，从而进一步印证了他关于企业组织中民族文化偶然性的观点。这些公司依靠社会关系招募核心管理层，在中国市场占有一席之地。这种管理策略成本低、易执行，使公司可以将业务扩展到尽可能广泛的地理区域。费维恺（Albert Feuerwerker）认为，像轮船招商局这样的企业未能促成中国工业化，原因应该是"未能像西方现代化工业发展中那样实现组织合理化、职能专业化以及管理个人化"，而这一观点同样适用于英国轮船公司。[4] 最晚进入中国的日清汽船株式会社在高层管理中虽然采用了一定的科层制度，但与其他公司一样，在很大程度上还是依赖社会网络进入中国市场。

太古、怡和、招商局和日清都雇用了一些核心管理者，他们从特定地点监管公司运营，通常是上海总部或其他通商口岸分部。在英国和日本公司，这些核心管理者都是与其伦敦或东京总部保持密切联系的外籍人士。[5] 本地招聘的雇员和工人辅助管理层开展工作，但他们几无可能晋升到管理岗位。[6] 此外，航运公司还雇有受薪技术员工，通常由一名海事监理负责，他不但负责延聘船长和轮机人员，还要监管船队。其余的日常航运杂务则外包给当地买办。

在英国公司和轮船招商局，个人关系是晋升管理阶层的关键。如第二章所述，怡和与太古的资本主要来自以格拉斯哥（怡和）和利物浦（太古）为中心的航运和造船企业的商业网络。太古洋行和怡和洋行均配备了外籍高管。[7] 在这些公司，外籍高管都在英国招聘，通常由个人推荐，或是公司董事的熟人，普通职员往往与其上司、同事不是同乡就是亲戚。怡和洋行曾将其外籍管理者的来源描述为"朋友和亲戚"，几乎全是苏格兰人。同样，太古的很多员工也都是持股家族的亲戚，比如施怀雅家族、霍尔特家族和司各特家族。[8] 这些员工并不是职业经理人，他们先在公司本国总部，继而在中国接受岗位培训。[9] 这些管理层之间密切的私人关系，有助于克服中英之间的空间距离，保持相互信任。

　　轮船招商局的两层管理人员皆来自相互重叠的网络。上海总部的总经理及助理均由官方任命，负责协调股东和管理机构之间的关系。低一级的"业务经理"，负责管理具体部门，比如航运、财务、行政或各口分支机构。业务经理均聘自公司股东。[10] 行政网和股权网之间的界限并不分明，因为招商局的许多股东，尤其在成立之初，都是公司官方支持者李鸿章以及经理唐廷枢和徐润的亲友。1885 年，清政府对轮船招商局进行重组，要求调整总经理人选，但业务经理和分公司经理在变动中保住了职位。招商局内部的紧密关系网架起了官方和商界的桥梁，还在公司初建之时帮助筹集了启动运营所需的股本。

　　与招商局一样，日清汽船的管理者中也有大量官方人员。它之所以能够获得大量政府补贴，是因为它委任日本交通省海运局官员为公司总裁。其他核心管理层也均来自最初合并成立日清的四家日本公司。该公司招聘外派员工的方法比其他公司开放。它雇用了两种不同类型的日本员工：精英从日本大学招募而来，其他则从日本在华移民中就地招聘。尽管当地雇员一开始的工资比大学毕业生低，但他们有机会在公司里得到晋升。[11]

这些公司之所以能依靠规模虽小但很有凝聚力的核心管理团队在中国各地开展业务，是因为它们广泛利用中国买办来监督公司日常业务的方方面面。买办招徕货物和乘客，管理港口的仓库和码头，监督每艘轮船的经营状况。买办不是公司雇员；他们是代表公司负责某一方面的航运业务，并承担其中风险的承包商。买办本身就是商人：公司每到一地，就会挑选它们认为具有足够商业知识和人脉关系的人，以便为公司创造最大业绩。航运业的迫切需要可以解释买办对这些公司为何如此重要：资本设备昂贵，航行成本极高，覆盖整个通商口岸网络开展业务，同时还要兼顾方言、贸易习惯和货币的地区差异。这些公司没有雇用和培训大批员工，而是与买办签订合同，利用他们既有的知识和商业网络。买办因此为这些公司提供了一种在中国各地拓展业务的低成本方式。

在航运公司里，公司及"坐地"买办在各通商口岸的公司办公室办公，招揽中国货物和乘客。这些买办培植与转运公司和报关行的关系，以便从中国商人手中获得货物。他们安排货物装船，并向托运人收取运费。公司买办可以通过赚取运费和路费预付款的利息（在转交给公司之前），或少报运费和旅费收入，来获取非正式收入。仓库买办负责收取支付给仓库的仓储费，有的公司，他们还安排码头工人或船舶进行装卸。船上买办负责每艘船舶的货物和客运业务。他们在港口招客揽货，从上船到卸货一路监管，出售客票，管理住宿，包括提供餐食。[12]尽管不同类型的买办在寻找货物和培养客户方面发挥着类似的作用，但他们所处的环境和市场层级各不相同，因此，每位买办的特定客户和关系网都有助于公司尽可能广地覆盖市场。

139

不管何种买办，他们合同的一般条款都是一致的。合同通常规定他们要将所承包业务的利润，按照一定额度或比例定期汇给公司，并对汇款过程中出现的任何违规行为或短缺负责。买办通常需将一笔可观款项或房产契约交给公司作为担保。他们从代表公司进行的交易中赚取佣金，并获得微薄的薪水。买办雇用自己的助手，并为他们提供保障和工资，为公司省去招聘、管理大量中国员工并支付工资的大量工作。为了抵消买办承担的风险，多数职位为买办提供了合同条款之外获得非正式收入的手段。使用买办的低廉成本被公司管理中遇到的种种实际问题所抵消，其中最常见的，就是担心买办惯性地少报赢利，从而攫取公司利润。

轮船公司大量而频繁地使用买办，为郝延平经典研究提出的"东西方之间的桥梁"说，提供了另一种解释的可能。郝延平的研究以买办为中心，讨论他们如何成为通商口岸商行进入中国商界的必要入口，并转而将自己积累的有关西方商业运营的知识和财富注入中国经济和社会的现代化进程之中。[13] 这一描述符合最成功的买办经历，诸如唐廷枢、虞洽卿或香港怡和洋行的何东，但没有反映买办被广泛运用于半殖民地中国航运、银行、保险或贸易等领域若干不同层次的特点。[14] 在这样的背景下，买办是负责某一特定业务的承包商，帮助公司将其业务扩展到更广泛的区域，将与客户交易的花销、风险或负担降到最低。买办帮助中外企业对接本地市场。招商局也以英国或日本公司同样的方式雇用买办。尽管公司管理人员都是中国人，但他们未必精通中国各地港口的方言、商业习惯、市场状况和货币体系的变化。[15]

"四公司"的组织结构颇为相似，使研究中国船上社会空间的一致性成为可能。他们极简主义的管理策略，即在业务各领域广泛使用买办支持少数核心人员，对塑造此空间作用尤大，下文将对此继续阐发。航运业务的需求可以部分解释为何所有公司都采用这一结构，但其他因素也影响了它的广泛运用。中国水域的首批轮船公司是由英国和美国的贸易公司于 19 世纪 60 年代组建的，这些公司成为后来者的范本。19 世纪 70 年代，太古轮船公司和轮船招商局等进入航运领域时，它们的组织方式都基于旗昌轮船公司或怡和洋行的早期航运经验。在某些情况下，人员和技术直接从一家公司转移到另一家公司，比如招商局最早的商业经理唐廷枢和徐润，此前就是怡和洋行和宝顺洋行的买办。[16] 日本的轮船公司在 20 世纪初进入中国航运市场时，主动研究已有公司的运营方式，采纳了它们的很多组织方法。[17] 除了这些模式的首要影响，公会组织也强化了行业的统一性。公会协议假定"四公司"的服务和设施相当，彼此可以互换。在这种情况下，过于背离标准可能会对该公司的业务构成风险，倘若改变太大，无论成败，又会对公会协议造成威胁。中国轮船航运业的这些特点，有助于理解不同国籍的轮船公司在组织方式和船舶航行方面存在的相对一致性。

141

轮船船员：种族和技能的等级体系

轮船是船员们工作的地方，他们在这里保持船舶处于正常运转之中。在四大航运公司中，船员在种族和培训 / 教育水平方面有着明显的等级分化。20 世纪 20 年代以前，一直是欧洲人和日本人担任船长、高级职员和轮机员等职，这些职位不仅需要技术知识和培训，还需要有领导才能。其余船员都是中国人，他们从事的都是与航行或船舶引擎运转相关的较低技能的工作。不同等级的船员之间流动的可能性非常小。这种等级分化特征，源于中国水域轮船航行的总体状况和"四公司"的共同实践。在整个 19 世纪和 20 世纪初，船员身上体现出一种将技术能力与种族混为一谈的等级制度。

有关这种社会空间的一个关键问题，是为何从 19 世纪 70 年代至 20 世纪 20 年代，轮船招商局在自己船上也沿用了这一等级。招商局几乎只雇用欧洲船长、高级职员和轮机员，需要技术知识的其他高级职位也几乎全由欧洲人担任，比如公司技术主管和轮机长等。[18] 公司草创之初，几无国人具备胜任船长或轮机长的适当技能；至于后来，由于英国航运业和保险业太过强势，以及清朝和早期共和政府在此领域乏志进取，国人即便掌握了必要技能依然无缘这些职位。

轮船航运的各项条件使其船员比曾经的帆船船员的阶层分化更加显著。轮船的航行、引擎的运转以及对这些过程的协调都需要比帆船更加庞大的轮船船员群体，他们执行的任务也相对更为专门而刻板。轮船上不但有负责航行的甲板人员，还有机舱人员。甲板人员包括船长、高级职员和领航员，水手长、舵手、木匠和水手是他们的助手。机舱人员由一名轮机长和两名至四名助理组成，由装配工、供水工、加油工和添煤工协助。在这两类人员中，技术熟练和训练有素的人员与他们的助手之间存在种族界限。航运历史学家指出，随着蒸汽时代的来临，低级船员变得"无产阶级化"：与帆船船员曾经的工作相比，他们所执行的任务更加单一，不需要太多技能，更接近工业劳动。因此，他们的工资也比帆船船员低。[19]

船员们在船上一起生活，一起工作。尽管生活空间根据个人等级地位仔细分割，但低技能工人也可能获得出任船长或轮机员所需的必要技能和知识。然而，在中国的轮船上，中外船员之间的界限牢不可破：中国水手或消防队员或可在现有阶层中获得晋升，带领低技术船员，但要进阶船长、高级职员或轮机员阶层则几无可能。

船员之间缺乏流动肇始于掌握技术的外国人和中国船员的雇佣条件不同。每个轮船公司都有一个海事部门，负责业务技术方面的问题，比如船舶的建造和修理等。该部门还负责雇用和管理船长及轮机员。在四大航运公司中，海事部门的员工都是欧洲或日本的外派人员，甚至轮船招商局也是如此。在此部门的领导下，船长、高级职员和轮机员都是公司的受薪雇员。见多识广、能力突出的船长和轮机员是轮船公司的稀缺人才，各公司会在他们身上投入重金。他们大多可以获得离国工作补贴，所以来华工作要高于在本国从事同样工作的收入。此外，他们还经常获得额外津贴和定期免费回家的探亲假。[20]

相比之下，中国船员算不上是轮船公司的正式雇员。公司靠经纪人来招募他们，聘期是季节性而非永久性的。有时，经纪人是一名船员，他负责洽谈全体船员的雇佣事宜。有时，经纪人是一名中间人，专门为轮船公司物色船员。经纪人，而非公司，才是工人的雇主。公司向经纪人支付工资，而不是付给船员个人。为了得到船员职位，工人们也会支付给经纪人一笔费用——有时相当于数月工资，也可由经纪人按月从其收入中扣除。有些经纪人还向船员收取岸上房租和娱乐费用，并提供更多贷款，进而加深了债务关系。[21] 中国船员的工资远不及同类欧洲船员；而且，他们还被认为所需船上空间更少，养活更廉价。如果船员因航运季节性波动而失业，责任由经纪人而不是公司承担。如此，通过利用中国劳动力市场的既有结构，经纪人为公司省去了招聘、培训和规训船员的成本和麻烦。[22]

　　这些结构阻碍了中国船员与通常由外国人担任的、需要技术能力的职位之间的流动。正如通商口岸其他行业的劳动力市场，船员们往往是同乡，经纪人也是如此。比如，长江航线的船员通常都在上海签约，大多是沿海省份浙江宁波人。[23]这层关系方便船员随时沟通工作所需的技能和礼仪，并保持船员内部的纪律和管制，因为每位船员之间都可能会有亲戚等一直延伸到家乡的责任关系。就像在航运业的其他领域使用买办一样，通过经纪人招募船员让轮船公司能够以较低成本获得中国劳动力。尽管各级船员在物理空间上相距不远，但中国船员几乎没有机会获得必要的技能，以晋升至技术岗位。季节性雇佣关系难以实现需要长期关系才能完成的专业技术转移。尽管不同阶层船员之间的日常互动也是由经纪人居中达成的，但实际情况通常是：只有水手长或消防队长能说洋泾浜腔十足的英文与船上长官交流，但后者仍依靠这些中间人把命令翻译给说中文的船员。[24]

　　因此，这种雇佣关系非常不利于中国船员获得成为船长或轮机员的技能，但并不能完全解释为什么船员中持续存在种族界限。虽然在19世纪六七十年代，合格的中国航员可能很少，但在此之后，商船公司，尤其是轮船招商局，本可延请清政府前海军军官担任这些职位。1908年，邮传部一项调查显示，这样的情况十分罕见。当时，招商局所有的31艘船舶的船长全是欧洲人，大多数高级职员和轮机员也是欧洲人。179名技术人员中，仅有4名华人担任三管轮或四管轮。[25]其中，"江孚轮"船长张慎之是该公司1913年以前唯一的华人船长。[26]

　　美国和日本等国的海商法规定，悬挂本国国旗轮船的船长和高级职员必须由本国公民或持有某种形式的本国许可证的人担任。以此类推，挂洋旗公司在中国水域的普遍存在，就意味着掌舵者往往是外籍人士，然而在中国的航运公司并不总是遵守这些规定。各公司挑选船长和轮机员时，更看重航海业务熟练度，而不是国籍。因此，挂洋旗公司经常雇用非本国国籍人员。1872年，当太古轮船公司第一批轮船始航中国时，就换下了负责远洋航行的英籍船长，代之以从几家现有长江流域轮船公司中雇来的船长，其中有几名是美国人。[27] 这种做法非常盛行，以致美国驻上海总领事于1877年向美国船东道歉，承认因贯彻船长和高级职员必须是本国公民的法律不利，"影响了美国在华贸易利益"。[28] 在中国，美国公司雇用英籍船长或英国公司雇用挪威籍船长可谓司空见惯，但这种互惠关系并没有延伸至中国船员。

　　保险标准是将国人排除在这些职位之外的一个重要因素。招商局聘用欧籍技术人员的增长，经常被当作公司管理不善的例证，因为外籍员工的薪资是公司最大的支出之一。[29] 然而，在招商局史上，不乏用中国人取代欧洲船长和轮机员的提议。最早的是一项1873年由唐廷枢和徐润提出的计划，通过培养"能干的中国人"取代欧洲人的职务，但他们也承认，这项计划取决于公司能否实现自保，因为招商局所依赖的外国保险公司不会为由中国人指挥的船只投保。[30] 短命的仁和保险公司的倒闭（参见第三章），以及公司重新回归外国保险公司，很可能中止了这一计划。[31] 19世纪90年代，招商局业务经理郑观应提出了一项类似方案，招募和培训前海军军官和有船上工作经验的国人担任这些职务，因其发现按照当时惯例，公司外籍员工的收入至少是华工的8倍。[32] 1912年，招商局变为民营企业后，股东投票决定用华人取代欧籍船长，但这一决定遭到董事会的否决，理由是公司未来为船投保将会十分困难。[33] 类似决议在1919年和1924年获准通过，可结果是该公司长江船队仅雇用了 4 名中国船长。[34] 在这段时间内，公司领导层清楚意识到用华人取代欧洲员工的愿望，但保险问题是最常被提到的困难。

外国保险公司拒绝为中国人统率之船投保的理由并不完全清楚，但在这一时期，欧洲／日本船员和中国船员之间有一显著的不同，即欧洲人和日本人都可以从本国政府获得正式证书，而无论清政府还是早期民国政府都没有认证本国商船船长和工程师的法律程序。20 世纪 20 年代以前，担任这些职位的少数中国人要么是海军院校的毕业生，要么是海军退伍军人。[35] 直到 1929 年，国民政府才出台商船船员认证程序。[36] 倘若有种偏见认为中国的指挥官能力不及欧洲同行，那么几乎可以肯定长期缺乏认证程序强化了这一成见。许多小型华商航运公司在 19 世纪和 20 世纪之交开始雇用资质不明的国人来驾驭船只，缺乏经验的船长和轮机员造成的众多事故又进一步加深了外籍船长与"安全"船舶之间的联系。[37] 直到 1931 年，尚有些保险公司仍然拒绝为长江上游的、非欧人领航的船只投保。[38]

这一时期，招商局依然无法摆脱对外国保险公司和技术人员的依赖，尽管招商局领导层意识到因此给公司带来的问题。与 19 世纪日本政府提升航运自主、摆脱欧洲控制所做的努力略做比较，就可看出在由英国航运和保险势力主导的世界里摆脱依赖的难度。19 世纪 70 年代，日本轮船公司雇用的船长和工程师大多是欧洲人。1875 年，明治政府启动一项培养日本人担任这些职务的计划，补贴三菱开办一所商船船员培训学校（即后来的东京高等商船学院）。政府还订立认证本国船长和工程师的法律程序，并规定欧籍和日籍船员都必须获得日本政府颁发的证书。政府为培训学校毕业生颁发一种证书，为那些基于经验通过能力考试的人提供另一种证书。[39]

　　仅凭这些措施还不足以在悬挂日本国旗的船上用日本人取代欧洲人。英国保险公司拒绝承认日本证书，日本政府因此创办了自己的航运保险公司。最为困难的是，扭转市面上广泛建立的欧洲船长与"安全"船只的联系。一些日本公司拒绝雇用本国船长，因为它们害怕失去托运人的信任。中日甲午战争后，日本政府扩大了航运补贴，向只雇用日本船长的公司提供额外资助。此外，日本政府还强制规定所有的轮船公司必须坚持欧籍与日籍员工同工同酬。截至1914年，尽管大多数日本航运公司只雇用本国人，然而晚至此时，仍有一些公司在竞争激烈的海外航线上继续使用欧洲船长。[40] 因此，日本摆脱对欧洲技术人员的依赖是一个长期的过程，这一过程不仅需要培训和认证船员的基本条件，还需要独立的保险行业和对航运公司强有力的刺激，激励它们承担外界认为它们船只不如欧洲人领航船只安全的风险。

　　招商局几乎没有得到过政府持续的支持，而正是这一点最终扭转了日本企业对外国员工的依赖。在几乎不可逆转外国主导航运业的前提下，招商局雇用欧洲员工隐含苦衷，并不能据此简单责以管理不善。无论公会内外，招商局的竞争对手都是挂洋旗的公司。雇用欧洲人使其得以挽回一些在外国主导下的不公平竞争。尽管招商局支付给欧洲人的工资所费甚巨，但雇用欧籍船长使它能以与竞争对手相当的费率为自己船只投保。[41] 欧洲船长让公司免于额外负担，即不必费尽口舌说服客户相信国人领航的船只与英国或日本竞争对手的一样安全。此外，由于欧洲雇员（即使在悬挂清朝旗帜的船上）享有治外法权，任何起诉公司船长的案件都需诉诸领事法庭，而非清朝或民国的法庭。这些诉讼多是中国原告财产损失的纠纷，而领事法庭裁决时出了名的偏袒船长或公司。[42] 无论这种说法是否属实，雇用欧洲船长确能让涉及招商局船长的案件得到与其他公司船长相当的裁决。

对于招商局来说，参与公会的合作机制既是一种约束，也是一种支持。公会公司之间假定的平等掩盖了实际上的不平等，招商局并没有其英国或日本同行那样的获得航运资源的渠道，具体而言就是保险和训练有素的技术人员。如果没有来自公会之外——比如政府——的大力支持，招商局很难既挑战航运业的现行做法，又在与其他公司的竞争中不处于劣势。因此，招商局的船只复制了英国和日本船只上明显的种族和技能的等级体系，并间接促成了航运业中种族和技能的融合。

轮船上种族和技能的等级体系并非中国独有，它在世界各地的轮船航线上普遍存在。在英、美、德等国众多的海外航线上，轮船船长、工程师和高级职员绝大多数是受过教育的中产阶级，毕业于欧洲培训院校。与发号施令的欧洲船员相比，亚洲、阿拉伯或非洲的"本土"船员工资低，食宿差。[43] 同样的等级体系也见于印度的航运公司，船长和工程师都是英国人，负责监管由中间人雇来的印度船员。这些中间人被称为瑟朗或加特瑟朗*。瑟朗和工人的关系与中国经纪人和船员的关系几乎一模一样。[44] 可见，全世界的轮船都复制了一种船上工作的社会空间，它将种族和技术——尤其是技术能力，混为一谈。印度殖民政府各部门，包括铁道、电报、公共建设、地质勘查和林业，都移植了这种将种族和技术能力相关联的做法。其中，管理和技

---

* 瑟朗（serangs），意指水手长。加特瑟朗（ghat serangs），ghat 意即"等登岸阶梯"或"山口"，ghats 指德干高原的东西边缘山地——高止山脉。——译注

术岗从英国人中招募，中级技能和监督岗分配给英裔印度人，不需要什么技术的岗位才由印度人充任。[45] 因此，中国轮船上的工作组织方式，与世界其他地方存在的种族和技能的等级体系，相去并不太远。

种族和乘客空间

　　客运是中国航运业务的核心。随着轮船的引入，乘坐轮船非常便利，成为中国旅客常见的出行方式：清朝官员走马上任，考生进省和进京赶考，商人携货前往市场，老式沙船船员赶时间抄近道，都会选乘轮船。到 19 世纪 70 年代，客运已颇有利可图，航运公司开始根据中国的出行模式制定时刻表，在春节、会试、殿试，以及正月、端午和中秋前后这些传统商业旺季，额外加开船只。[46] 轮船乘客绝大多数是中国人，但外国商人、传教士、领事、海关官员和游客也会乘坐轮船往来于通商口岸之间。随着时间推移，客运生意稳步增长。19 世纪 60 年代，长江客运量为每年数万人次，到 20 世纪 30 年代，每年仅下游客运量就达数百万人次。[47]

　　类似于船员的结构，中国水域中轮船乘客的组织方式也成为带有殖民色彩的种族秩序和等级体系的反映，只是乘客空间的面貌相对模糊，而船员内部的指挥链条十分清晰。在乘客食宿的设计和管理方面，具有明确的中外之别。外国乘客在船舱空间分配、票价以及中外各舱的管理方面都享有明显特权。这一组织方式在四大公司的船上都显而易见。不过，这些结构的存在仅是冰山一角。透过它们观察轮船空间的日常监督和管理，也许可以看出公司之间的差异，揭示它们如何建构种族秩序，又如何区分人我之别。因此，研究乘客空间就要深入轮船乘客空间的预设之中，深入探讨"中国"和"外国"旅行等级间的界限是如何在实践中得以维持的问题。

预设的乘客空间：设计、定价和管理

　　轮船上的物理空间非常有限，船上不同群体的空间分布，既有数量上的，又有质量上的，反映了这些群体之间的预设关系。给船长提供的舱位和给普通船员提供的住处有着明显的差别，这反映了他们在指挥链上地位的不同。同样，中国内河和沿海航线上轮船的客舱设计也将中外乘客区分开来。在 19 世纪六七十年代建造的轮船上，"外国"舱区以休闲厅为中心环绕布置，而"中国"舱区则是另一番景象，更像是通舱：一个配有卧铺的大舱室。这种老式轮船最多可载 50 名外国乘客和 200 名甚至更多中国乘客。随着各公司船舶的逐步升级，中国舱区也日益健全，首先增加了女性乘客封闭式客舱，后来又发展出三个等级的国人客舱。中国头等舱为两人间或四人间，二等舱是六人间，而通舱依然是开放式的大舱室。后来，船上还常配置"中式休闲厅"——一个供各等级中国乘客就餐的餐厅。[48] 尽管中国舱区构造日渐复杂，但中外乘客依然是分区并置，几乎没有共享空间。比如，一艘 20 世纪 20 年代末准载 1000 人的轮船就明确规定：外国舱区和中国头等舱分别设立女士沙龙和吸烟室。[49] 外国舱区依然占据着船上最好的位置——船头的最上层甲板——这一区域通风好，且少受船舶发动机的热量和振动影响。有的轮船将三个等级的中国舱区都安排在第二层甲板，头等在船头，二等在中间，三等在船尾。还有的船则将通舱放在更低的甲板，有时甚至整体设于甲板之下（见图 4.1、图 4.2、图 4.3）。[50]

图 4.1 太古轮船公司轮船"武穴号"（1931—1952）

由位于伦敦的太古集团提供。

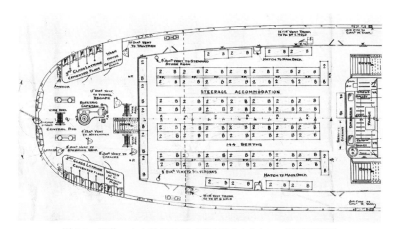

图 4.2 通舱，太古轮船公司"武穴号"（Ⅰ）244 船平面详图
"武穴号"所处的年代比本章所讨论的大多数轮船都要晚，在设计上也有
一些不同。图片展示了轮船上的空间在不同等级之间的使用。

由位于伦敦的太古集团提供。

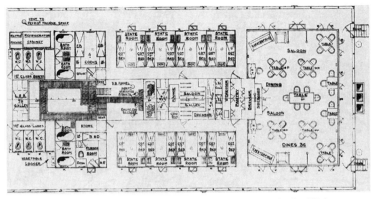

图 4.3　沙龙，太古轮船公司"武穴号"（Ⅱ）244 船平面详图
由位于伦敦的太古集团提供。

船票价格不仅突显了中外乘客住宿条件的差异，还假定了他们之间经济实力的巨大差距。外国舱区的票价是中国头等舱票价的 3 倍到 4 倍，不管何时，不管中国各地使用何种货币，中外舱区的票价比值都维持不变。1900 年，一位旅客在游记中说，从上海到汉口的外国头等舱票价是 40 墨西哥银圆，而中国头等舱的票价是 10.4 墨西哥银圆。[51] 到 1924 年，这一差距只是稍微缩小：从上海到汉口的外国头等舱票价为 50 元，中国头等舱为 17.6 元。中国舱区内部票价差异较小，1924 年同一份报告中记载，二等舱票价为 12 元，三等舱为 5.4 元。[52] 因此，三个等级中国舱位的票价相差不大，而外国舱区的票价甚至比中国头等舱还要贵很多。

中外乘客的各等客舱也是分别管理的。船长负责外国舱区，乘客可在通商口岸的公司办事处购票，也可直接从船长处买票。船长雇用若干厨师和服务员，作为授薪船员，专为船上外国乘客以及高级职员和工程师提供欧式餐食及服务。[53] 轮船买办的合同中除了货物业务，还包括对三个等级中国舱区的监管。和船长一样，买办负责招募乘客、售票和提供乘客餐食等，但合同条款要求他承担更大风险。船长是公司的受薪雇员，领取额外的津贴，保障外国员工和乘客的饮食和安全。虽然他可能会靠卖票赚点小钱，但并不是主要生计。相反，买办象征性收到的微薄工资和佣金，很难满足他们的开销以及给公司的汇款。买办依靠从所辖轮船空间中牟利来履行合同条款。其中，客运业务往往是其最重要的收入来源。通常他们需要用客运业务的收入来补贴货运业务，比如对托运人货物遗失或损坏的赔偿。[54]

　　各等舱位乘客迥异的旅行体验记录反映了各级管理方式的不同。由于中国乘客的路费是轮船买办的主要收入来源，买办为吸引乘客展开了激烈竞争，甚至有权在必要时降低票价。他们通常会使中国舱区超载，让尽可能多的人上船，把他们安顿在甲板上或者船员舱里。船上拥挤不堪，乘客对此经常抱怨。太多人挤在船舱里，几乎没有舒服坐、卧或行走的空间。人满为患还引发其他烦恼：通舱大多靠近轮船发动机，在温暖天气会让人热得无法忍受，还散发出汗臭的味道。即使出现中国头等和二等舱后，乘客仍抱怨这些舱位订得太快，一票难求，而中国沙龙等公共区域总是人声鼎沸，赌博不断，充斥着乘客吸食烟草和鸦片的味道，常常是通舱找不到床位的人的聚集之所。[55] 买办几乎总是卖出比船上床位多得多的船票，且不对中国舱区乘客做详细记录，如此便于向公司少报收入。[56]

　　买办追求利益最大化的动机使他们将目光投向其他有利可图的生意，这可能直接影响乘客的旅行体验。饮食就是一项买办可以克扣的开销。《申报》一名撰稿人抱怨："为何给付费顾客提供监狱伙食？"[57] 买办雇用茶房而不是花钱聘请乘务员为乘客服务。茶房没有固定工

153

154

资，买办认为他们可以靠小费生存。此外，买办还从他们的雇佣中获利，上岗前向每个茶房收取船上职位的预付金，上岗后还从他们的小费中抽取一定比例的回扣。[58] 中国乘客因茶房雇佣条款吃了不少苦头，因为茶房所提供的每一项服务都要索要小费和报酬，而且态度出了名的咄咄逼人。[59]

买办还通过向小商小贩出售摊位来提高收入，包括小吃商、书商、鸦片商、赌博组织者、旅馆揽客者和其他各色人等，他们加剧了船上的拥挤和嘈杂。由此造就了一个忙乱无序的空间，其中也可能满是危险。旅客们回忆，不得不对各式各样的危险或骗术保持警惕：流氓黑帮将乘客赶出客舱或铺位，小偷冒充乘客盗劫乘客行李，旅馆揽客者和搬运工纠缠不休，待上钩后痛宰。[60] 由于轮船公司已将中国舱区客运业务外包给买办，除了偶尔采取措施限制瞒报漏报客运收益，轮船公司很少干预中国舱区的管理。

与此形成鲜明对比的是，外国舱区的乘客对其富丽堂皇无不赞叹有加。有人称，长江游轮"可能是世界上最豪华的轮船"[61]。还有的称赞船上的美味佳肴、窗明几净和精美陈设，包括白色珐琅、镜子、镀金装饰、电灯和地毯。[62] 20 世纪二三十年代的乘客很乐意将船上的这些设施和美食与一流的远洋游轮相提并论。[63] 外国舱区的乘客提到，乘船旅途中少有同行的乘客：很多轮船的外国舱区按照 50 名的载客量设计，但遍查此时轮船的外国舱区乘客登记单，乘客数量一直非常之少，很少超过五六名。[64] 船长和高级职员负责船上外国舱区乘客的社交生活，力争让他们舒适便利，和他们一起用餐，饮鸡尾酒。船上的外籍人员营造了乘客之间亲密愉快的氛围。比如，在太古轮船公司的"安庆号"上，船长和工程师就亲自演奏钢琴和长笛娱乐乘客。[65] 著名的维多利亚时代旅行家伊莎贝拉·伯德（Isabella Bird，1831—1904）回忆，一艘轮船的轮机长就曾在交谊厅帮她为照片调色。[66]

中外乘客的分等分别管理，是各等乘客体验天差地别的原因所在。船长监管外国舱区没什么风险，因此可以在几近无人的环境中保持高水准的奢华服务，并在乘客和高级船员中营造出特有的亲密社交氛围。相比之下，买办承担更高的风险，这让他们迫切想要不惜任何代价使收益最大化，塞满客舱，克扣伙食和其他服务，将乘客置于各种危险和烦恼之中。总之，船上位置和票价差异造成的中外客舱之间的等级区分，可以在各舱乘客的旅行经历中得到印证。

四大轮船公司在轮船设计、定价以及中外客舱分区管理等方面分享着这些共同点。这些特点决定了社会空间的假定组织形式，即外国乘客总是富得流油，要求奢侈的服务，而中国乘客尽管经济条件千差万别，但对空间和舒适性上的要求都不高。这种假定的组织方式几乎不能反映船上社会空间的实际情况。它并不能说明"外国"和"中国"类别的实际含义，也不能说明两类不同的舱区是严格区分还是可以相互渗透的。如此乘客等级化的组织方式，暗中体现了种族隔离的色彩，或是反映了某种市场倾向，即外国乘客愿意为空间和奢华花钱，而中国乘客更愿意省钱，条件寒酸点也无所谓。乘客住宿的日常管理，包括航运公司的政策、员工的实际操作以及乘客和行业观察者的体验等，为更好地研究轮船社会空间中各种关系的本质，提供了更丰富的路径。在日常管理层面，各大轮船公司的多样性，也揭示了构建客舱社会空间手段的多元。

　排外的模糊性：种族和外国头等舱

　　与轮船乘客的总数相比，外国头等舱仅服务极少数乘客。然而，这一等级对理解种族在客舱社会空间中的意义至关重要。允许乘客进入，或将其拒之门外，不同的实践可以帮助我们认识轮船空间是如何组织起来的，并丰富对这一预设问题意涵的理解。是否不分种族，愿意付费就行？还是中国乘客一律被排除在外？乘客的经历以及对不同公司实际做法的报道表明，没有单一或标准的政策：有中国乘客乘坐外国头等舱，但有些也遭到了排斥。各公司客舱等级的假定结构都是一致的，但不同公司，甚至同一公司，对接纳和排斥的具体实践又不尽相同。在这些做法中，一个无处不在且往往心照不宣的问题，是关于包容不同种族的社交亲近问题，这也是船舱所需要的。这一问题往往从非正式或个人层面提出，并没有正式地载入规条之中。

　　客舱等级的命名方式表明它们之间的界限具有模糊性。例如，太古轮船公司的英文函电明确区分了外国头等舱和剩余的中国舱区。19世纪末的日本观察人士注意到这一区别，在日语中沿用了"外国头等舱"或"洋人头等舱"的说法。[67] 中文中，所有公司对客舱等级都不做中外区分。与英文资料中使用的"外国头等舱"（foreign first class）相对应的中文是"大餐间舱"（字面意思是"大餐厅"或"沙龙舱"），与"中国头等舱"（Chinese first class）相对应的中文是"官舱"（即"官员舱"或常被译成"大人舱"），中文二、三等舱的名称也同样是直白的描述：房舱（即小房间船舱）和通舱["连在一起"舱，常被译为 steerage（次等舱）]。一旦使用中文，各轮船公司都不能表达外国/中国的区别。而且，中国乘客乘坐外国头等舱的情

况也相当常见。《字林西报》会定期公布轮船乘客名单，其中外国头
等舱乘客的名字中经常会出现中国人的名字，诸如"阿燕太太和婴
儿""潘省长，套房""一位官员""三位中国绅士"。[68]

　　尽管这些中文名称表面上是中立的，但很多轶闻中经常有中国乘
客被外国头等舱拒之门外的描述。1896 年，一份由一家日本名古屋
商业协会做的航运业调查表示，这种拒绝是理所当然的事，"穿中国
服饰的人，就算是绅士，也不得进入外国头等舱"[69]。一本 20 世纪
的回忆录中写道："只有欧洲人才能乘坐头等舱。"[70] 这种反差的一种
解释，是轮船公司采用了不同方式来管理不同等级的客舱。将中国乘
客拒之门外的例子，大多与太古与怡和轮船公司有关，很少发生在日
清汽船和轮船招商局。然而，一家公司的证据还不足以完全解释设计
和管理这一空间的不同方式。这种情况下，尤其难以理解排拒的行
为，因为它们几乎总是在非正式或个人化的场景中发生，而不是在公
司政策层面上。没一家公司承认有明文禁止中国乘客乘坐外国舱区，
但坊间证据显示，在船长或事务长的日常监管下，外国舱区往往被认
为是外人专享、国人不得入内的空间。

　　不让中国乘客乘坐外国头等舱，英国公司在这一方面最为著名。
这一名声背后的证据说明，乘坐外国舱区的旅行中，中欧乘客之间身
体或社交上的亲近举动，会引起强烈的不适，这可能是因为英国人自
认为是殖民精英的自我认同。毕可思在对上海英国移民社区的研究
中，描述了一个颇为流行的看法，即与中国人保持身体和社交上的距
离，对保持英国的种族优越感和在中国的"地位"尤为必要，与中国
人过于亲密有损大英体面。[71] 在英国船舶上外国头等舱的管理中，这
种成见往往与公司政策规定的该客舱向所有人开放的原则相违背。

就官方政策而言，太古和怡和均允许中国乘客可以选择任何级别的旅行客舱，但欧洲乘客仅能选择外国头等舱。[72] 这一政策看似优待中国乘客，但也暗中传达出对中外人士太过亲密的隐忧。无论限制哪个群体，该政策的实际效果都是将欧洲乘客和中国乘客近距离接触的可能性限制在最昂贵的客舱内。太古轮船公司解释说，这项政策是为了防止传教士在旅途中传教而骚扰到中国乘客，然而，传教士接触中国乘客的满腔热情，相比中国乘客，更让欧洲乘客和船员感到头疼。[73] 不管如何，这项政策确实保障了欧洲乘客可以在旅途中聚集在最好的船舱之中，而与绝大多数中国乘客分割开来。

名古屋调查报告称这项政策尽管慎重，但英国公司还是认为拒绝中国乘客进入外国头等舱的行为是理所当然的。值得注意的是，该调查证实，这种排斥早在中国乘客购票之时既已发生。外国头等舱的船票只有亲自到轮船公司办公室或向船长申请才能购得。因此，虽然官方政策没有禁止中国人乘坐外国头等舱，但公司代理人或船长可能会根据个人原因这样做。要求乘客现场申请购票似乎暗示，对乘客身体特征的审查，而不是姓名、身份或证件，被当成了准入的必要条件。名古屋调查甚至更加具体地提及，着装也是基本标准，"着中国服饰之人，就算是绅士，都会拒于外国头等舱之外"[74]。在这种情况下，排拒并不是硬性规定，比如"禁止中国人入内"，而是轮船公司的欧洲雇员在个人层面审查和裁定中国申请者。

船长或乘务长等轮船公司员工似乎承担了某种非官方角色，负责监管英国船只上中欧乘客之间的接触。如果中国乘客成功购得外国头等舱船票，船长或乘务长也可能会禁止他们进入舱内某些区域，比如餐桌或女士沙龙。[75] 这类事件表明，负责监管船舱的员工愿意为中国乘客提供舱室，但不愿意让他们进入众多欧洲乘客所称的亲密社交活动发生的公共空间。

在外国头等舱日常管理中得到的进一步证据传达出某种畏惧，担心中国乘客会破坏这里希望营造的欧式文明氛围。英国船上的外国头等舱内张贴着一套中文规章，规定乘客用餐时必须穿着得体，不许随地吐痰，禁止自带食品或餐具上桌，不得在指定区域外吸食鸦片。[76]这些规章没有对应的英文版本，反映了欧洲乘客对船上其他舱位中国乘客的刻板观察：对中国乘客的常见报道，除了处处让人反感的随地吐痰，还有终日穿着睡衣，船上公开吸食鸦片。[77]这些规定不仅针对假定的"中国人"习惯，还让乘客意识到他们的行为将按照欧洲标准加以规范。李伯元1906年出版的小说《官场现形记》* 中有这样一个场景：船长给一名前往美国的中国官员逐一讲述了一份类似的禁止清单。该官员上船时，船长告诉他船上禁止吸食鸦片，一旦发现任何吸烟装备都将被扔到船外。在餐厅用餐时，他"绝不能挠头、清洁指甲，或做任何可能引起其他乘客反感的事情"。尽管这位官员很仔细地记下了这些规定，但他用餐时仍为其他乘客嘲笑，因为他不熟悉西式食物和餐桌礼仪。[78]大概李伯元在此既故意嘲弄官员的矫揉造作，又想批评船长和其他乘客的虚伪。但这一事件使这一系列规则中隐晦的含义清晰起来：负责日常管理这一空间的人要执行的是欧洲的举止和礼仪标准。中国乘客的习惯不仅事先被假定会对这些标准构成威胁，而且一旦进入这一区域，他们的行为就会受到严格审查，以确保

---

* 李伯元《官场现形记》自1903年开始在《世界繁华报》连载，1906年出版单行本。——译注

这样的事情不会发生。

　　英国船上排外的轶事表明，外国头等舱对中国乘客开放的官方政策与这一空间管理者的非正式行为之间存在着脱节。虽然没有得到官方承认，但这些工作人员每天都决定着哪些乘客可以购买外国头等舱的船票，或享用其中的公共区域。他们也可能会让乘客注意自己在这一空间的行为。尽管这类决定是非正式的，而且变化无常，但其中有个共同点，那就是欧洲乘客情感上的特权，尤其是与中国人保持社会距离这一方面。尽管这些公司不愿将其表述为正式的规定或政策，但船长、乘务长和售票员常常扮演着这种角色，通过以某种方式将中国乘客拒之门外来强化这一区域的欧洲标准。正如很多乘客注意到的，这些做法在同一公司的不同船舶，甚至同一艘船舶的不同航程中都可能会有所不同 。

　　以举止和着装作为参考，来判断中外乘客之别，本质上是种族差异问题，它基于半殖民地时期中国更广泛的种族话语。费约翰发掘出"对中国佬的殖民批判"，它将欧洲人对中国人身体卫生习惯的反感，比如在公共场合随地吐痰和擤鼻涕，与对中国人能力（尤其是自我管理的能力）的质疑联系在了一起。[79] 于是，"中国佬"无法达到欧洲举止礼仪的标准，就被当成中国人之所以处于依附、从属地位的证据。中国乘客总让人联想到"中国佬"的刻板印象，因此，他们在外国头等舱与欧洲人的亲密社交，就是对种族秩序不可容忍的冒犯。这种所谓的把服饰作为排外标准的执念，也不过是表现种族区别的一种方式而已。在其他 19 世纪中国的例子中，服饰是一种区分清朝子民和其他英国治下东亚人的一种方式，比如日本人或东南亚海峡殖民地的华裔。[80] "穿中国服装的人"可能被禁止入内的事实表明，亲近的焦虑主要集中在清朝子民身上，"中国服饰"其实是"中国佬"缺点的一个转喻。[81] 对于轮船船长或公司代理人来说，着装能够说明乘客是否能够达到外国头等舱的文明标准。对行为和着装的关注要求对中国人的身体进行仔细审查，但无论是行为还是着装，这两种表述都没提及通常被认为与种族身份有关的肤色或面部特征。这种隐晦的种族话语并非中国独有：安·劳拉·斯托勒（Ann Laura Stoler）观察到，殖民法律往往不是通过生理特征，而是通过他们感知到的文化特征，将欧洲公民与殖民地主体区分开来。[82]

　　强调用仪态举止和着装服饰来代表种族，而不是用其他具体的标准，作为外国头等舱的准入条件，这些例子说明，即便是最"西化"的中国人也很难融入外国头等舱之中。太古洋行的一名中国买办请求为孩子购买船票的事例，揭示了这种种族诠释的矛盾。他的孩子们要从上海的教会学校回家，他请求把他们安排在外国头等舱，因为"他们基本上是按照西方方式培养的"。他还建议将他们安排在靠近买办房的大厅里的舱室，而不是主厅，这样"他们既不会妨碍外国乘客，自己也不会觉得有何拘束"[83]。买办历陈他的孩子有资格进入外国头等舱，即他们熟悉"外国方式"，但也承认他们的出现可能不受欢迎，而且他们自己也会意识到这一点。

　　欧洲人和中国人可能会发生社会接触，这在英国船上已然是棘手问题，而种族之间若发生性关系则更让人无法接受。毕可思曾论证过英国殖民文化中的性禁忌——那些与中国人和非欧洲人结婚或发生性关系的欧洲人会受到谴责。[84] 这种习俗在很多案例中都有反映，船长或事务长坚持跨种族夫妻要分别乘坐不同的舱区，当然欧洲伴侣则总是被安排在外国头等舱。韩素音在回忆录《伤残的树》中，记述了她的中国父亲和比利时母亲在上海到重庆的旅途中被迫分开的往事。正如她的父亲所说："头等舱只供欧洲人乘坐，此外没有其他选择。"85 20世纪20年代，一名中国游客谈道，她曾和一位日本女性共住英国船上的中国头等舱，这名日本女子的欧洲丈夫则被搬到了外国头等舱。86 尽管政策规定，中国乘客可以自由选择他们的旅行客舱，但在上述两个案例中，非欧洲乘客都不能与配偶一起乘坐外国头等舱。船上工作人员强行将这些夫妇分开，说明他们希望掩盖跨种族亲密关系的事实，尤其在外国头等舱乘客面前。

　　在中国的英国船只上，关于外国舱区的社会空间存在着两种见解，它们非常尴尬地并存着。公司政策明文规定，中国乘客可以自由地选择舱区，然而，在对舱区的日常管理中，船长和事务长等员工则可能把这一空间看作欧洲社群的一部分，只按照欧洲文明模式提供服务，只容忍相近的行为模式。由于这两种有关这一空间的意见都没有得到彻底贯彻，乘客被排拒的经历也是千差万别。

　　1879年，香港最高法院曾受理一起案件，试图彻查中国游客乘坐外国头等舱时经历的模糊状态。1879年6月，香港居民张运*起诉"宜昌号"（太古轮船公司旗下来往香港和广州的船只）船长拒绝让他在"餐舱"（外国头等舱的餐桌）用餐，当时他已购买外国头等舱船票，并且已订餐。张运的律师称，此案的重点不是要求赔偿金钱损失，而是"检验"购买外国头等舱船票是否会让持票人享有在餐桌上用餐的"权利"，换言之，就是与其他外国头等舱船票持有者享有

---

* 此报道来自在上海发行的英文报纸《北华捷报》，未查到对应中文名称，此名字来自 Cheong Wan 的音译。——译注

同样的权利。律师辩称，由于张运是购票乘客，船长拒绝让他入座，侵犯了他的权利。[87]

　　尽管张运被允许购买外国头等舱的船票，但该案的证词显示，"宜昌号"船长允许或拒绝张氏夫妇进入外国头等舱空间的主要考虑，是阻止他们与外国乘客直接接触。比如，船长承认，他允许张氏妻子坐在女性客舱，"因为船上没有外国女士。"如果船上有可能使用这一空间的外国女性，她大概就不会被允许坐在那里。当张运向事务长订餐时，事务长告诉他："你最好问问船长。"船长称，他没有拒绝张运点餐，只是让他去"帕西舱"用餐。张运否认自己曾被给予这样的选择。这艘船给（印度）帕西人单设一个舱区，也许反映了帕西商人在中国这一区域非常普遍和重要，而他们具有严格的饮食规则，需要将他们和欧洲乘客分开。[88] 对这位船长来说，这一舱区为主桌上不受欢迎的乘客提供了另一个用餐的地方。

　　张运和他的律师关注的重点是，他所经历的空间隔离并没有在该航线的船只上统一实施。张运作证说，他曾在同一航线上的其他船只的餐舱用过餐。其他香港华人证人证言，包括大律师伍廷芳的证词，也证实他们曾在"宜昌号"的餐舱用餐，因此律师辩称，张运完全有理由期待在那里接受服务。当被要求解释此间的不一致时，"宜昌号"船长答道：他只允许过三名中国乘客在餐舱用餐，一名有一欧洲人陪同，另外两名"与他相识"。他的律师详细阐述了这一点，解释称："船长完全有权拒绝任何人坐在舱位上"，且"不加区别地让中国人进入客舱是一个非常严重的问题"。在此，他引用了一名中国海盗乔装成富裕的乘客登上一艘轮船的案例。船长和他的律师对这一系列问题的回答显示，船长认为把中国乘客排除在他的餐桌之外很正常，

163

除非他本人或其他欧洲人认识他们，这种行为的正当性在于，未知的中国乘客会对船只或其他乘客的安全造成潜在的危险。

法官判船长胜诉，但要付诉讼费。他的判决侧重于辨明张运所购之外国头等舱船票是否附带用餐的"权利"。法官得出结论，提供餐食并从中获益的是船长本人，而不是轮船公司，因此裁定船票和用餐之间没有关系。船长"保留了一张私人餐桌"，因此并不是所有人都有权在那里用餐。在提到允予上桌标准的前后不一时，法官称，一些中国乘客曾在这里吃过饭的事实并不意味着所有人都有资格这么做，因为"风俗习惯不是权利"。在阐明这一原则时，法官强调张运和其他相同情况的中国乘客并不仅仅是"付费乘客"，能否进入外国舱区的不同区域取决于船长的决定。法院的判决与轮船公司对张运投诉的答复几乎一致。太古轮船公司的管理机构太古洋行向张运表示："他们与此事无关，因为船长有全权以他认为合适的方式从权处理。"

尤令人震惊的是，本案中，种族排斥问题被降到了个人特权和区别对待的非正式领域。船长、法官和轮船公司立场统一，一致否认了张运简单明了的逻辑，即外国头等舱的船票使其有权到餐舱用餐。船长的证词承认，张氏夫妇与其他乘客的亲近程度一直是他在航行中积极应对的问题，然而无论是船长，还是那些和他扮演同样角色的人，都没有试图解释或维护这些排外行为背后的任何原则（除了律师暗示未知的中国乘客可能造成威胁）。相反，船长、法官和公司众口一词地捍卫了船长按个人意愿管理船上空间的权威。公共空间的排外原则也许需要阐明和自证合理，但船长的桌子与此不同，它被认为是私人的，因此他的排外标准也属于私人范畴。通过将是否能进入这一空间的权力下放给船长，公司就可以保留其政策的包容性，而船长或其他员工则可以将其打造成欧洲人的专属空间。

19 世纪 40 年代，非裔美国废奴主义者弗雷德里克·道格拉斯（Frederick Douglass, 1818 — 1895）在跨大西洋轮船上所经历的矛盾情形如出一辙：船上某些区域，是开放给所有付费乘客，还是专属于某些群体的社会空间。道格拉斯当时已是著名的作家和演说家，当要购买冠达邮轮公司（Cunard Line）开往英国的头等舱船票时却被拒绝。公司票务只卖给他一张二等舱船票，因为"美国乘客会反对这种跨越种族的社会亲密行为"。而当两年后他要返回美国时，冠达邮轮公司的利物浦票务却允许他购买头等舱船票，条件是他要单独住一个舱室，自己用餐，不与其他乘客交往。尽管解决这个问题的方法有些不同，但冠达邮轮公司的票务在防止头等舱种族混杂方面的努力是一致的。然而，在媒体详细报道了道格拉斯的遭遇后，塞缪尔·卡纳德（Samuel Cunard）* 出面道歉，并承诺在他的船上再也不会发生这样的事情。[89] 卡纳德的道歉与公司代理人的统一做法并不一致，这表明他们不愿承认在公司层面存在种族隔离的现象，尽管他们认为这是此区域内的必要观念。

一位活跃在 20 世纪二三十年代的太古轮船公司船长称："中国人只要愿意，可以'按照外国的方式'旅行，但很少这样做。"[90] 踏进英国轮船外国头等舱的中国乘客，可能会因此区域管理人员的种族焦虑而遭遇风险，要么表现为直接排除、严格审查，要么表现为限制进入某些区域。也许令人更为困惑的是，这些排外的做法往往是心照不宣和反复无常的，仅仅被认为是个人判断的结果。英国公司船舶的

---

* 冠达邮轮公司创始人。——译注

外国头等舱不仅反映出殖民种族意识形态在这个社会空间的重要意义，也揭示了它在此表现出来的深刻的矛盾：既不可避免，又不能被承认。

日清汽船株式会社和轮船招商局的船上并没有出现类似的外国头等舱排外行为，但这些社会空间也明显受到了类似的种族意识形态的影响。英国在航运业的领先优势和主流地位，使其他公司就算不照搬具体做法，也会受到它们的影响。目前并没有日清汽船会把中国乘客排斥在外的证据，但该公司也是基于英国经验来管理客舱的。日清的外国头等舱被设计为一个吸引日本乘客的海外专享空间。该舱室提供的是日式餐食和浴室。日本同文书院学生的旅行报告进一步表明，日清的船长们营造了一种亲密的氛围：学生们称，他们受到了同校毕业生船长的欢迎，并给予了购票折扣。[91]

日清汽船的乘客政策与英国公司类似，也允许中国乘客选择任何等级的客舱，但不允许欧洲和日本乘客乘坐通舱。[92]与英国政策一样，限制的是外国乘客，而不是中国乘客，但相比英国，日清允许乘客更大的互动空间。外国乘客可以乘坐日清的中国一等舱和二等舱。比如，东亚同文书院的毕业生几乎都是乘坐日清的中国头等舱考察中国经济状况。学生旅行日志表明，他们将轮船之旅视为与中国乘客互动以及体验中国文化和美食的重要机会。[93]日清船只上外国乘客的船票可选择范围更大，这可能正如马克·皮迪（Mark Peattie）所说，日本移民在华生活方式总体上比欧洲移民更为温和，因此日清并不要求所有外国乘客购买最贵的船票。[94]虽然这一政策考虑到外国乘客经济条件的多元，顾及中外乘客之间的互动，但这些都没有延伸到通舱层面。日本人的旅行日志中经常提及政策中并未明言的一点，即日本人是无法接受通舱条件的。一位评论员在 19 世纪 90 年代写道，"我们国人难以忍受"通舱的条件，甚至连东亚同文书院初出茅庐的"中国通"也认为，通舱的旅行条件过于艰苦。[95] 这一政策体现出一种殖民者的傲慢，即在一定范围内与中国人互动是可以接受的，但日本人和欧洲人都不能完全屈尊降格。

除了日本公司的政策，日轮乘客的经历也表明，半殖民地中国的种族秩序存在一定的流动性和可变性。日本旅行者发现，在某些情况下，他们被视为殖民精英；在另一些时候，他们又成为种族上的"他者"。19 世纪末 20 世纪初，日本旅行者是所有轮船公司外国头等舱的常客。[96] 1879 年张运案中的船长表示，日本乘客根本不属于那种与他们亲近会造成麻烦的人。当被问及他为何允许两名日本乘客在餐桌上吃饭时，他回道："我不知道他们是不是日本人，我没有问他们。但他们不是中国人，因为没有辫子。"[97] 换句话说，如果没有这个明显的"中国佬"标记，他就不再追问。在许多其他情况下，日本人被认为是条约列强的国民，因此属于"外国群体"的成员。比如，上海的日本居民可以进入上海公共花园，众所周知，中国人却不准入内。[98] 日本的轮船乘客不能总指望有这样的待遇，前文讨论的欧洲丈夫和日本妻子被迫分舱的例子中，妻子就被安排在中国头等舱，这意味着"外国乘客"乘坐外国头等舱的规定并不一定适应于她。一名日本女性与中国乘客一道旅行，跟与一名欧洲人或跨种族夫妻一道旅行相比，算不得什么有碍观瞻。[99] 1923 年，一群东亚同文书院学生报告了一个更加露骨的种族排斥的例子。在一艘英国轮船上，他们被外国头等舱拒之门外，并被告知"东洋人"不得进入该舱。正如报告的作者解释的，学生之所以上这艘船，是因为他们打算乘坐的日清船晚

167

点了。尽管作者承认此事件中遇到了种族歧视，但他对受到同样对待的中国乘客却没有表现出多少声援，最后只是称日后他只光顾日本船只。[100]

轮船招商局的外国头等舱管理，与其船上雇用欧洲技术人员的方法类似。二者都凸显了这家悬挂清朝旗帜的公司在与其他公会公司合作中的尴尬处境，方方面面的巨大压力要求它复制而不是挑战航运业的现行做法。就其外国头等舱的管理而言，招商局不可能照搬其他公司的做法，它的管理人员痛苦地意识到，这种差异会使公司甚至中国人的缺陷在别人的印象中加深。

招商局船只上的外国头等舱，设施与价格均与普通舱不同，主要由其欧洲船长管理。然而，由于招商局隶属清政府，公司通常向官员免费提供外国头等舱船票，因而该舱乘客很多都是中国人。根据1896 年的名古屋调查，招商局是唯一不拒绝"着中国服饰"的乘客进入外国头等舱的公司。[101] 一份稍晚的日本调查报告（1903）显示，招商局的外国头等舱非常不受欧洲旅行者欢迎，因为食物不符他们的口味，而且里面有太多的中国乘客。[102]

在一家悬挂清朝旗帜的公司里，最昂贵的客舱是为清朝权贵服务的，这看似理所当然，但公会各公司暗含的互通性，意味着大家的做法和设施不可避免地要拿来相互比较。招商局的头等舱被认为有差距，就算不从欧洲旅行者的角度来看也是如此。招商局会办郑观应在其著名的文集《盛世危言》中，曾将矛头对准该公司外国头等舱的管理，批评这种做法放大而非抵消了对中国人的负面印象。

郑观应抱怨，招商局政策规定，为政府官员免费提供外国头等舱船票，哪怕他们与公司根本毫无联系，甚至将这一免票政策沿用到官员的朋友或家人身上。他认为，这些"客人"在沙龙里度过整段旅程，在那里他们大声聊天，习惯性地往地毯上吐痰，破坏了沙龙的气氛。郑观应称，这些行为正是太古轮船公司禁止中国乘客进入外国头等舱的原因。[103] 个中隐含的逻辑是，问题不在于公司让中国乘客进入外国头等舱，而在于让太多不合适的中国乘客进入，以致无法维持预期的气氛，而这些预期的标准看起来也是郑观应所接受的。其他公司看到了招商局外国头等舱的不足之处，结果导致他们在自己的船上实施排外之举。尽管后来这部文集对民族主义者和革命者有很大的启发，但郑观应是从航运界的角度撰写的这篇评论。

在整个航运领域，外国头等舱提供了一个场域，让半殖民地中国的种族和相近种族的表现和管理得以呈现，尽管它们可能没有得到明言或承认。这一空间既没有完全被隔离，也没有向所有愿意支付高价的人开放。虽然不同国家的轮船公司就如何管理它的做法有所相同，但都难逃种族殖民思想的影响。外国头等舱排外的一个特点，也许是中国乘客和中国媒体对此评论相对较少。相比之下，中国舱区就引发了更多的批评、抵制和解读。

解读轮船空间：作为孤立空间的中国舱区

要理解轮船的社会空间是如何塑造的，除了前文讨论的公司行为和结构性因素，还有一种解释是如何被使用者感知和解读的。虽然只有经历过的人才有可能对它有所认知，但在游记或媒体上一再出现的一些观点，为如何理解这些空间提供了一个途径。其中一种观点，源于 19 世纪后 30 年上海的文人记者，它之所以引人注目，一是因为它严厉地批评了中国舱区缺乏社会秩序，二是因其预见了 20 世纪 20 年代末和 30 年代受民族主义者启发而推动的轮船空间改革中的很多关键问题。

文人记者的观点与外国旅行者的描述形成对比，后者一般更容易融入"微观世界"的空间解读之中。对那些记录自己旅行经历的外国乘客来说，轮船空间似乎只是证实了他们对社会和船外世界的理解。他们的住处豪华舒适，相对隔绝，这进一步强化了外国乘客比广大中国乘客高人一等、要分开而居的观念。用一位乘客的话说，"旅行者忘了他正沿着一个异教且半开化帝国的中心河流航行"，而另一位乘客则说道，豪华的住所"显示我们的生活进入了安乐之乡"。[104] 一位作者将他自己的住处描述为"一个可以容纳三四个欧洲人的船舱，有一种英国人固有的舒适和清洁，就像我们不辞辛劳、不惜代价去教中国人的那样"[105]。

由于外国乘客可以在轮船上的所有舱区自由行动，对他们来说，轮船旅行往往是一个近距离观察中国乘客的机会。外国乘客短暂进入中国客舱所进行的观察，可谓中国人生活的一瞥，但这似乎更加强化了固有的偏见和认识。伊莎贝拉·伯德称，路经"华舱，里面的人斜躺着，沉迷在吸食鸦片之中，令人头昏、作呕的毒品气味从敞开的门中飘散出来"[106]。日本教育家中野孤山几次鼓起勇气下去观察中国沙龙，就其中乘客的举止发表评论，他们在衣服上抓虱子，只要有个平面就能睡，一门心思赌博，只有赌博结果有争议的时候才会停下来。有一次，他被中国沙龙里传来的喧闹和笑声吸引过去，发现那里在举办一个派对，年轻的女音乐家正在男性乘客面前表演。[107] 这两位中国舱区观察者都没能发现任何意料之外的事情，目睹的行为反而让他们更进一步地印证了对"中国佬"的认识。没有外国头等舱船票的中国乘客禁止入内该舱，所以他们没有机会看到外国头等舱的情况。

与以上外国乘客解读轮船空间时的言之凿凿形成鲜明对比的是，从中国记者 19 世纪末在《申报》和其他上海刊物上发表的文章中传达出来的，轮船空间所激发的社会不安。这些记者都是受过正统教育的人，他们在上海出版界工作，在 1870—1900 年偶尔发表一些有关轮船旅行的文章和社论。[108] 他们的文章涉及有关旅行的各种话题，但他们对轮船空间的解读一直相当一致：轮船空间一直挑战着固有的社会秩序。对于这些作者来说，轮船与其说是社会空间，不如说是社会真空，在其中，惯常的秩序和权威等级被悬空了，得不到贯彻。

这些作者大多都从通舱乘客的角度立言，并不特别关注外国乘客的存在或客舱的等级分化。他们欣然地承认轮船旅行的速度、便利和经济，也对船上的条件提出严厉批评。他们对拥挤的船舱、糟糕的食物、差劲的服务以及旅途中的闷热和喧嚣进行了详细描述，并煞费苦心地指出乘客可能会遇到的烦恼和不法行为：盗窃、诈骗以及被索要额外费用或小费。有些文章注意到，中国乘客上下轮船缺乏相关设施，船员在事故中对中国乘客不理不顾，由此暗示中外乘客待遇存在差别。[109] 在很多类似文章中，作者都表达了这样一种期望：某个权威——或轮船公司，或政府——负起恢复这一空间秩序的责任。人们对这一空间的秩序漠不关心，他们对此表示困惑不已，并就如何恢复此间秩序提出了具体建议。

很多记者观察到，中国舱区的不记名性和无限制准入加剧了乘客遭遇各种危险的可能。小偷、小贩和其他歹人很容易就能登船，隐匿在乘客之中，在下一站上岸。[110] 拥挤不堪和彼此匿名，可能会让

171

人对同行乘客的评估变得复杂起来，因为他们可能和平时看起来不太一样。社论还警告乘客要提防衣着光鲜的小偷借口寻找朋友在舱区内四处游荡的花招。[111] 吴趼人在 1909 年出版的小说《二十年目睹之怪现状》*中描述了这类抢劫行为，其中一名扮成官员的小偷几乎逃脱侦查。[112] 讨论此间不记名性的文章大多会督促轮船公司采取有效的措施记录和监管乘客。[113] 1876 年，一名记者在文章中建议这些公司采用类似传统的长江沙船行帮的做法，登记乘客姓名及其旅行目的。沙船按例在沿途的国内海关关卡停靠，可以对乘客进行更大范围的官方检查。[114] 尽管这名记者承认轮船旅行远比沙船便利和经济，但他对以前体制的秩序感满是怀念。

文人记者们还警示，轮船在港口间的迅速移动，给清朝法律法规的执行带来了新的挑战。在这些文章中，一个反复提及的问题是轮船在拐卖人口，尤其是绑架儿童卖给妓院中所起的作用。记者们指出，绑匪及受害人一旦登船，事发地当局几无可能再追踪到他们。[115] 政府为打击妇女和女童买卖的措施，包括要求女性乘客出示由地方长官签署的通行证，但这项举措并没有在长江的轮船上施行。[116] 从一个司法辖区到另一个辖区的快速人员移动，也给其他类型的刑事诉讼造成了困扰。一篇文章援引一名商人的例子，他在上海债台高筑，结果跳上一艘开往上游的轮船后，再也无迹可寻。[117] 这些作者看到，轮船的流动性给清朝法律的实施带来了挑战，因为它们可以将罪犯迅速运离犯罪现场（见图 4.4）。

---

* 《二十年目睹之怪现状》1903 年开始在《新小说》连载，共刊 45 回。1906 年、1909 年和 1910 年上海广智书局分别出版了第一至第五册，第六册和第七至第八册。——译注

图 4.4 轮船通常会被用作逃离发生冲突地区的工具，图为
义和团运动期间的天津撤离

出自《同文沪报随报》，未注明出版日期，由东京东洋文库提供。

在新闻界，记者们努力地寻找着船上秩序崩溃的理由。1876 年，
《申报》的一篇文章推测，轮船空间的无序是中西方不同偏好冲突的
结果，西方人觉得规则越少越好，中国人则喜每种偶发情况都有规可
循。[118] 十年后，《申报》的另一位作者否定了这一解释。他曾到欧洲
旅行，目睹规章制度在当地得以严格执行，因此众多团体可以轻松
出游。他由此断言，中国轮船上的混乱不能归咎于欧洲人的偏好或对
中国的不熟悉。相反，这位作者责备公司，怒其未能就媒体上关于旅
行条件的一再抱怨做出回应。他责问道，为何没有人对这样的旅行条
件负责，且招商局也未能回应中国乘客的投诉。[119] 随着时间的推移，
最初对轮船上秩序混乱原因的困惑被一种更为厌倦疲沓的状态所取

代，此种状态下，作家们开始认为，有能力改变这一空间的人，根本
不会关心和重视这一问题。中国舱区的住宿条件杂乱不堪，政府和
公司均无力解决一再出现的投诉和担忧，使得这里成了一个孤立的
空间——不仅在可指望的权力结构之外，而且实际上也超出了它们的
能力范围。

　　航运领域的另两个因素加剧了这一空间被孤立的特质：挂洋旗船
只的治外法权地位和买办对中国舱区的控制。关于记者对他们旅行经
历的常见抱怨，买办是最直接的原因；而挂洋旗船只的治外法权地
位，可以解释记者们注意到的陆上权威在轮船上的局限。就法理而
言，船舶的治外法权意味着清朝的法律和官员在船上没有管辖权：船
上的内部空间和所有人员（不论个人国籍如何）都受船只所属国的国
家法律管辖。用马士（H. B. Morse, 1855—1934）的话说："在中国
水域航行的英国船只相当于英国的领土。"[120]《天津条约》允许，在
得到相应领事同意的前提下，清政府可要求将涉嫌犯罪的清朝臣民从
挂洋旗的轮船上遣返，这缓和了船舶治外法权挑战中国主权的更为极
端的可能。[121] 类似的做法也适用于外国公民在挂他国旗帜的轮船上
犯罪的案件，比如一名法国公民在一艘英国船只上犯下罪行。这种情
况必须通报英国领事，以便他正式放弃审判权，将罪犯遣送至法国领
事法庭。[122]

　　这些规则在实践中执行时留下了一段很短的时间窗口，很可能被
用来躲避当局的追捕。获得领事的授权需要时间，从而给了在一地犯
法之人以可利用之机乘船逃跑。虽然这并非每天发生，但还是有好几
例见诸上海报端。除了上文提及的一例，《点石斋画报》还刊发过一
张带注插图，讲述了上海法租界一名侦探抓获一个专门从事轮船抢劫

的臭名昭著的小偷的故事。小偷答应指认他的同伙，于是带着侦探到了码头，然后跳上一艘正要驶离的英国轮船，逃往上游。[123] 在本案中，侦探在船驶离之前没有时间取得必要的搜查令。有关船只治外法权为躲避本地司法管辖提供法外之地的另一个例子，是 1915 年发生的一起案件。当时，汉口一名中国官员向英国总领事投诉，称船员和茶房蔑视政府禁令，将"客人"带到停在港口的英国船只上吸食鸦片。尽管总领事坚持说，英国航运公司在自己船上坚决执行鸦片禁令，但这艘船却早已成为逃避这一禁令的临时避风港。[124] 治外法权可能只是造成中国舱区混乱的一个或然性因素，但它也可以解释在挂洋旗的轮船上执行清朝法律的重重困难，比如地方政府发放通行证来打击非法交易的举措，等等。

记者抨击的中国舱区条件差、易渗透以及匿名性等问题，绝大部分可以归咎于买办对中国舱区的管理。如前所述，必须使客运业务收益最大化写入了买办的合同，促使他们让中国舱区处于永远拥挤不堪、服务少之又少、设施总体匮乏的状况。买办对认真登记乘客毫无兴趣，尤其是如果他们习惯性地向公司少报客运收入的话。虽然轮船旅行中的混乱状况和很多危险都与买办对这一空间的管理直接相关，但仅是雇用买办本身并不能回答文人记者的核心问题，即为什么公司从来没有加强对中国舱区的管理。至少，公司本可以命令或激励他们处理一再的乘客投诉和诉求。

为什么公司会与中国乘客关注的问题保持如此距离？买办管理的两个方面对回答此问题有所启发。第一，买办很容易就会失去对船舶空间的控制。他们向小贩、茶房甚至小偷收取门槛费，许可他们上船做生意。一旦付了费，这些商人就常常自认为是船上的永久居民，拒

175

绝任何控制或驱逐他们的企图。在 1901 年的一起案件中，太古轮船公司了解到它们长江上的船只因盗窃频发而臭名昭著，因此敦促它们的买办采取行动打击盗贼。这一努力以失败而告终——公司管理层很快发现，买办已被船上的盗贼帮会吓破了胆，拒绝出庭作证。[125] 所以，公司可以施加压力，但买办未必能控制轮船空间。第二，该舱区是由一名买办经营，他当然会尽可能迎合中国乘客的需求，因此中国舱区的现状很容易被自然地当成乘客的"偏好"。当外国观察人士评论中国舱区条件明显不达标时，往往将其归因于偏好。例如，在解释买办如何把乘客塞进舱内时，一位太古轮船公司的船长表示，中国乘客"有段很不容易的经历"，但他又补充道："但中国乘客基本上还是相当开心的。只要船在行进，并且有那么一点点安全，他们似乎并不反对被挤进去。我觉得他们在人群中才感到更加安全，但对于不习惯这样的人而言则不会喜欢这样。基本上，我认为这是我们的差异之一。我们习惯分散开来，他们则习惯抱成一团。"[126] 在后来的几年里，中国舱区的条件与"中国性"之间的持续联系成为中国民族主义者抨击的对象之一。

　　文人记者认为中国舱区是一个孤立空间的看法，当然不能代表关于中国舱区的所有可能的观点。整体上看，记者对这里无拘无束的氛围和任何潜在的快乐都特别无动于衷。他们有很好的文化背景，却只有通舱水平的预算，或许他们并不能代表大多数的轮船乘客。然而他们有一个现成的平台来交流他们的想法。他们关于中国舱区是一个孤立空间的观点，与后来的评论颇为相似，后者推动了 20 世纪 20 年代末和 30 年代的轮船空间大变革。20 世纪 30 年代，轮船的社会空间成为批判半殖民主义的武器和表达中国新愿景的手段。这些改革的最显著目标不是乘客空间的种族分化，而是中国舱区的空间孤立，而且这个孤立的空间是航运领域一致性开始瓦解的关键所在。

甘地（1869 — 1948）在 1917 年写给英印轮船公司的一封信中，对轮船客舱提出了几乎相同的批评。他当时刚从南非返回印度，列了一份关于该公司甲板舱区乘客待遇的 14 个问题清单。和中国通舱一样，该公司的甲板舱区是所有客舱中最便宜，但也是赢利最多的。[127] 甘地批评这里拥挤不堪、环境脏乱、女性乘客缺乏隐私，但让他最恼火的是，没有乘客追索机制。他详细描述了船员和其他公司员工对乘客需求的完全漠视：船上没有一名公司员工会受理他的投诉，乘客必须贿赂船员，才能得到最基本的待遇，并免受他们虐待。[128] 对甘地和文人记者来说，这一空间恼人的特性不仅限于它糟糕的条件，还在于对此空间以及乘客的全无管理。他们都期望船只能行使某种形式的管理，而他们愤怒的根源正是明显地把本国乘客排除在外的行为。

177

进入 20 世纪，对轮船空间更具民族主义色彩的解读，开始强调船上外国人的存在和乘客阶层的分化。在这些解读中，正是船上乘客真实且具体的等级体系，让观察者不得不正视中国的民族困境和所遭受的压迫。在一些文章中，将认识到乘客分层的意义描绘成一个朝着民族主义者转向或觉醒的关键时刻；有些作家甚至把轮船旅行描述成他们，实际上或象征意义上脱离各自省份，开始形成全国意识的确切时刻。比如，邓惜华在自传里描述了一次从重庆到上海的轮船之旅，他将之视为从四川的童年生活到北京和后来苏联学生生活的过渡。在他的叙述中，他对轮船乘客阶层分化现象的观察，将他童年受压迫的经历置于一个更大、更系统的视角之中。小时候，他和家人饱受一位他称为"狗头"的有钱亲戚的折磨。在轮船上,他发现"狗头"能够划入更大的压迫者谱系:"官员和工厂主乘坐头等舱,'狗头'和他的伙伴们也在这一舱区,但还有一个比头等舱更高级的区域——在一些轮船的顶层甲板上,专门为外国人准备的舱区。就算是'狗头'也禁止入内,无论他愿意付多少钱。"[129] 就像其他的中国作家将转向民族主义或激进政治的分水岭,归结为目睹上海公共花园著名的(但可能是杜撰的)"华人与狗不得入内"的牌子 *,与此类似,这种思考让轮船成为一个关键节点,从中揭示了中华民族和中国人民的"真实"状况。[130]

无论是将中国舱区看作孤立的空间,还是对乘客阶层的民族主义诠释,都没有把轮船的社会空间视为陆地世界的熟悉的缩影,或是一个微观的世界。对这两种解读来说,轮船空间都是某种幻想的世界,让观察者质疑自己对社会关系的理解,无论是经历上海记者的困惑和沮丧,还是早期民族主义者从明显的阶层分化中感受到的冲击。用福柯的话说,轮船"暴露了每一层真实的空间"[131]。在 20 世纪 20 年代末和 30 年代,这些空间成为民族主义改革者的目标,他们试图按照自己对中国未来的憧憬来再造它们。

将轮船作为社会空间提醒我们注意一个重要事实:半殖民地中国并没有处在世界殖民体系之外。这些在中国各地航行的船只,通过它们的工作和旅行空间,投射出与殖民体系中其他地方相似的种族区分和等级分化。轮船所投射的世界,在中国或许并不是随处可见——但它与陆上现实世界之间紧张而又令人困惑的关系,使其成为国家艰

---

*　此牌子是否存在,一直存在争议。——译注

难处境的有力象征。轮船上既有公共空间，向所有能买得起票的人开放；也有私人的团体空间，优先维护种族和社会规范。在这些空间里，种族分化和相近的问题既没能充分承认，也没能完全否认。它们所反映的世界，更多的是通商口岸里外国团体专属的社会空间，而轮船则将其带出这些飞地，进入更广阔的公众视野，让轮船空间成为中国地缘政治状况的表征。[132]

这个社会空间还证实，航运业的外国主导地位，不是简单地体现在挂洋旗船只或运载吨位在长江和沿海占绝对多数；它还体现在，当有新公司加入时，航运业现有的组织和管理模式所具有的强大影响。船上的社会空间是由外国公司的强势地位和领先优势，以及英国航运在世界范围内的主导地位所塑造的。轮船招商局的案例表明，并非所有公司都完全照搬英国经验，但行业内的不平衡也使其难以完全弃之不顾。在航运业，公会体制具有某种管制力量——声称体制内所有船只均可互换，倘若公司想在管理或轮船社会空间方面有所创新，体制将是一种束缚。

第五章

航运民族主义：民国初年的航运政治与商业（1912 — 1927）

民国初年，是中国航运与民族独立、反抗外国帝国主义运动紧密交织之时。航运民族主义，不是航运业对民族主义言论的简单采用，而是对半殖民体系和航运界新情况更广泛的回应。航运民族主义将政治和商业两个领域紧密地联系在一起：支持中国独立自主的人士对外国掌控航运业深表忧虑，而这一时期新兴的航运企业家也同心同向，为实现民族自治而努力奋斗。

民国初年，长期以来居于条约体系运行核心地位的合作关系的破裂，使得半殖民秩序亦随之变化。清朝中央政府的解体加速了这一进程。条约体系确立于 1860 年的《天津条约》，依赖于清朝中央政府执行具体条款。新共和政权移交给前清官员、后来称帝的袁世凯后，政权分裂，各地军阀裂土称雄，进入军阀混战时期，在地的中央权威不复存在。尽管此时合作的个案仍不乏其例，比如某外国列强与某地方军阀，但在条约体系框架下的合作形式已经难以为继。

这种合作机制的瓦解对中国的半殖民秩序产生了一系列影响。首先是列强向中国领土扩张的势头偃旗息鼓。随着中央王朝的解体，列强迅速行动，控制海关和盐税，确保欠它们的赔款能够偿付，但他们又没有像清朝最后几十年那样继续寻求新的特权和让步。第一次世界大战爆发，欧洲列强忙于战争，这常常被认为转移了他们在中国扩张的注意力，但是，从当时中国的自身境况出发，如果没有可靠的手段在全国范围内强制执行，寻求新的特权并不划算。条约依然有效，列强把北洋政权视为事实上的中央政府，但在此期间，除了个别内河航线，他们没有要求任何航运特权。[1]

列强暂停了在华扩张的脚步，表面上看削弱了外国的势力，但合作的破裂具有更深远影响，它进一步扩大了条约体系赋予外国势力的航运特权。民国初年，中国船只几乎得不到国家的保护。清朝时，政府对轮船招商局的资助，保障它与其外国竞争对手处于同样的流动性和税收待遇之下。随着中央政府的解体，中国的航运公司遭到各种军阀政权的税收盘剥和军事干预，而拥有治外法权的外国公司则免于这些干扰。中外航运公司之间的不平衡变得更加明显，其中的利益冲突也更为严重。

以往条约体系下合作机制的破产所造成的一个重要后果是，对外国在华势力的抵制在中国全社会蔓延开来。在清代，政府负责用各种方式抵抗外国扩张，但到民初，这一角色扩充到中国社会中的更大范围。日益壮大的民族主义运动动员了知识分子、工人阶级、商业精英，有时甚至还包括军阀政权。罢工、抵制和其他抗议活动在一些具体的事件和冲突中，可能会产生削弱外国特权的效果。与此同时，由于缺乏可信赖的政府相配合，很难在外交层面上达成约定。北洋政府并不稳固的政治中心地位，严重限制了它企图修改或撤销现有条约条款的能力。

181

　　民初航运民族主义的发展，可以从四个方面加以考察：收回航权论演变成一种表达航运民族主义抱负的方式；长江和沿海一带的主航线上出现了新一代悬挂中国旗帜的民营航运公司；民族主义政治对公会体系的影响力日益弱化；以及，这一时期重要的航运企业家对事业发展最佳路径逐渐达成共识，即在服务国家中自我发展。

　　收回航权的讨论大体划定了航运界反帝国主义运动的目标范围。这一论调强调，悬挂外国旗帜的船只在中国水域的存在和特权都是对国家主权的侵犯。收回航权论起源于晚清社会精英的激进主义，其核心观点是：赋予外国船只在中国沿海和内陆航权的条约条款违反了国际法和国际惯例，中国有能力满足自己的航运需求。虽然民国初年收回航权的目标进展甚微，但这一话题是表达航运民族主义的重要手段，1927 年之后更成为国民政府修订条约计划的重要内容。

　　1912—1927 年，新一代悬挂中国旗帜的民营公司进入沿海和内河轮船航运网络之中。这些公司有的源自晚清的内河航运企业，有的始于晚清收回航权项目；很多都受益于第一次世界大战期间中国企业获得的新机遇。这批航运公司发展到一定的体量和规模，就能挤入此前公会公司专属的内河和沿海航线，与外国公司展开直接竞争。第一次世界大战结束后，外国航运公司进一步扩大了中国水域的船队规模，中外航运企业之间的竞争日益加剧。过去，只有轮船招商局代表中国企业，随着中国航运企业的成长和多元化，以及外国企业的大肆扩张，中外航运企业的冲突比过去要突出得多。

　　在这种情况下，民族主义政治帮助中国船东顶住了公会体系的压力。外国公司显然享有新的域外保护，但这场受大众支持的民族主义运动把目标对准了悬挂外国旗帜的船舶和航运公司，认为它们是外国势力的在华象征，经常予以抵制。这些抵制反过来又可能为中国企业获得新的市场份额或拓展业务带来前所未有的机遇。尽管由"三公司"领衔的公会在长江和沿海持续存在，但这些抵制事件使之难以像以前那样专擅条款。公会公司在航运网络中依然最具实力，继续制定有关价格和运载量的协议。但是，公会再也不能强迫新公司接受组织内的附属地位，也不能保持过去对主航线的控制。

在此背景下，民初的中国航运企业家经常以民族主义者自居就不足为奇。对此时最重要的三家中国航运公司——大达、三北、民生——领导人进行一番研究，便可知他们的民族主义情怀并不仅仅是一种权宜的姿态。他们在观念和实践上高度一致，表明他们对企业在建设独立自主国家中的角色具有共识。三家公司在半农村腹地与通商口岸之间建立了联系，并为这些地区的经济和文化现代化做出了贡献。在他们的航运事业中，他们将扩张作为与外国公司竞争的一种手段，并在这方面寻求国家的资助。在讨论 1949 年以前的资产阶级时，这些企业家和他们的企业为"民族资本家"这一类别提供了历史依据，并为航运民族主义的活跃人士提供了鲜活的个案。

清末民初的收回航权

民国初年，收回航权成为民族主义者表达反对外国控制航运的主要手段。这一论调主要针对那些赋予洋轮中国沿海、内河航行权的条约条款。持此论者援引国际法概念称，有关条款侵犯了中国为悬挂本国旗帜船舶保留沿海航权的主权。他们还强调中国航运自治的必要性：在不依赖挂洋旗船只的情况下，本国有潜力开发足以满足自身需求的航运。

　　收回航权论始于清末。轮船招商局成立之初，李鸿章等人称公司的宗旨是为朝廷"收回利权"。他们认为，从与外国航运公司的竞争中收回的财富应该归属朝廷。在清王朝的最后几年里，士绅、商人和一些官方积极人士开始鼓动"收回"转让给列强的特许权。这些特许权多是某一特定地区的铁路筑路权或采矿权，多在 1895 年之后，列强急于取得特许权之时获得。这些精英积极人士使用"收回路权"或"收回矿权"等术语，来指代旨在抵制列强从新获特权中牟利的行动。[2] 他们通常会组建自己的路矿公司，出于竞争的考虑，要么买断外国企业，要么抢占它们的铁路或矿业项目。[3] 这些积极人士努力收回的权利，最初不过是针对一块特定的土地。随着时间的推移，他们开始将筑路权、采矿权与正在遭受外国侵略的、更为抽象的国家主权联系在一起。[4]

　　清朝末年，由于清廷未能阻止外国在华的领土扩张，反对外国侵略、主张收回利权的积极人士不再对清王朝抱有幻想，收回利权运动成为反清运动的战场。在某些省份，收回路权的积极人士抗议政府使用外国贷款为铁路建设融资的决议。1906 年，清政府邮传部试图对全国铁路实行集中控制，收回路权团体抗命不遵。1911 年，邮传部欲将四川铁路收归国有，导致积极人士宣布四川独立，脱离清朝统治。[5] 清朝末年，收回利权论的关注点已从收回具体的特许权，转变为更明确地捍卫中国抵御外国干涉的需要。

　　尽管不如铁路和矿业那样为人所熟知，但航运领域也是晚清收回利权运动的一个舞台。为了收回航权，活跃分子积极成立新的航运公司，这些公司要么瓦解外国势力在某条航线上的主导地位，要么阻止外国航运进入新的地区。许多清末的收回航权运动都与各省的收回路权运动密切相关。

成立于 1908 年的宁绍轮船公司（宁波到绍兴）就是这种关联的实例。该公司的创始人是虞洽卿，荷兰银行买办、著名的位于上海四明公所的宁波旅沪同乡会会董。虞洽卿和他的几个合伙人积极投身于浙江省的收回路权运动，身份是浙江全省铁路公司的创始人和董事，该公司成立于 1905 年，旨在阻止英国兴建杭州和宁波之间的铁路。[6] 宁绍轮船公司的成立为的就是给旅居上海的同乡提供公会航运服务之外的另一个选择。

由于沪上浙江老乡长期依赖上海至宁波、绍兴之间的轮船航线出行，沪甬线成航运网络中一条最赚钱的客运线路之一。自 19 世纪 80 年代以来，它一直由太古和招商局把持，两家都索费不菲。1906 年，法国东方轮船公司试图进入这条航线时，票价断崖式暴跌。虞洽卿出面代表宁波旅沪同乡会，试图让这些公司承诺将票价维持在这一较低水平，但是当这家法国公司退出这条航线时，公会公司将票价提高了两倍。虞洽卿遂向上海的宁波和绍兴同乡会筹集资金，成立一家新的轮船公司。1908 年，宁绍公司开始运营，公会公司再次调低票价。[7] 为了保障宁绍公司的生存，公司管理层召集了百余名宁波、绍兴籍的杰出商人，组成宁绍航运保护会。该会提供资金，补贴公司在价格战中的损失，助其维持航线船只正常运营。[8]

虞洽卿和他的合伙人，依靠在浙江收回路权运动中的经验，动员全省同乡支持新公司对抗公会。在与公会公司的竞争中，宁绍轮船公司广泛动员忠于国家的爱国人士。上海的宁波精英对英国公司和招商局的广东帮管理层早已心怀不满，前者自不必说，而后者对宁波的沙

185

船势力和宁波籍船员也并不友善。⁹1911 年以后，宁绍公司在沪甬及其他航线上地位渐趋稳固，虞洽卿也一跃成为中国最著名的航运企业家之一。

　　另一个例子是川江轮船公司，该公司由清朝官员和四川士绅联合组建，企图阻止外国航运势力向长江上游扩张。与宁绍一样，川江轮船公司也与省内的收回路权运动有关。1903 年，四川总督锡良提议修建一条连接汉口（稍后成为中国的铁路枢纽）和四川省省会成都的铁路。这将是一条由官员、士绅和商人自愿捐资修建的省际铁路，同时粉碎英国、法国和美国公司在川筑路的企图。¹⁰ 修建这条铁路的消息让长江上游的轮船航行实验一度中断，但其缓慢的进展很快又重新引起了人们对航运的兴趣。¹¹ 当几家外国公司提出这条航线的航行计划时，锡良的继任者赵尔丰成立了一家轮船公司，以断其念。¹² 成立这家航运公司（1908）的资金来自官员、商人和士绅的捐款，其中部分就是原来筹集的路款。¹³ 川江轮船公司率先经营了长江上游第一艘货运空间够大且能赢利的轮船。¹⁴ 从 1909 年至 1914 年，这艘"蜀通号"是航行于宜昌和重庆之间的唯一轮船。因为大大缩短了上下游的航行时间，它的运费也非常高。虽然川汉铁路一直未能完工，但川江轮船公司让长江上游的商船航行保持在中国人的控制之下，直到20 世纪 20 年代初。

　　清朝末年，即便没有成立新公司，收回航权论也已深入人心。当时，为了免受地方盘剥，航行于内陆航线的小型华资轮船公司通常悬挂外国旗帜，但受收回航权运动鼓动的地区，重新悬挂中国旗帜则可能是一种强势姿态。一份关于珠江航运的海关调查报告显示，1907年以后，悬挂中国旗帜的轮船数量急剧增加。报告认为，这是因为船

186

东们希望从蓬勃开展的从洋轮手中"夺回"珠江的民众运动浪潮中获
益所致。[15]

收回航权的观念甚至渗透进轮船招商局。早在 1909 年，招商局
股东就开始声称，政府的介入束缚了公司与外国企业竞争的能力。[16]
1911 年后，袁世凯想在招商局安插官员，公司选出的董事会拒不接
受。董事会在《申报》上刊发消息，将袁世凯的行为尖锐地比作清末
铁路收归国有的行径，把摆脱政府控制、保持公司独立的努力称为
"挽救航权"。袁世凯针锋相对予以回应，称董事会"窃取航权"。[17]
最终，董事会在这场风波中获胜，历经四十载"官督商办"，招商局
终于变成一家真正由股东经营的民营企业。

清朝末年的收回利权运动，在收回外国企业具体特许权的观念和
收回不平等条约中失去的主权的实践之间架起了桥梁。特别是在第一
次世界大战后，收回航权成为修订条约的理由之一。接受伍德罗·威
尔逊（Woodrow Wilson）民族自决学说的外交官和律师主张，废除
那些侵犯中国主权的条约条款，这些条款将不利于中国在诸如巴黎和
会（1919）和华盛顿会议（1921 — 1922）这样的国际舞台上，成为
"国际大家庭"中的平等一员。[18] 在修约的大背景下，收回航权的支
持者特别关注那些特许洋轮参与中国沿海和内陆航运的条款，因为这
些条款侵犯了中国为本国船只保留沿海航行权的主权。尽管北洋政府
通过外交途径推进这一议程的能力有限，但在 1916 年后，该政府始
终没有向寻求与中国缔约的国家授予内河航行权。[19]

收回航权的主张中暗含着航运自治的意思，即中国可以在没有外
国参与的情况下，满足自身的航运需求。然而民国开始几年，挂中国
旗的航运力量仅限于招商局和一些内河小公司，航运自治还只是一种

争论立场，而不是对真实实力的声明。经过整个民初时期，中国民营航运企业得到长足发展，航运自治不再是一种抽象可能的问题，而是如何实实在在地选择具体政策支持和壮大中国航运业的发展。收回航权和航权自治都是国民党政府在 1928—1931 年进行的修约运动的重要内容，而且这一论述始终是构建和阐明航运民族主义的重要手段。

中国水域中的中外航运（1912—1927）

1912—1927 年，轮船航运体系最明显的变化之一，就是出现了新一代挂中国旗的民营航运公司，它们在内河和沿海的主要航线上直接与公会公司和其他外国公司展开竞争。清末十年，一种分工局面悄然形成：新的挂中国旗的民营公司集中于内河航线，轮船招商局则在公会主导的主要航线上服务。到"一战"结束，随着越来越多的中国民营企业进入沿江沿海的重要航线，中外航运企业之间的冲突和竞争成为航运界的一个显著特征。

正如白吉尔（Marie-Claire Bergère）的解释，这一挂中国旗的新产业部门，在一定程度上，可以追溯到"中国资产阶级的黄金时代"。黄金时代是中国民族资本在很多经济部门的发展壮大时期，大体涵盖 1912 年至 1920 年，主要原因既有"一战"带来的新机遇，也包括政府对工商业的极少干预。"一战"期间，外国在华企业纷纷停产或减产，使中国企业家得以在海外原材料需求量增加、全球市场白银价格上涨之际发展替代产业。军阀割据时期不像清代，此时政府从未试图自上而下干预经济，这让企业家们可以放手追逐商机。黄金时代主要体现在轻工业和消费品生产行业，但航运的新发展也受益于这种大环境。[20]

　　第一次世界大战开始之时，德国、奥地利、英国、法国以及其他欧洲国家的很多船只从中国撤出，为战争服役。运载量的减少导致运费大幅上涨，这为中国企业进入新市场创造了机会。1912—1924 年，中国旗下的总运载吨位较此前翻了一番。中国公司在国内进入沿江沿海的主要航线，在国外开通东南亚和日本的海外航线。此时，随着中国机械制造业的发展，中国航运公司可以自行购买和修理船舶，不必依赖通商口岸的外国造船商和设施。此外，其他经济领域中国企业的发展，也进一步扩大了对航运服务的需求。[21]

　　尽管这些进步不容否认，但中国航运在黄金时代背景下取得的许多成就都是昙花一现。"一战"期间，一些外国公司在航运网络中依然活跃。战争一结束，它们甚至投入更大力量进行扩张。[22] 到 1920 年，主要航线上的竞争已十分激烈，对新兴中国公司而言，生存成为刻不容缓的问题。

　　无论是"一战"期间，还是战后，英国始终是中国境内最强大的外国航运力量。尽管太古与怡和轮船公司"一战"期间共派遣 30 艘船赴欧服役，但之后他们可以用俘获的德国船只扩充在中国的舰队，尤其是南北的沿海航线以及通往东南亚、澳大利亚和日本的海外航线。[23] 这些公司的长江船队不适合战时服役，所以留在了中国。战后的 1920—1926 年，两家公司都经历了大规模扩张，太古公司共增新船 24 艘，怡和新增 13 艘。[24]

　　"一战"期间和战后不久，日本在华航运势力也有所扩张。日本没有直接参与欧洲战争，因此没有日轮投入战斗。随着其他国家船只撤出中国，运费普遍上涨，使得日本公司从中获利。战争期间，日清汽船的赢利打破纪录，并将其再投资于 1915—1927 年的船队建设。日清专为长江航线打造了 7 艘新船，战后不久，又将其业务扩展至南北沿海航线，规模已与其他公会公司不相上下。[25] 日清还利用缴获的德国船只，开通汉口至大阪的直达航线。日清的扩张与日本航运业的国际扩张大致同步，助推日本从世界第六大航运国一跃成为世界第三。日本的主要国际航运公司——日本邮船株式会社和大阪商船株式会社，也同时扩展海外业务，既包括东亚航线，也涉及澳大利亚、欧洲和美国的海外航线。[26]

　　"一战"期间及战后不久，美国的航运力量在中国发展迅猛。战争爆发时，美国在华航运正处于低谷，但造船业的发展、退役军舰的商业化改造以及政府的支持，推动了它的发展，使之取代德国，成为仅次于英国和日本的在华第三大外国航运力量。太平洋邮船公司（Pacific Mail Company）和多纳轮船公司（Dollar Line）于 1916 年和 1917 年开通了中美航运业务。同样在 1917 年，标准石油公司（Standard Oil Company）把船开到长江，开始向中国输送石油和煤油。战后，多纳和其他几家小公司将服务范围扩展到了长江水域。[27]

　　战时状况和战后外国航运的立即扩张，仅为中国航运的黄金时代留下了非常短暂的窗口期。比如，战争期间，由于外国船只从沿海和海外航线撤出，竞争态势整体趋于平缓，轮船招商局因此获得一段高利润时期。招商局用这些收益扩充其长江船队，1912—1918 年公司吨位增加一倍多，在公会公司总吨位中占比从 16.2% 升至 21.5%。随着外轮撤出华南至东南亚航线，招商局还将船只租给需要将货物运输到东南亚港口的闽粤商人，从而获取收益，并且开始规划自己的海外航线。[28] 然而，1919 年左右，外轮甫一重返这些航线，招商局的东南亚租船业务几乎马上蒸发，其长江船队的增长也很快被英国和日本公司的扩张抵消。1925 年，尽管招商局在公会中保有最大的长江下游船队，但在与海外航线的连接、沿海航运以及长江上游航运（详见后文）等领域，却没能跟得上其他公司的步伐。因此，黄金时代为招商局带来若干重要机遇，但所有的优势却因战后外国航运的扩张而大打折扣。

对于新兴中国公司而言，这一短暂的间隙或小小的机会，就足以让它们在以前很少或根本没有中国公司涉足的航线或贸易中站稳脚跟。即便是在长江航线上，外轮撤出所提供的"喘息空间"最少，"一战"期间，新兴的中国公司也与历史悠久的公会公司展开了正面交锋。这些共同构成了民国初期新一代中国航运公司的大业态。

大达航业集团就是一家能够利用黄金时代的条件扩大业务、角逐长江的中国企业，它也是由学者出身的企业家张謇在晚清时期创建的实业综合体的一部分。1894 年，张謇高中进士，但由于对中国甲午一役的惨败失望透顶，他坚辞朝廷任命，返回家乡江苏通州*。在那里，他创建了大生纱厂（1899），与进口的棉纺织品一决高下。大生逐渐发展成为一个工业集团，包括盐业、铁厂、机器制造、航运，等等。29 1900 年，张謇进入航运领域，先买了一艘轮船，以加快上海和通州之间的物资运输，后来筹资组建大生轮船公司，提供上海、通州间的定期服务。到 1910 年，张謇已购三艘新船，并将大生轮船公司并入 1905 年成立的上海大达轮船公司，经营往来于通州、浙江和上海之间的四艘轮船，这条航线被称为"小长江"。后来，这家公

₁₉₁

---

* 通州是古代时江苏南通的名称，为避与北京通州混淆，俗称南通州。——译注

司和另一家他于 1903 年成立的服务于苏北地区内河港口的独立公司
——大达内河轮船公司——一起，组建成大达航运集团。"一战"快
结束时，大达又并购了一家英国小公司，扩大了自己的长江业务，到
1921 年，已有九艘轮船在这一航线上服务。[30] 虽然小长江只是公会
公司主导的长江干线的一小段，但它确实是一条非常重要的客运航
线。在这条航线上，大达始终是一支重要力量，直到第二次世界大战
时期。

三北航业集团，是另一家在黄金时代背景下成长为长江上重要竞
争者的中国公司。它由宁波买办商人虞洽卿创办，他曾于 1908 年牵
头创建宁绍轮船公司。[31] 1914 年辞去宁绍总经理一职后，虞洽卿创
办了自己的轮船公司——三北轮埠股份有限公司。1916 年，三北经
营往来于上海、宁波以及浙江沿海小镇之间的轮船，其中也包括他
的家乡龙山。1918 年和 1919 年，他利用外国轮船减少和运费高涨的
机会扩大公司经营。他募集新股，购置一批大船（超过 1000 吨位），
将三北业务扩展到长江、南北沿海以及东南亚和日本的航线。他巩固
了对鸿安轮船公司的控制权，开始在中国旗帜下经营船只。鸿安此前
是一家悬挂英国旗帜的公司，1884—1909 年，曾是长江航线上的公
会附属公司。[32] 他用三北和鸿安的船只联合提供长江航运服务。[33] "一
战"后，外国航运势力返回中国，接着运价下跌，致使虞洽卿过度扩
张，不得不向北洋政府申请贷款维持这些公司的运转。这笔贷款没有
兑现，三北只好放弃海外业务，但保留了南北沿海航线以及与鸿安组
成的长江联合航运，在余下的民国时期里，成为这些主要国内航线上
的持续竞争者。

虽然战后虞洽卿不再担任宁绍轮船公司的正式职务，但他仍然与

其保持联系。宁绍的两艘船与三北和鸿安的船只几乎同时开办沪汉航线业务，并彼此协调出发安排。[34] 1920年，虞洽卿代表宁绍、三北和鸿安与公会公司谈判，就长江航运最低费率达成协议。[35] 虞洽卿的几家公司，虽不是黄金时代背景下立足于长江干线上的唯一中国公司，但却是其中最重要和最长久的公司之一。

尽管这些中国旗下的新兴公司能够进入长江等主要航线，并在其上建立起固定业务，但与公会公司相比，它们的规模仍然很小。三北是中国旗下仅次于招商局的最大的航运公司，但组成三北船队的船只吨位小、船质破旧、设施落后，与招商局船只无法相提并论。只要对1927年沪汉航线上主要公司的船队稍做比较，就可以说明这种规模上的差距（见表5.1）。轮船招商局、日清汽船和太古的船队规模大致相当，怡和的船只数量和吨位稍微落后。而三北和宁绍的舰队规模则要小得多。

张謇和虞洽卿的公司在长江下游与公会公司展开竞争；宜昌和重庆之间的长江上游航线，则是民国初年新兴的中国航运公司与不断扩

表 5.1　1927 年长江下游（沪汉航线）船队

公　司	船只数量	吨位（总注册吨位）
轮船招商局	9	27060
日清汽船	9	25839
太　古	8	22433
怡　和	6	20534
三　北	4	8276
宁　绍	2	5007

来源：Tōa Dōbunkai, *Shina shobetsu zenshi,* vol. 15, 329-30; Yonesato Monkichi, *Chōkō kō'un shi,* 6, 24-25, 30, 40-41, 51-52, 55-56.

张的外国公司之间发生冲突的另一个地方。然而，这条航线发展壮大的原因，与黄金时代的叙事稍有不同。截至 1911 年清朝覆灭之时，这一河段上只有川江公司的轮船，该公司是清末收回利权运动的成果之一。1911 年后，川江公司与其他几家模仿其船舶设计的中国公司合并。多家中国小公司开始提供长江上游的航运服务，由于这一河段航行起来困难重重，所以这些公司的运费很高。有些公司顺江而上拓展服务范围，从重庆延至宜宾。[36] 长江上游的潜在利润很快引起了外国公司的兴趣：1917 年，美国标准石油公司和英国亚细亚火油公司（Asiatic Petroleum Company）将载有石油和煤油的专业船只开到长江上游；"一战"结束后，至少有 13 家外国公司进入长江上游航线，有的还收购了一些规模较小的中国公司。这些新的挂洋旗的公司中，有几家是名副其实的外国公司——美国多纳轮船公司、法国法中联合航运公司（Union Franco-Chinosie de Navigation）和英国麦肯齐公司（Mackenzie & Company）等，均为此航线投入了大量资本添置新船。还有的则为寻求免受四川军事冲突影响的中国公司提供方便悬挂之旗。[37] 1922 年，太古轮船公司、怡和轮船公司和日清汽船株式会社同时加入这条航线，它们都向长江上游派出了新建船队，并加开了重庆至宜宾段的小型轮船。[38] 长江上游航线日渐拥挤，竞争激烈。

　　尽管外国公司大量涌入，但中国公司在长江上游的航运市场上一直都占有一席之地，虽然地位并不稳固。很多中国公司只有一两艘轮船，加之频繁买卖，更名易主，公司名册不断变动。1922—1927 年，长江上游共成立 32 家新公司。其中，11 家挂中国旗，还有很多尽管仍为中国人所有，但权宜之下悬挂外国旗帜。[39]

　　20 世纪 20 年代末，长江上游航线中外国航运势力的强大和中国航运的步履蹒跚，引起了四川军阀刘湘的关注。在他的帮助下，其中一家中国公司兼并了诸多小公司，组建了"二战"前长江上最大的中国航运公司之一的民生实业股份有限公司。尽管民生公司成立晚了几年，并不是黄金时代的成果，但它是一家重要的竞争者，起初在长江上游，后扩展到整个长江流域。民生公司是由一位改行的教师和教育官员卢作孚，于1925年在嘉陵江流域的合川县成立，邻近通商口岸重庆。他向亲朋好友和以前同僚募集股本，以成立这家在渝合之间提供客运和货运服务的轮船公司。1929年，民生公司已有三艘轮船，在嘉陵江及其支流以及长江一些中小港口载运货物和旅客。民生公司引起了刘湘的注意。在他的帮助下，民生公司成长为长江上的一家主要公司。

　　尽管这几家公司并不是当时进入中国重要航线的新兴民营公司的全部，但大达、三北和民生的出现，说明了新一代中国民营企业与老牌公会公司（他们大多悬挂外国旗帜）直接竞争的大致情况。此外，第一次世界大战后，航运界的形势让中外公司的斗争越发显著：就在新兴中国公司在主要航线站稳脚跟的时候，日本、英国和美国的公司掀起了新一轮向中国水域快速扩张的浪潮。竞争非常激烈，新兴的中国公司挣扎图存。在这般严峻的形势下，民族主义和民族主义政治成为中国企业可资利用的重要资源。

航运业中的民族主义政治（1912—1927）

195

　　与民初中外航运之间的经济冲突同样重要的是，这场冲突还具有明显的政治意味，以其前所未有的方式左右着这些航运公司之间的关系。特别是在军阀割据时期开始之后，中外航运企业均发现，自身的优势和劣势往往自相矛盾，当然这一情况源自当时的政治形势，即条约体系的执行，是在一个为军事混战所撕裂的国度之中，同时还伴随着民族主义呼声的高涨。例如治外法权，它可让外国公司免遭军阀干扰和捐税盘剥，但由于这些公司被视为中国领土上的列强代表，它们也成为民族主义抗议和抵制的目标。中国公司也许可以从针对外国竞争对手的民族主义运动中获得一些好处，但他们的业务又很容易受到苛捐杂税和军阀政权征用船只的影响。在这样的背景下，清代公会体系中呈现出来的合作形式再也不具有操作性。民初的公会体系尽管存在，也仍然是航运界的一种机制，但相对于其此前的影响，已不可同日而语。

　　中国军阀混战的情势改变了挂洋旗船只的保护政策的意义。在清朝，挂洋旗船只的保护只有在一种情况下会出现问题，即中国官方或他国政府需要移送船上嫌犯之时（这种情况，他们需要获得相关领事的授权），或涉及船只的案件在领事法庭或会审公廨被起诉之时。1916 年混战爆发后，治外法权是挂洋旗船只重要的护身符。大大小小的军阀政权割据国家的不同地区，各自征收各种捐税。比如，一艘沿着长江航行的轮船，有可能被不同的军阀政权拦下多次，检查货物，索取费用。为了避免这种干涉，条约国明确提出"搜查豁免原则"，该原则诠释了挂洋旗船只的治外法权地位，换言之，只有海关人员才能对它们进行搜查和征税。[40] 因此，一旦外国公司的轮船在通商口岸完税以后，便可畅通无阻地通过各军阀控制的地区。由于长江流域和其他地区军阀混战持续不断，列强雇用了本国海军来保护挂本国旗帜的船只。海军舰艇经常护送本国旗下轮船通过不稳定地区，防

止它们受到攻击或被征用。⁴¹

　　相比之下，挂中国旗的公司要承受无穷无尽、五花八门的捐税，还要被军阀政权强拉兵差，这使它们在与外国对手的竞争中处于明显的不利地位。1924 — 1925 年，长江流域军阀战争频仍，由于害怕干扰，中国的内河轮船停靠上海，而挂洋旗的轮船则依旧在长江上航行。北伐期间，中国公司（包括轮船招商局）的业务经常因船只被强征或充公而中断。在这种情况下，一些中国企业为了获得保护采用方便旗就不足为奇了。⁴² 清朝时期，挂洋旗船只的治外法权地位几乎没有为外国航运公司带来什么竞争优势，而在军阀混战时期，这种保护已无疑成为一种特权。

　　虽然外国航运公司可以躲过军阀政权干涉这一劫，但"一战"以后，中国人民的反帝抗议运动兴起，外国公司成为民族主义者抵制和游行的主要对象，它们的优势在一定程度上被抵消。民族主义团体组织抵制某些列强（通常是英国、日本或英日两国）货物和服务的运动，以抗击他们的侵华行为，这不禁让人想起清朝时期的禁区：行会组织起来抗议某些航运公司。日清汽船株式会社的历史详细记载了两次世界大战之间针对其公司船只的九次"反洋"抵制活动，从中可见抵制的手段和策略是如何随着时间的推移而逐步升级的。刚开始，中国商人拒绝用日本船只运送货物，码头工人也被组织起来拒绝卸货，而后来，则直接阻拦中国游客乘坐日本船只。⁴³ 一些大规模的民族主义示威活动，如在 1925 年五卅惨案后和北伐战争期间，曾使太古、怡和和日清的长江航运一度中断数月之久。⁴⁴ 1925 年夏秋，英国和日本公司的船员还因同情五卅运动的抗议者而举行罢工。⁴⁵

　　除了类似五卅运动等全国性的抗议活动，英国和日本的轮船以及

197

轮船公司也很容易受到民族主义地方性事件的抵制。类似的事件不胜枚举：外轮武装警卫在某个港口杀害示威群众，中国沙船在外轮旋涡中沉没，于是在当地爆发了针对某公司的抵制运动。[46] 在长江上游，突发事件和抵制运动中也经常会有当地军阀政权的影子。1921年，重庆军阀政府组织了抵制英国旗下轮船"隆茂号"（属于麦肯齐公司）的运动，起因是该船船浪使一艘载有中国士兵的沙船沉没。该船试图在重庆港卸货时，受到抵制运动参与者的围攻，当一名美国炮艇上的武装警卫试图驱散人群时打死了一名民众，事态随之升级。[47] 一个最为著名例子是 1926 年发生的万县惨案。此案中，军阀杨森的军队在因一艘中国沙船沉没引发的争执中，在万县扣押了两艘太古轮船。一艘英国炮艇与怡和轮船的船员正试图营救这些被扣押的太古船员时，遭到了杨森军队的袭击。随后，这艘英国炮舰炮击港口，造成大量平民死亡。这一惨案导致万县三年的抵制英轮运动。[48] 一名英国记者报道称，1926 年，由于抵制和罢工，所有外国旗下的航运企业都放弃了重庆上游的航线。[49]

　　很难评估英国和日本公司因罢工和抵制而遭受的停运，是否会超过它们从域外保护中获得的好处，但毫无疑问的是，这些公司担心此类行为会对其业务和声誉造成损害。而且，英国外交官还认为，类似事件对国家声誉造成的威胁，足以迫使该国调整有关政策。1926 年，英国外交部决定，为了为英国在华商业奠定和平的基础，有必要放弃对条约条款的刻板执行，承认中国民族主义的愿景，同意就不平等条约的部分修订展开磋商。这一政策转变的结果之一是，只有在英国人生命受到威胁的情况下才能在中国使用武力。这意味着海军护航队和警卫不再能像往常一样保护英国船只。

198

这一限制表明，中国显现的乱象有助于削减外国特权。由于没有一个可靠的中央政府作为合作者，英国航运面临来自中国社会多个地方的抵制——在这种情况下，当地军阀和民族主义活跃人士结成了联盟——严重地破坏了贸易环境，政策也不得不随之变化。虽然 1926 年被解读为英国避重就轻地放弃次要权利、保留诸如治外法权等重要特权的一年，但是对使用武力的限制的确对航运状况产生了非常明显的影响。[50] 英国船只仍然享有盘查和军阀税收的豁免权，但它们再也不能由英国海军船舰护送通过动乱地区。

民族主义运动对强大的英国和日本航运公司的干扰，不仅为民族工业提供了舆论上的支持，有时甚至带来新兴中国公司业务的激增。对中国航运业发展特别有帮助的是那些同时抵制英国和日本的运动，就像紧随 1925 年五卅惨案之后的这一场运动。虽然只是暂时的，但这样的抵制可以让中国企业获得喘息之机，借机扩充市场份额，而不必顾虑外国大公司的报复。除了抵制运动，长期进行的国货运动还鼓励中国客户和乘客光顾本国公司。在运动中，中国商界领袖尝试说服本国消费者，购买中国产品是他们爱国责任的体现，因此国货运动广泛传播了民族主义消费的伦理价值观。航运公司还必须应对葛凯指出的国货运动的核心问题：让消费者相信"购买国货"，并放弃物美价廉、神秘莫测的外国产品是值得的。[51] 在航运领域，外国公司享有管理高效、航行安全以及服务更加规范、更好与国际航线接轨的声誉。[52] 尽管国货运动在消费伦理和政治上刺激人们光顾中国航运公司，但几乎没有证据表明中国乘客和托运人放弃了英国和日本公司的服务。

由于这一时期中外航运的矛盾日益显著，航运业内部的合作受到了严重的影响。班轮公会已经挺过 1895—1911 年补贴外轮新政策的冲击，又在 1913 年吸收了日清汽船株式会社，如今在民国初年面临着新的挑战。虽然它依然是航运领域的一种机制，原有"三公司"之间的合作也相对稳定，但公会令行禁止的效力远不如从前。越来越多的航运公司有能力施压而获得不同时期的独家优势，公会协议遂难以维持，最终在 1917—1935 年，更全面的公会体系被短期费率协议所取代，而这些短期协议经常被违反，又重新被商定。尽管民国时期的公会成员表面上都同意，要对竞争保持某种合作式的控制，但一旦有机可乘，他们便几乎毫不犹豫地削弱协议的效力。

1913 年，长江公会协议可以说是达到了权力顶峰：公会"三公司"克服了受补贴公司的挑战，德国和法国公司撤出长江，日清汽船加入公会。然而，日清也是首个退出公会协议的。第一次世界大战期间，日本政府出台政策支持日清在长江和沿海一带的扩张计划，并且该公司领导层声称，无法按照其他公司的标准调整运载量和服务。[53] 日清退出后，原来的三家公司——太古轮船公司、怡和轮船公司和轮船招商局——内部还保持着一些协议，在 1917—1925 年继续按照预定的比例共享利润。[54] 1920 年，"三公司"与日清，以及三北 / 鸿安和宁绍等新兴中国公司，就最低费率达成协议。[55]

到 20 世纪 20 年代初，所有的内河航运公司，无论日本、英国，或是中方背景，都开始感受到战后航运扩张带来的竞争压力。此时，对在公会体系下受控竞争的热忱再度出现，但由于"三公司"在如何应对日清扩张的问题上存在分歧，新协议被搁置。1921 年底，怡和洋行上海办事处报告称，日清汽船正考虑重新加入长江公会，该公司表示，希望长江航运协议能够进一步促成沿海协议，因为沿海地区的竞争更为激烈。[56] 尽管怡和与招商局都对弱化竞争态势的可能持欢迎态度，但太古则把日本的示好看作攻击日清沿海新业务的机会。在太古洋行伦敦总部的授意下，太古轮船公司称，作为现有三家公司中最大的出资方，它有权决定未来协议的条款。[57] 按照这个逻辑，"三公司"在 1922 年向日清提出，只有日清同意限制其沿海一带的航线和吨位，加入长江公会才有可能。在遭日清拒绝后，"三公司"解除了长江费率的现行协议，在接下来的三年里频繁升降费率，以向日清和新兴中国公司试压。[58]

1924 年夏天，公会谈判重新启动，太古洋行驻东京代表开始与日清汽船社长森（Mori）谈判。尽管森继续表示达成公会协议的兴趣，但他也拒绝限制公司的沿海业务，日本政府曾宣布此业务具有"政治和经济上的必要"。[59]1925 年春，"三公司"与日清的谈判终于进展到协商长江协议的具体份额，他们之间的通信开始再次提到四家联合起来对抗新兴中国公司竞争的办法。[60]

20 世纪 20 年代，"一战"期间发展起长江业务的新兴中国公司，同样对"三公司"控制公会协议的能力造成了威胁。过去，"三公司"通常把小规模的竞争对手纳入公会，使之成为附属会员来管理他们，但三北 / 鸿安和宁绍这两家中国公司（均由虞洽卿代表参与谈判）拒绝接受附属会员的严格限制，尽管他们偶尔也请求"三公司"做出价格让步。

在协议谈判中，虞洽卿并不是一个顺从的参与者。他经常挑战那些老牌公司试图为新兴中国公司设定的条款。1920 年费率协议规定，在沪汉航线上，三北 / 鸿安只能经营 1 艘轮船，宁绍只能有 2 艘。[61]1923 年，"三公司"决定提高运费时，担心中国公司削价竞争，遂派招商局总办傅筱庵威胁虞洽卿："如果［宁绍和三北 / 鸿安］利用这

201

次涨价，扩张运量，损害三公司利益，费率将恢复到目前甚至更低的水平。"⁶² 随后，虞洽卿提出费率协商的正式请求，允许他们的定价比公会新价格低 10%。此提议得到了公会的同意，但前提是，三北／鸿安和宁绍的运载量不得增加。⁶³ 然而，接下来的两年，虞洽卿在沪汉线添置 3 艘大型新船，并毫不犹豫地投入运营。⁶⁴ 1925 年春，"三公司"与日清的谈判有所进展，他们降低了沪汉航线的运费，迫使虞洽卿"就范"，希望敲定新的公会协议。这一策略并没有奏效，他们又提出一项新的妥协方案，同意扩大三北／鸿安的船队，但虞洽卿要承诺六年内不增加沪汉线上的吨位。虞洽卿同意此案以及一项附加条件，即不允许任何"外部"公司使用三北／鸿安的码头或仓库。这一附加规定的目的，是防止该公司通过与其他中国公司结盟而进一步扩大业务。怡和与太古的管理层认为三北／鸿安的获准吨位过多，但招商局的傅筱庵说服他们接受了这一协议，因为如若不然，虞洽卿势必"无止境地奋斗"，并寻求北洋政府的支持。⁶⁵

五卅惨案后，针对英国和日本公司的抵制和罢工运动的爆发，再次改变了长江之上轮船公司之间的力量平衡，这些妥协方案也随之变得毫无意义。在抵制活动如火如荼的几个月里，虞洽卿抓住机会在长江下游航线增加一艘新船，并与长江上游的小型华轮公司达成协议，配合三北／鸿安的下游航运服务。⁶⁶ 由于英国和日本公司的业务在抵制运动期间或暂停或放缓，长江的全部业务无疑成了三北／鸿安的意外之财。太古和怡和的管理层抱怨，身兼上海总商会会长和三北／鸿安老板的虞洽卿，用尽职权，使针对英日的罢运运动一直持续到 1925 年秋。⁶⁷

五卅运动还在一定程度上导致"三公司"与日清的公会协议谈

判破裂。1925 年 6 月，招商局拒不签署新协议，因为公司高层认为，此时加入英日公司组成的公会恐累及公司声誉。[68] 尽管赞同民族主义感情，但招商局依然是公会协议的坚定拥护者。数月后，五卅运动高潮渐息，另一轮"三公司"内部谈判又以失败告终，因为招商局援引将组织内部竞争降到最低的原则，反对太古公司简化参与公司退出协议的提议。[69] 此后十载，长江"六公司"（太古轮船公司、怡和轮船公司、轮船招商局、日清汽船株式会社、三北/鸿安轮埠公司和宁绍轮船公司）之间签署了若干价格协议，但终未达成全面的公会协议。[70]

民初迥异的政治环境给轮船公司带来的不同限制和机遇，削弱了中国水域中的公会组织。公会再也无法像过去那样要求其成员遵守其设定的条款和管制。日清退出 1913 年协议，是遵从本国政府命令，更是日本举国发展航运计划的结果。虞洽卿应对公会规定的民间手段表明了他对扩大公司规模的渴望，以及民族主义对外国公司的抵制给中国公司带来的机遇。尽管公会组织被削弱，参与者不得不从权签署系列价格协议，而非一项大而全的公会协议，但所有公司——无论是英国的、日本的，还是中国的——似乎都赞成这一原则，即对竞争的适当制约是有用且可取的。因此，尽管日清立场模棱两可，虞洽卿对公会条款持抵制态度，但原初三家公司依然紧密合作，将协议一直维持到第二次世界大战。

民国初年，政治环境放大了中外航运的矛盾，航运业的合作条款变得更为复杂。在规范英国公司和轮船招商局之间的竞争时，公会体制运转良好，但随着航运领域参与主体的数量增加和日益多元，该体制越发不可靠。随着时间的推移，这一体制渐被那些无法忍受制度制

203

约的公司所削弱。向日本政府负责的日清汽船是这样的例子，三北这样的新兴中国公司也是，它们甘愿冒着被公会制裁的风险，也要寻求扩张的机会，不愿意接受永久的从属地位。招商局不像三北那样渴求利润，可能是公会最忠实的支持者，这大概也是出于公司想要维持其规模和地位的需要，以跟上发展迅速的其他公会公司的步伐。航运业合作的动机依然存在，但中日两国的航运民族主义使这种合作的动力大为减弱。

作为民族资本家的中国航运企业家

民国初年，航运民族主义无处不在。不难想象，那些组建企业、在主要航线上与外国公司争雄的中国企业家，会把自己标榜为民族主义者。外国公司是他们最强大的竞争对手，针对华轮的任何成就都可以用民族主义话语来解读。排外情绪和民族主义运动给外国航运带来的破坏，也都可以转化为这些企业家的资本。此外，民族主义立场也可以成为企业家公共形象的一部分：把自己打造成致力于为国家服务的形象，可以吸引国家或精英阶层的资助，也可以吸引受民族主义消费伦理影响的消费者。[71]民族主义立场的益处还可能诱使一些人用此作为伪装，比如那些将产品贴上"国货"标签，但实际上却主要依靠进口原料牟利的产品制造商。[72]

在航运领域，——考察张謇的大达轮船公司、虞洽卿的三北／鸿安公司以及稍晚的卢作孚的民生实业公司，就会发现他们组织和发展公司靠的不是一种权宜的民族主义姿态，而是一套共同的原则和做法。这些相似之处表明，此类企业在如何关联社会、地方与国家的问题上，有着共同的观念。

中国航运史通常把这三家公司称为"民族资本航运业"，把它们的创始人称为"民族资本家"。[73] 这些术语虽然可以简单地理解为"本土"企业或资本家，但他们更为人所熟悉的政治标签，使之与1949年之前的"买办资本家"和"官僚资本家"区分开来："民族资本家""与民众结盟"，反对外国帝国主义、支持中华民族的发展；"买办资本家"与外国企业相勾结；"官僚资本家"则与反动政权相联合。[74] 中华人民共和国成立时，这些类别意味着某一企业或企业家在新时代的被接受程度。

作为描述1949年以前资产阶级或资产阶级企业实际成员的一个历史范畴，该术语引发了诸多质疑。白吉尔观察到，对不同类型资本家的区分，往往言过其实，质疑民国是否能找出一个纯粹的民族资本主义企业的例子，即完全由中方资本建立、反对外国公司的企业。[75] 也有其他历史学家指出，随着改革开放时代的到来，企业家价值得到肯定，很多早年被贴上"买办"或"官僚"等标签的资本家（或其他类型的"阶级敌人"），被囊括进"民族资本家"的范畴之中，他们对现代经济发展做出的贡献也得到承认。[76] 张謇和虞洽卿就是两个之前被认定为"阶级敌人"，后又恢复为"民族资本家"的个案。[77]

民国时期，长江上三位最主要的航运企业家之间强烈的共性表明，实际投身民族主义事业的这类资本家身上，存在某种历史合理性。尽管他们所在时空各异，但张謇、虞洽卿和卢作孚经营航运公司的诸种方式中，有一套极为相似的关切和做法，这表明他们对国家建设的经济层面有着共同的看法。首先，虽然这三家航运公司最后都涉足与公会公司竞争通商口岸之间的运输，但它们都并非源自这一

205

区域。这三家公司都从通商口岸的腹地——多是创始人的家乡——起家，创建目的是促进地区经济发展，主要方式是加强与就近通商口岸之间的交流。正是以这些腹地为基地，三家公司都发展成了主要航线上的重要航运公司。其次，这三位企业家都投资地方社会、文化、经济现代化的项目，比如兴建学校、公共娱乐设施和其他现代化便利设施。最后，一旦他们的公司从地方性小公司发展到在主要航线上可与公会公司一较高下之时，这些企业家都优先考虑快速扩张，而不是稳定增长，并为此寻求国家的资助。虞洽卿和卢作孚的事业生涯很好地说明了这一过程。他们只争朝夕地努力将业务提升到这一阶段，其紧迫性说明他们对经营规模的重视，只有达到一定的规模效应才能与外国公司竞争。

张謇、虞洽卿和卢作孚代际不同、地域有别、背景各异，但有着共同的憧憬，这多少有点出人意料。张謇的创业活动始于晚清，他不仅是进士，还是 1894 年的状元。他弃官从商，利用两江总督张之洞提供的机会，1895 年在江苏开办了一家棉纺厂。尽管后来这一项目的官方支持中断，但张謇继续以私人之力创建大生纱厂。虞洽卿 15 岁从宁波到上海做学徒，后来成为荷兰银行的买办。作为上海商界叱咤风云的人物，他在晚清宁波旅沪同乡会的若干重大事件中扮演了重要角色，包括 1898 年的四明公所事件、1905 年的大闹会审公廨案、浙江收回路权运动和成立宁绍轮船公司等。后来，他成为宁波旅沪同乡会的会董。[78] 卢作孚比张謇和虞洽卿小一辈，籍贯是四川省合川县。他是麻布小贩的儿子，完成小学教育后，自学博览多种学科，包括数学、古文、历史、化学、物理、政治和经济等。除了在上海的两次短暂学习，创办民生公司之前，卢作孚主要在四川从事记者和教师的工作。他的传记作者提到，军阀政权更迭频繁，断送了他教育改革的努力，让他感到教育救国的道路走不通。于是，他返回家乡，创办了一家航运公司。[79] 表面上看，三人来自中国不同地区，几乎没有共同点。

尽管背景不同，但三人都与辛亥革命有着某种联系。张謇和虞洽卿是清末立宪运动中的积极分子。虞洽卿后来还加入了孙中山的同盟会。[80] 报道称，卢作孚 17 岁就加入同盟会，当时还是个学生。[81] 张謇和虞洽卿都在辛亥后的革命政权中任过职：张任北洋政府农商部总长兼全国水利总长，虞洽卿供职于陈其美的上海政府。[82] 尽管这也许是解释后来行为动机的一个最方便的推论，但三人的传记都表示，他们最终对革命感到失望，这种经历促使他们对民族主义策略进行更为深入的思考。

他们事业的起点，都是创建以家乡为中心的航运网络。张謇的航运公司，把他的家乡南通变成了产业网络枢纽，一边连接长江以北的产棉区，一边联通镇江、南京和上海等长江港口。大达内河轮船公司的轮船在长江以北的内河和运河网上航行，向西北延伸至扬州，向北延伸至盐城和阜宁。这些内陆航线将产自此区域的原棉运往张謇的工厂，并将南通与张謇发起土地复垦项目（将原来的产盐区变成棉田）的地区连接起来。1905 年，他开始通过上海大达轮船公司在长江下游拓展业务，该公司后来与原大生公司合并，经营 4 艘从上海经南通、南京、镇江至扬州的轮船。这一航运网络是根据张謇棉纺厂的需要设计的，同时也为以前几乎没有现代运输的地区提供了交通基础设施，将原材料产区与南通的工厂，以及上海等商业城市连接起来。[83]

虞洽卿的三北公司起自一项家乡交通改善计划，以提升他的家乡浙江沿海的龙山镇，以及其他沿海城镇与宁波、上海之间的交通运

207

输。"三北"就得名于龙山的地理位置，它位于镇海、慈溪和余姚三县的北部。龙山一面靠山，一面临海，与其他地方的交通十分不便。1913 年，虞洽卿在龙山修建了堤岸和码头，次年成立了三北轮埠公司，经营从龙山到其他沿海城镇以及沿甬江至宁波的轮船。三北的船只将这一沿海地区与宁绍、太古和招商局的沪甬航线连接起来。他还将位于甬江入海口的镇海登记为内陆港，这样一来，当地的棉花和其他农产品出口商转运货物至宁波时，就不必缴纳额外税款。1914 年，虞洽卿辞去宁绍轮船公司总经理一职后，以此地方交通和贸易网络为基础，创建了规模更大的三北集团。[84]

　　卢作孚的民生实业公司，同样起步于一家旨在改善家乡四川合川经济困境的小企业。公司的第一艘船"民生号"，就主要运输嘉陵江（长江上游支流）畔合川和通商口岸重庆之间的乘客和货物。在此之前，土匪和军阀冲突破坏了渝合间的交通；新式轮船服务提供了一条更快捷、更安全的前往重庆的通道。由于嘉陵江流经两个军阀的防区，为了确保航路安全，卢作孚不得不与他们的首脑协商。1927 年，他接管嘉陵江三峡峡防团务局*，训练了一支 500 人的少年队，在嘉陵江流域的合川、巴县、江北和璧山执行清剿任务。航线一旦安全，公司遂购置更多船只，建立了每日来往合川、重庆和涪陵之间的航运业务。涪陵虽未开埠，但据长江、乌江之交，是云贵鸦片作物分销下游城市的起点。民生公司的轮船偶尔也会越过重庆，开往更加上游的地区。民生公司的服务创建了新的联系，将其他公司未开发的地区与贸易中心重庆连接起来。北碚，这座沿江小镇，不仅有峡防局，卢

---

*　原文为"组建"（establish），不确。因峡防局不始于卢作孚，此时他当是接管。——译注

作孚还在此创建了一系列服务民生公司的附属企业。一开始，只有一座机器厂、一座煤矿，还有一段 8 公里的铁路，将煤炭从矿山运抵江边，为轮船供给廉价煤炭。后来，为了进一步促进当地经济发展，卢作孚扩大北碚的企业集群，增设一家印染厂、一家印刷厂、一家煤球厂、一座商业果园和一家银行。1930 年，卢作孚将民生公司总部迁至重庆，开始扩大船队，将业务向下游拓展至沪渝间的长江干线。[85]

在公司发展过程中，三位航运企业家都为家乡的社会和文化现代化做出了贡献。张謇在南通成立了各种令人印象深刻的教育、社会福利和文化机构，并建成一个现代化的市中心，有公园、图书馆、博物馆以及体育和娱乐设施，还有新修的道路、桥梁、现代建筑和电力照明等。[86] 正如邵勤所言，张謇把南通打造成了模范城市，一个通商口岸西方现代性的替代物，以及一种基于地方创造性的、中国现代化的"可靠"形式，吸引了国内外的好奇旅行者。[87] 虞洽卿在龙山的成就没有如此广泛，他在此建造了一家电报局、一条轻便铁路、一座公园和若干学校。[88] 卢作孚把北碚建成了南通一样的模范城市，他将民生公司每年利润的一部分拨出来用于北碚建设。除了各种工业，他还在此兴建了一家医院、一座图书馆、一座带有博物馆和动物园的公园、一所小学以及四川的第一家研究所——中国西部科学院。此外，其他项目包括报社、民众教育所和"信息中心"——人们在此可获得调处纠纷，撰写信件、合同，以及寻找工作等方面的帮助。[89] 就像张謇的南通模式，20 世纪 30 年代，民生公司把北碚塑造成了一个旅游胜地、学术会议举办地和模范的"规划城市"。[90]

民国时期，以这种模式组建的工业企业尚有他例，尤为著名者是荣氏兄弟在家乡无锡创建的棉纺厂。[91] 柯丽莎在研究张謇的商业帝国时，将这些企业称为"区域性企业"——在腹地环境中操办工业，便于企业创始人主导当地经济发展，并在家乡积累政治和社会权力。[92]然而，区域性的名称可能低估了这些企业对一个自治的国民经济体系所能做出的重要贡献。孙中山曾主张，将中国农村与较发达的口岸经济体联系起来，促进经济上的独立，结束帝国主义的统治。按照这种观点，企业家的任务是在通商口岸经济体之外为经济发展创造空间。在上述三家航运公司的例子中，它们的大本营提供了一个初步的试验场，它们从这里将业务扩展至通商口岸的航运网络。三位企业家似乎都汲取了孙中山的思想。企业家为"民族经济"做贡献的类似观念，在南京时代的经济辩论中再次出现。当时，汪精卫提出，这些企业家可以被当成一股反对帝国主义的力量动员起来。[93]

　　这三家航运公司都是利用地方资本建成的股份公司。白吉尔怀疑"民族资本家"的历史真实性，因为她观察到，民国时期完全由中国资本支持的现代企业极为罕见。然而，她基于通商口岸企业的视角可能限制了她的视野，显然，这些腹地背景的航运公司很容易满足这一标准。[94]这三家航运公司的发源地都是创始人的家乡，这有助于他们利用当地关系来筹集股本。张謇和卢作孚均是依靠亲朋好友的帮助让企业起步的，随后圈子逐渐扩大，囊入当地能从中受益的其他群体。张謇最初的投资人中就有当地的棉布商人。[95]卢作孚购买民生公司第一艘船时，还没有筹到全部股本，他要用它来展示本地轮船航运的高效和赢利能力。这场赌博最终从合川商人和士绅中吸引了更多的投资者。[96]坊间传闻，虞洽卿以一己资本创办三北，用的是他在上海各种商业活动中挣得的利润，但正如大达和民生，三北也注册为股份公司，最初股本 20 万元，每股 100 元，这说明还有其他虞洽卿家乡的投资者。[97] 三北和民生还明确规定禁止外资参股，从而进一步凸显了这些公司的中国独资特征。[98]

随着这些航运公司把业务从大本营扩展到主要航线，它们进一步展现出共同的策略，这说明随后的投资还会延续此前的方向。三北和民生的业务主要集中在航运界，它们是最合适的例子。这两家公司都把快速扩大船队放在第一位，以此确保自己在更大规模贸易中的地位，为实现这一目标，甚至不惜背负巨额债务。它们都争取了政府资助来实现这些扩张。

三北到"一战"结束才在长江和沿海贸易中站稳脚跟，整个 20 世纪 20 年代一直在苦心维持这些航线。"一战"结束时，虞洽卿卖掉他在上海的所有房产，将公司股本增加至 200 万元。[99]20 年代初，他因扩张新船的胃口以及获得新船的非常规手段闻名上海滩。为维持开销，他申了政府和银行贷款，并因债台高筑被人们称为"借债大王"和"空心老大"。如 1937 年，他的债务高达 500 万元。虞洽卿发明了一种贷款方法，先贷款买船，再把船抵押给银行。他凭借在宁波旅沪同乡会的地位以及荷兰银行买办的身份，与债权人协商延长贷款期限，并通过在自己船上售卖茶房职位来获得资本。[100] 正如一位传记作家写的，没有什么比买船更能让虞洽卿高兴。[101] 尽管各种传记基本都将占有欲描述成他的一种个人特质，但三北确实是"二战"之前主航道上发展起来的最具竞争性的中国民营公司。

虞洽卿在扩张期一直寻求国家财政的支持，尽管从未取得成功。1919 年，三北第二次增资之后半年，虞洽卿以三北和鸿安的船队作为抵押，向北洋政府申请贷款 150 万元。他当时担心三北 / 鸿安在战后英日公司的扩张中难以为继。财政部一开始批准了这笔贷款，但在

211

人事变动之后又被取消。[102] 1927 年后，虞洽卿再次向蒋介石和南京政府求助。正如下章将详论的，他成了上海航运界和南京政府之间的调停人。担任此职位时，他一再请求南京发行政府公债，帮助中国航运企业。后来，政府的确批准了一项三北专项债券，但因虞洽卿的信誉扫地最终撤销。尽管相当努力，但他始终未能获得政府贷款的利好条件。[103] 尽管从未得到国家的资助，但他的行为表明，他认为国家应该成为他这样企业的后台。

随着民生公司从一家地方小公司转变为主航线上的竞争者，卢作孚发现自己也面临着类似的处境。国家资助助推民生公司成长壮大，得以进入宜昌和重庆之间的长江上游干线，后来到 20 世纪 30 年代初，又进一步延伸至下游。在此例中，"国家资助"具体指民生公司和军阀刘湘之间的联合。为了更好地控制进出重庆的船舶，刘湘支持民生公司全盘收购长江上游的一众小型华轮公司，将之合并为一家大型公司。刘湘给民生公司提供直接经济援助，让其垄断某些地方航线，特许其代表地方当局运输鸦片和现金，以及商业货物和军队运输的托运业务。[104] 1930—1934 年，民生公司得到了 12 家中国公司的船只，刘湘麾下多名官员成为公司股东。

然而到 1935 年，民生公司扩张的步伐迈得有些过大，甚至超出了刘湘的资助额度。民生公司向外国公司购买更大的船只和损毁船船体，增强了在长江上游主航线上的竞争力，为此公司也大举借债。卢作孚自己曾说，到 1935 年，民生公司负债 70 万元，居所有重庆企业之首。当收购一家破产的美国公司的机会出现时，民生公司又从上海某银行财团借款 70 万元，债务翻了一番。[105] 收购这家美国公司的轮船后，民生公司将业务向下游延伸至上海，一跃成为整个长江流域的重要公

司，而不再是宜渝线上的地方性公司。民生公司与刘湘的关系及其扩
张过程在下一章还要具体分析，但与三北一样，民生公司也把发展放
在第一位，为了提高主航道上的竞争力，不惜接受军阀的资助与大肆
举债。[106]

　　这三家长江上的中国民营轮船公司的历史虽不尽相同，但相互之
间也存在明显的一致性。这三家公司都符合"民族资本主义"企业的
基本标准：由中国资本创办，成为反抗外国经济强权的本土力量。它
们其他的共同特征还表明，这个方面或有更多的维度有待讨论。这些
公司都践行了同一种观念，即民族经济可以在通商口岸之外发展起来，
在挑战外国主导地位的同时，促进腹地的现代化。这些公司的迅速扩
张和积极争取政府资金，很可能是民国时期不确定和不可预测的营商
环境的体现，但考虑到这些公司在航运业的地位，自保和赢利往往难
以与逼退外国公司截然分开。[107] 在民国航运民族主义的背景下，即便
有人愿意不辞辛劳地评估每位企业家诉诸民族主义理想的诚意，也不
可能将各自的民族主义贡献从他们与外国公司竞争的表现中分离出来。

　　这些公司的成长推动了中国航运事业的迅猛发展，将中国航运自
主的主张从遥不可及的缥缈可能，变成一个更为直接、可以实现的实
际目标。1927 年南京国民政府上台后，在修约的主张中采纳了收回
航权的舆论，积极努力发展中国航运。此时，尽管张謇已归道山，但
虞洽卿和卢作孚都亲身参与了南京政府实现这些目标的努力。

结　论

　　民国初期航运业的转变是随着半殖民关系的转变而来的。条约体

系下的合作是清政府保护和维护其主权的手段。清王朝覆灭后，中国政治中心的缺失，意味着这种系统性合作的可能不复存在。新的环境导致反半殖民主义的范围日益扩大，民初航运民族主义正发端于此。这些抵制，不是每次都相互配合，也不一定会成功，但它们比过去更为公开，声势也更为浩大，得到了社会中更广泛阶层的支持。在航运领域，中外企业之间存在着巨大的冲突和对立。第一次世界大战后，新兴中国公司在主航线上的大发展，遭遇了既有外国公司战时战后的扩张，当时的政治环境放大了外国公司的治外法权。与此同时，中国的航运企业和企业家可以利用更加高涨的民族主义运动的资源，挑战外国公司在重要航线上的地位和公会的权力。此时中国主要航运企业家关于经济发展的共同实践和观念，印证了华轮公司与民族主义运动之间密不可分的联系。

民初的另一个特点，是航运领域中国家近乎完全缺位。这种缺位迥异于清朝的干涉态度（如在招商局成立和清末新政期间），而且很快发生了变化。1927 年，南京国民政府号称当时的中央政府，力图将政府带回航运领域，以指导条约修订，并支持本国航运。南京十年期间，政府不得不面对，或战胜或包容民初航运民族主义的力量、多元与泛滥。

对比此时的中印航运，殖民和半殖民之间并没有体现出一系列显著区别，倒是两国在商业和政治领域都出现了航运民族主义。差异诚然存在，但两国情况的共性则更为突出。和中国一样，印度"一战"后的贸易繁荣使资本流入印度人之手，印度商人也更多地参与到工业企业之中。在这种背景下，新兴的印度航运公司开始进入印度沿海航线和海外贸易。这些公司中，最著名的是由建筑企业家瓦尔昌德·

希拉昌德（Walchand Hirachand，1882—1953）1919 年创办的辛迪亚
轮船运输公司（Scindia Steam Navigation Company）。辛迪亚直接地
对英国航运公司发起挑战，将船只部署在孟买—伦敦和印度沿海航线
上。与同时期的中国民族资本家一样，瓦尔昌德和其合伙人的意图远
不止建立一家成功企业：他们将这家公司视为挑战英国霸权、为印度
民族经济奠定基础的一种手段。成立之初，辛迪亚在所有航线上都面
临着英国主导的班轮公会的激烈竞争，损失可谓惨重。众所周知，该
公司股东拒绝了英印轮船公司老板提出的收购辛迪亚的诱人提议，他
们一致认为，保持辛迪亚的民族企业性质很有必要。迫于生存压力，
辛迪亚最终与公会妥协：1923 年，瓦尔昌德同意公会条款，限制公司
发展，撤出海外航线。他把这一协议称为"奴隶契约"，但因此辛迪
亚成为沿海公会的一员，不再是公会攻击性策略的外在打击对象。[108]
辛迪亚崛起后，其他几家以印度资本起家、由印度人管理的航运公司
也加入了沿海贸易。印度的航运产业不仅日益扩大，其中的参与者也
分享着创建印度商船舰队的共同目标。1935 年，沿海公会针对新兴印
度公司在西岸发动价格战，辛迪亚无视公会协议，支持印度公司。[109]

　　航运业的激进主义与印度民族主义运动的政治行动互为奥援。印
度国大党要求"沿海保留"，其逻辑与收回航权相似：按照国际法和
国际惯例，国家的沿海航运应该保留给本国船舶。他们还要求航运自
主：印度公司应该成为国家商业航运的基石。印度立法议会就这些问
题进行了辩论。在 20 世纪 20 年代余下的时间里，民族主义立法者为
一系列支持本国航运的举措展开游说，包括保留沿海地区、承认和保
护印度航海利益、培训技术娴熟的印度船员，以及印度航运和造船业
的国家援助等。[110]

印度立法者争取沿海保留和其他航运权的斗争，遭到了殖民地政府的持续反对。1922—1923 年，为了一项建立印度商业船队的立法案，政府专门成立了一个由英国和印度船东组成的委员会调查次大陆的有关情况。委员会报告提出很多建议，其中之一便是为印度船舶保留沿海地区。政府担心这样的措施太近于"没收财产和船旗歧视"，遂将此报告束之高阁，并未采纳其核心建议。[111] 1928—1929 年，另一项关于沿海保留的议案提交至立法会，不过此时正值政府和国大党就统治地位进行谈判，该法案的审议被推迟。当印度国大党决定将完全独立作为目标时，甘地提出了他的"十一点要求"（1930），作为"印度非常简单但至关重要的需要"，其中就包括沿海保留。[112] 这种理念在 20 世纪 30 年代又重现立法会，直到 1935 年印度宪法规定，禁止通过任何与之相关的法律。[113]

印度航运民族主义与中国的区别，体现在以下几个方面。首先，沿海保留和航运自治的诉求，是要争取当局的让步，使之从殖民政府让渡出来，是以会在立法会上展开辩论，而不像中国是通过外交渠道或民众抗议来争取的。印度民族主义者还面临着捍卫国家存在这一更大的挑战。航运民族主义的拥护者将印度航运公司定义为：在印度用卢比资本注册的公司，其中大多数董事和／或股东是印度人。然而，在立法会议上，英国航运公司的代表称，印度不是一个"独立"于大英帝国的国家，并不需要自己的商业船队，因为英国船只会为其贸易服务，英国海军会护其周全。[114] 尽管有这些不同，但航运业参与民族主义运动在中印两国的同时出现，说明了商业航运部门——商船——对于民族主义大业的重要意义，并将航运事业与民族主义伦理和行动联系起来。

第六章

南京和重庆：国家重返航运界
（1927 —1937）

　　北伐战争结束后，国民政府定都南京，开始涉足航运这一国家缺
席近数十载的领域。将国家权威延伸至航运领域，是国民政府民族国
家建设的重要组成部分：它确立了管理航运的法律和行政框架，主张
发挥中国航运保护者和航运自治推动者的作用。新政府借用收回航权
的话语，提出修订不平等条约的要求。尽管南京政府的航运具体举措
偶尔遭到船东反对，但总的说来他们对政府干预持欢迎态度，并希望
借助国家支持让他们的企业度过艰难的经济形势，在与外国的激烈竞
争中生存下来。国家和船东都认为，国家广泛地介入航运领域，是实
现航运民族主义目标的主要手段。

　　南京当局将国家带回航运界的一大障碍，是它在全国范围内的权
威尚不稳固。尽管南京号称中央政府，但直到 1928 年其军队占领北
京后，外国列强才予以承认。在某些地区，它的统治还受到军阀政权
的挑战，后者名义上虽是盟友，但具有相当大的独立性。割据政权可
能让国家政策的执行困难重重，并对南京中央政府的地位造成挑战。
在下面的例子中，半独立的某军阀，几乎与南京同时，启动了自己的

收回航权计划。控制长江上游重庆港的军阀刘湘，就在他的防区致力于削减外轮公司特权，提高中国航运的能力。南京政府的收回航权计划，将航运作为一个与修约相关的国家问题，其中还包括一项与上海船东协商制定的正式议程，而刘湘的计划则源于自己更迫切的需要，即更好地控制重庆的财政收入。这两个并行的行动，分别从地方和全国的视角，诠释了航运对于主权问题的重要意义。

几乎同时进行的收回航权努力，在不同环境中产生了颇为吊诡的结果。一方面，像刘湘这样的军阀的自行其是，削弱了南京宣称代表中央政府的效力。1930—1931年，南京政府与列强谈判修约，但军阀各自为政却授以列强"内乱"的口实，成为它们无限期推迟修约进程的借口。尽管刘湘的行动并不是造成修约推迟的直接原因，但他纵容罢工和抵制洋轮等，无疑给外国留下了混乱的印象。[1]另一方面，与南京方面相比，刘湘的行动收到了更实在的成效：他在防区内实现了有效削弱外国航运特权的目的，培育出一家重要的新兴中国公司——民生实业公司。如前所述，在他的帮助下，民生公司发展到外能与外国大公司争雄，内能参与有关航运和航运政策的国家级辩论。南京政府争取航运自治的努力并未产生如此实效：它缺乏资源来切实支持航运公司，最终还因独家资助刚国有化的轮船招商局，而疏远了很多民营公司。

在经济萧条、竞争激烈等不利因素压迫众多中国航运公司之时，对比南京与重庆干预航运的不同方式，足以说明政府和企业已经形成广泛共识，明确了国家干预的必要性，以及实现全国收回航权和航权自治目标所需克服的障碍。1937年，抗日战争的全面爆发改变了航运业的状况，这一进程戛然而止。战争结束后，此时形成的共识对新中国成立后如何施策实现航运自治产生了深远影响。

南京：收回航权运动

20 世纪 20 年代末 30 年代初，国民政府的成立及其修约计划的启动，为收回航权运动注入了新的动力。南京十年初期，航运企业和国家之间的紧密联盟，催生了更为详尽的收回航权内容清单。以上海航业公会 * 为代表的船东们纷纷动员起来，支持修订条约，就政府实现中国航运自治的最佳途径提供建议。

南京国民政府的不平等条约修订计划，始于 1928 年 6 月北伐军占领北京、政权得到列强承认之后。它试图解决的第一个问题是关税自主和废除治外法权。到 1928 年底，外交部和英美等国缔结了新的关税条约，中国取得了一定程度的关税自主，加之此前还与比利时、丹麦、意大利、葡萄牙和西班牙等国签订条约，约定当其他国家放弃治外法权时，它们将会附议。1929 年 4 月，国民政府呼吁所有缔约国开启治外法权条款修订谈判，这一进程一直持续到 1931 年。[2]1929 年 8 月，国民党中央政治委员会决定，将收回中国航权作为修约的一个目标。[3]

随着收回航权被纳入修约计划，国民政府数月后又在中日新商业条约谈判中表现出和解立场，此举遭到众多中国航运公司的抗议。当这项条约不会削弱日本在华航权的真相大白于天下，上海航业公会抗议，政府需要切实履行收回沿海和内河航行权的承诺。[4]虞洽卿领导下的上海航业公会发表声明，对政府纵容日本的绥靖政策深表失望，

220

---

*　成立于 1925 年，1929 年改组为上海市航业同业公会，1934 年又改名为上海市轮船业同业公会。——译注

上海其他商业组织随后也发出电报和书面抗议。[5]

上海航业公会的抗议，应该被视为对政府举措的忠诚的反对，而不是抵制。它的抗议甚至使用了国民党的话语，提到了革命的成功和人民的"觉悟"，以及废除不平等条约的必要性。[6] 就机构而言，上海航业公会早就接受了国民政府的权威。航业公会号称为 1927 年以前上海最有影响力的五个民间团体之一，也是蒋介石军队进入上海时对他表示支持的商业团体之一。[7] 同年稍晚，南京政府交通部出台航业公会管理办法，责成它们代表政府履行组织管理职能。管理办法规定，交通部可以随时解散各公会。[8] 公会的主要任务包括：研究发展当地航运的办法，收集调查数据，保存航运公司及相关贸易的记录，解决纠纷，维护港口、航道和乘客安全，开发与外国航运公司竞争的有效手段，以此向国民政府就航运政策建言献策。南京政府成立初期，上海航业公会在这方面发挥着主导作用。[9]

1930 年 7 月，上海航业公会创办《航业月刊》杂志，宣传收回航权内容。该刊详述了各项内容在南京政府初期的发展进程。发刊词称，刊物将促起"航运先锋"，既表达对外国主导中国航运的担忧，又强调借助专业研究和知识来增强中国航运的需要。[10] 该刊"航业界"专栏将大部分版面用于刊登国民政府的航运计划。创刊号上有蒋介石和财政部长宋子文的题词，还有交通部航政司司长蔡培的文章。从 1930 年到 1931 年，几乎每期都有一篇或多篇关于收回航权的文章。[11]

《航业月刊》上对收回航权的长期讨论，为外国航权的让渡和中国本国航运的崛起提供了一套详细而连续的论据。在政治方面，流行着几种标准论调。大量文章强调国际法规定的外国航权在华的特殊地位。它们追溯了中国在不平等条约中逐渐失去对沿海和内河航运控制的过程，它始于《南京条约》的五口通商，终于 1898 年的《内港行船章程》，后者理论上向外国开放了中国所有内河。这些作者不断重申，这些规定违反了内陆和领海需保留给本国公民的国际法一般原则。他们坚称，既然这些不平等条约的签署，或出于无知，或出于强迫，因而他们认为，如今再维护这些条约，不符合"一战"后国际合作和摈弃战争的氛围。

多数评论人还强调了外国航运，尤其英日，在华的优越地位，宣称它们占据了中国现代航运的 70%-80%。不同的作者谈到了它们对中国主权造成的不同损害。有些人强调中国国防脆弱，认为外国船舶、炮舰和相关人员在中国沿海和内陆水域扎下根来，等于将本国的战略地区暴露于外界观察之下。另一些人则认为，大量的外国在华势力限制了商业船队的发展，让中国商船很难像英日等海上强国那样帮助本国国防。还有很多作者指出，对外国船只及其船员的域外保护也是个问题。因为治外法权将船舶和船员置于本国领事而不是中国司法部门的管辖之下，批评人士称，各种争端，诸如洋轮浪沉沙船，势必以有利于外国的方式解决，这反过来又鼓励了挂洋旗轮船从事走私武器、毒品等非法活动。有些议论甚至走得更远，将中国内乱的责任归咎于向军阀输送武器的外国航运公司。但几乎所有评论都众口一词地认为，因为洋轮运来的洋货，以及外轮公司的运费收入，中国蒙受了巨大的经济损失。[12]

《航业月刊》中建议的、解决中国水域中的外国航运问题的各种措施，几乎都涉及国家行为，因而它们都假设了一个强有力的国家。作者们似乎都接受修约的框架，但一旦协议达成，他们又都指望国家出面，运用各种方法将洋轮驱逐出中国水域。有的建议政府购尽所有外国航运公司，有的建议逐步限制外国吨位。一位作者建议，政府应制定强制执行洋轮撤出中国水域的时间表，先关闭内河港口，后是主要河流，最后是沿海地区。还有一位建言，政府应禁止创建任何新的外国公司，禁止现有的外国公司扩充船队或更换旧船。所有这些提议都预设了一个未来图景，其中，外国公司都必须遵从中国政府的规定。

同样，《航业月刊》中有关发展中国航运自治的若干建议，也将国家设想为核心角色。作者们引用其他国家的航运政策，建议政府可以通过激励计划、补贴、减免航运公司和造船厂的税收等方式来支持本国航运。他们呼吁，政府应构建必要的法律和教育基础，以培养一批熟练的航运骨干人才。这些提议满怀对政府支持航运的渴望，而其他建议则更进一步，提出更高程度的政府干预。有人提议成立一家国营航运公司，如此一来，不仅可以克服民营产业资金有限的问题，还可以在众多航线，尤其是海外航线上，培植中国势力，假以时日即可赢利。有的认为，航运事关国计民生，不能依靠民营企业来使之充分发展。有人还呼吁国家帮助协调现有的中国航运公司，提高它们与外国公司的竞争力。[13]

《航业月刊》和当时其他出版物中讨论的各项收回航权内容，是经政府与中国船东协商议定的。各项议题围绕国家的积极介入而展开，诸如启动修约进程、限制外国航行、援助与协调中国航运，等等。由于国民政府与上海航业公会关系密切，该刊可能未反映中国船东的全部想法，但这本杂志让人觉得，国家扮演更重要的角色，好像得到了广大中国航运公司的承认，甚至是欢迎。

1929—1931年，国民政府为收回航权逐步采取的措施，让航运重新成为主权关注的领域。在确立中国水域航运管辖权方面，南京国民政府比清政府或北洋政府走得更远，为该议程的许多提议奠定了基础。国民政府首先宣称控制海关，该机构虽然理论上是中国政府的一个部门，但在民初很长一段时间里，一直以相对独立的方式运作。作为这一行动的一部分，国民政府将航运管理从海关部门剥离，置于交通部的管辖之下。自 19 世纪中期以来，海关海事处一直负责与航运有关的所有行政工作，包括登记和测量船舶、航道维护、航行帮助、港口管制和领航服务等。[14] 由于海关部门的工作人员都是外国人，此时在很多人看来，它的行政权侵犯了中国的主权。清末的邮传部和北洋时期的交通部都曾打算接管这些事务，但均未达成，南京政府急于改变这种状况。1929 年 2 月，海关总税务司梅乐和（Frederick Maze) 将海关总部从北京迁至南京。[15] 同年，交通部计划在全国主要港口建立航政局系统，负责监管航运管理的技术问题。1931 年，航政局在上海、汉口、天津、广州和哈尔滨等航运中心建立起来。[16]

国民政府还通过了一系列与航运管理有关的法律，涉及海商法、关于领航员考试的条例、中国水域船舶登记方面的法规。[17]1929 年 10 月，政府重新开办吴淞商船专科学校，协助培养中国领航员和工程师。[18] 1930 年，交通部宣布计划收购轮船招商局的私人股份，建立一家国营航运公司。[19] 这一举措不仅让这家自 1912 年起注册为民营企业的公司重新回到"官督"状态，还要将其打造成政府支持下的国家商船队的核心。这一过程于 1933 年完成，公司更名为国营招商局。国民政府认为航运是国家头等大事，在对其行使国家权力的过程中，中国的航运管理、法律和政策，比此前任何政府，都更加接近国际惯例。

条约修订是收回航权的关键，国民政府于 1930 年 7 月启动了这一议程。交通部制定了取消 1898 年《内港行船章程》的方案，并计划与英国和日本开始谈判。[20] 尽管南京与列强几经周旋，但修约进程

224

在 1931 年夏秋之际还是陷入停滞，影响所及不仅直接关系到收回航权计划，还涉及撤销治外法权等关键问题。此时，南京政府正面临着一场潜在的内战，广州军队已经集结起来反对蒋介石，且反对他在"九一八"事变后采取的对日不抵抗政策的抗议运动业已达到高潮。国内形势不稳的威胁让列强退出谈判，在南京十年期间，谈判再也没能再次重启。[21] 与治外法权一样，直到 1943 年 1 月不平等条约的最终废除，外国的在华航行权才寿终正寝。[22]

　　尽管修约进程被无限期搁置，但南京政府在整个 20 世纪 30 年代从未间断在航运领域树立自己的角色。1933 年，南京国民政府进一步完善航政局体系，在 46 个港口增设机构，明确各局管辖范围，并改革现有各局的内部组织结构。1932 年，交通部接管海关部门审判碰撞纠纷的工作。同年，南京政府开始收购招商局股份。1933 年 3 月，交通部召开中国航运企业代表大会。大会达成共识，认为中国航运企业之间的合作对中国航运发展至关重要。在这种背景下，所谓的"合作"是指遵守政府为减少中国企业间竞争而批准的路线划分和定价计划。[23]

　　20 世纪 20 年代末 30 年代初，随着收回航权议程的推进，南京政府扩大了航运领域的国家存在感，接管并理顺了早期航运管理模式，在此过程中最大限度地宣示了政府集权与主权的主张。虽然修约进程未能持续，政府的具体行动也只是《航业月刊》上提议的一小部分，但 1927—1933 年无可争议的变化是政府扩大了在航运领域的存在，这是自晚清以来所不曾见的新境况。尽管很难完全肯定，但种种迹象表明，作为收回航权关键方面的国家的回归，受到了中国船东的欢迎。如果说虞洽卿和卢作孚等民族资本主义航运企业家的行为具有代表性，那么他们积极赢得国家资助的行为表明，他们在与外国公司竞争的过程中需要寻求靠得住的支持和帮助的后台。然而，这种表面的共识在 1933 年之后逐渐开始瓦解，因为政府对航运业的干预变本加厉，但却未能达到主要民营航运公司的预期。

重庆：刘湘和收回航权

仅从号称中央政府的南京国民政府的角度来认识此时的收回航权运动，难免给人留下这样的印象，这仅是一场正在形成的全国政权和享有特权的外国列强之间的单打独斗。然而，南京十年时期，航运界远比这种二元图景所展示的复杂得多。南京政府控制的领土有限，北伐后又与地方军阀妥协，这些都意味着中国境内有大量地方，可能直接忽视或仅选择性实施南京的政策，并且在这些地方，还可能存在不同的航运规则或优先权。穿梭全国的轮船，可能遇到不同的割据势力，对于这些地方势力，航运会遇到与南京不同的各种主权考量。[24]

长江上游就是一个例子。1926 年后，刘湘和他的二十一军控制了重庆港；到 1929 年，他的防区囊括重庆至宜昌的长江上游。尽管刘湘早在北伐开始时就宣布效忠蒋介石，但在 1927—1934 年，他对该地区的统治几乎是完全自治的。[25] 故而，长江上游由刘湘控制，下游地区则由南京方面牢牢监管。与下游的国民政府一样，刘湘也担心上游的外国航运会给他在该地区的地位造成威胁。1929—1934 年，刘湘扩大了对长航上游航运的掌控，有效地削弱了一些赋予外国公司相对优势的条约特权，并迫使外国公司接受其政府机构的权威。稍后不久，在刘湘的监督下，长江上游的所有中国航运公司整合为一家，具备了可与外国公司一较高下的实力。

在削弱外国特权和统一发展中国航运方面，刘湘取得的成就与南京政府收回航权的目标相映成趣。然而，作为南京政府管辖之外的军阀势力，刘湘的举动也多少削弱了南京政府代表全国谈判修约的权威性。刘湘的航运计划源于眼前利益，即对他进行地方控制的威胁，他的策略是对抗性的，而南京政府放弃了这种方式，转向外交途径。尽管如此，刘湘所代表的是另一种反抗条约体系的例子，它证明在外交协商失败的情况下，仍然能在实际层面上推进航权的收复。南京政府未能掌控全国，由此带来了吊诡的结果。一方面，南京政府不能让半自治势力追随其后，从而削弱了它对主权的代表性，阻碍了修约进程；另一方面，这一弱点还暗中滋长了反对外国特权的声浪在全国蔓延。

刘湘对治下挂洋旗航运的关注始于南京十年之前，这也说明了外国航运特权挑战地方主权的具体方式。从 1925—1926 年刘湘控制重庆的那一刻起，他就很清楚外国轮船的存在会给汲取港口收入带来麻烦。而军阀维系权力的关键，正是从所控制地盘汲取财政收入的能力。重庆，作为四川以及更广大的华西和西南地区的货物中转站，是刘湘来之不易的战利品。[26] 他的士兵可以通过搜查悬挂中国旗帜的船只上是否载有可能逃避关税的货物，来征收贸易税，但是，搜查豁免原则——基于外国船只的域外保护——让他们无法登上悬挂外国旗帜的船只。大量外国船只进出重庆，对刘湘来说是一个严重问题，因为它们造就了让货物容易逃税的缺口。

1925 年刘湘占据重庆之时，他首先就试图获得海关部门的帮助，以加强控制重庆的财政收入。重庆最大的潜在收入来源之一是四川、云南和贵州三省种植的鸦片。西南三省的鸦片占到当时中国消费总量的一半以上。[27] 为垄断这一贸易，刘湘拟将鸦片收入的一部分给予重庆海关，以换取船只的搜查权，检查是否载有未贴已向刘湘纳税标签的鸦片货物。如果海关配合，这项计划将提供一个遍查中外船只的方式。总税务司安格联（Francis Aglen，1869—1932）拒绝让重庆海关从事这些搜查，因为既然海关被认为代表"中国中央政府"（当时的北洋政府），而中央早已明令禁止鸦片贸易，故重庆海关工作人员不得代表刘湘区分"已标"和"未标"的鸦片。[28]

次年，刘湘转向中国船东，试图增加重庆贸易中悬挂中国旗帜船只的数量。1926 年夏，他"鼓励"——有时甚至在枪口的威胁下——挂洋旗的中国船挂回中国旗。[29] 这些转变增加了刘湘手下可搜查违禁品的船只的数量，并提供了一支可供征用的现成船队，将鸦片运至下游。由于这些干涉恰恰是中国船东希望通过挂洋旗来规避的，所以刘湘提出了允许悬挂中国旗帜的船只悬挂其军旗的优厚条件。一旦悬挂军旗，这些船就成为军事运输工具，不再受海关管辖。正如重庆税务司当时指出的，这些船所载之货物与人员远远超出军队和军需物资。[30] 刘湘因此给重庆悬挂中国旗帜的船只提供了一个规避海关税收的机会。

1929 年，刘湘击败前部下杨森后，控制了重庆至宜昌之间的整个长江上游航线，接着采取更强硬手段来控制航运。面对当时日益扩张的外国公司，中国公司正迅速丢城失地。从 20 世纪 20 年代中期开始，长江上游出现运力过剩，运费下降。太古、怡和与日清等外国公司拥有更多资本、更优越的设施，以及与下游港口和海外更可靠的联系，比起通常只有一两艘船，还要面对四川军阀不断骚扰的大多数中国公司，优势明显。[31] 中国小公司一个接一个倒闭，刘湘逐渐失去可供差遣的中国旗下的船队。为了扭转颓势，他和下属改组了川江航务管理处。此机构原由刘湘于 1926 年成立，主要负责搜查船上违禁物品。经此改组，航管处在长江上游航运中拥有更大的权力。[32] 他们制定计划，把那些苦苦挣扎的中国小公司合并成一家可以与外国公司相抗衡的长江上游大公司。

刘湘任命民生实业公司创始人卢作孚执掌重组后的川江航务管理处。这一决定与刘湘整合中国公司的计划直接相关。当年早春，刘湘与华轮公司老板们会面，发现他们无法就合并各自公司的方式达成一致意见，感到十分沮丧。他转而决定选择一家由其支持的公司收购其他公司。刘湘和他的幕僚选择民生公司担任这一角色，并让卢作孚司掌川江航管处，这在一定程度上提高了卢作孚在中国航运界和重庆商界的知名度。[33]

民生公司当时还处于起步阶段，只有三艘船，经营着重庆周边的短途航线。但卢作孚因解决嘉陵江匪患，在刘湘幕僚中享有盛誉。卢作孚将很多为剿匪而训练的年轻人带到航管处工作，在那里他们因工作纪律严明而受到褒扬。[34]

在卢作孚的领导下，川江航务管理处的职能从搜船缉私扩展到改善长江上游航运面临的诸多问题。最麻烦的是，中国航运公司因军事干预而蒙受的损失：船只可能会被征用运送士兵或补给，而损失的客运收入、货运收入或燃料成本却得不到补偿。1929 年 8 月，卢作孚召集刘湘、刘文辉（成都第二十四军）以及郭汝栋（涪陵第二十军）的代表举行会议，协商支付征用商船费用的流程，要求军人领袖支付燃料费、伙食费和打折后的客票费，并允许轮船在途中装卸货物。[35] 不法乘客也会让航运公司蒙受相当损失。土匪、退伍士兵登上轮船，抢劫旅客或向买办勒索钱财的事件经常发生。有的乘客逃票上船，还要求提供餐食。航管处的武装士兵在船上和码头执行命令，搜查乘客是否携带武器，驱逐任何试图逃票的人。[36] 航管处还尽力保证在港船舶能够顺利装卸，并设计了一套系统，通过本地小船把乘客从轮船接下，再送到城里。[37]

1929 年夏天，卢作孚宣布，中外船只都需接受航管处搜查，以防止武器和鸦片走私。[38] 这一声明直接挑战了搜查豁免原则，这一原则援引域外特权，正是为了保护外国船只免受航管处等地方军阀机构的盘查。对刘湘来说，地方控制是第一要务。搜查豁免原则是基于海关定期搜查挂洋旗船只，但在 1929 年夏，重庆海关已停止进行这项搜查。自 1927 年外籍海关人员撤离后，重庆海关就处于人员严重短缺的状况，无力搜查所有船只。从海关部门的立场看，停止搜查是一个程序上的小问题，因为其他港口会对出入重庆的船只进行搜查。[39] 但对刘湘来说，外国船只自由出入，则意味着收入的损失。

卢作孚关于航管处有权搜查外国轮船的声明，一石激起千层浪，第一个回应的列强是日本。声明发出后，日本领事和日清汽船立即提出抗议。这一冲突终于在 1929 年 8 月 5 日爆发出来。当天，日清的"云阳丸"载着一队海军抵达重庆，拒绝航管处士兵上船搜查。[40] 日本军队的这一举动立刻招致对"云阳丸"的抵制：重庆港装卸工人和船工拒绝卸载"云阳丸"上的货物和乘客，该船被困江中。日本领事要求卢作孚取消抵制，但卢作孚称自己没有这样做的权力。僵持几天后，日本领事和"云阳丸"船长最终妥协，允许航管处士兵上船搜查。

不同于南京政府坚持谈判修约的立场，刘湘毫无顾虑地使用抵制的"革命策略"向日本人施压。尽管卢作孚坚称与己无关,但事实上他却是幕后的策划者。他早料到外国公司会抵制航管处的搜查,事先便与重庆码头工人和驳船行会达成协议,抵制任何拒绝检查的船只,并承诺用航管处资金补偿他们的工资损失。[41] 这样的抵制,工人们已颇为熟悉。1925 年五卅惨案和 1926 年万县惨案在重庆引发的抵制洋轮运动,在随后的几年里偶尔会再次上演。[42] 因此,卢作孚能够轻易调动重庆工人支持航管处,很可能是得益于以往使用类似策略的经验。[43] 此外,对早期民族抗议活动的记忆,也让卢作孚得以塑造公众对突发事件的看法:对"云阳丸"的抵制,并非为了刘湘的收入,而是一场支持地方机构权威、反抗日本欺压的抗议。例如,《重庆商务日报》就持此看法,它发表工人声明支持航管处,并就卢作孚对日本领事的巧妙回应大加赞扬。[44]

从重庆方面来看,"云阳丸"之争是一个地方机构对列强特权的成功挑战。日本的默然接受开创了先例,日后其他外国公司再难拒绝搜查的要求,也让搜查豁免原则在川江[*]成为一纸空文。从表面上看,这种地方对抗比南京国民政府逐步修订条约更能有效地达到实际削减列强特权的目的,然而有一点必须认识到,那就是这一成功是在对搜查豁免原则进行更为广泛的外交讨论的情况下取得的。

更让人意外的是,"云阳丸"事件中,只有日本人在与航管处单打独斗。特别是,英国驻渝领事和英国在渝航运公司都没有支持日本的抗议。英方没有做出回应是因为英国总领事已给重庆领事下达

---

[*] 长江上游河段,起于金沙江在四川宜宾与岷江的汇合点,至湖北宜昌的南津关,流经四川、重庆和宜昌境,因大部分河段处于原四川省境内,故人们通常称之为"川江"。——译注

命令，允许航管处在没有官方实际许可的情况下搜查英船。[45] 这道
命令是英国驻华外交官与英国外交部就搜查豁免原则持续争论的产
物。这场争论始于 1929 年春，比"云阳丸"事件早几个月，由南京
政府发起的一场禁烟运动而酿成的。此时，国民政府在其控制港口设
立了禁烟局，帮助执行鸦片禁令，希望这些机构能够搜查中外船只，查
缴违禁物品。尽管一开始英国驻华公使蓝普森（Miles Lampson，1880
— 1964）坚持搜查豁免原则，但禁烟形势使捍卫这一原则更为困难。
虽然英国航运公司可以确保自己的货物中没有鸦片，但不能保证船员
或乘客没有携带鸦片。[46] 最终，蓝普森在这方面做出让步，因为拒绝
禁烟处的搜查，可能会造成英国利用条约特权阻挠禁烟的印象。他
说，这是英国在政治上难以承受的立场，即使人们普遍认为这些"预
防性努力"只是政府垄断鸦片贸易的幌子。[47] 由于航管处的要求与禁
烟局完全一致，在重庆的英国人得到通知，不要抵制搜查。然而，过
了几个月，到 1930 年 1 月，蓝普森才正式宣布，在合法生意不受干
涉、公民条约权利不受侵犯的情况下，"授权的禁烟机构"可以搜查英
国船只。[48]

　　日本的摊牌以及英国不再坚持搜查豁免原则的决定，有助于建立
川江航务管理处的权威，然而在随后数月，航管处还需要偶尔重申这
一权力。对于不配合搜查的外国航运公司，航管处以抵制相威胁。据
该处陈锦帆回忆，"云阳丸"事件数月后，中国乘客和工人还准备抵
制一艘拒绝搜查的美国轮船。[49] 1930 年夏，"长阳丸"上的日本士兵
强迫航管处士兵下船，该船马上又遭到抗议抵制，船长和驻渝日本炮
舰指挥官不得不恳请航管处消除"误会"，随后允许该处搜船。[50]

　　"云阳丸"事件后，川江航务管理处对长江上游航运的管辖权限

远远超出搜查违禁物品的范围。它在万县和宜昌设立分支机构，并在长江上游的更小港口设立检查站。涵盖业务繁多，诸如测量航线、维护助航设施、调解中外商人和航司纠纷、严禁超载、组织领江协会等。航管处还创办了一家旅行社和客票集中预定系统（公票局）。这些机构的一部分收入则用于支持航管处的工作。[51]

川江航运管理处的组织力量还延伸到长江上游的航运业务。按卢作孚的说法，航管处与现有轮船公司达成协议，暂不增加长江上游吨位，给中国旗下公司重组的机会。他还称，航管处帮助维持运费在赢利水平，并实施一项新机制，让外国公司支付部分利润给因军事干预而蒙受损失的中国公司。[52] 尽管没有其他资料证实"这些协议被强制执行"的说法，但太古公司的往来信函表明，1929 年秋他们确实讨论过这些议题。太古公司驻渝机构报告称，航管处打算通过协调重庆所有货物的配送，来实施运价控制和利润再分配。太古公司反对这一方案，但此派驻机构表示，航管处可以通过由政府支持的抵制活动来实施这一方案。此类抵制活动，是"一种我们对其完全无计可施的武器"[53]。

尽管航运公司对航管处的扩张持谨慎态度，但它为长江上游航运带来的秩序，则广受赞誉。太古轮船公司称赞该处减少了船上"不受欢迎人士"的数量，并表扬卢作孚的介入解决了一场长期针对在渝英轮的抵制运动。[54] 三北 / 鸿安公司宜昌经理董滫敏坦言，维持船上秩序对中国公司有相当大的好处，并称赞航管处领导为"青年有识之士""无官僚习气"。[55]

毫无疑问，川江航务管理处在长江上游航运的激进主义源自刘湘对收入控制的担忧。与此同时，它所采取的消除中外公司之间的不平等和加强川江上中国航运的措施，远远超出了金钱考虑，在意识形态上可与收回航权运动比肩。尽管确切的事件链尚不清楚，但航管处1929年夏季的举动似乎引起了长江下游收回航权倡导者的注意。1929年8月，上海航业公会召开专题会议讨论川江航运问题，随后派代表前往重庆，建议将小规模华轮公司合并成一家中国旗下的大公司，由国民政府炮舰保护，不受土匪、军队和强盗的骚扰。此建议还明示，华轮公司当一统于轮船招商局名下。[56] 当时，刘湘的计划进展顺利，而这些提议可能具有将他的计划纳入南京政府收回航权运动的企图。1929年10月30日，"收回内河航权川民运动大会"发表的一份声明显示，南京的想法被部分接受。该文件称"收回内河航权川民运动大会"忠于国民政府，支持全国收回航权运动，赞成统一川江航运，但没有提及轮船招商局。[57]

尽管这种关系看似脆弱，但在后来的几年里，川江航务管理处及其行动已然成为全国收回航权计划的一部分。1930年1月，卢作孚辞去航管处职务，回到民生公司，该处由他的助手何北衡接掌。1930—1931年，航管处出版所属期刊《星槎周刊》，主要读者是重庆的华轮船东群体，刊登航管处的活动和川江航运情况的内容。《星槎周刊》称，航管处已获南京政府交通部许可，在正式成立新的航政局之前，由该机构监管地区航运管理。[58] 在两年的办刊过程中，这份刊物代表航管处完成与交通部之间上传下达的任务，并刊发全国收回航权运动进展以及招商局国有化进程的文章。[59]

早在1931年，南京和重庆的关系似乎因四川的独立地位而破裂。1931年，当交通部建立起自己的航政局体系时，何北衡前往南京，请求承认川江航务管理处是这一体系的一部分，遭到拒绝。[60] 尽管航

235

管处此前正式宣称接受南京航政局管辖，但何北衡和刘湘都反对交通部将川江航运置于汉口局的管辖之下。南京对尝试合并一个事先就已存在、且其事权已远超航政局范围的地方机构，当然十分谨慎，但南京的拒绝并没有阻止航管处执行对川江航运的监管，直至1938年刘湘去世。

　　航管处与重庆海关的关系也能说明刘湘对于南京的相对独立。尽管直到1929年，海关还无可争议的是国民政府的分支机构，但由于重庆海关人员短缺，航管处遂越俎代庖，承担起许多职能，比如搜查船舶、监管领江和维护助航设施等。1930年，重庆海关税务司试图恢复海关监管程序，废止所谓的航管处激进主义带来的"不规范行为"。当时，何北衡同意与海关合作，"以向中央政府表明四川是一个有序之地"[61]。但直到第二年，航管处都没有向海关移交任何权力。航管处与海关的有关人员一同搜查船只，分享没收走私货物的收入。[62] 尽管存在诸如四川海关这样的中央政府机构，航管处高层显然也有与国民政府及其收回航权运动合作的愿望，但这样的合作不能妨碍该机构的地方权力。直到1938年，航管处士兵仍在检查川江船只。[63]

　　川江航务管理处和国民政府机构的复杂关系反映了刘湘对中央权威的矛盾心理。南京十年时期，刘湘对南京名义上的忠诚一再被其独立的实际行动所戳穿。在对刘湘的研究中，柯白（Robert Kapp）提出，刘湘认为在四川融入南京政府之前，省内问题首先需要得到解决，这或许可以解释他对与南京结盟一直未下定决心的原因。20世纪30年代，直到1938年去世，在某些问题上，刘湘与中央走得很近，但在有些方面保持了自己的独立性。1931年，他表示支持蒋介石，并从南京求得一笔巨额贷款，尽管从未收到。1934年，刘湘再次与蒋介石合作，协同进行西南地区的反共斗争。虽然这一阶段的联盟使更多的南京政府机构和改革措施进入四川，但直到 1938 年刘湘去世，四川与南京的关系一直颇为紧张。[64]

刘湘利用航管处实施对川江航运的控制，成功削弱了外国特权，帮助该地区中国旗下航运的壮大，亦可被视为航权收回。此外，刘湘的举措刺激长江下游收回权利运动采取了类似政策，尤其在政府积极干预航运的策略方面，这表明南京十年时期航运领域内的"国家回归"，不仅仅是民族主义者国家建设的结果，还代表了一个更为广泛的共识，即什么是这一时期改变航运状况所必需的。下游运动和航管处之间的合作，尽管只有短暂一瞬，但也暗中传达出它们都认识到了在目标和战略上的相似。

航管处的行动与南京的收回航权运动的明显区别，在于前者起于对地方控制的关注。个中差异体现在航管处愿意诉诸对抗策略——抵制个别船只——进而树立权威，强制执行有关政策，以及继续向国民政府相关机构（比如航政局和海关）提出挑战。航管处的活动从两个方面削弱了南京作为中央政府的代表性："革命方法"尽管未得到南京承认，却依然延续；竞争性地方机构的持续存在，比如长江上游的川江航务管理处，无疑给列强关于国民政府未能有效控制全国的观点提供了借口，借故推迟进一步的修约谈判。与此同时，刘湘的举措也表明，分裂的权力如何在条约体系下有效地削弱外国特权，就像 1926 年反复发生的冲突导致英国限制在华使用武力一样。刘湘对控制的直接关注，意味着他几乎没有南京的那种外交考量，外轮公司和领事也几乎没有资源来对抗其政权的独立性和行动的不可预测性。我们可以将刘湘和航管处视为另一个不守规

237

矩的军阀破坏南京修约的例子，但他的独立行动迫使列强在搜查豁免原则问题上做出让步，在实际层面削弱了外国航运特权。

重庆："化零为整"

1930 年 1 月，卢作孚离开川江航务管理处，回到民生公司执行刘湘计划中另一项重要任务：将长江上游所有小型华轮公司合并成一家公司。对于刘湘来说，一支稳定的中国旗下的船队可以加强对贸易收入的控制，为其政权提供可靠的交通运输基础设施。对于民生公司来说，这一过程意味着快速的转型，从一家仅有 3 艘船、运营重庆周边短途航线的小公司，转变为一家拥有 47 艘轮船、业务覆盖长江流域直至上海的大公司。正如航管处削弱外国特权，民生公司的扩张也对地方乃至国家产生了重要影响：它规范并改善了四川以及重庆周边的交通基础设施，并且造就了一家规模上可与外国公司在主航线上相抗衡的航运公司。到 1934—1935 年，民生公司已成为全国航运协会和航运界辩论的参与者。作为一家在全国范围内运营的重要民营企业，它为中国的航运自主事业做出了贡献。

1930 年，卢作孚把民生公司的总部从合川迁至重庆，公司在此可以得到刘湘的支持并从中获益。[65] 刘湘向民生公司倾斜资源，提供资金供其整合其他航运公司，使得其他公司难以与其竞争。刘湘还准允民生公司垄断几条航线，并允许它独家代表当局运输"特货"——鸦片和白银。同时，航管处还协助保障民生公司一直生意兴隆。商货丰裕之时，航管处将盐、药材、山货等贵重货物转予民生公司船只运送；若此类货物稀缺，航管处则将运兵任务派给公司，民生公司至少可以收取士兵的减价客票费。[66]1932 年，二刘之战爆发，刘湘统一川政，战争中缴获的船只，也送给民生公司。刘湘还向民生公司提供直接财政援助，这一点在卢作孚 1929 年加入航管处时与刘湘达成的最初协议中就可见端倪：刘湘借给民生公司的所有资金可逐步偿还。[67]

刘湘提供支持，而说服长江上游众多中国公司与民生公司合并的任务则落在卢作孚身上。他用"化零为整"来形容自己整合航运公司的工作。有的案例中，他会以新船价格来购买竞争对手的船舶，即使这些船的实际价值已经贬值。对于那些仍不愿将船卖给民生公司的船东，卢作孚提议合并，用现金偿还原公司债务，用民生公司股权补偿剩余资产，留用全部现有员工。通过这种方式，这些航运公司的所有者、股东和员工一并成为民生公司的一部分。[68]

1930—1937 年，所谓的"化零为整"经历了几个不同阶段。1930 年 10 月，民生公司收购了它的第一个竞争对手福川轮船公司，二者进行了并购。1931 年，民生公司专注于活跃在重庆以上长江上游的小公司，一年内收购了 7 家。1932 年，民生公司着手并购重庆至宜昌的长江干线上的小公司，一共收购了 6 家，包括一家意大利旗下和一家英国旗下的公司。尽管从这些公司手中收购的最大船队不超过 3 艘轮船，但到 1932 年底，民生船已共计 20 艘，员工达 1000 名。公司开通了重庆至宜宾、重庆至宜昌的定期航线。由于此过程中并入了一些承载量超过 900 吨的大船，民生船偶尔也从宜昌驶往下游，有时甚至抵达上海。[69]

1933 年，民生公司已整合了该地区的大多数华轮公司，于是将注意力转向组建一支能够与外国公司竞争的船队。1933—1935 年，民生公司集中精力收购大型船舶，从意大利旗下的永庆公司购入几艘承载量超 1000 吨的大船，购买并修复了太古轮船公司的"万流号"

残船。这些新船使民生成为渝宜线上的重要竞争者。1935 年，在此航线上与外国公司经过一段时间的激烈角逐，民生公司收购了美国长江急流航运公司（Yangtsze Rapids Steam Navigation Company）的 7 艘轮船和岸上设施，进一步巩固了自己的地位。1936 年，民生公司建造了两艘新的大型轮船，"民远号"和"民本号"，每艘载运量达 1464 吨。到 1937 年，民生船共计 47 艘，总吨位达 20409，成为重庆至上海直航贸易的常规选手（见地图 6.1）。[70] 尽管民生公司与刘湘仍然关系紧密，但在这个阶段，民生公司开始将目光投向四川以外的地区寻求扩张的资金支持。收购美国公司得到了上海一些银行的资金支持，建造新船则得益于从宋子文的中国建设银公司申请的贷款。

民生公司整合长江上游华轮公司的影响之一，是改善了重庆地区和重庆上游港口的交通基础设施。民生公司在其他运输方式发展不足的地区建立了可靠的定期客货运输服务。四川广大区域几乎不通公路，也没有铁路。 长江上游每个季节都有不同的航运困难，加之很多船舶状况不佳，船期过去往往难以预测。而民生公司能够在所有航线上保持固定的时刻表。这种定期服务得益于公司控制的一支庞大船队：小型船舶在汛期可以走支流航线，在大型船只能通过部分河段的枯水期，仍可通航渝宜航线。民生公司还尽可能地保持这些航线的运费稳定。整个 20 世纪 30 年代，民生公司在其垄断的航线上一直保持或降低了费率水平。民生公司还改善了客运服务，过去的长江上游公司并不重视这方面的服务。对收购来的船只，公司予以改进，增添乘客安全和便利设施。为方便货物运输，民生公司在所有经停港口都修建了卸货平台和堆栈仓库。[71] 倘若区域航运中仍然充斥着一众规模小且不稳定的公司，民生公司是不可能建立起航运秩序和协作的。

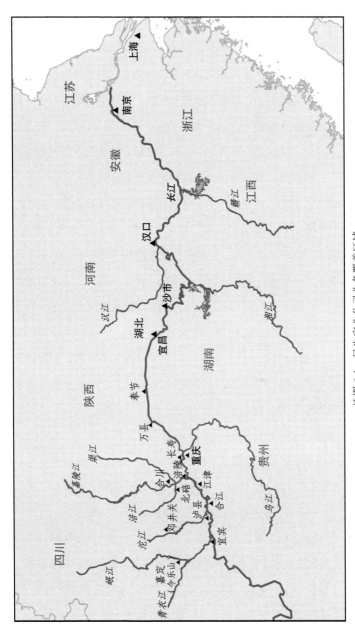

地图 6.1 民生实业公司业务覆盖区域

改编自凌耀伦编，《民生公司史》，第 57 页。

　　随着民生公司在渝宜线上的实力增长，卢作孚试图在当地企业和大型外国公司之间斡旋。尤其是，他试图通过提出公司间的费率协议，来稳定由于该航线上激烈竞争而导致的货运和客运费率波动。卢作孚为这些协议辩护说，稳定的费率对托运人和承运商都有好处，但外国公司对他的提议并不是总会做出回应。20 世纪 30 年代，英国公司和日清汽船在此航线的不同地点扩展了业务，但它们对有约束力的协议不怎么感兴趣，惯于按照自己需要提高或降低运费。[72]

　　1937 年，民生公司已然成为长江航运界的一家重要公司，但它的形象与其他主要长江航运公司皆不相同。首先，不同于太古、怡和、日清、招商局和三北 / 鸿安，它的总部设在重庆，而非上海。它的优势也根植于这一区域。民生公司几乎垄断了重庆周边长江支流以及重庆与宜宾之间长江"上段"的业务。在竞争异常激烈的渝宜航线，民生公司与外国公司展开正面竞争，有人估计，到 1936 年民生公司控制了 60% 的贸易。尽管它的业务确实向下游延伸到了上海，但它的下游业务从未达到那些主要长江公司的水平。民生公司主要经营重庆至上海的直航贸易，将中国西南地区的产品，如桐油、生丝、猪鬃、药材、烟草、茶叶和山货等，直运上海出口，并将棉线、石油、金属等商品从上海直接运回重庆。民生公司在这一贸易中的作用相当巨大。到 1936 年，民生公司雇了 15 艘船从事这一业务，并控制了其中的 1/3。但在长江中下游的港口对港口贸易中，民生公司发挥的作用不大，也没有建立起沿海或海外业务。1937 年，民生公司已拥有 47 艘轮船，成为长江航线轮船最多的船队。但由于这些轮船很多都是为长江上游航行设计的小型轮船，它的总吨位其实小于其他几家主要公司。[73]与三北 / 鸿安这样的公司相比，它们的业务总体上与原来的公会公司相匹配，而民生公司尽管有其独特优势，但业务范围远不及它们全面。

　　尽管如此，20 世纪 30 年代中期，民生公司和卢作孚还是从地方走向了全国。这一变化在一定程度上是民生公司发展的结果：随着民生公司开始提供更多的下游服务，它在上海成立了分公司，因此与南京控制的地区和企业有了更多联系。这一变化也是 1934 年刘湘和蒋介石联手反共的结果，在此之后国民政府更多的机构和网络活跃于重庆。[74] 此时，民生公司在国民政府企业局注册备案，并成为上海航业公会成员。民生公司还与轮船招商局就一份直航服务协议进行了协商，虽然最终未能达成。卢作孚为"新生活运动"领导人提供建议和帮助，并在《大公报》等全国刊物上发表文章。[75]

　　民生公司不仅被认为是民族资本主义企业，也被当作民营企业。上文对民生公司发展的追述，尤其是它与刘湘的密切关系，可能会让这种定性受到质疑。轮船招商局，无论是在清政府时期，还是国民政府时期，都因与政府的密切关系而通常被定性为官僚资本。值得思考的是，民生公司是否也属于这一类别？民生公司的案例让大家注意到，我们划分此类类别的标准过于武断，它最终应该被视为民国时期的一家民营企业。刘湘通过特许和垄断给予民生公司支持，这与清政府对招商局的支持可谓如出一辙，但与南京政府与国营轮船招商局之间的关系颇为不同。国营轮船招商局是国有企业，由交通部监管。尽管民生公司得到了刘湘的帮助，但它是一家股份制公司，股份由私人持有，而且它的相关规定确保了公司的决策权掌握在总经理卢作孚手中。

　　如果考虑到四川军阀政府和南京国民政府的若干官员都持有民生公司股份，民生公司的属性会更加复杂，但这家公司的领导权始终保

243

持了独立。股权是民生公司建立社会关系的重要手段，很多高官和商界人士都持有民生公司股份或在公司董事会任职。军阀刘湘、刘文辉、杨森都持有民生公司股份，二十一军官员刘航琛、何北衡以及唐棣之＊则是民生公司董事会董事。20 世纪 30 年代中期，许多与南京政府过从甚密之人，如杜月笙、宋子文以及宋子文的岳父，也都成为民生公司董事或股东。⁷⁶ 然而，民生公司的规定禁止任何个人或某一股东团体取得控股权。这些规定还限制了大股东的投票权，董事会由选举产生，而不是根据他们拥有的股份数量来确定。此外，董事会主要担任顾问的角色：监管公司政策，实际执行权一直归总经理卢作孚所有。⁷⁷ 民生公司接受政府援助，并积极争取政府资助，但与招商局不同，民生公司不为刘湘或国民政府所有，也不受他们监管。

民生公司领导整合长江上游的中国航运，及其成长为一家重要的长江航运公司，皆源自助力刘湘的初衷，并最终产生了全国性影响。这一过程为刘湘提供了一支可靠的船队和航运基础设施，也使民生公司成为长江上一支重要的竞争力量，一家参与此时收回航权和全国航务政策级辩论的重要民营企业。然而，可以说，民生公司对民族国家最重要的贡献是，当 1938 年日军沿江而上，蒋介石和国民政府撤退重庆之时，民生公司已建成长江上游发达的航运基础设施。民生公司的大型船队非常适合长江上游航行，为偏安政府提供了重要的战时生命线。卢作孚成为交通部常务次长，并因解决了许多棘手的交通和物

＊ 原文为 Tang Kangzhi。但核查民生公司历届董事会名单，无此发音者，可能是唐棣之。——译注

流问题而名扬天下。和其他的中国航运公司一样，民生公司在战争中饱受损失，但战争也为民生公司建立船队、发展业务以及战后大举扩张带来了机会。

南京：中国航运的国营与民营
（1933 — 1937）

正如刘湘与民生公司关系所证明的那样，政府与中国航运企业的密切合作，被认为是抗衡外国航运主导地位的重要手段。《航业月刊》在阐述 1930 — 1932 年的收回航权议题时，不断鼓吹国家应在促进中国商业航运的发展中发挥核心作用，学习日本政府支持国家船队的先例。这些文章中提出的建议，包括国家补贴公司扩大船队规模、帮助小公司增加资本的财政计划以及支持公司拓展新航线和新业务。很多人建议，将一家大型航运公司国有化，作为中国发展海外航运的必要步骤。在讨论中，政府的支持往往被设想为国营和民营公司可资利用的资源，以最大限度地增加实现航运自治的可能。

1933 — 1937 年，南京国民政府加大了航运业的参与度，超越了早年建立的法律和管理框架。在许多方面，国民政府的介入都与收回航权的议程相关，尤其在决定将招商局收归国有的问题上，这一过程于 1933 年完成。国民政府还启动计划，通过减少中国公司之间的竞争来帮助中国航运业发展。尽管此时南京政府满口航运民族主义之辞，但政府介入航运经营事实上却造成了民营航运公司的边缘化。它提供的援助非常有限，而且大部分都单独拨给国营轮船招商局。民营公司不仅被排除在这项援助之外，而且受到南京政府以促进国家航运为名义提出的越来越多的要求，从出资捐献到接受对其业务的控制。到抗日战争全面爆发前夕，民营企业已对国民政府能够改善所有中国名下公司状况的想法失去了信心。

　　民营企业幻想逐渐破灭的一个关键节点，是招商局的国有化，政府决定将资源集中到新成立的国营轮船招商局之下。1933 年的国有化是政府早在 1927 年就开始对这家曾经是民营企业的事务进行一系列干预的顶点。这些干预主要针对招商局内部的腐败和管理不善，并逐步加强了国家对公司的监管和控制。1927 年，蒋介石下令"清查整理"招商局，据称是为了挽救该公司免于破产。[78] 这次调查的背后也有政治意图：招商局督办傅筱庵与孙传芳关系密切，而孙是蒋介石攻下上海之前控制该城市的军阀。傅筱庵拒绝了国民党 1000 万元贷款的要求，蒋介石此后便以资助军阀的罪名下令将其逮捕。傅逃跑后，国民党将招商局置于交通部的监管之下。[79] 次年，交通部解散招商局董事会，要求由交通部官员赵铁桥牵头重组。赵铁桥的措施遭到了股东和交通部上级的反对，他于 1930 年 7 月在招商局办公大楼门口遭到暗杀，事由即与此有关。[80] 1931 年，另一起涉及公司总经理和交通部次长的财务丑闻曝光，助推了公司全面国有化的进程。政府以 10% 的价格收购了公司所有私人股份。到 1933 年 8 月，招商局完全收归国有。[81]

　　从招商局国有化的过程，可以一窥它与政府之间剪不断、理还乱的历史，但在收回航权的框架内，这家公司的国有化则不存在任何争议。在中国公司中，招商局历史最悠久、船队规模最大，也最具拓展海外业务的潜力，因此是国有化最自然的选择。[82] 然而，1933 年之后，招商局依然是不同利益角逐的战场。那一年，南京政府任命刘鸿生为招商局新总办，并责成他彻底改革该公司的业务经营。刘鸿生是会说英文、熟悉西方管理技巧的商人，创办的大中华火柴公司可谓蒸蒸日上。[83] 他试图改进招商局的管理结构，提拔专业技术人员，推动公司的专业化转型。不过，就像先前的重组一样，他的计划遭到军阀、黑社会和国民政府内部不同派系的反对。在交通部限制他的总经理权限后，他于 1936 年 2 月辞职。他的继任者蔡增基，与交通部关系更为密切。蔡也被责以改善管理，而他的举措，如在公司内开展"新生活运动"，亦步亦趋地紧跟交通部利益。[84]

　　1933—1937 年，国家对招商局的控制不断加强，而政府提供的助力却大大低于预期。政府为招商局提供了一些直接经济援助，比如，1933 年助其清理债务，收回抵押的码头财产。然而，公司领导层希望的是获得持久帮助以解决长期存在的问题，诸如债务负担沉重、船只落伍老化等。国民政府的援助还没有达到这一步。刘鸿生任职期间，多次请求政府直接援助，减少公司债务，但政府只提供了更多贷款，招商局不得不借入更多资金来重组债务。[85] 公司还搁置了一项雄心勃勃的船队建设方案，此案本打算淘汰过时船舶、添置远洋轮船，但因政府提供的追加贷款不及实际成本而作罢。最后，公司不得不依靠租赁来实现船队更新。[86] 虽然公司领导对政府的支持力度感到失望，但总体而言，国有化确实改善了招商局的财务状况，增强了它在航运领域的地位。1933 年以后，较之于"一战"以来，公司的收入及其主要贸易占比，都得到了提升。[87]

　　尽管国营轮船招商局的国家资助可能不足，但从上海航业公会的民营航运公司的立场着眼，招商局却是援助的唯一受益者，而这些援助本应分配给所有公司。1933 年，正处于贸易大萧条之中，许多民营企业都在苦苦挣扎，政府启动了一项水陆联合运输计划，将轮船航线和铁路网络连接起来。[88] 当上海航业公会得知这一计划的目的是为了让招商局取得垄断地位时，民营公司纷纷请愿，随后也申请加入。1934 年，交通部批准三北 / 鸿安、宁绍和大达等 9 家民营企业加入，并要求他们通过一个联合办事处与国营招商局协调工作。虞洽卿和刘鸿生分别代表民营企业和国营招商局开始就办事处管理事宜展开磋商。谈判一直延续到 1935 年，铁道部介入要求给出解决方案。招商局遂决定踢开民营公司，自行开展这一计划。[89]

248

　　民营航运公司在与国民政府打交道过程中遭遇了更多的失望。当很多民营公司一度面临破产之时，国民政府拒绝了上海航业公会发行航运业政府债券的请求。航运债券本来早在 1930 年就已获南京批准，但财政部以资金不足为由推迟发行。1935 年，政府再次拒绝这一请求。1936 年，民营企业要求停止吴淞商船专科学校的年度捐纳，南京政府未做回应。企业家们称，这些捐款让已经陷入财政困境的公司雪上加霜。[90]

　　此时，民营企业不但被排除在水陆联合运输计划之外，得不到所渴求的国家援助，交通部还施压要求它们加入中国航业合作社，该组织宣称通过减少公司间竞争来助推中国航运业发展。按照最初的提议，合作社将从航运公司租用所有船舶和岸上设施，汇总所有客货运收入，然后在参与公司中进行利润再分配。合作社可决定各航线运载量；想要扩大船队的成员需要得到批准。成员公司想要出售船只，则需在社内出售。它很像一个对中国公司限制性很强的公会协议，但它进一步承诺援助成员公司，帮助中国公司建立海外航线。[91]1934 年，交通部成立了一个由上海航业公会和国营轮船招商局代表组成的委员会，目的是在交通部的监管下筹备中国航业合作社。1935 年 1 月，委员会已起草了规章制度，并选出代表——5 人来自招商局（含刘鸿生），

6 人来自上海航业公会（含虞洽卿）——组成了董事会。[92]1935 年 10 月，民营航运公司代表辞去职务，他们抱怨董事会存在利益冲突，民营公司关心的事情得不到重视。[93] 此后，合作社"名存实亡"。[94]

　　合作社失败的原因之一，可能是长江六公司几乎同时达成的一项公会协议。太古、怡和、日清、招商局、三北／鸿安和宁绍之间关于新公会协议的谈判早在 1930 年就已开始，但在 20 世纪 30 年代中期的长江航运大萧条期间告吹。1935 年夏，六公司最终达成协议，就像获得大丰收，贸易状况开始改善。[95] 虽然这项协议的签订与合作社失败之间的关联尚未可知，但国营招商局和两家主要民营公司的加入，表明相对于南京国民政府保护中国公司免受外国竞争的影响，这些中国公司对公会控制主要公司之间竞争的能力更有信心。

　　一年后，交通部出台了更多强制措施，吸引中国航运公司加入合作社系统。[96]1936 年底，交通部颁布一套新规，称之为合作办法，而不是合作社。合作办法规定，所有在交通部登记的船只必需签订工作协议，规定客运票价、货运费用和航线班次，并在参与者之间平均分配利润。拒绝参与的公司将会被交通部吊销营业执照。[97] 尽管没有迹象表明，这些规定在抗日战争全面爆发前几个月得以实施，但这也足以说明，国民政府有意成立专门机构，来统筹中国公司的业务。

　　1933 — 1937 年的南京表明，国民政府缺乏资源，可能也缺乏意愿充当《航业月刊》中设想的国家赞助人角色，同时支持众多民营企业和一家国有化公司。这段喘息之机只有四年，1937 年就进入战争状态，让人很难判断在很不稳定的情况下事态会如何发展。在这短暂的几年里，国营轮船招商局对得到的支持程度感到失望，民营航运公司也对政府援助失去信心。加之国民政府之前的修约归于失败，到抗

页边：249

战全面爆发前，航运自治各项议程几乎全成泡影。然而，比南京国民政府的无能更为重要的是一个清晰的共识，即国家的干预对实现航运自治至关重要。这是国民政府、航运公司（国营和民营）以及刘湘这样的半独立军阀所共有的信念。这一共识，在抗战结束后甚至中华人民共和国成立之初，继续影响着航运业的辩论、计划和政策。

结　论

对南京和重庆进行的最终比较，可以证实它们之间拥有共同的想法，也凸显了南京实施计划时面临的若干困难。南京政府交通部和刘湘都把对航运业的干预看作有助于中国航运抵御外国竞争的手段，双方都试图通过重组航运业，来达到减少中国企业之间竞争的目的。尽管重庆的政策更加直接，但其实两者都选择支持由一家公司主导这一变革，而不是向全行业提供广泛的支持。刘湘的计划起步较早，完成度高，而南京则不尽如人意。刘湘的优势在于拥有一个更为清晰明确和地方化的环境，以及一家小而新且管理精善的公司来执行计划。民生公司只有与刘湘结盟才能发展壮大，尽管它几乎肯定"化零为整"会遭到抵制，但这些抵制并没有扰乱它的计划。相反，南京政府在全国层面上开展工作，扶持历史最悠久、规模最大的中国航运公司，这一公司曾因腐败而受到质疑，许多不同的团体都与之利害攸关。此外，南京企图纳入合作社的民营企业规模更大、结构更复杂、组织更优，而在重庆，整合进民生的中国公司，规模更小，也更不稳定。毫无疑问，南京政府的任务更为艰巨，但刘湘的成功表明，如果有足够的时间和资源，做出成绩也不是不可能。

航运自治的意义在于，它表明了中国水域的完全去殖民化。一旦
条约条款被废除，中国航运发展到足以满足中国需求的程度，中国内
河和沿海将无外国船只的立足之地。在这一去殖民化进程的大多数时
候，政府都被设定为核心和积极的角色，不唯南京十年，甚至中华人
民共和国成立初期也是如此。1949年，不平等条约早已废除，新政
府宣布为中国船只保留沿海航权。到1953—1954年，外国航运公司
从中国撤出。[98] 新中国在努力满足国家航运需求的同时，与航运业密
切合作，迅速与以前的民营企业建立起了公私合营关系。尽管这种合
作关系可以被解读为征用私有财产的第一步，但像卢作孚这样的企业
家却认为，这非常符合他们企业和中国航运自主权的利益。1950年，
周恩来承诺国家会支持民生公司，以此说服卢作孚从香港回到内地。
随后，卢作孚帮助推动了公私合营的理念；民生公司也是最早参与这
一运动的公司之一。[99]

在实现航运自治过程中的国家中心作用，也体现在印度的去殖民
化进程之中。在英国治下的印度，民族主义立法者继续呼吁保留沿
海地区，并援引日本为例，要求政府支持印度的航运和造船业。[100]
在第二次世界大战之前，这种对殖民政府的呼吁未能奏效。1947年
独立后，印度政府为印度船只建立了海岸保护区，迫使外国公司在
1952年之前离开印度水域。此外，与中国一样，后殖民时期的印度
政府也试图对现有印度公司进行公私合营改制。在印度，这些企业被
称为航运集团，政府提供51%的资本，原始企业或公众则持有剩余
部分。这一方案并没有得到所有航运公司的欢迎，但如辛迪亚等曾
在20世纪二三十年代挣扎求生的公司对参与颇为踊跃。1956—1961
年，以前公私合营的航运集团合并成一家单一公有制企业：印度国家

航运公司（Shipping Corporation of India）。[101] 到 20 世纪 50 年代末，

252 印度和中国的主要区别是，印度国家航运公司和民营航运公司各自经营，而中国到 1956 年，公私合营和其他的民营公司均被改造成完全国营的航运公司。[102]

　　中印两国 20 世纪二三十年代的航运民族主义历史，以及航运与半殖民主义或殖民主义之间的密切联系表明，航运管理制度得到的企业支持远远超过这种观点所允许的程度。在南京十年时期，企业对国家的诉求以及国家对此做出的回应，应该被视为一种去殖民化的想象模式。

第七章

"新轮船"：社会空间的转型
（1925 — 1937）

作家朱自清在 1923 年发表的杂文《海行杂记》中，对轮船的社

会空间有过独到的批评。他用戏谑的口吻写道，当他登上一艘从上海
开往宁波的轮船时，他更担心中国舱区的肮脏程度，而不是关于近来
船只经常遭到海盗袭击的消息。他写道：

> 这是英国公司的船；这样的肮脏似乎尽够玷污了英国国
> 旗的颜色。但英国人说：这有什么呢？船原是给中国人乘
> 的，肮脏是中国人的自由，英国人管得着！英国人要乘船，
> 会去坐在大菜间里，那边看看是什么样子？那边，官舱以下
> 的中国客人是不许上去的，所以就好了。[1]

朱自清没有仅停留在对中国舱区恶劣条件的描述，他进而指出了
背后令人沮丧的顽固不化的强盗逻辑，而被质疑的"英国公司"正是
以此推卸舱位的责任，宣称这种条件恰恰是中国乘客偏好的。从此可
以推断，朱自清笔下的"大菜间"，即外国头等舱，条件更为优越。

254

由于中国乘客大部分被排除在外，因此，船舱内鲜明的种族等级，隐藏在合情合理、看似自然的地缘相亲的外衣之下，让这种等级变得难以挑战。朱自清指出了这一点，称这艘船为"'帝国主义'的船"，并用引号强调这个新词。²

比起 19 世纪记者对中国舱区沦为"疏离空间"所表达的困惑，或是将轮船空间分级看作中国国运不济的一种具象表现，朱自清的批评更为深刻。他的文章嘲笑了轮船上种族分划背后的理性。不但如此，这篇文章还预见了轮船社会空间概念的一个重要转变，将在 20 年代末 30 年代初得到印证。19 世纪 60 年代到 20 世纪二三十年代，中国的轮船社会空间已经呈现殖民主义的种族意识形态，表现为多种形式的排外行为、借能力高低来论证的种族划分的正当性，以及设法区分殖民精英和臣民之间"地位"的焦虑，等等。各国公司的做法虽各存差异，但英国、日本和中国的公司都一起维护和复制了这个独特的社会空间。20 世纪 20 年代末及 30 年代，这一空间的面貌遭到尖锐抨击，航运业共同实践所形成的统一性开始瓦解。

中国的民族主义是这些变化背后最重要的动力。中外企业此时均着手调整船上社会空间，有时可能是出自成本、效率或管控的考虑。甚至这些因素也受到中国社会对民族主义广泛关注的影响。这种民族主义并非一种统一的意识形态，它有多种源头，包括南京政府民族国家建设的努力、民生公司创始人卢作孚的具体愿景以及中国民众高涨的民族主义意识和敏感性。各种民族主义交汇于航运领域，将轮船社会空间背后的基本结构置于严密审视之下，改革因此也变得更加紧迫。到 1937 年，轮船社会空间已不再是合作遗留的产物，而是各种力量在航运界相互竞争的舞台，其中中国性、现代性和现代国家的概念最为关键。

此前社会空间的几乎每一个方面，都成了 20 世纪 20 年代末和 30 年代变革的靶子。首先需要改变的一项就是种族和技术等级制度，这是轮船船员的特点。20 年代末，欧洲和日本技术人员与中国船员之间的严格界限日渐模糊，越来越多的中国人担任需要技术专长的职位。国民政府出台了一系列法律法规、教育措施，这对培养和认证具有专业技能的中国船员骨干十分必要，也是推动这一变化的重要因素。与此同时，中国工人运动抨击了轮船公司将劳工招聘作为招募船员的办法，因为这样会加剧外国技术人员和中国工人之间的严格区分。轮船船员之中的种族等级在这一时期尚未完全消除，但却受到了这些新情况的挑战。

20 世纪 30 年代，一场危机波及众多轮船公司，一些公司开始从中国舱区恶劣条件的根源出发，重新思考管理问题。19 世纪《申报》记者就曾抱怨，在这个空间里，该有的权利和责任都得不到贯彻；30 年代中期，它所引发的混乱威胁到了船舶的整体秩序。这场危机的焦点是被称为茶房的乘务人员，他们从买办那里买来了可凭工作赚取小费的权利。在许多船上，经济拮据的买办售出过多茶房职位，导致茶房无法靠小费谋生，转而通过敲诈、走私等手段来赚取收入。茶房强烈抵制任何减员或规范他们行为的意图。茶房危机对中外公司都有影响，在解决问题的过程中，许多质疑都针对利用买办来管理中国舱区这一持久且普遍的做法。在轮船公司应对茶房危机的解决方案上，中外公司之间出现了分歧。总体而言，中国公司愿意重组管理结构，革除买办，使公司对轮船空间拥有更大的控制权，而许多外国公司则不愿采取如此极端的措施。这种新颖的管理结构是由民生公司开创的，后来在国民政府"新生活运动"的助力下推广到其他中国公司。对许多中国公司而言,这一办法让茶房得到控制,并消除了长期以来中国舱区所代表的令人担忧的"异化空间"。

　　轮船公司越发意识到乘客对民族主义的敏感,并通过调整客舱条件的各个方面来积极应对。由于客舱是公司向公众展示自己的窗口,也是与其他公司竞争的关键手段,因而许多公司做出改变,试图塑造一个当代的形象,与过去那种比较排外的做法划清界限。在这一背景下,民生公司对轮船客舱的重构是最具特色的。从 1933 年开始,民生公司新的乘客空间诠释了对航运业普遍做法的批评,并利用其别具吸引力的船舶空间作为教学工具,以强化民族主义信息,并塑造乘客"现代"举止和行为的新模式。

　　到 1937 年,此前整齐划一的社会空间被各种"新轮船"所取代,呈现不同程度和类型的转变。企业之间的竞争,尤其是此时加剧的中外企业之争,让社会空间的转型越发明显,每家企业都在争取青睐,不断创新比较的标准。然而,在这些五花八门的变革中,民生公司的"新轮船"脱颖而出,成为一种对既存轮船空间特别有力的民族主义批判。它在重新设计和定义社会空间时,明确考虑了中国人的专长和能力;由此打破了朱自清文中所称的令人沮丧的僵化的种族联系。修订条约和航运自治是在航运的政治和经济领域打破外国主导地位的手段。"新轮船"则是从轮船的社会空间入手,质疑和消解殖民文化和类别的载体。

轮船上日益模糊的种族和技能界限

　　19 世纪及 20 世纪初,轮船上工作安排的特点是船员种族和技术的阶层固化。外国人——欧洲人和日本人——占据着船长、工程师等需要纯熟技术的职位，而中国人则充任舵工、司炉等较少技术含量的岗位。由于中国没有培训和认证的程序，船员的种族分划难以破除，这种观念也影响到保险公司和消费者，包括中国消费者，认为外国人指挥的船只更加安全。此外，公司任用经纪人季节性地招聘中国员工的做法，也不利于普通级别船员的晋升。在 19 世纪和 20 世纪初的大部分时间里，轮船招商局一直遵循这种等级制度，这是由航运发达国家主导航运界的结果。公司管理层已意识到对昂贵外国员工的依赖问题，但又担心如果尝试改变这种状况，会引发保险等其他问题。小规模的中国公司愿意雇用没有执照的中国船员担任高级职员和工程师职位，这给惯常的等级制度带来了一些挑战。到 20 世纪 20 年代末，这种做法在大多数大公司中推行开来。1929 年后，中国船员开始占据全行业的高技能工作。造成这一变化的最显而易见的原因，是国民政府为了实现航运自治，着力培养了一批技术娴熟的中国船员，当然其他因素的共同效力也起到了助力作用，比如高涨的中国劳工运动、一部分船东的民族主义倾向、民众对公共事务的关心以及大萧条时期的经济压力，等等。这些变化并没有完全消除轮船船员的种族和技术等级，但在很短的一段时间内，为航运领域受过技术培训或有技能的国人提供了比以前更多的机会。

国民政府建立认证中国领航员和工程师的法律和教育体系，可谓重大改革，它给予了国人就任航运界高级技术岗位的通行证。尽管清末新政时期的邮传部和北洋政府交通部均宣称拥有中国商业航运主权，但它们都未建立认证机制。为了实现中国航运自治，国民政府致力于"培养航业人才"，并将之作为收回航权计划的一部分。[3] 1929 年，国

民政府制定了船员资格认证条例，向那些受过正规航海或工程训练
以及有轮船实操经验的人颁发证书。政府还重新开办吴淞商船专科学
校，开设航海学和工程学课程。⁴ 交通部为继续推进"培养航业人才"
项目，在汉口、天津、广州和哈尔滨等地开办培训学校，为培训未受
过正规教育的有经验船员开设专门课程，并派学生出国学习航海、工
程和航运管理。⁵

　　这一项目的直接结果，是为有经验的中国船员提供了正式证书。
尽管在 1929 年之前，大轮船公司几乎不会雇用中国籍船长或工程师，
但规模较小的中国公司确实会向自称有一定经验的中国人开放这些职
位。在 20 世纪初的几十年里，海关部门试图在没有正式认证程序的情
况下，对越来越多的中国人担任船长和工程师的趋势加以规范，但该
部门官员仅有权扣留船长或工程师造成明显危险的船只。⁶ 根据交通
部统计，在此项目开始的前五年（1929—1934）中获得认证的中国船
员，绝大多数是基于之前的经验，而非经过正规培训。⁷ 即使到 1934
年，吴淞商船专科学校已有第一届学生毕业，但当年通过船员认证的
230 人中也仅有 10 人拥有正式学位，其余都是靠之前的经验作为资历
而获得认可的。⁸ 而且，认证的大多数是沿海、内河航运，而非海外
或短途航运，从而说明新程序主要向早已在航运领域从业的人员提供
认证。⁹

　　这些认证程序的履行，与各华轮公司雇用中国船员的努力齐头并
进。轮船招商局的案例，就说明民族主义和成本考虑两个动机可以并
行不悖。1927 年后，招商局打破了长期以来主要雇用欧洲人担任高
级职员和工程师的传统，用中国船员取而代之。自 19 世纪 90 年代以
来，支付欧洲员工的高薪成本在公司内部一直争议不断。招商局在南

京十年早期的财务状况很不稳定，这也是开始招聘中国员工的一个原因。然而，同样重要的是，招商局不断加深的与国民政府的关系。甚至在 1933 年招商局全面国有化之前，政府和航运民族主义的倡导者就认为，招商局是一个具有"国家"关怀的企业，应该带头争取航运自治。因此，当 1927 年被南京国民政府交通部接管后，招商局就开始优先考虑，雇用吴淞商船专科学校和自己航运学校的毕业生担任船长和工程师职务。[10]

招商局在公司内用国人替换洋人的过程，前后一共不到十年。1936 年对中国招商局船队的两次调查显示，除了长江船队有一名外国船长和一名外国工程师，沿海船队有一名外国船长和两名外国工程师，所有船长、高级职员和工程师职位均由中国人担任。1936 年对吴淞商船专科学校毕业生的调查显示，招商局是他们最大的雇主。[11] 1927 年后，几乎所有的中国技术人员都进入了这家公司。[12]

招商局的聘用中国员工计划，与同时进行的劝退外国员工计划彼此配合。英国驻上海总领事向外交部抱怨道，1928 年春，招商局共有 170 名英国、挪威和苏联员工，他们的工资已被拖欠两个月。这位总领事还在报告中指出，这是蓄意迫使外籍员工辞职的措施，公司只向已辞职的员工支付工资。[13] 1930 年，招商局停止支付欧洲雇员的探亲补贴，并停止支付退休高级职员的养老金。[14] 公司给出的解释是，在公司"1928 年国有企业改制后"，"[欧洲人]的特权自动失效"，并声称"中外职员不应差别对待"。[15]

到 20 世纪 30 年代中期，中国民营航运公司也开始雇用国人担任大部分高级职员和工程师职务。三北只有两名外国船长，服役于沿海船队，而吴淞商船专科学校的毕业生雇员则有好几位。[16] 民生公司则

260 将招聘国人担任技术岗位作为其民族使命的一部分。卢作孚谈道，他积极地从国内外大学和技术院校寻找航海和工程专业人才，并为他们提供比经理更高的工资待遇。[17] 到 1936 年，民生公司已成为吴淞商船专科学校毕业生的第二大雇主，仅次于招商局。[18] 民生公司还聘用了一批富有长江上游实际经验的员工，称作"土专家"。几位民生公司船长最初是川江领江，还有几位工程师最初是舵工。[19] 自从政府要求民营轮船公司每年支持吴淞商船专科学校后，雇用中国船员对它们有了额外的利益关系。[20]

20 世纪 30 年代，英国公司也开始雇用更懂技术的中国人，通常担任高级职员和助理工程师等职。成本也是英国人必须考虑的重要因素，因为这些公司的技术人员开支远远超过了竞争对手。日清汽船依然把技术岗留给日本人，但其所付的工资要比英国公司付给欧洲员工的少得多，有人估计少 30%。[21] 与欧洲人相比，中国员工要求的工资和福利低很多，因此雇用中国人担任初级技术职位便是降低英国公司成本的一种手段。此外，在 20 年代末及 30 年代紧张的政治环境中，公司领导层也认为，聘用中国人担任对外职位，有助于改善公司的形象。[22]

20 世纪 20 年代末及 30 年代，中国船员资格认证制度的完善和就业机会的扩大，虽未完全消除，但确实打破了轮船船员中种族和技能等级森严的旧制度。在这段为时不久但变化迅猛的时期内，大部分对技能需求很高的工作仍与外国人有着千丝万缕的联系。不仅英国和日本的公司将所有或大部分技术岗位留给本国人和 / 或欧洲人，甚至致力于雇用中国船员的中国公司也保留了少量的外国员工。[23] 1929 年，国民政府要求凡在中国所有的轮船上工作的外国员工必须获得中

国认证。1934 年对这些外国船员的统计显示，他们人数虽少，但级别
依然很高：9 名挪威人中，8 名是船长，1 名是轮机长；7 名英国人中，
4 名是船长，3 名是轮机长。[24] 尽管越来越多的中国人开始担任技术职务，
但外国船长和工程师依然与安全航行有着密切联系，直到 1931 年，一
些保险公司仍然坚持长江上游的轮船必须由欧洲人掌舵。[25]

交通部关于中国注册外籍船员的统计数据也显示了这一群体构成的
变化。绝大多数持有中国证书的外国人——总数 178 人中有 133 人——
来自苏联。[26] 由于当时在华的苏联人大部分为无国籍人士，中国认证
很可能是他们唯一的选择。关于这些苏联船员的统计表明，他们多是
初级船员：11 名船长，74 名大副、二副，48 名助理轮机员。有的可
能之前受过教育或培训，但大多是全凭经验而获得证书。在五卅运动
和其他民族主义运动期间，苏联人曾参与外国公司镇压罢工。[27] 他们
多不是从国外直接招聘的，其工资与付给中国人的工资差不多，不能
与富有经验的欧洲船员相提并论。1934 年颁发的 1960 份中国证书中，
苏联人占比不高，但也足以表明有些工作提供给了外国船员，尽管他
们未必符合欧洲船员技能好、收入高的传统形象。

国民党政府认证程序的实施是一项重要改变，它开始侵蚀外国技
术人员和中国船员之间原本严格的界限，不过高涨的劳工运动也在一
定程度上促成了转变。自 20 世纪 20 年代初，中国工人运动开始要
求为中国船员争取更好的报酬和工作条件，并把矛头指向了将中国船
员置于次要地位的招聘惯例。曾参加五四运动大罢工的船员互助会于
1921 年联合成立中华海员工业联合总会。像当时的其他工人组织一
样，海员工会也建立在已有的同乡会纽带基础之上，比如海员工会上
海分会，就是由成员主要是煤工和机械工组成的焱盈社，以及均安公

所共同组成，两会成员均是宁波籍的轮工。[28]20 年代，中华海员工业联合总会由朱宝庭领导，他既是宁波籍海员，也是共产党员。20 年代初，海员工会与其他共产党支持的工会一道，加入武装劳工斗争的大潮之中。1929 年 1 月，海员工会举行了著名的反对香港的海外航运公司的大罢工，在港的其他中国工人同时也加入声援。几个月后，海员工会香港分会和广州分会帮助组织了长江海员罢工。[29]

罢工工人除了要求大幅度提高工资外，还要求公司停止用经纪人招募船员，将之移交海员工会。经纪人被视为剥削者，因为他们收取工人工位费，总承工人工资，并为之负债，而工会宣称能找到更好更称职的工人。[30] 清理这些经纪人或劳工蛇头，也是其他行业中国工人运动以及全世界海员工人斗争的共同目标。印度和欧洲的海员联合会也呼吁取缔经纪人，以改善工作状况。[31] 和其他国家一样，中国的海员工会没能完全用工会代表取代经纪人，但终其 20 世纪 20 年代，海员工会不断让轮船公司管理层注意到中国船员的需求和愿望。过去，管理阶层并没有动力去解决这些工人面临的问题。

1927 年以后，海员工会的政治立场转趋保守，尽管轮船工人的劳资纠纷中依然能看到它的身影。就在这一年，工会的共产党领导遭到清洗，罢工活动减少。广东分会据说附属于国民党左派，在劳资纠纷中表现更为积极。1927—1934 年，工会上海分会由虞洽卿执掌。虽然他在上海的宁波帮中名望卓著，大多数船员也来自宁波，但他同时还是三北公司的老板以及上海航业公会的领导，因此不太可能是理想的工人代言人。1934 年，蒋介石将此总会置于上海警备司令部司令杨虎的领导之下，进一步加强国民党对它的控制。[32] 然而，尽管领导层面出现了保守转向，但广州和上海分会仍继续审查轮船公司对船员的重要指令。船员们从工人运动中的所获也许并不大，但在 20 世纪 30 年代初，曾经阻止他们晋升的早期劳工招募制度已然出现裂缝。在 1934 年《航业月刊》的调查中，相当比例的拿到证书的中国船员的背景都是水手或其他轮工，这表明他们已经找到了获得船长或工程师认证所需经验的方法。[33]

20 世纪 20 年代末至 30 年代初，国民政府面向中国船员的认证程序的建立，以及航运公司随后对外国雇员成本的疑虑，都是促使中国船员迅速进入船长、高级职员和工程师岗位的重要变化。同样重要的是，航运公司对中华民国政治背景下其轮船社会空间向公众展示的形象越来越敏感。结果，许多公司开始背离航运界之前的统一做法。在雇用技术人员方面，国家认同已成为各公司分裂的一个根源。明确信奉民族主义的中国公司，如招商局和民生公司，对聘用熟练的中国人充任高级职位尤其谨慎，许多其他中国公司也是如此。尽管英国公司保留了欧洲高级职员，但为了避免显得"太英国化"，也雇用中国船员担任初级职位。这些社会空间的差异不仅明显地表现在人事上，也体现在船舶管理和乘客空间方面。

茶房危机（1930 — 1937）

朱自清对"帝国主义"船舶的批判触及了中国舱区的一个关键问题：它不受任何专门权力监管，但与中国的国民性和中国人的偏好密切相关。20 世纪 30 年代初，这一空间变得日益混乱，甚至对轮船公司的船只控制造成了威胁。这里难以容忍的混乱，通常由中国舱区被称为"茶房"的服务员推波助澜，他们举止无礼、不讲规矩。茶房不

264

属于船员（因此不受船长和高级职员节制），也不是公司雇员。因为公司很难控制公众对其船只的看法，也无法保证乘客的安全或船只行为的合法性，茶房的行为因而更成问题。茶房的问题行为是用买办监管轮船客货运业务的结果。因此，要解决茶房危机，就必须改革轮船公司的组织和管理方式。无论是长期还是短期内解决危机，都要求变革，不同的公司提出了不同的解决方案。34

茶房危机意味着不仅仅是航运业务需要变革。所采取的危机解决方案，又一次证明中外公司在轮船社会空间的组织与管理方面已经分道扬镳，过去航运界的一致性也一去不返。受民族主义思想的影响，加之国民党政府"新生活运动"的帮助，许多中国公司对它们的船舶和管理进行了更为彻底的重组。与中国企业一样饱受茶房危机之苦的英国公司，则不情愿采取如此激励的措施。他们所采取的不同做法又回到了朱自清提出的中国舱区问题。茶房危机加剧了中国舱区环境的肮脏、混乱和危险，更重要的是，这还与中国人的文化偏好有关。茶房生动演绎了"中国佬约翰"的刻板印象。对"中国佬"的殖民批判集中在诸如举止和卫生等问题上，同样，解决茶房危机的目标也对准了中国人无组织无纪律、最终无法管理之上。对于中国民族主义者来说，对这种陈旧观念的公然论证定然是越发不可接受的。几家公司试图解决茶房问题，其中最成功的是卢作孚 1933—1934 年对民生公司茶房制度的改革。他的方法后来被蒋介石的"新生活运动"采用，并于 1935 年发展成涉及整个中国航运界的反对茶房运动。民族主义催生的改革紧迫性，导致中外公司很大的不同。

从中国航运发端之日起，茶房就在中国航行的轮船上工作，但20 世纪 30 年代的危机则源于这种既存管理体制上的巨大经济压力。

正如第四章所述，买办合同要求他们自担风险，并在每次航程后上缴公司一定款项，且费用自担。众所周知，买办会诉诸非常手段增加收益，惯用伎俩诸如塞满客舱、瞒报乘客，等等。[35] 雇用茶房是买办增加收益的另一种手段。茶房名义上是买办的雇员，却没有固定工资。他们全靠小费过活，为了取得挣小费资格，他们还要预先支付买办一笔可观定金，并按一定比例上缴每次航行收取到的小费。30 年代茶房危机的起因，正是买办出售的茶房职位远远超过了船只所能承受的数量。危机发生时，有些船上的乘客与茶房比例高达 1：1，有些船上的茶房总数多达 500 人。[36] 如此一来，茶房就很难在船上挣得合理收入维持生活，最终导致他们的行为越来越咄咄逼人，难以管理。

19 世纪 70 年代以来，中国乘客就一直抱怨服务差和茶房强索小费；但到 20 世纪 30 年代初，乘客开始举报虐待和勒索事件。[37] 茶房刁难羞辱使乘客难堪的事情屡见不鲜。有人回忆，茶房因为不满意他给的小费，结果恶言相向，把钱扔在地上。[38] 茶房还有从乘客身上榨取钱财的新方法：买办通常卖出的卧铺票比船舱铺位多，于是茶房预先占据这部分舱位，再将之售予乘客，从中渔利。虽然船票应该已经包含铺位的费用，但茶房索要的"铺位费"甚至和船票一样贵。支付不起的乘客，不得不或卧于客舱地板、甲板，或卧于走廊、货舱。一些茶房还收取饭碗、筷子和水瓶使用费，而所有这些都本应该是免费提供的。[39] 公司管理层业已关注到茶房甚至不惜向最穷困的乘客强索费用的报告。[40]

20 世纪 30 年代，轮船上茶房数量之多，不仅威胁到轮船的整体秩序，也削弱了公司对轮船的控制。作为买办的从属，茶房不属于船上工作人员，这意味着他们不受船长和高级职员的管制。随着人数的激增，很多茶房开始从事非法勾当以谋取利益，比如在船上走私货物或鸦片。由于没有权限管理充塞轮船的茶房，船长也无法保证船上没有违禁物品。[41] 长江航线某船长就因欲将涉嫌走私的"混混"逐下船而遭到袭击。[42]

茶房危机在太古公司和轮船招商局的船上表现尤为严重。这两家公司的买办合同条款给它们的买办造成了相当大的财务压力，迫使他们用客运收益来填补货运开销。1930—1931年，两家公司为增加收益都采取了新措施，包括修订买办合同和任用新人替代买办。此间，它们发现买办此前雇用的茶房并不能辞退。公司将之视为买办随员，但是茶房辩解称，他们已为岗位预付定金并按比例上交收入，因此已经购得在该船的工作权。公司不愿赔偿，故成百上千的茶房仍留在太古和招商局船上，阻碍改革进行。[43]

1932—1933年，太古和招商局试图用武装警卫和警察强行清退船上茶房。该意图遭到声称代表茶房的海员工会分会的罢工抵制。两家公司都希望得到国民政府的帮助，一起解决罢工和茶房问题，但它们发现这在当时并非易事。

1932年秋，众多上海居民为躲避日本轰炸闸北而逃往上游，此时，公众对太古公司船上茶房的抗议升至顶点。太古收到大量投诉，揭发茶房勒索难民钱财，有时甚至被恐吓交出毕生积蓄。[44] 公司试图迫使买办驱逐茶房，但买办又以辞职相要挟。公司一度还尝试用高级职员监管茶房，但茶房并不理会他们的命令。[45] 太古的管理者意识到，强行辞退茶房，会导致支持他们工作权利的罢工或对公司的抵制，但公司还是放手一搏，清退了"吴淞号"上的茶房，用一批新聘的付薪服务员取而代之。[46]1933年1月某晚，"吴淞号"停靠上海，武装警卫登上轮船，拖走熟睡中的茶房。警方阻断了茶房从上海和上游港口强行返船的机会。[47]

尽管海员工会对太古试探性的做法立刻表示反对，但公司发现，"吴淞号"利润有所增加，乘客对服务质量的改进也赞赏有加。[48] 这一实验揭示了买办对茶房的经济依赖：买办一旦失去茶房，就不再能负担自己的开销，而必须增加薪水。[49] 太古承诺从表现较好的"吴淞号"茶房中招募付薪服务员，海员工会上海分会对此表示欢迎。但广州分会发起成立"吴淞惨案支援委员会"，于 1933 年 6 月发起了一场针对太古公司的罢工。[50]

太古公司相信自己能够平息罢工，因为在危机解决过程中，它得到了乘客、其他公司和国民政府的支持。[51] 1933 年夏，太古和其他长江航线轮船公司代表与茶房、海员工会上海分会以及杨虎将军代表会晤，协商所有轮船公司茶房减员、强化管控的协议。会议最终达成详细方案：买办不得再提留茶房收入，茶房也不得再索要小费。作为补偿，公司提升票价 15%-20%，用于支付茶房薪酬。公司也被许可通过解雇身患传染病员工，或用钱打发公认的刺儿头，达到迅速减少茶房人数的目的。[52] 由于轮船公司方面得到了杨虎支持此项协议的肯定答复，它们希望政府帮助新条款的贯彻执行。[53]

随着反太古的罢工运动贯穿整个 1933 年秋，协议的支持方亦日益瓦解。国民政府立场退缩，有人将这一转变的原因归结为国民党左派的指责，批评南京支持外国公司而不是中国工人的利益。[54] 太古内部则有人将此归咎于虞洽卿，他不仅是海员工会上海分会主席，还是竞争对手三北 / 鸿安轮公司的老板。他们称虞利用海员工会抵制协议，因其本人就收取茶房大量定金，用于资助三北购置新船，任何涉及带薪茶房或返还定金的方案都会将其推入绝境。[55] 另外，太古也没有得到其他外国轮船公司的全力支持：日清的茶房问题程度不重，怡和正与海员工会广东分会就另一起劳工纠纷进行谈判。[56] 这些不同公司几乎不可能就茶房危机达成总体解决方案。1933 年 11 月，罢工活动持续五个多月后，太古支付大笔现金，并重新安置了部分"吴淞号"原茶房，自行平息了罢工。[57] 公司要求上岗茶房身着制服，携带身份证件，听从船长和高级职员命令，但也决定，在中国公司采取进一步动作之前，暂停任何解决茶房危机的进一步措施。[58]

1933 年末，太古已然止步不前，新改组的国营轮船招商局在总办刘鸿生的领导下，着手处理茶房问题。面临提升公司管理、遏止滥用职权的压力，刘鸿生打算改变船上买办使用方式，从其手中收回客运业务，让他们及其随员服从船长命令。[59] 刘鸿生发现他的改革基本不可能施行，因为他无权把不配合的买办和茶房从招商局船上清退。他发现，买办职位已在同一家族内部累世继承，很多时候，这些家族都有重要人脉关系。常常，拥有买办头衔之人从未冒险登船，无从约束负责日常事务的下属。当刘试图解雇行为不当的茶房时，海员工会就组织针对招商局的罢工。[60]

面对买办和茶房的顽抗以及工会的反对，刘鸿生向国民政府内的盟友寻求支持。尽管老同学财政部长宋子文支持他的举措，但改革还是遭到政府其他部门的抵制。最终，他在解决罢工问题上没能得到政府的帮助。一份太古公司的报告描述了他所受的挫折：

> 刘鸿生的观点是，直到目前，政府或出于故意，或出于对实际情况的漠视，要么搁置，要么忽视茶房问题的重要

性，而他自己却将此作为头等大事。他明白，不解决这个问题，真正的控制以及随之而来的有效管理，都无从谈起。他决心迫使政府正视他们此前逃避的问题。[61]

刘鸿生和招商局董事会以辞职相要挟，要求政府出手帮助清退船上的买办和茶房。直到两年后的 1935 年，"新生活运动"着手解决茶房问题，刘鸿生才得到所期待的帮助。

就在太古和招商局承认对解决茶房危机束手无策之时，民生公司找到了解决方案。1933 — 1934 年，民生船刚刚开始将服务范围从长江上游延伸至下游港口，乘客纷纷反映，船上茶房数量得到严格控制，也不收取小费。民生茶房身穿制服，提供优质服务，从帮助乘客提行李，到推介船上的便利设施和沿途名胜古迹。在很多民生船上，茶房充作船上保安，执行武装搜查武器或土匪的任务。[62]

民生茶房的独特形象是公司特有组织和管理体制的产物，它是在民生公司统一川江航运并向下游扩张的过程中分阶段发展起来的。这一体制与其他公司的普遍做法非常不同，因为卢作孚设计这一制度是在 1925 年创建民生公司之时，主要考量是应对当时他所认为的航运领域问题。那一年，卢作孚和他的合伙人调查了重庆地区大部分小规模华轮公司。在航运被视为极其不稳定的行业之际，卢作孚急于为民生公司吸引投资者，于是开始探索解决不稳定根源的办法。[63]

卢作孚拒绝采用大小航运公司的惯用策略，即将不同业务的管理外包给中间商，后者也承担部分风险。这种策略清晰地体现在大公司的买办使用中，而在卢作孚调查的小型华轮公司中表现得更为极端。重庆地区的中国公司在船上执行所谓的"三包"制度，不仅外包客货运业务，还以类似的原则招募船长和工程师。[64] 船长、工程师和买办的工资都不高，职责内的所有费用都在其中（包括下属的工资、补贴和维修费用），在资金短缺时承担风险，在能够创收时获得收益。对小公司而言，这是管理船队的方便经济之法，无须投入巨资养活大批员工，但加剧了与大公司买办制度类似的诸多问题。

卢作孚批评"三包"制，称它使员工与公司的利益相冲突。船东最可能雇用以最低薪水带来最佳回报，而不是技术最好或最称职之人。这种制度正好刺激买办的动机，罔顾公司名誉走私货物、无票载客和收受贿赂。船长和轮机员可能克扣船员、补给和修理费用，从而危及船舶安全。以上三者都可能将下属工资维持在较低水平，收取他们押金，进而放松对他们的管理。卢作孚观察到，"三包"制导致了船上的不同派系，而非首尾一贯的指挥系统，每个派系都有理由追求自己利益，而不是为公司利益而工作。他进一步批评道，倘若雇员不能为公司利益而奋斗，他们就没有能力为社会或民族工作。[65] 在后来的文章中，卢作孚将任用买办描述为外国人利用中国人"自私自利"心理的一种方式。[66]

在民生公司，卢作孚用垂直整合的公司等级制代替"三包"制，每个工人都是领取薪水的公司雇员。在公司整体架构中，权力集中于总经理卢作孚之手，之下是各业务部门——总务、海运、货运和会计部，其下进一步分为各科。各科科长汇报给部门经理，部门经理则向总经理负责。这种等级制度延伸到船上：民生船上载的不是买办，而是拿工资的"业务经理"，他们将所有资金上交到公司总办公室。即使最低层次的员工，比如茶房，也领工资，并汇报给其主管——轮船上的业务经理。[67] 民生公司在整合重庆地区中国公司时也采用了这一制度。1933 年，卢作孚称，当买办制度对于中外的其他航运公司还是一件棘手之事的时候，"只要我们肯下决心去思想方法，用力整理它，终有成功的一天"[68]。

民生茶房之所以不同，不仅仅是因为他们领取工资，还在于他们都是经过精心选拔、严格培训和严明监管的。民生公司通过公开考试，而不是个人介绍或劳工招募，来选聘诸如水手、搬运工、办公室职员和茶房等底层员工。应召雇员获得考试资格，需年满 18 岁，不超过 25 岁，小学或初中毕业（或同等学力），没有毒瘾和传染病，并准备一份担保函。[69] 考试内容包括语文、算术、英语、簿记及"常识"的笔试，外加体检、心理测试和个人面试。[70] 比起其他公司茶房，这些要求和考试内容青睐更年轻、受教育程度更高的员工。公司领导希望雇用"受过教育的年轻人"，因为他们认为这些人更容易培训，更不容易沉溺于赌博、嫖娼、吸食鸦片等干扰工作的消遣。考试竞争激烈：1932—1935 年，公司每年举办三次到四次考试，招收不同类型的工人。录取率很少超过 20%，而且往往低很多。[71]

一经录用，茶房和其他初级员工必须完成两个月的培训才能上岗。公司制定了《茶房须知》等手册，介绍工作要求和公司期望，并在培训结束时进行考试（见图 7.1）。所有工人——甚至办公室职员——都需学习航行和船舶安全的基础知识，以便熟悉航运业务要求。军事技能和武器使用也是培训内容之一，这要求茶房同时担任服务员和保安的角色。所有新员工都要接受"民生精神"培训，积极、尽职地为公司和中华民族服务。[72]

在工作中，民生茶房接受公司监督，遵守公司纪律，并有机会在公司内部得到晋升。民生公司有一套奖惩制度，鼓励员工遵循公司命

勤讀「茶房須知」之茶房→

图 7.1　民生公司勤读《茶房须知》的茶房
出自《民生实业公司十一周年纪念刊》（1937），由位于重庆的民生公司提供。

令。奖励范围从表扬到晋升，而惩罚轻则"记过"，重则开除。公司用这种制度淘汰那些不服管教之人，并继续培训所有工人。[73] 公司举办竞赛，评选模范工人（在公司杂志《新世界》上刊登个人简介）；开展运动，改善服务、厉行节约，比如保持船上清洁、节约燃料等。[74] 1933年，在一场改善服务质量的运动中，卢作孚引用了"吴淞号"带薪乘务员，以及其他公司和行业服务人员的表现，将其立为模范。[75]

工人们可以凭借良好工作表现，或在语文、英语、算数、常识和防火技能临时自愿测验中的好成绩，获得加薪。[76] 该公司制定的培训计划，允许从事低级别工作的工人晋升到更高职位。水手可以被训练成舵手，司炉可以成为助理工程师，装卸工可以成为仓库主管，会计可以成为业务经理。就连茶房也有机会晋升为船务经理助理。特别能干的员工会被推荐参加学徒培训和特殊培训课程。[77]

随着扩张，民生公司在长江航线的实力不断壮大，民生船的秩序和管理水平令业内同行羡慕不已。一位太古船长回忆道："时局艰难、乘客稀少的时候，看到一艘民生船驶过，甲板上只站着少数几个身着制服的人，其中包括厨师，相形之下真是令人沮丧；稍后，驶来一艘挂洋旗轮船，它的下甲板上挤满了人，其中绝大多数应该是没有工资的茶房。"[78] 当时的报道显示，民生公司的创新做法引起了国内外其他公司的关注和比较。[79]

民生公司的组织和管理在航运界可谓前所未有，但在商界却并非全然独创。20 世纪 20 年代，在使用买办的其他行业已开始用职业经理人取代他们。[80] 刘鸿生主持的轮船招商局改革，用经理代替买办、把船交给公司管控的努力，与民生公司异曲同工。民生公司的不同在于，它有能力推行这种新型的组织方式，而几乎没有遭遇反对或阻

274

力。在这方面，总部位于重庆的民生公司比它那些上海的竞争者，具有一些难以比拟的优势：民生是一家新公司，所以没有悠久的管理传统需要推翻，公司里也没有很资深的工人。民生公司还与军阀刘湘关系密切，得其支持亦为可期。20 年代末，刘湘已将劳工运动领袖逐出重庆，因此民生公司不必像下游公司那样与工会周旋。[81]

民生公司重组船舶空间的影响，在航运界不可谓不巨。作为一家中国公司，成功让自己的船只井然有序，而其他公司都一败涂地，民生公司打破了一度不可辩驳的船上脏乱差与中国人偏好的联系。如朱自清文中所言，如果在中国舱区杂乱无序、中国乘客被排斥在外国舱区之外的情况下，中国人"肮脏即自由"的观念似乎不容置疑，那么民生公司纪律严明的茶房和秩序井然的船只，就有力地挑战了这一假设。这不仅是民生公司自身的胜利，还在这个中外企业竞争激烈的领域展示了民族主义在管理模式创新方面的潜力。

民生公司管理模式在民族主义方面的意义，得到了蒋介石"新生活运动"的肯定。1935 年春，他们将民生公司管理办法作为范式，用以解决中国船舶上的茶房危机。"新生活运动"于前一年开始，目标是掀起一场改造中国社会的群众运动，通过将中国人改造成效忠国家的"新公民"，而获得道德上的"新生"。[82]这场运动最著名的，是其提升公私生活中卫生和文明标准的各种运动。尽管有人批评它风格专制，过分纠结细枝末节，比如纠正随地吐痰，或在公共场所不系衣扣等坏习惯，但这是一次为了纠正中国人在卫生和举止方面刻板成见的尝试，这些成见强化了过去"中国佬"的印象。在这种新体制下，中国人的清洁习惯和行为规范将展示中国人自我管理的能力。[83]

茶房是"新生活运动"的当然靶子，提供了名副其实的无法无天、疏于管理的案例。大多数船上的茶房形象，是脾气暴躁、粗鲁无礼、衣衫褴褛、疾病缠身，且不遵船长或公司号令。"新生活运动"想成就的不仅是规劝茶房举止更加得当，而且想要改变造成茶房危机的结构性因素，把这些人整合到公司和国家的集体之中。民生公司的方法提供了模版，"新生活运动"则加以帮助，有时甚至是强力的，助推其他中国轮船公司沿着这些路线进行改革。

1935 年春，"新生活运动"的几位领袖前往上海，会见中国航运公司的负责人（如刘鸿生、虞洽卿和卢作孚等）以及杨虎将军，商讨如何利用运动的资源解决茶房问题。该运动的组织者对卢作孚挑选、管理和培训茶房的方法大为赞赏，称其"非常具体，符合"他们运动的"精神"。他们根据民生公司的政策提出建议，包括废除买办制度，通过考试选拔员工，提供晋升制度，培训具体工作技能以及国防、经济和航运等方面的基础知识。[84] "新生活运动"还进一步推动轮船公司采用工作评价、绩效奖惩、额外学习等方法，全面提升员工的工作、艺术和体育技能。[85] 当年稍后，交通部命令招商局和民营华轮公司，在各自船上贯彻执行"新生活运动"的各项建议。[86]

交通部的命令可谓雄心勃勃，它要求对大多数中国航运公司进行彻底重组。1935 年晚些时候，随着"新江天号"改革的启动，国营轮船招商局拉开了改革的序幕。此船运营沪甬线，载有 564 名茶房，尽管额定数量是 170 名。公司计划解雇半数茶房，另一半转为带薪雇员，每月 16 元，外加 5 元伙食津贴。"新生活运动"指导员帮助招商局和海员工会达成协议，不阻拦解雇茶房。[87] 尽管有了这些保证，公司还是发现，必须给被解雇的茶房支付相当于几个月的工资，才能打发他们下船。[88] 留用的"新江天号"茶房被分批送往招商局位于浦东码头的"新生活培训中心"。在那里,"新生活运动"指导员将提供两个月的军事和工作培训,在培训期间,学员被指导如何提高服务质量、礼貌礼仪和卫生条件。两个月后,培训结业的茶房回到船上,又有新的一批接踵来到中心。[89]

紧随"新江天号"实验,招商局在旗下所有船只上都采取了有关措施减少茶房数量。每艘船都会举行一个抽签仪式,抽到幸运签的茶房留任成为带薪雇员,没抽到的被解雇,获得少量赔偿金。[90]与"新江天号"实验一样,每位留任者都需经过"新生活运动"指导员两个月的培训。而且,"新生活运动"还在招商局船上派驻督察,协助推行这些改革和新的行为标准。[91]不服从的茶房则可能被征召入伍。[92]

"新生活运动"提供了之前尝试解决危机时长期缺乏的外部支持,并启动一项较长的进程,将船只和茶房置于招商局控制之下。1936年2月,刘鸿生的继任者蔡增基试图用拿工资的事务长代替长江轮船上的买办。和他的前任刘鸿生一样,蔡增基发现要清退现有买办几乎不可能,最终他只得根据新条款重新任命他们为"业务经理"。[93]当年稍晚,一份督察报告警告,由于如此之多的老买办仍在其位,公司还需警惕以往弊端的故态复萌。此报告还提到,多数船只的茶房人数仍然超标,其中许多还超过了公司规定的50岁最高年龄限制,报告建议所有超65岁的茶房必须辞职。[94]招商局继续努力规范茶房行为,出台规定禁止下列不当行为,包括索要小费、出售铺位、无票登船、走私偷窃以及冒犯高级职员或乘客等。茶房一旦出现不穿制服、无视命令、高声喧哗打扰乘客、在指定地点以外睡觉,则会处以罚款。[95]1937年7月,招商局宣布选用茶房的新程序,将识字作为必备条件,废除了"茶房"名称,改称"勤务生"。[96]

改革现行体制困难重重,很多民营轮船公司实施类似方案时也要求"新生活运动"的帮助。1935 年 12 月,大达和大通轮船公司开始培训茶房,其他民营公司也纷纷主动申请"新生活运动"派驻随船督察。地方的"新生活运动"针对内陆水域轮船进行了改革,主事者还策划将其方案推广到在上海的航运公司。[97] 让所有的中国航运公司都采取这种方式进行改造,尽管不太现实,但还是有相当多的公司接受了"新生活运动"的帮助,开启了改革进程。

按照民生公司模式改革轮船公司组织方式,是这一时期中国航运公司区别于外国公司的显著标志。太古公司饱受茶房危机之苦,业已投入时间和资源尝试改变,但对采用新方法解决问题迟疑不决。尽管太古的管理者从招商局与"新生活运动"合作的良好效果中受到刺激,但他们仍然反对支付茶房正常工资并补偿被解雇员工的做法。他们担心,招商局慷慨地发放茶房工资和餐补,会导致他们自己的工人提出类似要求。他们推测,招商局之所以能够负担这些改革举措,是因为得到了国民政府的补贴。[98] 太古虽愿意出钱解决茶房问题,但不愿对这些工人进行长期投资。1937 年,太古与杨虎达成协议,解雇那些被发现不适合服务或行为不端的茶房。为了获得支持,公司向杨虎、几处海员工会分会、外交部和交通部付了钱。尽管公司管理者承认这只是临时的解决方案,但公司仍然拒绝将茶房作为在编带薪员工,并继续聘用买办经营客货运业务。[99]

对英国公司而言,它们当然希望加强对轮船的控制;但对于众多中国公司、"新生活运动"和国民政府而言,茶房问题的持续存在则是不可容忍的。茶房行为是"中国佬"刻板印象的写照,他们的泛滥成灾和贪得无厌,折射出 20 世纪 30 年代中期中国人目无法纪、难以

278

管理的景象。尽管英国公司可能认为，相对其他成本问题，这一问题并不算最为突出，但卢作孚已经证明，茶房也可以改造成纪律严明，对公司和民族做出贡献的一分子。民生公司的措施操作起来并不简单，但政府和公私航运企业均着手启动恢复轮船秩序、扭转茶房展示的中国负面形象的进程。过去决定轮船社会空间的各航运公司的类似管理方式，如今已在不同国别的公司之间明显分化。

重新审视乘客空间（1930—1937）

　　客舱是 20 世纪 20 年代末和 30 年代中国另一处备受诟病、几经整改的轮船社会空间。很多公司苦于找不到合适的方式脱离乘客空间的早期组织方式，或是另辟蹊径，尤其是针对中国乘客。这些公司既要照顾中国民族主义者的情感，也必须考虑中国消费者日益苛责的需求，后者毕竟有很多轮船公司可供选择。由于各轮船公司采取的改革举措互不相同，程度也各不一样，客舱便成为各公司出现策略分歧的又一场域。在此领域中，民生公司又一次与过往行径彻底决裂，为船上乘客提供了焕然一新的体验。在此实践过程中，民生公司不仅是简单地重新设计轮船的物理空间，还进一步把乘客设想为一位可以因自己的乘船经历而改变的个体。

　　20 世纪 20 年代末，一些公司一改过去客舱的公会模式，以此满足消费者的要求，承认他们的民族主义情感。比如，招商局在 1928 年接受交通部监管时，就根据"如雪片飞来的消费者意见"，更改了各客舱名称。招商局放弃了过去航运界通行的客舱等级的标准中文术语，将过去更带描述性的名称，如"大餐间""官舱""房舱""通舱"，改为更简单易懂的等级名称："特等舱""头等舱""二等舱"和"三等舱"。[100] 次年，太古决定一概删去此前广告和出版物中三个等级英文名称中的"中国"一词。[101]

20世纪30年代初，英国公司为中国乘客增加了一个新的客舱等级，此举证明，各公司已感到现有的乘客安排体制已然过时。他们把这种新等级的舱位称为"中级舱"，设计的初衷是为中国乘客提供比现有的中国头等舱（或官舱）更高级的服务和豪华体验。然而，之所以称为"中级"，是因为它和外国头等舱（或大餐间）仍有不同。这一新舱区在一定程度上是应对茶房危机的产物：由船长管理，勤务员提供服务，不再受买办管辖，它把中国精英阶层的乘客从普通中国舱区的混乱中解放出来。怡和在1931年、1932年的新舱广告中特别强调服务：为中国绅商之方便，设有私人舱位，可选中式或西式餐食，提供"一如西洋舱"的服务，无须支付小费。[102] 关于此等舱级，中文杂志《旅行杂志》发文称赞，它比中国头等舱要有序舒服很多，但该文也注意到，公司为添设新等级，对轮船进行了改造，降低了过去头等舱的档次，使之与二等舱一般无二。[103]

1929年，太古轮船公司管理者之间的通信，揭示了创建中级舱的争论和决定过程。管理层看到，中国乘客对豪华客舱的需求不断增加。他们还看到，中国的政治气候要求打破"中国"舱区与"外国"舱区的区隔，尤其是在最贵的客舱等级。然而，他们对将原有的"外国"和"中国"头等舱合而为一犹豫不决。其中一个障碍就是两者之间巨大的价格差异，他们怀疑中国乘客是否愿意支付如此昂贵的票价。[104] 更重要的是，他们一直以来担心的，中外乘客的相似性问题，对此他们标签化地阐述为中国乘客偏好的问题：

合并中外头等舱的方式一旦采用，就需贯彻这样的想法，即在个人申请的基础上，通过我们的办公室统一购票，如此方能保持清洁等服务的统一标准。此举将严重影响由酒店经营这项业务的整个系统，同时，也会对那些更愿意通过经纪人预订舱位的乘客带来很大不便，并对任何这种干涉大为不满。[105]

这段话透露了该公司想通过要求他们个人申请来监控进入此仓的中国乘客的真实目的，即"保持清洁等"，这大概是因为排除了一些申请者。但它很快将注意力转向了预料之中的中国乘客对新订票方式的反对。

这封信表明，设立新的中级舱是一种折中方案，一方面使公司能够满足中国乘客的新需求，另一方面推迟合并中外头等舱的审议。通过以略高的成本为中国游客提供更好的住宿，中级舱提供了"一个更好的机会，让他们可以在未来适当的时候评估将两种舱位合并起来的可能性"[106]。太古的管理者意识到改变的必要性，但他们不愿意完全放弃以前的乘客空间的组织方式。

相比之下，民生公司对之前的乘客空间安排则没什么历史包袱。正如在船只管理方面所做的那样，民生公司在客运业务和舱位方面也没有施行航运领域的标准做法。该公司对待乘客的总体策略源于1925年卢作孚对重庆航运公司的调研。他注意到，相较于客运，这些公司更重视货运业务，而且，由于轮船的时刻表是由货物的运送情况决定的，乘客往往会因为轮船在港口等货而被延误。卢作孚打算独树一帜，重视客运，并从中获利。从成立之初，民生公司就承诺遵守固定时刻表，以便利乘客。[107]

卢作孚的著作中保留着一些对其他公司轮船经验的洞见，民生公司引以为戒，打造了自己的客运设施和服务。比如，他的《东北游记》（1930）记录了他在青岛、大连和其他沿海城市旅行的印象，抨击了外国乘客在中国各地轮船上享有的特权。卢作孚描述了与中国乘客共同旅行的外国乘客所享受的优厚待遇。一次旅行中，卢作孚和同伴们进入一间拥挤的三等舱，把行李放在舱中央的一块空地上。不一会儿进来几位俄国乘客，将他们的行李挤到了一旁。一名茶房向卢作孚解释称，三等舱的中央空地是专为这样的外国乘客预留的。由于舱内没有其他可用的空间，他们只好在货舱口安顿下来。卢作孚反对这样的看法，三等舱中俄国人与中国乘客支付同样的费用，却因为外国人身份，享有特权。他评论道，这样的经历只会增加中国乘客对华轮公司的偏好。[108] 这篇文章更广泛地记录了卢作孚对船上客舱划分阶层的不满。他和同伴在整个旅程中都待在三等舱，但当有机会一探船上不同区域时，他发现二等舱与三等舱的条件相去甚远，为此困惑不已；更让他气愤的是，竟不允许他进头等舱哪怕看一眼。他写道，只要几块钱和十几块钱的差价，"天堂地狱，还在那里寻求，只在一个船中，隔一层舱板而已"[109]。这些具体的事件和观察可能没有影响民生公司的政策，但它们反映了一些公司客舱服务的核心价值观。民生船从未为外国乘客提供任何专门空间。他们努力缩小客舱等级之间的差异：公司的大型船舶提供全覆盖的餐舱、头等舱、二等舱和三等舱，并尽力为所有舱区提供良好的服务和便利设施。

民生公司杂志《新世界》在专门介绍公司1933年改善客运服务运动时，尤为详细地解释了客舱政策。在整合完川江的中国公司后，

282

民生公司发起了升级所有客舱服务和设施的运动。其最具体的诸项措施，包括尝试解决乘客最常见的投诉。比如，公司专门建立了一套系统，确保每位民生公司乘客都有铺位，具体做法是严格限制每艘船所售票数必须在铺位的精确数量之内，并要求工作人员在抵达下一港口之前电报通报空铺数量。尽管略微提高了票价，但民生公司尽力改善了膳食质量，并为所有等级客舱的厕所安装了带自来水的洗澡间。[110] 三等舱中，卧铺被安排在开放的船舱之中，公司用挂帘隔出若干区域，保护女性乘客隐私。[111] 作为运动的一部分，茶房被责令改善执行日常工作的准确性、卫生状况和服务态度，并为乘客提供新的服务。茶房和其他员工都需接受培训，能够回答有关船只、航运业务、民生公司以及沿途景点和风景的问题。[112] 他们学习向乘客提供当地旅行信息，比如沿途所有港口的舢板、旅馆和搬运工的资费标准。[113]

　　这项运动还积极提升民生船上的休闲娱乐活动和设施。运动有关文献将豪华远洋客轮作为典则，因其船上一应设施颇为齐备，有网球场、游泳池、图书馆、音乐设备和无线收音机。虽然受长江上游轮船规模较小的限制，民生公司仍竭力提供娱乐设施，以打发长途旅行的无聊。每艘民生船均设图书馆外借书刊，管理人员还会分发从无线电通信中辑出的每日新闻摘要。此外，船上还备有供乘客借用的乐器和游戏。[114]

　　此运动还有一层含义，即通过旅游业发展四川经济，为发展融入资本和现代性，减轻四川的经济危机。[115] 民生公司推介的旅游线路，包括峨眉山、长江三峡、自流井盐井以及卢作孚开发的嘉陵江畔小镇——北碚。[116] 公司将北碚打造成一座模范市镇推介给那些对它感兴趣的人，提供参观当地现代医院、公园、图书馆和小学的游览服务。[117]

　　运动带给民生船的改变，让公司越来越受中国乘客的欢迎：一名经理称，国人乘客不惜在港口等上几天，就为获得乘坐民生船旅行的机会。[118] 乘坐民生船的体验确实前所未有，尤其是三等舱的乘客。即使是最便宜的舱位，乘客也能享受公司提供的预定铺位、洗浴设施、响应服务和娱乐活动。民生公司为拉平各等级客舱的服务和设施标准所付出的努力，可谓相当成功。据《新世界》上登载的一篇1934 年对运动成效的评估报告称，公司大部分客运收入来自三等舱乘客。虽然作者承认，四川困难的经济形势可能是造成三等舱受欢迎的原因，但他也担心，三等舱设施的改善打消了乘客为住宿支付更多费用的动机。他建议，可降低餐舱和头等舱的票价，让其更为亲民，而不是恢复各等舱之间的差距。[119]

　　民生公司文件上清楚地写道，公司船只不仅要用优质的服务和便利的设施吸引乘客，还要成为教育民众的工具，塑造乘客的举止和期望。船上的娱乐项目是为了替代公司高层所认为的船上无处不在却令人反感的消遣活动，比如吸食鸦片和赌博等。[120] 公司出版物《乘客须知》的标题与民生公司的员工培训手册类似，向乘客介绍船上的规章和提供的服务。它提供了详尽的乘客行为规范，劝诫不得占用他人铺位，维护公共秩序，不要打扰他人睡眠，在规定时间用餐，等等。《乘客须知》鼓励乘客使用船上服务和便利设施，生病时使用船上备用药品，借阅图书杂志，从船上"消费合作社"购买零食、水果和咖啡。它还详细列举了茶房提供的服务：提供洗澡用水，预约船上理发师理发或刮胡子，安排洗衣房，以及从办公室拿药、图书或游戏等。《乘客须知》还鼓励乘客向经理举报任何不到位的服务。[121] 虽然对民生轮船上的新颖服务和便利设施做适当介绍，无疑相当必要，但《乘客须知》也传达出一种被严格规范和监管的旅行体验，全然不同于其

284

他公司船上中国舱区那种混乱不堪、自由放任的体验。

民生公司毫不犹豫地利用别具一格的船只来宣传政治理念，比如反对日本在华扩张或支持国货等。茶房经过培训，学会如何与乘客讨论抵抗日本侵略和购买国货的必要性。[122] 每个乘客铺位的床单上都印着"梦寐勿忘国家大难"[123]。民生公司发挥其运营优良船舶的教育潜力，来宣传民族主义信息。

1933 年出版的一期《新世界》杂志发表了一篇旅行游记，传达出乘坐民生船的预期体验。这篇文章的作者是一个名叫陈既明的中学生，文章描述了他暑假从上海学校返回四川家乡的旅程。他称赞民生公司优越的住宿和服务，并对比了他以往乘坐其他轮船的经历。他表扬船上食物质量高，服务好，船舱井然有序，而在别处，他付了大约两倍于票价的"铺位费"，却要忍受糟糕的食物和茶房粗鲁的对待。他提到，民生船上新置的洗澡间尤受欢迎，夏季出行时尤其如此。除了这一对比，文章还特别论述了民生船对学生在经济和政治方面的吸引力，详细解释了如何在沪渝直航中获得 20% 的学生折扣。他认为，民生船只是爱国学生的必然选择，因为"我们青年学生不像那些冷血动物，也不像那些无耻的商人"——他们宁愿乘坐外国轮船，也不愿坐中国船。此文还谈到这次航行如何改变了他同学的行为。他写道，尽管有些同学能够负担一等舱或二等舱，但他们"打破了'少主''少爷'和'纨绔子弟'的习惯，三等舱往返看望朋友"。这里暗示了民生公司客舱的开放性，让学生好友克服了阶级分化。[124] 这则游记显然是公司认可的广告，但它清晰地概括了公司改革客舱的意图：通过服务和便利设施吸引乘客，而旅行经历也会教会他们与人交流的新方式，并进一步密切彼此关系。

在许多公司试图对乘客空间进行小修小补或提质升级的背景下，民生公司全盘重构了中国乘客和轮船公司之间的关系。不同于早期乘客空间布局中的中国舱区，彼时中国乘客受制于买办，因此不受公司权威统辖。相比之下，民生公司的乘客则完全融入了公司和各船的组织。民生公司保障所有客舱的乘客均有铺位，这当然是对长期以来因茶房危机而加剧的乘客投诉做出的回应，但公司也要求轮船管理者统计每位乘客并对他们负责。此外，公司还鼓励乘客向民生公司职员尤其是茶房寻求帮助，与他们互动。反过来，茶房则被训练成公司与大众接触的关键纽带，提供优质服务，推介游览信息，介绍公司概况。民生公司重点发展客运，聚焦以旅游业带动四川经济发展的目标，看到了茶房的经济价值和乘客的潜在贡献。最终，中国乘客在民生轮船上得到尊重，成为吸引他们的一种手段，也成为说服他们接受公司倡导的价值观的一种方式，无论是选择船上更健康的娱乐方式，还是民族主义消费伦理。

20 世纪 30 年代中期，中国水域中早期那种显而易见、整齐划一又特色鲜明的轮船社会空间已不见踪影。从 20 年代末开始，中外公司都相继质疑并有所调整，以应对新的机遇、危机和乘客不断变化的需求。造成过去社会空间统一性的诸种因素，如对外国技术人员的偏爱、把中国舱区承包给买办、中外舱区分开等，如今都备受质疑，不同公司也都拿出了不同办法。现在轮船社会空间的设计，远非千篇一律，而是有了很多选择。

时下高涨之政潮，不唯民族主义，更有国民政府倡导的国家建设，华轮公司开始不惜采取更极端且往往代价更高的举措，将自己与此前的社会空间区别开来。这一革新也消解了此前的合作模式，也就

286

是招商局过去从班轮公会复制而来的，别具特色的社会空间及其组织形式。在新形势下，更多的中国航运公司基本不必再受看似公平的航运公会的束缚。在国民党政府提供的基础设施、规劝告喻和间或支持下，中国企业将这一空间的改造作为头等大事。

在航运界巨变的大背景中，民生公司的"新轮船"脱颖而出，成为对轮船空间早期组织形式最尖锐的回应。这种新船的空间几乎挑战了早期空间的每个方面：船员中严格的种族界限、外包中国舱区以及客舱中隐伏的种族隔离。在任用中国技术人员，拒绝使用买办，茶房收归公司，拉平各等舱位的设施和服务差异等方面，民生新船颠覆重构，而不是对此前惯例小修小补。如此一来，民生公司把之前证实国人缺陷的空间，变成了专业和秩序的典范，雄辩地说明中国人有能力克服其他船上显而易见且看似牢不可破的种种陋习。民生新船明确表明了中国人的能力，无论是透过专聘中国技术人员、纪律严明的员工，还是其秩序井然、安逸舒适的轮船，都可见一斑。

正如第四章所述，对中国观察者而言，民生船基本反映不出熟悉的或预期的社会关系，它更多的是迫使人们对这些预期产生怀疑。民生的"新轮船"将轮船与外部世界之间的不稳定关系引向一个新的方向，进而创造了一个理想化的空间。用福柯的话说，这是一种"补偿的异托邦"，是对未来中华民族有秩序、有纪律、大一统、绝对的现代的一种投射。[125] 此外，民生新船不仅仅反映了这些理想，它还提供了实现它们的途径，即说服和改造参与这一空间的所有民众。

新轮船是民生公司的缩影。无论是船，还是公司，都是致力于改变社会和国家的道德团体。卢作孚的很多文章都将公司置于一个包括个人、社会和中华民族的连续统一体之中，其中，任何一个领域的改变，都会让其他领域共同受益。提升员工的思想、知识、技能和体质，也视为对社会和国家的贡献。[126] 这些论断与民国时期对儒家思想——修身、齐家、治国、平天下——的教育方式的兴趣相一致。[127] 卢作孚还强调，为公司工作就是实现这一更大蓝图的关键：一个人的劳动价值远不止他所得的报酬，还有可以用来改善社会的剩余价值。[128] 因此，成为民生公司的一名员工，就意味着要不断提醒自己日常工作的更大意义，强调其对更大的社会最终乃至对中华民族的贡献。

卢作孚和公司其他管理者鼓励员工认同公司理念，淡化阶级观念。公司的政策有意识地防止发展出一种排他性的管理文化。经理们要通过集体活动和互帮互助与工人们"保持密切联系"。每年，公司经理，甚至更高层的领导，都被要求检查公司不同层级的状况，与员工交心谈心，熟悉所有船只、码头、港口和工厂。公司还让高层管理人员意识到有必要以身作则，并要求他们在工作表现和行为举止方面达到普通工人的标准：经理必须穿与员工一样的制服——一款中山装，不得公费宴请，不得公车私用。卢作孚作为总经理，更把自己塑造成了遵守这些原则的标兵：出席公司所有会议，与工人吃一样的伙食，拿比大多数船长还低的工资。尽管创立了民生公司，但他并未持有该公司任何股份。他只靠工资维持生活，不接受个人礼物：他收到的所有东西都捐给了公司。[129]

为了进一步培养对公司的认同，公司鼓励各级员工相互交流。1932 年，民生公司采用了一种"民主管理"的方法，来增进管理层和员工之间的沟通。所谓"民主管理"，是指通过全公司规模的系列会议安排，提升工人和经理对彼此工作的理解，同时增进员工对公司业务的总体认识。民生公司的密集会议文化，也为公司开展运动搭建

了平台。其中最典型的，是日本占领东三省后的救国运动。[130] 在卢
沟桥事变一周年之际，民生公司员工通过一项决议，将爱国作为在公
司工作的必要条件，所有员工及家属都不得为日本乘客服务，拒绝购
买或售卖任何日本产品，和与日本有关之人断交。[131]

　　随着民生公司的发展壮大，公司制定了专门政策，规范员工工
作之余的生活。卢作孚在 1934 年一期《新世界》杂志上详细阐述
了"集团生活"的观念。他认为，"集团生活"的观念——个人依赖
群体，群体依赖个人——在中国家庭体制中一直存在，因为家庭依赖
所有成员在社会中与其他家庭竞争。在现代社会，他认为，公司比家
庭更善于调节个人和社会的关系，以维护中国的民族自治。"集团生
活"的要素是"工作""学习"和"娱乐"，民生公司力求为员工提
供所有这些方面。[132] 公司组织讲座、读书会、体育比赛、俱乐部等
娱乐活动，培养员工的集体认同。就像在船上一样，这些活动也引导
出规范行为：鼓励水手在港口参与有关活动，而不是于市镇喧嚣中虚
度良宵（见图 7.2）。[133] 20 世纪 30 年代末，公司还进一步发展出一套
福利制度，以促成"集团生活"，具体包括单身宿舍、医疗津贴、养
老金、休假制度、伙食补贴和消费合作社等。[134] 1937 年，公司计划在
宜昌、汉口和上海建设民生"新村"，即公司社区，提供公寓、食堂、
学校、消费合作社、医院、运动场、图书馆和礼堂等配套设施。[135]

　　因此，民生公司是一个类似民生轮船的社会空间：两者的初衷都
是为了克服认识到的社会上的种种弊病，提升集体认同，并减少阶级
差异的迹象。两者都是具有吸引力的现代空间，但也都对置身其中的
人们具有颇大的生命政治的（biopolitical）规训效力：公司员工和轮
船乘客都被设想为应当接受公司的理念和行为标准。二者合观，共同

图 7.2 民生公司水手合唱团
出自《民生实业公司十一周年纪念刊》（1937），由位于重庆的民生公司提供。

体现了促成中国社会变革的某种一贯方式，即在个人、社会和政府一脉相承的伦理体系中，创造出企业或其他经济组织的稳固角色。

在航运领域，民生公司出类拔萃，为困扰大多数轮船公司的问题贡献了新颖的解决方案。民生公司的办法深深扎根于民国时期的商业和文化环境之中，此前有先例，其他行业也有雷同。卢作孚的职业生涯始于教育，民国教育模式对民生公司文化的影响不言而喻。卢作孚早年曾追随中华职业教育社创始人黄炎培，后来也曾请教他如何将教育和实业结合起来。[136] 卢作孚将工作、军事训练和道德养成相结合，同时提供机会提升员工的知识，与民国时期学校和其他社会组织，如中国童子军，采取的公民训练模式，如出一辙。[137] 民生公司教育中的重点，也与政治训谕相似，即"先知先觉"的政治教导员有权管

教、规训"后知后觉",直到他们进入意识王国的理想状态。[138] 20
世纪 30 年代,卢作孚尚未正式加入任何一方,但民生公司的实践已
经表明,这一理念是促进社会和政治变革的有效方式。[139]

民生公司管理的根基,是弗雷德里克·泰勒(Frederic Taylor, 1856
—1915)的科学管理原则,尤其体现在垂直权力结构、精心挑选员工、
注重培训和对员工表现的激励等方面。这些观念在 20 世纪二三十年代
的中国广为人知。中国的实业家将科学管理视为一种提高生产率、改
善劳资关系和激励工人的新的有效方式,帮助公司应对激进的劳工运
动和外国竞争。孙中山曾将科学管理的益处与民族主义联系起来,认
为发展实业是解决中国问题的一个重要手段,但中国实业在发展工业的同
时,需要促进民族主义与社会和谐的同步发展,兼顾雇佣者和被雇佣者的
利益。[140] 中国接受科学管理原则,是当时国际工业效率和工厂改革运动
的一部分,它正在美国、欧洲和日本等地积极展开。[141]

卢作孚通过创建包括公寓住房、配套设施和休闲活动在内的社区
来创造"集团生活",这对 20 世纪二三十年代的中国企业家来说并
不陌生。在申新纺织厂时,荣宗敬也为工人提供了类似的福利,包括
住房、食堂、医疗和活动等。[142] 与民生公司企业文化颇为相似的是张
公权领导下的中国银行。20 年代末和 30 年代,中国银行也建立了员
工与直系家属同住的社区大院。中国银行将自我定位为一家超越以赚
钱为目的的企业,强调现代的专业性,培养员工正确的工作"精神",
并希望员工把时间用于自我提高,包括学习和教导他人。与卢作孚一
样,张公权也塑造了一位个人和道德楷模的总经理形象,并让中国银
行参与到乡村建设运动之中。[143] 叶文心等学者认为,这些民国时期的
类似企业社区,是后来中国"单位"的前身。[144]

民生公司与这些民国企业的区别，在于它明确的政治使命。叶文心认为，张公权在中国银行实行的企业社区是现代城市文化的体现，是向员工实施集体管理的一种方式。[145] 而白吉尔认为这种实践是一种"儒家家长式作风"，架起了传统社会关系和新兴的工业关系之间的桥梁。[146] 这样的目标在民生公司和社区中随处可见，但在民生公司出版物的自我陈述和卢作孚著作中却不断地提及国家。民族主义斗争的胜利总被认为是个人或公司努力的最终目标。[147] 不难想象，许多企业或公司领导也可能具有类似立场，但民生公司对轮船社会空间中种族歧视的有力回击表明，它卷入中国半殖民主义的政治和文化影响的程度要深入得多。

在"新轮船"问题上，卢作孚和民生公司反击了中国人自身缺陷的观念。这一成见，系由航运业的积习模式所造成，它基于中外轮船公司在中国员工和乘客身上尽量减少投入的惯习。在这种背景下，现代而著名的科学管理的运用，让卢作孚能够造出井井有条、纪律严明的新轮船。这对与轮船社会空间相关的种族化缺陷的偏见，无疑是一种纠正，而且证明中国公司有能力以外国公司无法做到的方式管理自己的轮船，在这一点上，民生超越了外国公司。这一策略不仅是胜外国公司一筹，它还向其他中国公司证明，这种独有的现代形式可以瓦解航运领域中源自外国的社会空间模式的权威。

卢作孚的新轮船进一步挑战了轮船空间与种族之间的联系，不是通过解构种族，而是通过坚称种族属性的可变性。他 1934 年在《大公报》上发表的关于"训练"的文章中阐述了这一问题，认为"白种人"和"黄种人"之间、中国人与日本人之间没有先天的差异。不同之处在于，每个群体在社会中的行为和表现是如何被训练的。然而，这些

293

行为上的差异也是相对的，且受历史条件决定的。他认为，倘若中国不受制于帝国主义，中国人就没有必要改变自己的社会行为，但被压迫的现实，让改变变得十分紧迫而必要。他接着解释训练的概念，它由一系列打破根深蒂固习惯的过程所组成。[148] 虽然卢作孚对中国人的身体和能力的关注是对"中国佬"观点的回应，但他的重点是，行为举止和技术能力都是可塑的。这一点在他对民生茶房的劝告中表现得十分明显。他对一个班的学员说："像这些事情，难道一定要高鼻子，才做得到吗？"并警告他们此刻不努力，后果将难以承担。日本侵占东三省后，卢作孚敦促民生茶房要把爱国主义的警醒，落实到做好本职工作之上，"赶超日本茶房"。帮乘客拿行李、递毛巾、添米饭，这些都有助于实现这一更大的目标，就像茶房手指甲应剪除，手指切莫放入乘客碗内，摆筷子应拿筷子的中间，洗碗应该用开水。[149] 在这两个例子中，即使是最不起眼的技能，也有助于克服种族和国家之间的差异。朱自清那篇有关轮船的文章中所说的"帝国主义"，并不是指种族联系的存在，而是其看似的不可改变性，卢作孚坚持认为身体行为和心智状态可以经训练而改变，就是对这种看法的反驳。

　　卢作孚的公司和他的新轮船，无疑都处在不断现代化的进程之中，这一点无论从公司不断兴起的"新"项目，比如，出版《新世界》杂志、建设新村，还是从公司设计的流线型标志（见图 7.3），都可见一斑。卢作孚的新式轮船与孙中山在《三民主义》中提出的"造新国家，好比是造新轮船"的主张有共通之处。孙中山设想通过改造轮船的机械设备，改进其内部工作原理，使其成为"世界上最快最大的新轮船"，那么卢作孚的"新轮船"同样也是一项改造轮船的壮举，其关注点在船上的空间、人际组织和关系。虽然二人都有突破

图 7.3 民生公司广告

该公司的标志被贴在了一艘船上，"民生"二字从右向左读，然后
用抽象的风格印在了上面。

出自《旅行杂志》11:5（1937 年 5 月），由位于重庆的民生公司提供。

现有标准的意思，但卢作孚的方案在 20 世纪 30 年代的航运领域得到
了贯彻执行，当时不同国籍的公司的船上都面临着许多类似的问题。
通过重新规划轮船空间和其中的人，卢作孚展示了中国人善于解决别
人不能解决的问题的能力，成为其他中国公司效法的典范。

294

结　语
航运网络的去殖民化
（1937 — 1956）

　　从两次鸦片战争期间第一批欧洲船只沿海运送商业物资开始，航运的地位就位于外国在华势力的中心，同时也居于中国遭遇欧洲19世纪和20世纪扩张主义后中外关系的中心。对欧洲人而言，航运提供了进入清王朝的通道：这一业务需求巨大，足以让冲破海禁变得合情合理。1860年后，一度非正式的沿海贸易在条约体系内得到承认和规范，成为开放的通商口岸网络的代名词，这一网络越来越多地依靠轮船而不是帆船来维系。清政府努力限制外国轮船的在华航行范围，但这一网络还是在清末得到长足发展，沿着已有航线变得愈加密集，并延伸到新的地区。航运网络是晚清和民国时期重要的交通基础设施。这种最初从外国扩张中衍生出来的触角，已经延伸到了中外交往和中国人生活的方方面面。

　　本书旨在通过讨论面相丰富的航运竞技场，来呈现中国遭遇19世纪和20世纪西方和日本帝国主义的经历。基于对"半殖民主义"一词的解读，即一方面强调中国经验的特殊性，另一方面也强调它与殖民主义各方面的相通与共性，本书特别关注中国半殖民地形成的特

殊性，及其与殖民大背景和更广的全球进程之间的联系。与英属印度
航运史的相互比较，让两国的共性与个性，以及彼此关联的历史性，
变得更为清晰。

　　理解中国半殖民地形成的特殊性，最基本的例子是这种体制下留
给中国政府的主权与自治余地。中国航运网络和航运业的发展轨迹显
示，在大量案例中，航运主权的行使至关重要。同时，这些案例还表
明，中国半殖民体制的特殊性，不仅是简单的条约体系之下的中国主
权的存在，而是它通过条约体系和班轮公会等合作机制来完成的执行
过程。这些机制依赖于清政府的主权，也对其有所制约。对比 19 世
纪六七十年代中印两国航运网络和航运业的形成，可知主权问题不容
忽视：中国的轮船航运网络比印度稀疏，延展性也更差，政府资助的
轮船招商局旗下一直保有一支挂中国旗的商业船队，而在印度，英国
航运则迅速击垮了印度本土航运企业。然而，在合作机制下，宣示清
朝主权，并不能无条件地将洋轮拒之门外。这些合作是在权力严重失
衡的情况下进行的，尽管它们也承认本土主权的重要性，但合作最终
还是推动了扩张主义的计划。到清朝末年，航运网络长足发展，外国
航运特权大幅扩大，英属航运公司轻而易举地超越了轮船招商局。到
19 世纪和 20 世纪之交，日本、德国和法国等新兴的航运大国寻求进
入中国之时，将英国公司而非招商局视为主要对手。

　　在承认中国半殖民体制形成的特殊性的同时，同等重要的是，我
们不能假设这种形成所带来的后果，全然不同于"完全"殖民地的有
关后果，也不能认为中国隔绝于更广泛的殖民主义霸权计划，或未
受其影响。半殖民主义的特有动力总是具有滑向完全殖民化的可能。
"中国通"扩张主义的方案，预计将把中国完全置于殖民统治之下，

其根据常常是英属印度的例子。尽管英国外交部和驻华官员努力控制
"中国通"的野心，但他们从未否认或轻视这些意愿，事实往往是又
回到"中国通"的建议，进而提出订立条约或附加条约的谈判要求。
完全殖民化的期望和英属印度的例子，推动了外国航运特权的在华扩
张进程。

　　轮船的社会空间反映了殖民主义种族观念在中国的影响。这一例
子是直接延续殖民政权做法的证据，比如，印度政府技术部门中明显
地将种族与技能挂钩，以及类似的种族化的等级制度。这一例子还是
殖民主义延伸到更广泛领域的证据，肆无忌惮地体现在平行的各工作
等级，以及对跨种族社会亲密关系的焦虑之中，而后者正是欧洲航运
在世界很多地方的特色所在。轮船航运为观察这一现象提供了一个非
常具体的场景，但这不应被视为无关紧要或附带发生的小事。在中
国，亲身进入中国水域中轮船社会空间的工人和乘客，尽管可能数量
有限，但它激起了见证者的强烈反应。轮船空间将所假定的统治和社
会秩序明确具体化。轮船旅行在 19 世纪的中国很快就不再让人新鲜，
但当人们离开家乡，前往都市，抑或出国和境内异地旅行时，它仍是
一次重要的人生体验。这一体验对个人的意义，可以理解为某种激励
效应，即旅行经历激发旅行者批评它所代表的社会秩序：甘地对印度
沿海轮船甲板舱的反应，与中国记者对国内通舱的反应如出一辙。20
世纪 30 年代，卢作孚对这一空间的彻底批判和全盘改造，表明他对
此折射出的社会关系和国民性观念的深刻不满。"新生活运动"和其
他华轮公司迅速欣然地接受了民生公司的社会空间改造模式，表明当
时各方面都感受到了改革的紧迫性，尤其是重组此间将种族等同于能
力的观念。正如孙中山所言之"新轮船"，卢作孚重组完全中国化的

轮船，其成就远超一般的对等诉求：它收获了某种超级能力——更高 298
效、更现代、更和谐，这是航运其他领域不曾见到的。

中印两国 19 世纪和 20 世纪初相互交织的历史表明，有必要超越仅将二者作为半殖民地和殖民地的孤立个案进行比较的研究方法，进而考察它们如何突破自身边界，参与到更广泛的全球进程之中。19 世纪中叶，英国航运的崛起成为一股推动全球化的力量。中国和印度在其中扮演着截然不同的角色：19 世纪 60 年代在印度的殖民国家建设，支撑了英国崛起为国际航运、金融和保险中心，并助力英国企业成为 19 世纪六七十年代世界通信革命的中心。强大的英国航运企业于 19 世纪七八十年代进入中国正是这些发展的结果，同时也进一步壮大了英国的全球航运实力。在印度和中国，英国资本和造船业支持的英属航运公司取代了依赖本土资本和参与的当地企业。在这两个国家，控制的大致模式也不尽相同：英印轮船公司取代了除少数几个竞争对手外的所有公司，在中国的英国公司则与轮船招商局以及后来的日清汽船株式会社共同占有市场。不过，在这两个国家，英国公司都可以利用全球优势资源来巩固自己的地位。印度的殖民政府和中国的半殖民秩序都参与了这一进程，但英国航运的影响大大超出了这些范畴。

中国和印度的民族主义者对航运体系的反应，特别是"一战"后，凸显了两种背景之间国际联系的意义。尽管两国情况存在明显差异，但它们对这一问题的看法以及提出的解决方案，却惊人相似。本土船东协会和政治党派寻求的为本国轮船保留沿海和内河的航运权，法理依据是国际法框架下，这是一个国家的自然权利。同时，民族主义者积极发展和壮大本土航运，以瓦解没有外国参与、本国需求就难以满足的论调。中国的本土航运部门，规模更大，历史更久，两国的民族主义讨论所针对的权力源头不同（印度立法会议与外国驻华外交官），但是基本问题和解决方案如出一辙。在中印两国，这场斗争均贯穿了 20 世纪二三十年代，至"二战"结束时仍未平息，战后作为两国去殖民化运动的一部分再次兴起。

中印两国航运去殖民化的过程也非常相似。1947 年印度宣布独立后，新政府设置了沿海保留区；到 1952 年，新政府清退所有外国公司，以公私合营的方式支持民营航运公司成立本国航运集团。中国去殖民化的进程更为波折，始于 1943 年废除不平等条约，并因抗日战争和解放战争的破坏而复杂化。[1] 直到中华人民共和国成立后的 20 世纪 50 年代，才最后清退外国航运势力，组建公私合营的航运集团，完成了航运自治的历史进程。中印两国航运业的民族主义运动中的种种极为相似之处表明，此时半殖民地和殖民地之间的差异，相对于它们共同的对手而言，并没有那么重要。

本书并不欲全面阐释半殖民主义形态。因为航运只是半殖民秩序的一个元素，然而它提供了一个具体的案例，可以凸显这一秩序中的若干重要元素，以便与其他研究过的、尚待研究的元素一起考量，比如，通商口岸社群、各级海关、治外法权、商贸体系、文化和宗教活动等。除了可以提供有关中国主权的视角，轮船航运还可以说明，某些强权在半殖民地形成过程中的意义。航运网络和轮船航运业几乎完全被英国独占，直到 1895 年后日本加入。这一观点与通常接受的看法有出入，一般认为，半殖民主义的一个关键特征是，中国为多个列强，而不是单一的殖民强权所主宰。对于一些人来说，多头主宰让半殖民主义和"完全"殖民主义之间的比较变得更为复杂。然而，正如航运所揭示的，多个强权的在华存在，并不必然意味着加剧或削弱其控制。我们的目标应该是了解列强之间不平衡的投入和利益，从而厘清各自在 19 世纪和 20 世纪半殖民地形成过程中可能扮演的不同角色。

300

　　1937 年成为本研究的自然终点，因为抗日战争的全面爆发极大地改变了中国水域的航运网络和活跃的航运企业。然而，最终结论必须到 20 世纪 50 年代才能得出，由此方见战争时期的重要意义，以及去殖民化的渐进的不平衡过程。1937 年，华东、华中战争的爆发，打乱了条约体系、航运网络和航运业的运作，从表面上看，很大程度上终结了 1860 年签订《天津条约》以来的航运体系。然而无论发生多么翻天覆地的变化，中国人对航运自治的愿望在战争期间始终迫切，毫不动摇。实现它的斗争一直延续到中华人民共和国成立之初。

　　随着 1937 年 7 月抗日战争的全面爆发，中日两国在中国领土上成为兵戎相见的敌人，各自船只也成为敌方财产，极易在对方控制区遭到拦截和攻击。1937 年夏末，日本占领了北方的大多沿海港口，并沿着长江向上游推进，迫使国民政府从南京撤至武汉，旋即于 1938 年退至战时首都重庆。由于日本次年又占领了南方部分沿海港口，致使多数沿海和长江航线都位于日占区内。1939 年 8 月，日本政府将日清汽船、日本邮船的中国业务、大阪商船和其他日本公司合并为一家新的国策会社——东亚海运株式会社，以提升日本对日占区的航运控制。[2]战争初期，很多中国船队瓦解：被俘的被俘，征用的征用。有的在香港避难。少数适应川江航行的轮船，跟随国民政府去了重庆。

　　1941 年以前，英国在中日冲突中保持中立，从而英船得以穿行日占区和未占区，给英国公司带来了特别的机遇。太古与怡和可以继续在长江和沿海开展业务，有时在武装冲突地区还有日本军舰为其护航。[3] 战争初期，它们向中国提供了一些援助，如太古轮船公司运送受同乡会和慈善机构援助的中国难民；与大达轮船公司合作，建立上海至南通的货运服务；帮助国民政府往长江上游运输工厂设备等。[4] 随着战争的继续，英国公司从客运业务中赚取了高额利润，因为当时基本没有华轮航行，乘坐英轮更有安全保障。太古乘机将中国客运业务收归办事处的直接控制之下，最终摆脱了船上买办的控制。[5] 日本偷袭珍珠港后，英国终结中立立场，当时英国公司的多数在华办事处停止运作，工作人员被日本扣押。尽管英国公司在战争期间始终维持了重庆办事处，但它们的许多轮船和岸上设施在 1941 年后都被日本人接管。[6]

　　中国航运公司受到战时条件的沉重打击，但有些公司寻得了实实在在的有利可图的机遇。招商局和三北公司的长江下游和沿海船队损失惨重，它们的船只有的遭到攻击，有的被征用运送士兵和军需。[7] 1937—1938 年，招商局停止了沿海业务，将最新最大的轮船送到香港。武汉沦陷之前，该局内河船队一直保持着某种程度的运营——据称重新漆上了英国公司的颜色——但在跟随国民政府撤至重庆后，公司几乎停止了一切业务，因为剩下的船只并不适合川江航行。[8]

　　战争之初，三北的老板虞洽卿选择留在上海，在这座被占领城市的危险和契机中航行。在战争的头几个月，三北损失了过半船只，但在上海还剩有 4 万吨余量，虞洽卿与一名意大利商人达成协议，其船可以挂意大利旗。这是一个很大的优势，因为意大利是轴心国，其船只可以进出日本占领的上海港口。虞洽卿用他的船队将仰光和西贡的稻米进口到上海租界，那里满是战争难民，急需粮食。据说，虞洽卿最终还清了传说中的债务，还大赚了 500 万元。然而虞洽卿的成功和在上海社会的高知名度引起了汪伪政权的注意，汪伪政权逼迫他与日本人合作。由于担心被暗杀，虞洽卿于 1941 年春离开上海前往重庆。三北船队剩下的运力在川江毫无用处，他就地购买了几艘小汽船，让公司继续运转。同时，他还开发多种业务，不但涉足陆运，还从缅甸进口急需的卡车到中国。1945 年，虞洽卿病逝于重庆。[9]

　　1938 年，国民政府撤渝，于是川江航线成为战时首都的主要交通生命线之一。铁路和公路落入日本人之手，已被切断。中国西南是向重庆运输货物和补给的重要通道，但当时这一地区的公路很少，汽油难以获得，陆运窒碍重重。川江航运意义重大使卢作孚的民生公司一跃成为战时运输的中心，因为该公司的整个船队就是为了在该水域航行而设计的。1938 年秋，卢作孚被任命为交通部次长，负责从下游城市抢运工厂机器、学校、文化设施、政府机关和医院。这些物资已集结在宜昌，等待通过长江三峡。同年，蒋介石下令，军方接管该公司船只，用以运送部队，卢作孚拒绝这一接管企图，但同意将军事运输优先于公司其他服务，并降价为军方服务。[10] 战争期间，民生公司为前线部队运送粮食，开辟川江支流新航线，协调西南地区空运和河运来转移货物和设备。[11] 尽管公司在战争期间经历了种种困难和损失，但总体上是民生公司的一个快速发展时期。公司以低价购入船舶，聘用移居重庆的航运、工程和管理专家。[12] 战争结束时，民生船队已经从 46 艘共 18718 吨发展到 84 艘 25781 吨。[13]

　　1943 年 1 月，英国和美国因为承认中国加入反法西斯同盟，废除了与中国的不平等条约。如此一来，为中国沿海水域挂洋旗航运提供法律依据的条款遂被废除，20世纪二三十年代民族主义者追求的，基于条约的"收回利权"，至少在纸面上实现了。尽管修约一直是民国时期航运民族主义的核心诉求，但持续不断的战争让中国航运公司和国民政府对此只能停留在想象层面，唯战争结束之后，方能制定计划，实现国家航运自治。

然而，即使在废除条约之前，卢作孚就胸怀实现航运自治的大志。早在1938年，卢作孚就在规划民生公司战后的扩张。他在《新世界》杂志上发表了详细方案，包括恢复民生公司长江沿线业务，开辟华北、华南沿海新航线，开发通往日本和东南亚的海外航线。卢作孚的希望是，通过这些覆盖面广的业务，使民生公司得以抢占之前由英国和日本公司持有的部分市场份额，阻止它们战后重返中国。卢作孚认为，要实现这样一个雄心勃勃的扩张计划，就需要获得国外贷款，用以建造船舶，因此开始着手宣传自己的事业。1943年，卢作孚利用赴纽约参加贸易大会之机，周游美国和加拿大，寻找贷款机构。1945年初，他得到了加拿大政府在加拿大造船厂建造18艘船只的贷款承诺。[14] 尽管卢作孚抱有民生公司的宏伟计划，但他也密切参与了国民政府关于战后重建的讨论。他主张政府援助航运企业，居中协调业务，减少竞争，确保中国企业能够满足战后的航运需求。[15]

日本投降后，轮船招商局也着手恢复战前业务，拓展新航线。与民生公司一样，招商局也打算开展长江和沿海的全面服务，并建立自己的日本和东南亚航线。公司总部于1945年10月从重庆迁回上海。此后不久，该公司接收了国民政府移交的143艘船舶。这些船原本属于日本公司和伪政权的航运组织，这一礼物让招商局的船队规模比战前翻了3倍。[16] 国民政府战后对招商局的支持，让南京十年期间航运业的许多紧张局面再度上演：民营企业希望国家支持所有航运公司，但最有价值的援助都流向了招商局。尽管卢作孚战时服务功勋卓著，但民生公司并没有得到预期的援助，而且政府也没有像卢作孚所展望的那样，在战后努力监管和协调中国航运企业。[17]

对战后重建的忧虑使国民政府在航运自治问题上与中国航运企业，也包括招商局，产生了分歧。随着士兵复员，赈济物资也需发往全国，政府担心根本没有足用的轮船满足国家需要。[18]与本国航运公司立场不同，为缓解紧迫的运输压力，政府拟准悬挂外国旗帜的船舶重返中国，哪怕只是一时权宜。而且，英国公司和官员也对返回中国水域颇感兴趣。1943年《中英新约》中就包含若干条款，可被解读为战后英轮重返中国的法律依据。[19]1945—1946年，国民政府同意英轮返回中国内河和沿海运输救援物资，但上海航业公会和海员工会对这一决定表示不满，要求政府把航权只保留给国人。民生、招商局和大达等中国公司抗议称，它们的船队规模已足够完成运输任务，并批评当局没有支持中国航运。英国公司虽然没能立即恢复在华业务，但仍寄希望于一项新贸易条约让它们重新返回。这项条约的谈判始于1946年，但在中国水域航行的问题上陷入僵局。同年，国民政府与美国签署协议，允许美轮驶入中国内河和沿海。这项条约遭到了中国航运组织的抗议，美国船只在中国港口也遇到了有组织的抵制。[20]

英轮在战后没能重返中国，尽管英国航运企业没有放弃为返回游说。1947年，英国代表团访问中国，敦促中国不要"闭关自守"，这又引发了中国航运公司的抗议浪潮。20世纪40年代末，太古公司和怡和公司将其剩余业务从中国内地转移到中国香港。1953—1954年，继航运公司办事处之后，代理商办事处太古洋行和怡和洋行也进行了搬迁。此后，这些公司继续在东亚、东南亚其他地区开展航运、运输和其他业务。[21]

1946 年，国共内战的爆发，让实现航运自治之路变得更为复杂。在战时条件下，轮船可能被征用，公司遭遇恶性通货膨胀，难以支付燃料和工资。战争的推进还切断了重要航线。例如，1948 年，民生公司的长江和华北沿海业务因战事中断，公司别无选择，只好将办事处迁至香港，专营海外航线。1949 年 10 月中华人民共和国的成立促成了中国航运业的又一次调整：蒋介石把招商局船队精锐带去台湾。身在香港的卢作孚不得不在蒋介石去台的邀请和周恩来返回内地的邀请之间做出抉择。

1950 年初，卢作孚和民生船队返回中国内地，得到了他渴望已久的机会：让他和民生公司在新自治的中国航运业中扮演核心角色。当时中国政府一心致力于经济重建，希望卢作孚能带领他的专家和民生船队返回内地，因为最大的船舶有很多已经去了台湾。中国政府向民生公司提供直接支持，用国家资金偿还公司的加拿大贷款，以及战后扩张时期积累的巨额国内债务。卢作孚担任中国人民政治协商会议第一届全国委员会委员、西南军政委员会委员。卢作孚成为公私合营理念的代言人，要把民生公司打造成为这一过程中的模范民营企业。中华人民共和国成立之初，政府向卢作孚提供了他长期倡导的、实现航运自治的确切条件：坚决拒绝外国轮船进入中国水域，国家支持现有航运公司满足本国的航运需求。

因此，在新中国初期，中国水域的航运去殖民化，最终是按照民国时期设想的路线进行的。然而，当时航运业呈现的独特形态是短暂的，很快就发生了全面转型，从新民主主义和混合经济，转变为更加关注经济、社会的安全以及国家控制力。到 1956 年，民生和其余中国民营航运公司全部并入国有航运系统。[22] 1961 年，政府组建了中国远洋运输公司（中远集团），这是一家专注于海外航运可持续发展的国有企业。这说明，尽管中国政府可能已经不再遵循卢作孚的去殖民化路线，但中国半殖民的航运史仍对国家航运优先发展的目标发挥着影响。[23]

　　在改革开放时期，航运企业依然是经济发展的重要推动力量。尽管招商局船队精锐已于 1949 年去了台湾，而留在大陆的船舶则纳入了国有企业，但招商局香港分部则在北京的中国交通部的监管下继续在港经营。该企业是 20 世纪 70 年代末首批投资深圳经济特区的公司之一。如今招商局集团旗下在深圳有许多子公司，包括航运、银行和工业等企业。[24] 卢作孚的儿子卢国纪 1984 年在重庆重建民生公司，使其成为改革开放时期最早成立的民营企业之一。民生公司目前运营长江和国际航运业务。将中国发展成为世界航运强国的目标放在首位的想法，延续到了改革开放时期。如今，中国已拥有世界第三大商业船队，以及现代港口体系，成为全球最大的造船国。[25] 如今中远集团是一家上市公司，拥有中国 4/5 的国际船队。[26] 蒸汽轮船和条约体系的时代早已远去，但航运仍是中国全球影响力的重要组成部分。

注释中的缩写

313 CBYWSM:《筹办夷务始末（同治朝）》1930 年影印版,《续修四库全书》418–421 册,上海:
上海古籍出版社,1995 年。

CMC: 海关档案,中国第二历史档案馆藏,南京。

HFD:"中央研究院"近代史研究所编:《海防档（甲）:购买船炮》(二),台北:"中央研究院"近代史研究所,1957 年。

HYYK:《航业月刊》,上海,1930—1937 年。

IMC Decennial: China. Imperial Maritime Customs. *Decennial Reports on Trade, Navigation, Industries, etc. of the Ports open to Foreign Commerce in China.* Shanghai: Inspectorate of Customs, Statistical Department, 1882–1920.

IMC Reports on Trade: China. Imperial Maritime Customs. *Reports on Trade at the Treaty Ports in China. 1861–1875.* Shanghai: Imperial Maritime Customs Statistical Department, 1861–75.

IUP-BPP: Irish University Press Area Studies Series of British Parliamentary Papers: China. Shannon: Irish University Press, 1971.

JMA: Jardine, Matheson & Company Archives. Cambridge University. Cambridge, UK.

JSS: John Swire & Sons Archives. School of Oriental and African Studies. London, UK.

JTS-HZB: 中国交通部交通史编纂委员会:《交通史:航政编》,南京:出版者不详,1931 年。

NCH:《北华捷报》,上海,1870—1941 年。

OSK: Ōsaka Shōsen Kabushiki Kaisha. *Shinkoku Chōkō unsōgyō genkō* [Conditions in China's Yangzi River Shipping Business]. Ōsaka: Ōsaka Shōsen Kaisha, 1900.

PRO-FO: Foreign Office Correspondence. Public Record Office. Kew Gardens, UK.

YWYD: 中国史学会主编:《洋务运动》(六),上海:上海人民出版社,1961 年。

Zhaoshang ju dang'an: 招商局轮船股份有限公司档案（1872—1949），中国第二历史档案 ³¹⁴
　　馆藏，南京。

ZLY-IMH: 总理衙门档案，"中央研究院"近代史研究所藏，台北。

注 释

引 言

315 1   孙中山，《三民主义》（英文版），第 139 页。

2   Kirby, "Engineering China," 138–39.

3   刘铁云，《老残游记》，第 7–11 页。

4   Foucault, "Governmentality," 208–9.

5   关于在华帝国主义的史学论争，可参见：Cohen, *Discovering History in China*, chaps. 1–3, and Osterhammel, "Semi- Colonialism and Informal Empire," 292–95.

6   Osterhammel, "Semi- Colonialism and Informal Empire," 296; Lenin, *Imperialism*, 79.

7   Dirlik, *Revolution and History*, 69–90；王亚南，《中国半封建半殖民地经济形态研究》。在此书中，王亚南赞同列宁关于半殖民主义是殖民主义道路上的过渡阶段的看法，通过他反复把中国描述为"半殖民地，乃至殖民地"便可见一斑。

8   孙中山，《三民主义》（英文版），第 10 页；Rogaski, *Hygienic Modernity*, 11–13; Goodman and Goodman, *Twentieth Century Colonialism and China*, 3–7.

9   "非正式帝国"（informal empire）一词或许是最能反映条约体系下中国半殖民地状况的词语。与源自大英帝国史学的非正式帝国不同，半殖民主义并不要求将关注点放在单一大国的投资或制度上，而是要广义地应对多个列强的统治。(Gallagher and Robinson, "Imperialism of Free Trade"; Duus, Myers, and Peattie, *Japanese Informal Empire*; Osterhammel, "Semi- Colonialism and Informal Empire," 297–309).

10 Barlow, "Colonialism," 400.

11 Ibid., 373–411.

12　Shu-mei Shih, *Lure of the Modern*, 35–37.

13　Goodman, "Improvisations," 916. 她针对的是那些与期刊 *positions* 有关的学者，他们将现代中国历史和文化描述为"殖民的现代性"。

14　Goodman, "Improvisations," 918–20. 另一部强调半殖民统治的显著影响的作品是：Hershatter, "The Subaltern Talks Back," 103–30.

15　Hevia, *English Lessons*, 13–14, 347–48.

16　Ibid., 26.

17　Rey Chow, *Writing Diaspora*, 7–8; Lydia H. Liu, *Clash of Empires*; Rogaski, *Hygienic Modernity*, 301.

18　Frederick Cooper, *Colonialism in Question*, 14–15.

19　Ibid., 4, 52. 近来，殖民研究有关学者呼吁，超越这种对殖民地本身的关注，转向更加多样的"帝国形成"的比较史，其中包括帝国的非欧洲和早期现代形式，以及主权不同程度存在的背景（Stoler, McGranahan, and Perdue, *Imperial Formations*, 10–14）。

20　Zheng Wang, *Never Forget National Humiliation*.

21　以往有关中国航运的学术研究往往侧重于中国航运企业的商业竞争、创业精神和官僚参与。关于竞争，参见：K. C. Liu, *Anglo-American Steamship Rivalry*, and Marriner and Hyde, *Senior John Samuel Swire*. 关于创业精神，参见：Feuerwerker, *China's Early Industrialization*. 晚近研究中关注清政府在招商局发展中扮演的角色的作品有：Chi-kong Lai, "Li Hung-chang and Modern Enterprise," and Yi Li, *Chinese Bureaucratic Culture*.

22　Osterhammel, *Colonialism*, 63–64.

23　Osterhammel, "Semi-Colonialism and Informal Empire," 305–7; Duus, Myers, and Peattie, *Japanese Informal Empire*, xviii.

24　王亚南，《中国半封建半殖民地经济形态研究》，第 1 页及其他各章节。

25　Robinson, "Non-European Foundations," 130–31, 136. 罗宾逊讨论了澳大利亚、新西兰、加拿大和南非的白人殖民者，殖民统治机构中的土著参与者——如英属印度军队中的印度兵——以及诸如"奥斯曼帝国非穆斯林商团、黎凡特商人、清朝官员、印度婆罗门和非洲酋长"等土著精英，他们是 19 世纪 20–70 年代"自由贸易帝国主义"的伙伴。

26　Ibid., 131–33.

27　Ibid., 137. 于尔根·奥斯特哈默对罗宾逊的中国帝国主义历史上的合作思想进行了深入的思考。在"Semi-Colonialism and Informal Empire"一文中，他将合作归因于买办和买办机制，以及用资源控制换取外国政权支持的民国统治者，比如袁世凯和各大军阀。他为清政府通敌的指控翻了案，争辩说，正相反，中国政府对外国扩张一直保持着"官方抵制"的传统（第 304–306 页）。然而，在后来的研究中，他把清政府参与条约体系当成了一种合作的主顾关系的证据（Osterhammel, *Colonialism*, 65）。

28 Hevia, *English Lessons*, chap. 5; Lydia H. Liu, *Clash of Empires*, chap. 2.

29 Mary Wright, *Last Stand of Chinese Conservatism*, 24, 67; Pelcovits, *Old China Hands*, 4.

30 Osterhammel, "China," 647–48.

31 樊百川，《中国轮船航运业的兴起》，第 287–288 页，第 293 页。陈潮，《从齐价合同看轮船招商局与外国资本的关系》，第 642–644 页。

32 参见：Stoler, *Carnal Knowledge and Imperial Power*, chap. 4.

33 Bickers and Henriot, *New Frontiers*, 256–57; Bickers, *Britain in China*, chap. 3.

34 Bickers and Wasserstrom, " ' Dogs and Chinese Not Admitted, ' " 446; Ye Xiaoqing, "Shanghai before Nationalism."

35 Murphey, "Treaty Ports, " 65; Pye, "How China's Nationalism Was Shanghaied," 113. 奥斯特哈默将这种观点称为"边港论"（"Semi- Colonialism and Informal Empire, " 293–94）。

36 Fitzgerald, *Awakening China*, 104.

37 Duara, *Rescuing History from the Nation*, 书中有较全面的文化比较。

38 Bickers, "Britain and China, and India, " 58; Bickers, *Britain in China*, 76–77; Hevia, *English Lessons*, 348.

第一章　主权问题：半殖民轮船航运网络的形成（1860—1911）

1 引自：Michie, *Englishman in China*, 207.

2 这种转变在中国沿海和长江港口网络内迅速发生，尽管直到 19 世纪 80 年代，帆船仍在海外贸易中占有一席之地。参见：Graham, "Ascendancy of the Sailing Ship."

3 Mary Wright, *Last Stand of Chinese Conservatism*, 23–24; Pelcovits, *Old China Hands*, 4–5.

4 Fairbank, *Trade and Diplomacy*, 313–15; Stanley Wright, *Hart and the Chinese Customs*, 202.

5 Michie, *Englishman in China*, 218; Stanley Wright, *China's Struggle for Tariff Autonomy*, 190; IUP- BPP vol. 33, 451.

6 Fairbank, *Trade and Diplomacy*, chap. 17; Stanley Wright, *Hart and the Chinese Customs*, 202–3.

7 Fairbank, *Trade and Diplomacy*, 337.

8 Stanley Wright, *China's Struggle for Tariff Autonomy*, 191–92.

9 Fairbank, *Trade and Diplomacy*, 317–19.

10 Stanley Wright, *China's Struggle for Tariff Autonomy*, 189.

11 Fairbank, *Trade and Diplomacy*, 317–19; Stanley Wright, *China's Struggle for Tariff Autonomy*, 193–95.

12 Stanley Wright, *China's Struggle for Tariff Autonomy*, 191.

13 Morse, *International Relations*, vol. II, 154; Stanley Wright, *China's Struggle for Tariff Autonomy*, 192–93.

14 Stanley Wright, *China's Struggle for Tariff Autonomy*, 195.

15 本书用《天津条约》指代 1858 年《天津条约》和 1860 年《北京条约》的相应条款。

16 Hevia, *English Lessons*, 69.

17 Banno, *China and the West*, 15; Mary Wright, *Last Stand of Chinese Conservatism*, 22–23; Stanley Wright, *Hart and the Chinese Customs*, 134.

18 Banno, *China and the West*.

19 Mary Wright, *Last Stand of Chinese Conservatism*; Ting-yee Kuo and Kwang-ching Liu, "Self- Strengthening: The Pursuit of Western Technology," 491–500.

20 Stanley Wright, *Hart and the Chinese Customs*, 133–34.

21 Ibid., 152. 参见奥斯特哈默"Britain and China"(156) 中对赫德所担任角色的描述。

22 Stanley Wright, *Hart and the Chinese Customs*, 204–6, and *China's Struggle for Tariff Autonomy*, 198–99; Dean, *China and Great Britain*, 62–63, 74–77.

23 Stanley Wright, *Hart and the Chinese Customs*, 207.

24 Dean, *China and Great Britain*, 31.

25 樊百川,《中国轮船航运业的兴起》, 第 120 页; Fairbank, *Trade and Diplomacy*, 168; Michie, *Englishman in China*, 216–17.

26 IUP- BPP vol. 6, 101–2; vol. 9, 379.

27 Dean, *China and Great Britain*, 29–31; Stanley Wright, *China's Struggle for Tariff Autonomy*, 207.

28 Dean, *China and Great Britain*, 34.

29 IUP- BPP vol. 32, 73.

30 Dean, *China and Great Britain*, 33–34; Stanley Wright, *China's Struggle for Tariff Autonomy*, 208–9.

31 Michie, *Englishman in China*, 225.

32 樊百川,《中国轮船航运业的兴起》, 第 124 页; Blue, "European Navigation," 110.

33 IUP- BPP vol. 32, 89–91.

34 IUP- BPP vol. 33, 451.

35 IUP- BPP vol. 32, 89–91; Dean, *China and Great Britain*, 111; Stanley Wright, *China's Struggle for Tariff Autonomy*, 209–10.

36 Dean, *China and Great Britain*, 122.

37 NCH 13 Dec. 1862, 198.

318

38 NCH 13 Dec. 1862, 198.

39 NCH 21 Mar. 1863, 48. 关于清政府在非通商口岸的地方执行这一禁令的记录可在 ZLY-IMH 01-31-1 (1–5) 寻到。

40 IUP- BPP vol. 32, 446, 493–94.

41 Ibid., 493–94.

42 NCH 25 Apr. 1863.

43 Stanley Wright, *Hart and the Chinese Customs*, 203, and *China's Struggle for Tariff Autonomy*, 191.

44 IUP- BPP vol. 7, 177–78.

45 K. C. Liu, *Anglo-American Steamship Rivalry*, 153–54.

46 赫德关于中国采购条例的回忆录中提到了这一禁令。HFD: Robert Hart, Tongzhi 4/8/16 (5 Oct. 1865), 828. 这一做法源于 19 世纪 50 年代, 当时英美领事开始向中方船只签发"航行许可证", 许其悬挂本国旗帜, 并得到相应的保护。"航行许可证"源于当时香港总督宝宁（John Bowring, 1792–1872）, 是在沿海海盗活动猖獗和太平天国运动的情况下, 保持香港和广州之间贸易不断的一项措施。"航行许可证"可以让中资船只得到为期一年的外国旗帜保护。宝宁认为, 这一措施很有必要, 因为清廷未能为其船只提供保护, 而领事也可借机收取高额注册费, 从中获利。清朝官员登上的、后来因此引发第二次鸦片战争的"亚罗号"西式帆船的船东, 就是一名中国人, 但"亚罗号"本身获得了航行许可, 登记为一艘英国船 (Morse, *International Relations*, vol. I, 409–10, 409 n. 40)。

47 Hao, *Commercial Revolution*, 246–50.

48 Ibid., 258; Lai, "Li Hung- chang and Modern Enterprise, " 219.

49 Yi Li, *Chinese Bureaucratic Culture*, 73–74, 80.

50 在这些讨论中, 争论的焦点是如何定义一艘船是"中国的"。对于一些官员来说, 所有权属于清朝子民, 且由他们注册登记, 就已足够。但对于其他一些官员来说, 船上需要没有外国乘客和船员, 才能像中式帆船一样行动自如。"中央研究院"近代研究所:《左宗棠致总理衙门》, 同治四年闰五月廿一日（1865 年 7 月 13 日）, 第 821–822 页;"中央研究院"近代研究所:《李鸿章致总理衙门》, 同治三年九月六日（1864 年 10 月 6 日）, 第 809 页。

51 "中央研究院"近代研究所:《李鸿章致总理衙门》, 同治四年十一月廿五日 (1866 年 1 月 11 日）, 第 835 页。同时参见: Yi Li, *Chinese Bureaucratic Culture*, 88–89; 樊百川,《中国轮船航运业的兴起》, 第 187–190 页。

52 樊百川,《中国轮船航运业的兴起》, 第 190 页。

53 JTS- HZB, 146.

54 樊百川,《中国轮船航运业的兴起》, 第 190 页; 朱荫贵,《国家干预经济与中日近代化》，第 44 页。

55　樊百川，《中国轮船航运业的兴起》，第 170–177 页；Rawski, *Economic Growth in Prewar China*, 189.

56　K. C. Liu, *Anglo- American Steamship Rivalry*, 54.

57　IUP- BPP vol. 7, 112–13, vol. 8, 324–27, vol. 9, 17–18.

58　IUP- BPP vol. 6, 225.

59　Ibid., 63–64; IUP- BPP vol. 6, 408, 494, vol. 8, 37–38.

60　NCH 7 Jul. 1866, 106.

61　K. C. Liu, *Anglo- American Steamship Rivalry*, 88–90；IMC Reports on Trade, Shanghai, 1871–72, 91; NCH 8 Nov. 1870, 336, 16 Jun. 1871, 25 Oct. 1871, 810, 28 Mar. 1872, 242.

62　Yi Li, *Chinese Bureaucratic Culture*, 81–83; Stanley Wright, *Hart and the Chinese Customs*, 1–2, 204–6.

63　Mary Wright, *Last Stand of Chinese Conservatism*, 24; Pelcovits, *Old China Hands*, 4; Dean, *China and Great Britain*, 9.

64　Pelcovits, *Old China Hands*, chap. 1.

65　Ibid., 1–5.

66　Mary Wright, *Last Stand of Chinese Conservatism*, 67.

67　Adas, *Machines as the Measure of Men*, 231–33.

68　ZLY- IMH 01-13-9 (1)《李鸿章致总理衙门》，同治四年八月十七日（1865 年 10 月 6 日）；ZLY- IMH 01-13-9 (2)《法国部长致总理衙门》，同治五年八月二十日 (1866 年 9 月 7 日)。

69　Pelcovits, *Old China Hands*, 26–27.

70　ZLY- IMH 01-31-12(8) 同治五年 (1866).

71　NCH 2 Jun. 1866, 86.

72　《北华捷报》的文章这样描述李鸿章对交通的担忧——"对碰撞的病态恐惧"，然而，轮船和沙船的碰撞对总理衙门来说，与其说是可怕的场面，倒不如说是令人头疼的管理难题。19 世纪 60 年代，总理衙门几乎每天都要审理长江和其他地方的碰撞事件，就生命或财产损失的赔偿进行冗长的谈判（ZLY- IMH 01-16-6 至 01-16-9）。

73　ZLY- IMH 01-13-9(1)《李鸿章致总理衙门》，同治四年八月十七日（1865 年 10 月 6 日）。

74　Biggerstaff, "Secret Correspondence of 1867–8," 122–36.

75　Pelcovits, *Old China Hands*, 33–41.

76　NCH 9 Mar. 1867, 39.

77　Stanley Wright, *China's Struggle for Tariff Autonomy*, 234; NCH 12 Oct. 1867, 296, 9 Nov. 1867, 343.

320

78 NCH 25 Oct. 1867, 320.

79 CBYWSM 50,《总理衙门致各级官员》，同治六年正月十二日（1867 年 2 月 16 日），第 33b–34a 页。

80 CBYWSM 55,《李鸿章致总理衙门》，同治六年腊月六日（1867 年 12 月 31 日），第 14a–b 页; 53,《沈葆桢》，同治六年十一月廿一日（1867 年 12 月 16 日），第 5b–6a 页; 52,《瑞麟》，同治六年十一月十五日（1867 年 12 月 10 日），第 20b 页; 51,《左宗棠》，同治六年十月廿五日（1867 年 11 月 20 日），第 22a 页; 52,《李鸿章》，同治六年十一月廿一日（1867 年 12 月 16），第 34a 页。

81 NCH 22 Jun. 1867; NCH 5 Jun. 1868, 273;CBYWSM 50,《总理衙门致各级官员》，同治六年正月十二日（1867 年 2 月 16 日），第 33b–34a 页。

82 CBYWSM 51,《左宗棠》，同治六年十月廿五日（1867 年 11 月 20 日），第 22a; 55,《吴棠》，同治六年腊月三日（1867 年 12 月 28 日），第 3b–4a 页; 56,《官文》，同治六年腊月廿二日（1868 年 1 月 16 日），第 13a–b 页。同时参见: Yi Li, *Chinese Bureaucratic Culture*, 86.

83 Pelcovits, *Old China Hands*, 53, 71.

84 Ibid., 84.

85 Lydia H. Liu, *Clash of Empires*, 110–11.

86 清朝官员反对西方科技的论调，有着最为学术化的幌子。他们将对西方技术的反对与意识形态的排外立场混为一谈，后者基于对中国文化传统的强烈认同。这种论调通常与晚清大学士倭仁等人有关，他们批评洋务派官员师夷长技为朝廷谋利的意图。然而，与洋务派官员不同的是，这些持批评态度的官员并未参与这些技术的日常管理。Hao and Wang, "Changing Chinese Views," 172–76.

87 Stanley Wright, *Hart and the Chinese Customs*, 403; Yi Li, *Chinese Bureaucratic Culture*, 79–121; 吕实强,《中国早期的轮船经营》。

88 比如: Cohen, *Discovering History in China*, 57–96; Barlow, "Colonialism's Career," 373–411; Waley-Cohen, *Sextants of Beijing*.

89 Mary Wright, *Last Stand of Chinese Conservatism*, 67; Pelcovits, *Old China Hands*, 104–5.

90 尽管三峡地区危险重重，但自汉代以来，中国帆船就时常穿越该地区运送货物。Van Slyke, *Yangtze*, 19; Smith, "Commerce, Agriculture, and Core Formation."

91 Blakiston, *Five Months on the Yang-tsze*, 84, 129, 211, 302; Thomas Cooper, *Travels of a Pioneer*, 8, 100–101.

92 IUP- BPP vol. 22, 118–21.

321 93 Pelcovits, *Old China Hands*, 108.

94 Ibid., 106–8.

95 1852年，英国吞并下缅甸。Blue, "Land and River Routes," 162. 关于1864年至1898年间，中缅陆路路线的一系列建议，参见：IUP- BPP vol. 41.

96 Stanley Wright, *China's Struggle for Tariff Autonomy*, 261.

97 IUP- BPP vol. 22, 120–21; Pelcovits, *Old China Hands*, 105–6.

98 IUP- BPP vol. 11, 296, 534.

99 Pelcovits, *Old China Hands*, 126; ZLY- IMH 01-21-31 (2–3); PRO- FO 228/591 Hankow, 29 Mar. 1877.

100 Stanley Wright, *China's Struggle for Tariff Autonomy*, 264. 这一术语的翻译编纂可以与《天津条约》的条款比较，《天津条约》的条款将"夷"翻译成"蛮族"（Lydia H. Liu, *Clash of Empires*, 33–34; Hevia, *English Lessons*, 57–58）。对这类翻译术语的其他见解参见：Cassel, *Grounds of Judgment*, 79–80.

101 Pelcovits, *Old China Hands*, 126.

102 Wyman, "Ambiguities of Chinese Antiforeignism."

103 H. B. Morse Papers, May–Aug. 1886; PRO- FO 228/852, Ichang, 1886–87; JMA Hankow I, #1931; JSS I 15 Dec. 1886.

104 Little, *Through the Yang- tse Gorges*, 4–5.

105 Stanley Wright, *Hart and the Chinese Customs*, 608–9; PRO- FO 405/51, "Memorandum on the Question of the Navigation of the Upper Yangtze" (1890); Blue, "Land and River Routes," 171.

106 聂宝璋，《中国近代航运史资料·第一辑（1840—1895）》上册，第1卷，第420页。

107 Ibid., 420. 关于立德航行中遇到的当地抵抗和动乱的讨论，可参见：PRO- FO 228/1031; PRO- FO 228/852 Ichang 24 Oct. 1887, 228/864 Ichang, 1888; Sasaki Masaya, *Shimmatsu no haigai undō*, 169–71.

108 PRO- FO 228/864 Ichang 15 Dec. 1888. 关于立德船只的售卖，参见：Stanley Wright, *Hart and the Chinese Customs*, 610, and PRO- FO 405/51.

109 Stanley Wright, *Hart and the Chinese Customs*, 610.

110 聂宝璋，《近代航运史资料·第一辑（1840—1895）》上册，第418页。

111 Ibid., 418–20.

112 NCH 9 Nov. 1867, 343.

113 Pelcovits, *Old China Hands*, chaps. 7–8; Morse, *International Relations*, vol. III, 109–20.

114 樊百川，《中国轮船航运业的兴起》，第318–319页。

115 Stanley Wright, *Hart and the Chinese Customs*, 701, and *China's Struggle for Tariff Autonomy*, 338.

116 Stanley Wright, *Hart and the Chinese Customs*, 700.

117 Ibid., 760–61.

118 Stanley Wright, *China's Struggle for Tariff Autonomy*, 378.

119 NCH 9 Nov. 1867, 343.

120 PRO-FO 228/2301, 23 Jan. 1905, 228/2302, 25 May 1905, 29 Jun. 1905, 10 Jul. 1905, 22 Aug. 1905.

121 Stanley Wright, *Hart and the Chinese Customs*, 761.

122 Stanley Wright, *China's Struggle for Tariff Autonomy*, 377–78; IMC Decennial, 1912–1921, Changsha, 280, Hankow, 309, Kiukiang, 332, Wuhu, 347.

123 即使是清朝覆灭之后，新的内陆航线依然需要海关税务司和中央及省级政府批准，这一原则一直未变。

124 樊百川，《中国轮船航运业的兴起》，第 300–302 页。

125 Ibid., 320.

126 Ibid., 427.

127 Stanley Wright, *Hart and the Chinese Customs*, 761, and *China's Struggle for Tariff Autonomy*, 377–78.

128 杨天宏，《口岸开放与社会变革——近代中国自开商埠研究》，第 70–74 页，第 124–132 页。

129 Bickers, "Good Work for China," 32–35.

130 开放为通商口岸的地方，通常是由民国政府和海关税务司共同倡议的，目的是为了促进轮船航运和铁路运输之间的联系。杨天宏，《口岸开放与社会变革——近代中国自开商埠研究》，第 394–397 页。

131 比如：Bickers, *Britain in China*; Bickers and Henriot, *New Frontiers*; Rogaski, *Hygienic Modernity*; Meng, *Shanghai and the Edges of Empires*; Wasserstrom, *Global Shanghai*.

132 Feuerwerker, *Chinese Economy*, 56.

133 通商口岸对其腹地有重大影响这一观点，可参见：Pomeranz, *Making of a Hinterland*, and Bun, "Mapping the Hinterland."

134 IMC Decennial 1882–1891, Wuhu, 239–53.

135 Honig, *Creating Chinese Ethnicity*, 86–87; Perry, *Shanghai on Strike*, 53–54; IMC Decennial 1882–1891, Wuhu, 240. 对于其他长江通商口岸外来劳工的报道，参见：IMC Decennial 1902–11, Hankow, 363, Shanghai, 24; PRO- FO 22/1291 Shashi, 1898; Gaimushō Archives, 5.3.2–15, 4 Jul. 1899.

136 Reinhardt, "Treaty Ports as Shipping Infrastructure."

137 Ray, "Asian Capital," 455–75.

138 Pope, "British Steamshipping," 4–7, 19.

139 Blake, *B.I. Centenary*, 72.

140 Pope, "British Steamshipping, " 12.

141 Ibid., 11.

142 Munro, *Maritime Enterprise and Empire*, 46.

143 Ibid., 37–50; Pope, "British Steamshipping, " 9.

144 Munro, *Maritime Enterprise and Empire*, 51.

145 Blake, *B.I. Centenary*, 71.

146. Ibid., 52, 73. Pope, "British Steamshipping," 9. 印度铁路也是印度政府和英国企业类似联盟的产物。除了政府自己修建铁路的 19 世纪 70 年代，1849 年至 1914 年间印度的铁路建设都是由东印度公司（后来是由印度政府）资助的私人公司完成的。Headrick, *Tentacles of Progress*, 49–81.

147 Harcourt, "British Oceanic Mail Contracts," 41.

148 NCH 3 Nov. 1866, 174.

第二章 资本和旗帜的统一：轮船航运业（1860—1882）

1 NCH 18 Jan. 1877, 49.

2 关于贸易公司的发展，参见：Greenberg, *British Trade*, 144–85; Geoffrey Jones, *Merchants to Multinationals*, 32–33；Hao, *Commercial Revolution*, 22–33; Lockwood, *Augustine Heard and Company*, 6–7.

3 Haviland, "American Steam Navigation, Part I," 160–61, 167–68, "American Steam Navigation Part IV, " 299; Hao, *Commercial Revolution*, 196; Michie, *Englishman in China*, 216–17.

4 NCH 12 Dec. 1862; IUP- BPP vol. 6, 184; K.-C. Liu, *Anglo- American Steamship Rivalry*, 10.

5 Haviland, "American Steam Navigation, Part III," 43.

6 Hao, *Commercial Revolution*, 246–47.

7 K.-C. Liu, *Anglo- American Steamship Rivalry*, 72, 78–81；汪敬虞，《十九世纪外国侵华企业中的华商附股活动》，第 40–43 页。

8 K.-C. Liu, *Anglo-American Steamship Rivalry*, 19.

9 Ibid., 25–29, 32.

10 Ibid., 38–39, 54.

11 Ibid., 44, 48, 65–66.

12 Ibid., 55–56, 72.

13 Ibid., 71–72.

14   Ibid., 78；Hao, *Commercial Revolution*, 248.

15   K.-C. Liu, *Anglo-American Steamship Rivalry*, 141.

16   汪敬虞,《十九世纪外国侵华企业中的华商附股活动》,第 40-43 页；Hao, *Commercial Revolution*, 245.

17   Hao, *Commercial Revolution*, 258; Lai, "Li Hung-chang and Modern Enterprise," 219.

18   樊百川,《中国轮船航运业的兴起》,第 190 页。

19   HFD,《李鸿章致总理衙门》,同治十一年十一月二十四日（1872 年 12 月 25 日）,第 919 页。

20   Ibid., 919.

21   K.-C. Liu, *Anglo-American Steamship Rivalry*, 32.

22   Ibid., 33, 100–101.

23   Faure, *China and Capitalism*, 52–53.

24   K.- C. Liu, *Anglo- American Steamship Rivalry*, 141–43; Hao, *Commercial Revolution*, 249.

25   Headrick, *Tentacles of Progress*, 25–27, 42–44.

26   Ibid., 27; IUP- BPP vol. 9, 379.

27   Hyde, *Far Eastern Trade*, 22–23.

28   Haviland, "American Steam Navigation, Part VII," 62; K.-C. Liu, *Anglo-American Steamship Rivalry*, 96.

29   Lockwood, *Augustine Heard and Company*, 104; NCH 11 Jan. 1872, 21.

30   Hao, *Commercial Revolution*, 163–64; Lockwood, *Augustine Heard and Company*, 103, 107–8; Eiichi Motono, "The 'Traffic Revolution, ' " 86–89; Osterhammel, "British Business in China, " 192; Le Fevour, *Western Enterprise*, 138–39; Geoffrey Jones, *Merchants to Multinationals*, 45–47, 48–51。

31   K.-C. Liu, *Anglo-American Steamship Rivalry*, 88–90。

32   IMC Reports on Trade, 1871–72, Chinkiang, 91; NCH 8 Nov. 1870, 336, 16 Jul. 1871, 439, 25 Oct. 1871, 810, 28 Mar. 1872, 242。

33   K.-C. Liu, *Anglo-American Steamship Rivalry*, 86–87; NCH 8 Nov. 1870, 336。

34   NCH 8 Nov. 1870, 336。

35   Hinton, *Grain Tribute System*, 16–33；Yung Wing, *My Life*, 171; Yi Li, *Chinese Bureaucratic Culture*, 84–89, 98–101;；汪敬虞,《十九世纪外国侵华企业中的华商附股活动》,第 46 页。

36   Marriner and Hyde, *Senior John Samuel Swire*, 38–39. 1868 年,施怀雅和巴特菲尔德的合作关系结束,太古洋行由约翰·施怀雅父子公司控制。商行保留了原来的名称。

37   Geoffrey Jones, *Merchants to Multinationals*, 35–36; Marriner and Hyde, *Senior John*

Samuel Swire, 58–61.

38　Marriner and Hyde, *Senior John Samuel Swire*, 60; K.-C. Liu, *Anglo-American Steamship Rivalry*, 117; Geoffrey Jones, *Merchants to Multinationals*, 37, 241–43.

39　Geoffrey Jones, *Merchants to Multinationals*, 51.

40　Marriner and Hyde, *Senior John Samuel Swire*, 62; K.-C. Liu, *Anglo-American Steamship Rivalry*, 122–34.

41　K.-C. Liu, *Anglo-American Steamship Rivalry*, 126.

42　Ibid., 130–31.

43　《北华捷报》，1873 年 7 月 12 日。

44　YWYD,《李鸿章》，同治十一年十一月二十三日（1872 年 12 月 24 日），第 5–6 页。

45　Hao and Wang, "Changing Chinese Views," 190–91; Yi Li, *Chinese Bureaucratic Culture*, 68–69。"商战"一词往往与"儒商"郑观应 19 世纪末的作品联系在一起。郑观应后来使用这一词语是为了批评诸如轮船招商局一类的企业，他认为，商人不应接受国家的监督，只有这样，才能有效地开展商战。Guo Wu, *Zheng Guanying*, 42，48，133，188。

46　YWYD,《李鸿章》，同治十一年十一月二十三日（1872 年 12 月 24 日）。同时参见：HFD,《李鸿章致总理衙门》，同治十一年十一月二十四日（1872 年 12 月 25 日），第 920 页。在后来有关轮船招商局的奏折中，有关收回利权的想法都是通过"渐收利权""挽利权""收回利权"等词语提及的。参见：YWYD,《陈兰彬》，光绪二年十月二十四日（1876 年 12 月 9 日），第 10 页；YWYD,《沈葆桢》，光绪二年十一月二十七日（1877 年 1 月 11 日），第 14 页；YWYD,《刘坤一》，光绪七年正月十五日（1881 年 2 月 13 日），第 41 页。

47　Hao and Wang, "Changing Chinese Views," 190–91。

48　HFD,《李鸿章致总理衙门》，同治十一年十一月二十四日（1872 年 12 月 25 日），第 923 页。一个后来（1873）的公司规章制度规定，华人不能代表外国人投资，外国人不能持有该公司的股票（JTS-HZB，114）。

49　HFD,《李鸿章致总理衙门》，同治十一年十一月二十四日（1872 年 12 月 25 日），第 920 页。

50　Ibid., 919–20.

51　有关官督商办企业的结构，参见：K.-C. Liu, "British- Chinese Steamship Rivalry," 54; Lai, "Li Hung- chang and Modern Enterprise," 218; and Feuerwerker, *China's Early Industrialization*, 8–12, 22–26.

52　关于朱其昂的角色，参见：YWYD,《李鸿章奏折》，同治十一年十一月二十三日，第 6 页；Hao, *Comprador*, 139; Feuerwerker, *China's Early Industrialization*, 108–10; Yi Li, *Chinese Bureaucratic Culture*, 124–27.

325

53　Feuerwerker, *China's Early Industrialization*, 110–11; Yi Li, *Chinese Bureaucratic Culture*, 129–30; 汪敬虞,《十九世纪外国侵华企业中的华商附股活动》, 第 46 页。

54　樊百川,《中国轮船航运业的兴起》, 第 260 页; Hao, *Commercial Revolution*, 199–200; Lai, "Li Hung- chang and Modern Enterprise," 221.

55　樊百川,《中国轮船运业的兴起》, 第 261 页; 张后铨主编,《招商局史: 近代部分》, 第 50 页。

56　Feuerwerker, *China's Early Industrialization*, 125–26.

57　K.-C. Liu, "British- Chinese Steamship Rivalry" 56; 汪敬虞,《十九世纪外国侵华企业中的华商附股活动》, 第 53 页。

58　樊百川,《中国轮船航运业的兴起》, 第 260 页; K.-C. Liu, "Steamship Enterprise," 439–43。

59　NCH 2 Jan. 1873.

60　Yi Li, *Chinese Bureaucratic Culture*, 124; Hao, *Commercial Revolution*, 202.

61　JTS- HZB, 147.

62　NCH 12 Apr. 1877, 370–74.

63　K.-C. Liu, "British- Chinese Steamship Rivalry," 55–60.

64　Ibid., 58–61.

65　NCH 18 Jan. 1877, 49.

66　NCH 28 Apr. 1877, 426.

67　K.-C. Liu, "Steamship Enterprise," 443.

68　Feuerwerker, China's Early Industrialization, 170–72.

69　樊百川,《中国轮船航运业的兴起》, 第 300–302 页。

70　Feuerwerker, *China's Early Industrialization*, 28–29, 172.

71　Lai, "Li Hung-chang and Modern Enterprise," 237.

72　K.-C. Liu, "British-Chinese Steamship Rivalry," 56–57, 60; K.-C. Liu, "Steam-ship Enterprise," 440; Feuerwerker, *China's Early Industrialization*, 126.

73　K.- C. Liu, "British-Chinese Steamship Rivalry, " 62–63.

74　Feuerwerker, *China's Early Industrialization*, 126; NCH 5 Apr. 1877, 345.

75　汪敬虞,《十九世纪外国侵华企业中的华商附股活动》, 第 73 页。

76　Feuerwerker, *China's Early Industrialization*, 127–30; 樊百川,《中国轮船航运业的兴起》, 第 255-256 页。

77　Faure, *China and Capitalism*, 52–53。汪敬虞,《十九世纪外国侵华企业中的华商附股活动》, 第 69 页。

78　Hao, *Commercial Revolution*, 251; K.-C. Liu, "Steamship Enterprise," 439.

79　K.-C. Liu, "British-Chinese Steamship Rivalry," 65.

80　Ibid., 65; K.-C. Liu, "Steamship Enterprise," 239.

81　Keswick, Thistle and the Jade, 142.

82　K.-C. Liu, "Steamship Enterprise," 239.

83　K.-C. Liu, "British-Chinese Steamship Rivalry," 65.

84　Marriner and Hyde, *Senior John Samuel Swire*, 61.

85　正如第三章将要讨论的，在这两个案例中，由中国资本支持的，在轮船航运网络内运行的，悬挂外国旗帜的公司，明显处于"三公司"的从属地位。汪敬虞，《十九世纪外国侵华企业中的华商附股活动》，第 48 页；Hao, *Commercial Revolution*, 251.

86　汪敬虞，《十九世纪外国侵华企业中的华商附股活动》，第 39–40 页，第 46 页，第 69 页；Hao, *Commercial Revolution,* 250. 汪郝二位都认为，华商对外国航运公司的投资在这段时期不断增加，原因主要是考虑到一些新的发展，比如英国 1875 年决定将上海作为注册港，英国轮船公司接受有限责任的有关商法等。然而，他们所引用的作为附股活动增加证据的航运公司，提供的均是港内服务（如上海荣泰驳船行和天津大沽驳船公司等），并不在各口航运网络内运营。

87　Headrick, *Tentacles of Progress*, 44.

88　在大航海时代，以孟买为基地的帕西人和船东参与了前往中国、非洲、中东和印度洋的海外贸易。此外，一些印属或合资的轮船公司经营印度西海岸以及孟买、加尔各答和中国之间的航线，并取得了一定的成功。Rao, *Short History of Indian Shipping*, 46–47, 54; Munro, *Maritime Enterprise and Empire*, 45.

89　研究印度航运的历史学家指出，英印轮船公司的崛起是一段较长历史中的末章。在这段历史中，英国政策削弱了印度的航运业和造船业，迫使南亚次大陆在海上运输方面陷入了对英国技术、技能和企业的"依赖"状态。这些历史学家追溯到东印度公司时代，他们指出，19 世纪 10 年代至 30 年代的议会法案就曾阻止英国船东购买印度建造的船只，并将这些船只排除在欧洲贸易之外，从而破坏了印度蓬勃发展的造船业。Broeze, "Underdevelopment and Dependency," 429–57.

90　Munro, *Maritime Enterprise and Empire*, 68, 145; Broeze, "Underdevelopment and Dependency," 444.

91　Munro, *Maritime Enterprise and Empire*, 122–25.

92　Ibid., 126–27.

93　Ibid., 128, 140.

94　Ibid., 128, 140.

95　Blake, *B.I. Centenary*, 19–20; Munro, *Maritime Enterprise and Empire*, 40.

96　Nayar, *State and Market in India's Shipping*, 44.

第三章 作为合作机制的班轮公会（1882—1913）

1　John S. Swire to T. H. Ismay, 28 Mar. 1883. 引自：Marriner and Hyde, *Senior John Samuel Swire*, 83.

2　Cafruny, *Ruling the Waves*, 53–57.

3　远东班轮公会的英国公司有：半岛东方航运公司，远洋轮船公司，格林邮船公司，城堡邮船公司（Castle），夏尔航运（Shire Lines）和盖拉特利船舶公司（Gellatly），汉基与西韦尔公司（Hankey & Sewell），诺里斯与乔伊那公司（Norris & Joyner）以及肖 - 威廉姆斯公司（Shaw, Williams & Company）。Marriner and Hyde, *Senior John Samuel Swire*, 160–61.

4　Cafruny, *Ruling the Waves*, 54.“国际班轮公会及其业务的基本理论”，参见：ibid., 52–57；Marriner and Hyde, *Senior John Samuel Swire*, chaps. 8–9；Headrick, *Tentacles of Progress*, 35–38；Wray, *Mitsubishi and the N.Y.K.*, 308–13.

5　K.-C. Liu, "British-Chinese Steamship Rivalry," 42–47, 72–73, 79; Marriner and Hyde, *Senior John Samuel Swire*, 62.

6　K.-C. Liu, "British-Chinese Steamship Rivalry," 133–34.

7　Marriner and Hyde, *Senior John Samuel Swire*, 135–41.

8　Ibid., 73; K.-C. Liu, "British-Chinese Steamship Rivalry," 68.

9　Marriner and Hyde, *Senior John Samuel Swire*, 83–85.

10　OSK, 20.

11　Nagoya shōgyō kaigisho, *Shinkoku shinkai kōjō shōgyō*, 127; OSK, 21–22.

12　Wray, *Mitsubishi and the N.Y.K.*, 313.

13　Ibid., 351; Tōa Dōbun Shoin, *Shina keizai zensho*, vol. 3, 343.

14　OSK, 20.

15　NCH 6 Jul. 1889, 1.

16　Tōa Dōbun Shoin, *Shina keizai zensho*, vol. 2, 495, and vol. 3, 342；樊百川，《中国轮船航运业的兴起》，第 209–210 页；聂宝璋，《近代航运史资料·第一辑（1840—1895）》下册，第 1421 页。

17　NCH 18 Jul. 1890, 73.

18　Marriner and Hyde, *Senior John Samuel Swire*, 86–88；张仲礼、陈曾年、姚欣荣，《太古集团在旧中国》，第 86 页，第 111 页。

19　Cafruny, *Ruling the Waves*, 49–50, 52–53.

20　Marriner and Hyde, *Senior John Samuel Swire*, 183.

21　Ibid., 182; Cafruny, *Ruling the Waves*, 56.

22　Marriner and Hyde, *Senior John Samuel Swire*, 183.

23　Cafruny, *Ruling the Waves*, 55–56; Headrick, *Tentacles of Progress*, 38.

24　NCH 6 Jul. 1889, 1–2.

25　NCH 25 Jun. 1886, 657.

26　NCH 1 Aug. 1890, 121.

27　IMC Decennial 1882–91, Wuhu, 257–61.

28　Ibid.; IMC Decennial 1882–91, Kiukiang, 219–20.

29　Morse, *Gilds of China,* 55–56.

30　K.-C. Liu, *Anglo-American Steamship Rivalry*, 147–48; Morse, *Gilds of China*, 23.

31　1884 年，汕头行会为抗议公会政策，组织成员抵制太古轮船公司。麦克贝恩轮船公司是公会预备会员，该公司当时曾试图与汕头行会建立排他性合作关系。JSS In 25 Jul. 1884, 5 Nov. 1884, 26 Nov. 1884.

32　JSS In 30 Nov. 1888.

33　樊百川，《中国轮船航运业的兴起》，第 287–288 页，第 293 页。

34　陈潮，《从齐价合同看轮船招商局与外国资本的关系》，第 642–644 页。

35　K.-C. Liu, "Steamship Enterprise," 450–51.

36　Ibid., 447–48, 451; K.-C. Liu, "British-Chinese Steamship Rivalry," 64; Marriner and Hyde, *Senior John Samuel Swire*, 84–85.

37　K.-C. Liu, "Steamship Enterprise," 446–47.

38　Feuerwerker, *China's Early Industrialization*, 182–83；朱荫贵，《国家干预经济与中日近代化》，第 115–118 页；Lai, "Li Hung-chang and Modern Enterprise," 238.

39　Marriner and Hyde, *Senior John Samuel Swire*, 111–12；Geoffrey Jones, *Merchants to Multinationals*, 72.

40　Marriner and Hyde, *Senior John Samuel Swire*, 90.

41　Geoffrey Jones, *Merchants to Multinationals*, 41.

42　Ibid., 33.

43　Ibid.

44　Marriner and Hyde, *Senior John Samuel Swire*, 124–29；Geoffrey Jones, *Merchants to Multinationals*, 72.

45　Yi Li, *Chinese Bureaucratic Culture*, 179–80；张后铨主编，《招商局史：近代部分》，第 59 页。

46　K.-C. Liu, "British-Chinese Steamship Rivalry," 69.

47　樊百川，《中国轮船航运业的兴起》，第 297–298 页。

48　张后铨主编，《招商局史：近代部分》，第 59–64 页。

49　Ibid., 162.

50　Ibid., 79–81, 174–75.

51　Carlson, *Kaiping Mines,* 7–8, 24–26. 开平煤矿的煤炭产量一直无法满足需求，中国不得不继续从英国、澳大利亚和日本进口（Tim Wright, *Coal Mining*, 51–52）。

52　Feuerwerker, *China's Early Industrialization*, 214–15.

53　Dick and Kentwell, *Beancaker to Boxboat*, 191–205.

54　张后铨主编，《招商局史：近代部分》，第 190–191 页，第 249 页。

55　太古轮船公司的船舶大多由位于格林诺克（Greenock）的斯科特公司建造。怡和轮船公司偶尔会在上海的英国船厂修建船舶，但其船队大多是在英格兰或苏格兰建造。20世纪初，太古轮船公司与怡和轮船公司开始更多地依赖英国在华造船厂（Dick and Kentwell, *Beancaker to Boxboat*, 25–38, 77–98）。

56　江天凤编，《长江航运史（近代部分）》，第 297–300 页。

57　Broeze, "Underdevelopment and Dependency," 432–41；Pope, "British Steamshipping," 13.

58　张后铨主编，《招商局史：近代部分》，第 115 页。

59　Yi Li, *Chinese Bureaucratic Culture*, 24–26.

60　Ibid., 182, 246–47；Lai, "Li Hung-chang and Modern Enterprise," 234–35.

61　Feuerwerker, *China's Early Industrialization*, 115–16；Lai, "Li Hung-chang and Modern Enterprise," 236–37.

62　K.-C. Liu, "Steamship Enterprise," 451.

63　黎志刚，《轮船招商局经营管理问题，1872—1901》，第 100 页。

64　长江上游直到 1897 年才被纳入公会协议。IMC Decennial, 1882–91, Ichang, 142, 184；JSS In 24 Dec. 1889–8 Jul. 1892.

65　Tajima Shigeji, *Yōsukō kisengyō chōsa hōkoku*, 35.

66　Feuerwerker, *China's Early Industrialization*, 145–46.

67　Cafruny, *Ruling the Waves*, 52–61.

68　Marriner and Hyde, *Senior John Samuel Swire*, 161.

69　Pelcovits, *Old China Hands*, chaps. 7–8.

70　Wray, *Mitsubishi and the N.Y.K.*, 289, 306–7；朱荫贵，《中国近代轮船航运业研究》，第 62 页。

71　Wray, *Mitsubishi and the N.Y.K.*, 46.

72　朱荫贵，《中国近代轮船航运业研究》，第 66–67 页；樊百川，《中国轮船航运业的兴起》，第 347–348 页。

73　Wray, *Mitsubishi and the N.Y.K.*, 341, 344.

74　Ibid., 348–52；朱荫贵，《中国近代轮船航运业研究》，第 71 页。

75　朱荫贵，《中国近代轮船航运业研究》，第 69–70 页。

76　1895 年以前，有几条到中国的海外航线得到政府补贴，比如一条每月一次的邮政航线
　　和北德劳埃德轮船公司 1886 年开辟的到香港的航线。Francis Jones, "German Challenge
　　to British Shipping," 154–58.

77　樊百川，《中国轮船航运业的兴起》，第 348–349 页；又见：Wray, *Mitsubishi and the
　　N.Y.K.*, 348.

78　Francis Jones, "German Challenge to British Shipping," 157–58.

79.　OSK, 20–22.

80　Tōa Dōbun Shoin, *Shina keizai zensho*, vol. 3, 364.

81　IMC Decennial 1892–1901, Ichang, 184.

82　Wray, *Mitsubishi and the N.Y.K.*, 348；张仲礼、陈曾年、姚欣荣，《太古集团在旧中国》，
　　第 127 页。

83.　IMC Decennial, 1902–11, Kiukiang, 367.

84　樊百川，《中国轮船航运业的兴起》，第 350–351 页；NCH 21 Aug. 1903, 401. 法国东方
　　轮船公司招募了一些中国股东。

85　朱荫贵，《中国近代轮船航运业研究》，第 71 页；NCH 21 Aug. 1903, 401.

86　Wray, *Mitsubishi and the N.Y.K.*, 386.

87　NCH 29 Jun. 1906, 769.

88　Nisshin Kisen Kaisha, *Kankō jijō*, 53–59.

89　Tōa Dōbun Shoin, *Shina keizai zensho*, vol. 3, 384.

90　Ibid., 363.

91　Wray, *Mitsubishi and the N.Y.K.*, 353.

92　张仲礼、陈曾年、姚欣荣，《太古集团在旧中国》，第 129–133 页。

93　IMC Decennial 1902–11, Kiukiang, 367–68.

94　Reinhardt, "Treaty Ports as Shipping Infrastructure," 111–13.

95　此次合并为中国投资日清汽船株式会社提供了空间。日清汽船规定，清朝国民最多可以
　　持有该公司 20% 的股份。如果日清汽船有中国股东，他们所占有的股份会明显少于这
　　个数字，因为日本邮船和大阪商船的股份已占 89.9%（Wray, *Mitsubishi and the N.Y.K.*,
　　388, 396；Nisshin Kisen Kaisha, *Sanjū nenshi*, 299）。

96　朱荫贵，《中国近代轮船航运业研究》，第 73 页；Nisshin Kisen Kaisha, *Sanjū nenshi*,
　　55–68；Wray, *Mitsubishi and the N.Y.K.*, 388.

97.　Kokaze Hidemasa, *Teikokushugi kano Nihon kai'un*, 278–83.

98　Wray, *Mitsubishi and the N.Y.K.*, 34, 223; Wray, "Japan's Big-Three Service Enterprises," 40；
　　朱荫贵，《中国近代轮船航运业研究》，第 73 页。

99　朱荫贵，《中国近代轮船航运业研究》，第 73 页。

100　Wray, *Mitsubishi and the N.Y.K.*, 390–93.

101　朱荫贵，《中国近代轮船航运业研究》，第 75 页；樊百川，《中国轮船航运业的兴起》，第 353–355 页。

102　张仲礼、陈曾年、姚欣荣，《太古集团在旧中国》，第 134 页。

103　朱荫贵，《中国近代轮船航运业研究》，第 74 页；Wray, *Mitsubishi and the N.Y.K.*, 393–94.

104　Wray, *Mitsubishi and the N.Y.K.*, 393–94.

105　Wray, "Japan's Big-Three Service Enterprises," 53.

106　张仲礼、陈曾年、姚欣荣，《太古集团在旧中国》，第 145 页。

107　Nisshin Kisen Kaisha, *Kankō jijō*, 53–59.

108　Wray, *Mitsubishi and the N.Y.K.*, 391.

109　张后铨主编，《招商局史：近代部分》，第 230 页；Tōa Dōbun Shoin, *Shina keizai zensho*, vol. 3, 384–87; Nisshin Kisen Kaisha, *Kankō jijō*, 57.

110　樊百川，《中国轮船航运业的兴起》，第 431–432 页；JTS-HZB 216–217；Tōa Dōbun Shoin, *Shina keizai zensho*, vol. 3, 403–4.

111　Tōa Dōbun Shoin, *Shina keizai zensho*, vol. 3, 343–44; Nisshin Kisen Kaisha, *Kankō jijō*, 55–57.

112　张后铨主编，《招商局史：近代部分》，第 226 页；Dick and Kentwell, *Beancaker to Boxboat*, 199–200.

113　Nisshin Kisen Kaisha, *Kankō jijō*, 57.

114　张仲礼、陈曾年、姚欣荣，《太古集团在旧中国》，第 144 页。

115　朱荫贵，《国家干预经济与中日近代化》，第 129 页，第 134–137 页；陈潮，《从齐价合同看轮船招商局与外国资本的关系》，第 645 页；张后铨主编，《招商局史：近代部分》，第 233 页。

116　Lai, "Li Hung-chang and Modern Enterprise," 238；陈潮，《从齐价合同看轮船招商局与外国资本的关系》，第 646 页；Feuerwerker, *China's Early Industrialization*, 173；朱荫贵，《国家干预经济与中日近代化》，第 130–131 页。

117　朱荫贵，《国家干预经济与中日近代化》，第 131–133 页。

118　Feuerwerker, *China's Early Industrialization*, 177.

119　Ibid., 181–82；朱荫贵，《国家干预经济与中日近代化》，第 120–121 页，第 124–128 页。

120　樊百川，《中国轮船航运业的兴起》，第 320–322 页。

121　Ibid., 324, 431–32, 457；又见：朱荫贵，《中国近代轮船航运业研究》，第 13 页，以及 Tōa Dōbun Shoin, *Shina keizai zensho*, vol. 3, 385, 387, 396, 399。

122　朱荫贵，《中国近代轮船航运业研究》，第 12–13 页；樊百川，《中国轮船航运业的兴起》，第 322–323 页，第 339 页，第 427–428 页。

123　参见：Kirby, "China Unincorporated."

124　Feuerwerker, *China's Early Industrialization*, 120–21, 160–68.

125　Munro, *Maritime Enterprise and Empire*, 141–42. 这家公司得到了白星航运公司（White Star Line）的 T. H. 伊斯梅（T. H. Ismay）和 W. 伊姆里（W. Imrie）的支持，他们也是太古轮船公司的股东。

126　Ibid., 312–14.

127　Rao, *Short History of Indian Shipping*, 68.

128　Ibid., 67–70; Broeze, "Underdevelopment and Dependency," 444–45.

129　Wray, *Mitsubishi and the N.Y.K.*, 295–300.

130　Rao, *Short History of Indian Shipping*, 73–74.

131　Ibid., 71–73.

132　Ray, *Entrepreneurship and Industry in India*, 18–30.

第四章　作为社会空间的轮船（1860—1925）

1　Fox, *Ocean Railway*, 197; Hunter, *Steamboats on the Western Rivers*, 391.

2　Foucault, "Of Other Spaces," 3, 7.

3　Cochran, *Encountering Chinese Networks*, 2.

4　Feuerwerker, *China's Early Industrialization*, 11.

5　Geoffrey Jones, *Merchants to Multinationals*, 212.

6　Ibid., 206; 江永生，《日清汽船株式会社概况》，第 24 页。

7　Geoffrey Jones, *Merchants to Multinationals*, 164, 172.

8　Ibid., 207–8, 242–43.

9　Ibid., 213.

10　Feuerwerker, *China's Early Industrialization*, 107; Yi Li, *Chinese Bureaucratic Culture*, 132.

11　江永生，《日清汽船株式会社概况》，第 24 页。

12　关于不同类型的买办，参见：沙为楷，《中国买办制》，第 25–32 页；Negishi Tadashi, *Baiben seido no kenkyū*, 196–203; Tōa Dōbun Shoin, *Shina keizai zensho*, vol. 2, 356–64; Tajima Shigeji, *Yōsukō kisengyō*, 35–36.

13　Hao, *Comprador*, 32, 74–76, 92.

14　自 19 世纪 60 年代以来，买办在银行和保险公司中很常见，到 19 世纪 90 年代，英美烟草公司和标准石油公司等也依赖买办在中国营销商品以及监督跨地区分销。Cochran, *Big Business in China*, 28–29; *Encountering Chinese Networks*, 20–31, 55–57.

15　张后铨主编，《招商局史：近代部分》，第 92–96 页。

16 Ibid., 90–92.

17 OSK；Tajima Shigeji, *Yōsukō kisengyō*；Nagoya shōgyō kaigisho, *Shinkoku shinkai kōjō shōgyō*；Shanghai Tōa Dōbun Shoin, *Shinkoku shōgyō kanshū*；Tōa Dōbun Shoin, *Shina keizai zensho* 等资料均是 20 世纪初日本研究航运业经营的调查和报告。

18 张后铨主编，《招商局史：近代部分》，第 96 页，第 191 页，第 247–248 页。

19 Balachandran, "Conflicts in International Maritime Labour Market," 74–75.

20 关于船长的雇佣条件，参见：JSS I 21 Sep. 1872, 6 Jun. 1874, 20 Feb. 1890.

21 中国海员工会全国委员会编，《中国海员工人运动大事年谱》，第 10–11 页；江天凤编，《长江航运史（近代部分）》，第 188–197 页。

22 这种招工制度不仅限于航运业，是上海等大城市码头和工厂招工的常见方式。Hershatter, *Workers of Tianjin*；140–44；Honig, *Sisters and Strangers*, 79–87；Perry, *Shanghai on Strike*, 53.

23 特定航线雇用船员往往有对口的港口：北方沿海航线对口天津，南方沿海航线为广州，长江航线则为上海。（清）赵必振，《最近扬子江之大事》，第 27 页；中国海员工会全国委员会编，《中国海员工人运动大事年谱》，第 11 页。

24 Cook, *Lion and the Dragon*, 72–73.

25 《邮传部二次统计表》（1908），转载自朱荫贵：《国家干预经济》，第 195–197 页。

26 聂宝璋编，《中国近代航运史资料·第一辑（1840—1895）》，第二卷，第 1227–1228 页。

27 JSS I 19 Jan. 1872.

28 NCH 15 Mar. 1877, 258–59. 当 20 世纪 20 年代美国船只大规模返回中国水域时，在执行这项法律时也存在类似的问题。Grover, *American Merchant Ships*, 49–50.

29 张后铨主编，《招商局史：近代部分》，第 93–97 页，第 181–190 页。

30 JTS-HZB, 146；王洸，《中国水运志》，第 202–203 页。

31 张后铨主编，《招商局史：近代部分》，第 79–81 页，第 174–175 页。仁和保险公司和徐润于 1878 年创办的另一家保险公司与轮船招商局有着一定的关系，但从未达到为招商局船队提供保险的能力。

32 Ibid., 96；朱荫贵，《国家干预经济与中日近代化》，第 201 页。

33 张后铨主编，《招商局史：近代部分》，第 353–364 页。

34 Ibid., 353–54, 446.

35 清朝的海军院校包括福州船政局附属学校（成立于 1861 年）和李鸿章于 19 世纪 80 年代创办的一批专科院校。戚其章，《晚清海军兴衰史》，第 177–182 页；Rawlinson, *China's Struggle*, 154–56.

36 1912 年，早期的民国政府建立了一所培养商船船员的学校，即吴淞商船专科学校。该校于 1915 年因经费、毕业生就业以及寻求实习机会时遇到困难等问题而停办。江天凤

编，《长江航运史（近代部分）》，第 302 页；王建平，《中国航权问题》，第 101 页；王
洸，《航业与航权》，第 139 页。

37　海关海事处试图通过扣押因船长或工程师造成明显危险的船舶，来控制不断增多的没有
正式认证程序的中国船长和工程师。这种做法是未经许可的海关部门权力的延伸。海事
处官员是不允许对中国船员进行测试的，因为这种测试可能会被解读为一种认证形式；
相反，他们试图确定的是代理船长或工程师所声称的经验是否适合相应的船只。CMC
679/21057, 5 Mar. 1918.

38　Chamberlain, *Foreign Flags,* 20.

39　朱荫贵，《国家干预经济与中日近代化》，第 174–176 页。

40　Ibid., 185–91.

41　张后铨主编，《招商局史：近代部分》，第 353 页。

42　Chamberlain, *Foreign Flags,* 19–20.

43　Broeze, "Muscles of Empire," 46.

44　Balachandran, "International Maritime Labour Market," 74–76；Broeze, "Muscles of
Empire," 44–45；Bern stein, *Steamboats on the Ganges,* 116, 127–28；Balachandran,
"Recruitment and Control," 1–18.

45　Headrick, *Tentacles of Progress,* 321–24, 369.

46　K.-C. Liu, *Anglo-American Steamship Rivalry,* 88–89；IMC Reports on Trade 1869, 41,
1870, 22；Tajima Shigeji, *Yōsukō kisengyō,* 45.

47　根据海关专员报告，1868 年进出镇江的轮船乘客超过 1 万人次，1870 年途径汉口的轮
船乘客还不到 1 万人次（IMC Reports on Trade, Chinkiang, 1868, Hankow, 1870）。《字林
西报》对乘客名单的一项调查显示，1872 年至 1923 年期间，登记的中国乘客人数稳步
增长。长江航线和沪甬航线客运量最大。《字林西报》的 19 世纪 70 年代到 20 世纪 90
年代的"到站"名单中曾断断续续报道过中国乘客的人数——长江航线或沪甬航线轮船
上的中国乘客有 150–400 人次，天津至上海或香港到上海的中国乘客人数则要少一些
（约 100 人次）（*North China Daily News* 1872–1915 *passim*）。1931 年，太古轮船公司计
划建造可容纳 1000 名乘客的轮船，为长江中下游航线上的 210 万乘客提供服务。JSS
III 27 Feb. 1931.

48　JSS III 15 Feb. 1872；OSK, 11；Nagoya shōgyō kaigisho, S*hinkoku shinkai kōjō shōgyō*, 127.

49　JSS III Feb. 1928.

50　OSK, 11. 在其他环境中，轮船设计同样按照乘客的等级排列，使一些人能够享受阳光
和新鲜空气，并远离发动机的噪音和热量的干扰（Howarth and Howarth, *Story of P&O*,
67）。

51　Geil, *Yankee on the Yangtze,* 13.

333

52　上海商业储蓄银行旅行部,《游船须知》, 第 10–12 页。

53　OSK, 50–51；JSS II 21 Jul. 1922.

54　沙为楷,《中国买办制》, 第 28–30 页；Negishi Tadashi, *Baiben seido no kenkyū, 200–201*；Tōa Dōbun Shoin, *Shina keizai zensho*, vol. 2, 361–63；Tajima Shigeji, *Yōsukō kisengyō*, 39.

55　《申报》, 1888 年 6 月 30 日；郑国翰,《蜀程日记》, 第 2b–3a 页；舒新城,《蜀游心影》, 第 7–14 页；郭沫若,《初出夔门》, 第 325 页。

56　沙为楷,《中国买办制》, 第 29 页。关于买办伪造公司收益报告的投诉有很多, 其中一些表明船长知道并可能参与了这种行为, 比如：JSS I 13 May 1874；JSS I 5 Oct. 1910.

57　《申报》, 1888 年 6 月 30 日。

58　Cook, *Lion and Dragon*, 132–33；《航声》12:12（1930 年 12 月）, 第 45–46 页。

59　比如:《申报》, 1873 年 10 月 5 日。

60　葛元煦,《沪游杂记》, 第 21 页；《申报》, 1873 年 11 月 5 日、1879 年 9 月 18 日、1880 年 6 月 6 日。

61　Gill, *River of Golden Sand*, 45。

62　Percival, *Land of the Dragon*, 2–3；Bird, *Yangtze Valley and Beyond*, 56.

63　Fitkin, *Great River*, 7；Torrible, *Yangtsze Reminiscences*, 2–3. 他们对中国轮船头等舱的奢华做了浓墨重彩的描述, 与跨大西洋航线或半岛东方轮船公司的轮船有得一比。头等舱通常被称为"漂浮的宫殿"或"移动的旅馆", 装饰华丽, 食物多到吃不完, 让人难以忘怀。Fox, *Ocean Railway*, 197；Hunter, *Steamboats on the Western Rivers*, 390；Howarth and Howarth, *Story of P&O*, 62.

64　*North China Daily News*, Jul. 1872– Nov. 1923 passim.

65　Cook, *Lion and Dragon*, 84；Percival, *Land of the Dragon*, 82–83.

66　Bird, *Yangtze Valley and Beyond*, 83.

67　JSS I 15 Feb. 1872；Nagoya shōgyō kaigisho, *Shinkoku shinkai kōjō shōgyō*, 127；OSK, 11.

68　*North China Daily News*, 4 Jan. 1877, 2 Jun. 1881, 14 Mar. 1884, 26 Sep. 1891.

69　Nagoya shōgyō kaigisho, *Shinkoku shinkai kōjō shōgyō*, 127.

70　Han Suyin, *Crippled Tree*, 278–80.

71　Bickers, *Britain in China*, 94.

72　Ibid., 174.

73　Torrible, *Yangtsze Reminiscences*, 3；Cook, *Lion and Dragon*, 131–32.

74　Nagoya shōgyō kaigisho, *Shinkoku shinkai kōjō shōgyō*, 127.

75　参见本章此后详述的张运案。NCH 24 Jun. 1879, 626–27.

76　OSK, 11.

77　Bird, *Yangzi Valley and Beyond*, 83；Torrible, *Yangtsze Reminiscences*, 2–3.

334

78 李伯元，《官场现形记》（英文版），第 441–442 页。

79 Fitzgerald, *Awakening China*, 10–12.

80 强调服饰是民族或文化归属感的标志，在一定程度上可能要归因于清朝坚持将服饰和发型作为忠诚的象征的做法。19 世纪 50 年代，清政府认为，"发型和衣着"比出生地更能准确地决定公民身份（Waley- Cohen, *Sextants of Beijing*, 152；Fairbank, *Trade and Diplomacy*, 216–17）。后来，上海公共花园的规定要求日本人穿西装或日式服装，这样他们就不会被误认为是中国人而被禁止入内（Bickers and Wasserstrom, "'Dogs and Chinese Not Admitted, '"458, 462）。

81 参见：Rogaski, *Hygienic Modernity*, 133.

82 Stoler, *Carnal Knowledge and Imperial Power*, 84；Ballhatchet, *Race, Sex, and Class*, 110.

83 JSS I 13 Jun. 1900.

84 Bickers, *Britain in China*, 97–98.

85 Han Suyin, *Crippled Tree*, 278–80.

86 舒新城，《蜀游心影》，第 8 页。

87 1 NCH 24 Jun. 1879, 626–27.《北华捷报》发表了该案件的审判报告。所有有关该案件的审判均源自这一报告。非常感谢柯塞北（Pär Cassel）让我注意到了这一事件。

88 Thampi, *Indians in China*, 76, 80–106.

89 Fox, *Ocean Railway*, 200.

90 Torrible, *Yangtsze Reminiscences*, 3.

91 Tōa Dōbun Shoin, kinsei gyokushin, 583.

92 江永生，《日清汽船株式会社概况》，第 26 页。

93 "大旅行"是东亚同文书院毕业生到中国不同地区实地考察的旅行。官方会把他们的考察结果进行汇编，学生们也会出版他们旅行的游记（Reynolds, "Training Young China Hands, "241–42；Fogel, *Literature of Travel*, 184–87）。关于乘坐中国头等舱旅行，参见：Tōa Dōbun Shoin, *Kohan sōtei*, 3, *Moku'u shippū*, 197, *Fūsan ushuku*, 2–3, 70, *Sokuseki: Dai ryokō kinenshi*, 158.

94 Peattie, "Japanese Treaty Port Settlements," 171–72, 187, 193.

95 Nagoya shōgyō kaigisho, *Shinkoku shinkai kōjō shōgyō*, 131; Tōa Dōbun Shoin, *Moku'u shippū*, 196, *Koketsu ryūgan*, 106.

96 Nakano Kozan, *Shina tairiku*, 12；贺伯辛，《八省旅行见闻录》，第 37 页。

97 NCH 24 Jun. 1879, 626–27.

98 Bickers and Wasserstrom, "'Dogs and Chinese Not Admitted, '"458.

99 毕可思在描述英国殖民者群体的"性禁忌"时提到，与日本人或俄罗斯人结婚比与中国人结婚更容易被人接受。Bickers, *Britain in China*, 98.

100 Tōa Dōbun Shoin, *Kinsei gyokushin*, 583.

101 Nagoya shōgyō kaigisho, *Shinkoku shinkai kōjō shōgyō*, 127.

102 OSK, 68–69.

103 郑观应,《盛世危言》, 第 636–637 页。

104 NCH 10 Oct. 1872, 301；Percival, *Land of the Dragon*, 83.

105 Knollys, *English Life in China*, 115.

106 Bird, *Yangtze Valley and Beyond*, 83.

107 Nakano Kozan, *Shina tairiku*, 15, 52–53.

108 有关上海文人记者的评论角度, 参见: Mittler, *Newspaper for China?*

109 《申报》, 1884 年 2 月 14 日、1891 年 3 月 25 日；Cassel, *Grounds of Judgment*, 164–70.

110 《申报》, 1876 年 4 月 29 日、1876 年 9 月 18 日。

111 葛元煦,《沪游杂记》, 第 21 页。

112 在吴趼人的叙述中, 一天晚上, 中国头等舱的乘客被一名男子的叫声吵醒, 该男子说他的东西被偷了。当一群人围着他时, 这名男子指控隔壁床的乘客就是小偷。由于被指控的人穿得像个准官员, 于是人们对这项指控提出了异议。最后, 人们发现这名官员的东西中有很多同行乘客的衣物, 指控其为小偷的那名男子的东西则在通舱与其暗中同谋的同伙那里。这起事件是晚清小说对官场的挖苦, 但也显示出乘客对外表的依赖似乎完全欺骗了他们。吴趼人,《二十年目睹之怪现状》, 第 7–9 页。

113 《申报》, 1876 年 4 月 29 日、1876 年 9 月 18 日、1880 年 6 月 6 日、1888 年 2 月 1 日、1888 年 2 月 3 日、1888 年 6 月 30 日。

114 《申报》, 1876 年 4 月 29 日。

115 《申报》, 1894 年 7 月 19 日;《点石斋画报》初集（乙）, 第 36 页。

116 《申报》, 1894 年 7 月 19 日。东南港口台北和北海的清朝官员借助海关部门检察人员来阻止这些港口的妇女和女童买卖的行为。H. B. Morse Papers, Tamsui 7 Jul. 1894 and Pakhoi 5 Aug. 1898.

117 《申报》, 1876 年 4 月 29 日、1876 年 9 月 18 日。

118 《申报》, 1876 年 4 月 29 日。

119 《申报》, 1888 年 6 月 30 日。

120 在第一次鸦片战争之前, 在广州的欧洲船舶是制定治外法权依据的所在。在诸如英籍商船"休斯夫人"案（Lady Hughes, 1784）和美籍商船"爱米莉号"案（Emily, 1821）等案件中, 清朝官员以在中国犯下罪行为由审判并处决了相关船员。这些案件为治外法权这项条约条款提供了正当理由。1843 年签订的《虎门条约》（英国）规定, 悬挂外国旗帜的船只内部为域外管辖区, 船上所有人员和货物均受英国法律管辖。这一条款被证明是《公海法》的延伸,《公海法》规定, 当船舶在海上时, 船舶原籍国的法律适用于船舶本身的空间。Morse, *International Relations*, vol. 1, 425.

121　PRO- FO 228/4012, 25 Sep. 1929.

122　Morse, *International Relations,* Vol. 2, 130.

123　《点石斋画报》，匏六（1892），第 48 页。另请参见：Ye Xiaoqing, *Dianshizhai Pictorial*, 170.

124　《湖北交涉署交涉节要》，第 30a 页。当陆上机构受到挑战时，中国当局提供的临时避
　　　难所也很重要。怡和洋行在汉口的代理人提出让公司买办及其员工和家人住在"昌和
　　　号"轮船上，以此说服他们待在汉口。买办随后付给公司 2000 美元，安排他的 80 位
　　　朋友和他一起上船，在上面住了一个星期（JMA J 18/1, 15 Oct. 1911）。在 1981 年长
　　　江沿岸发生的一系列反洋斗争中，商船也被用来隔离或转移长江流域通商口岸的外国
　　　居民。在这种情况下，这些船只可能会成为列强海军舰队的附属船队，被招来保护
　　　外国人的生命和财产，或只是在外国居民和闹事者之间提供一道有效的屏障（IMC
　　　Decennial 1882–91, Wuhu, 261 and Hankow, 167）。

125　JSS I 20 Mar. 1901.

126　Cook, *Lion and Dragon*, 132.

127　Blake, *B.I. Centenary*, 65–67.

128　Gandhi, "Letter to Secretary, " 474–76.

129　Tan Shi- hua, *Chinese Testament*, 188.

130　Bickers and Wasserstrom, " 'Dogs and Chinese Not Admitted, ' " 454；另一个轮船旅行激
　　　发民族主义转变的例子，可参见：卢国纪，《我的父亲卢作孚》，第 22 页。

131　Foucault, "Of Other Spaces, " 6.

132　Bickers, *Britain in China*, chap. 3.

第五章　航运民族主义：民国初年的航运政治与商业（1912—1927）

1　　于尔根·奥斯特哈默指出，军阀混战时期，没有中央政府可以像清政府那样对类似马
　　　嘉理案或义和团运动的地方事件负责。领事部门很难确保对袭击或威胁外国人的中国
　　　人进行惩罚，对欠外国人钱的中国人的法庭判决常常被忽视（Osterhammel, "China, "
　　　647–48）。北洋政府可以保持名义上的中心地位的一个关键原因是，中国海关通过北洋
　　　政府偿还赔款和支付贷款。中国海关的收入全被用于对外贷款服务，支付中国的赔款
　　　（Hall, *Chinese Maritime Customs*, 30, 35）。尽管也有新的通商口岸开放，但大多数是共
　　　和政府为了促进轮船和铁路运输之间的联系主动开放的（杨天宏，《口岸开放与社会变
　　　革——近代中国自开商埠研究》，第 394-397 页）。

2　　Tim Wright, *Coal Mining*, 120–25；Esherick, *Reform and Revolution*, 82–84；Rankin,
　　　"Nationalistic Contestation, " 321–22.

3　　Rankin, "Nationalistic Contestation, " 317.

4   Ibid., 339.

5   Ibid., 317–18.

6   Ibid., 321–22; Rankin, *Elite Activism*, 253, 268.

7   樊百川,《中国轮船航运业的兴起》,第 412–413 页;JTS-HZB,375–376.

8   Bryna Goodman, *Native Place, City, and Nation*, 140.

9   Ibid., 140–41; 樊百川,《中国轮船航运业的兴起》,第 412–413 页; 朱荫贵,《中国近代轮船航运业研究》,第 18 页。

10   DesForges, *Hsi-liang*, 63。

11   Rankin, "Nationalistic Contestation," 323–24; Blue, "Land and River Routes," 171–73; Little, *Through the Yang-tse Gorges*, 287–300; IMC Decennial, 1892–1901, Ichang, 180.

12   CMC 679/1030; 外务部档案,02-06-7(4),02-06-5(1),02-06-5(2); 邓少琴,《近代川江航运简史》,第 93 页。

13   隗瀛涛、周勇,《重庆开埠史》,第 63–64 页; 邓少琴,《近代川江航运简史》,第 94–95 页; DesForges, *Hsi- liang*, 63.

14   薄蓝田(Cornell Plant)是大清海关部门的长江上游巡江工司,曾于 1898 年担任阿绮波德·立德所乘轮船的船长。他设计了一艘由一个强大的蒸汽拖船拖着货舱组成的轮船。这一设计解决了长期存在的三个问题:要想在急流中航行,船只动力必须足够强;要想通过浅滩,船只吃水必须足够浅;要想赚得运费,船只的货舱必须足够大。邓少琴,《近代川江航运简史》,第 93 页; CMC 679/1027.

15   朱荫贵,《中国近代轮船航运业研究》,第 16–17 页。

16   张后铨主编,《招商局史: 近代部分》,第 268–271 页。

17   Ibid., 293.

18   Fung, *Diplomacy of Imperial Retreat*, 14–21.

19   Bau, *Foreign Navigation in Chinese Waters*, 21–22.

20   Bergère, *Golden Age*, chap. 2.

21   朱荫贵,《中国近代轮船航运业研究》,第 21–27 页; 樊百川,《中国轮船航运业的兴起》,第 468–470 页。

22   朱荫贵,《中国近代轮船航运业研究》,第 82 页。

23   Ibid., 87–88。

24   两家公司 1927 年的船队名单,参见: Yonesato Monkichi, *Chōkō kō'un shi*, 5–15, 29–36.

25   Ibid., 51–54.

26   朱荫贵,《中国近代轮船航运业研究》,第 91–94 页; 樊百川,《中国轮船航运业的兴起》,第 556–560 页。

27   朱荫贵,《中国近代轮船航运业研究》,第 84 页; 樊百川,《中国轮船航运业的兴起》,

第 567–572 页。

28 张后铨主编，《招商局史：近代部分》，第 309–310 页；Zhang, Chen, and Yao, *Swire Group*, 157–58.

29 Shao, "Space, Time, and Politics," 101.

30 江天凤编，《长江航运史（近代部分）》，第 220–223 页；关于大达集团的形成，又见 JTS- HZB, 319–321, and Köll, *Cotton Mill to Business Empire*, 260–61.

31 三北集团由四家公司组成：三北轮埠公司、鸿安轮船公司、宁兴轮船公司（该公司只 经营了一艘服务沿海航线的船只），以及鸿升码头堆栈公司。关于其形成，参见：JTS- HZB, 391–397；Yonesato Monkichi, *Chōkō kō'un shi*, 37–40；江天凤编，《长江航运史 （近代部分）》，第 248–251 页；樊百川，《中国轮船航运业的兴起》，第 479–481 页。

32 最初的鸿安公司于 1909 年停止运营，虞洽卿和他的合伙人早在当年就获得了该公司的 控制权。然而，在接下来的十年里，他们一直让其悬挂英国旗帜，因为鸿安的码头和 岸上地产都位于通商口岸的英国租界内。如果鸿安改旗易帜，在使用设施时就会遇到 麻烦。1918 年，虞洽卿向北洋政府申请，并成功获得了德国梅尔切斯公司（Melchers & Company）岸上地产的租约。梅尔切斯公司曾是北德劳埃德公司的代理商。英国驻汉口 总领事建议怡和洋行申请使用这些设施。这一事实表明，大国之间在码头设施上面仍然 存在着竞争。有了这些码头和仓库的使用权，虞洽卿就可以通过买断剩余的英国股票， 把鸿安变成一家完全由中国人控制的公司。Yonesato Monkichi, *Chōkō kō'un shi*, 37–38； JMA J23/1 30 Jan. 1919.

33 Yonesato Monkichi, *Chōkō kō'un shi*, 39–40.

34 Ibid., 55–58；江天凤编，《长江航运史（近代部分）》，第 249 页。

35 JMA J18/25 13 Jan. 1922, 30 Mar. 1922, 19 May 1922.

36 樊百川：《中国轮船航运业的兴起》，第 487 页；Tōa Dōbunkai, *Shina shōbetsu zenshi*, vol. 5, 401–8.

37 Yonesato Monkichi, *Chōkō kō'un shi*, 70.

38 Ibid., 84–85.

39 Ibid., 73–80.

40 关于搜查豁免原则的描述载于：PRO- FO 228/4012, 21 Jan. 1929 and 18 Mar. 1929.

41 Chamberlain, *Foreign Flags*, 20.

42 Ibid., 17–19.

43 Nisshin Kisen Kaisha, *Sanjū nenshi*, 393–96；Gerth, *China Made*, 131, 161.

44 Nisshin Kisen Kaisha, *Sanjū nenshi*, 397, 399；Woodhead, *Yangtsze and its Problems*, 39.

45 关于罢工的进程，参见：JMA J18/31 and J18/32 20 Aug. 1925 and 7 Oct. 1925.

46 Gerth, *China Made*, 165, 175–76.

47 由于担心自己的船只遭到类似的攻击，太古轮船公司向船长发布相关规定，敦促他们与长江上游的中国沙船船民保持良好的关系，因为"船只在遇到困难时，保持良好的态度可能会是一个非常重要的优势"。JSS III 7 Nov. 1921.

48 Kapp, *Szechwan and the Chinese Republic*, 76；Woodhead, *Yangtsze and its Problems*, 35–36.

49 Woodhead, *Yangtsze and its Pro lems*, 75.

50 Fung, *Diplomacy of Imperial Retreat*, chap. 7；Woodhead, *Yangtsze and its Problems*, 39–40, 76.

51 Gerth, *China Made*, 19.

52 Woodhead, *Yangtsze and its Problems*, 76.

53 Wray, "Japan's Big-Three Service Enterprises," 53.

54 JMA J18/19 24 Sep. 1920, J18/46 2 Nov. 1932. 1917—1919 年，"三公司"之间签订了一份有效协议，1920—1925 年又重新签订了一份新的有效协议。

55 JMA J18/25 13 Jan. 1922.

56 JMA J18/23 S/O Shanghai- Hongkong 12 Dec. 1921.

57 JMA J18/25 8 Feb. 1922, 23 Feb. 1922, 2 Mar. 1922；聂宝璋、朱荫贵编，《中国近代航运史资料·第二辑（1895—1927）》上册，第 473–474 页。

58 JMA J18/25 11 May 1922, 19 May 1922, 30 Jun. 1922, 6 Jul. 1922, 14 Jul. 1922, 3 Aug. 1922, 15 Sep. 1922, J18/27 3 May 1923, 21 Jun. 1923, J18/29 5 Jun. 1924.

59 JMA J18/30 5 Aug. 1924, 25 Jul. 1924, J18/31 9 Jan. 1925, 24 Dec. 1924.

60 JMA J18/31 17 Apr. 1925, 24 Apr. 1925, 21 May 1925.

61 JMA J18/25 19 May 1922, also J18/31 30 Apr. 1925.

62 JMA J18/27 21 Jun. 1923.

63 JMA J18/30 20 Nov. 1924.

64 JMA J-30 5 Nov. 1924; JTS- HZB, 392–93; Yonesato Monkichi, *Chōkō kō'un shi*, 41.

65 JMA J18/31 30 Apr. 1925, 7 May 1925, 21 May 1925.

66 JMA J18/32 5 Nov. 1925；Yonesato Monkichi, *Chōkō kō'un shi*, 41.

67 JMA J18/32 7 Oct. 1925, 23 Dec. 1925.

68 JMA J18/32 24 Jul. 1925.

69 JMA J18/34 16 Apr. 1926, 7 May 1926, 3 Jun. 1926, J18/33 6 Jul. 1926.

70 JMA J18/35 20 May 1927, J18/48 15 Dec. 1933, J18/49 26 Jul. 1935.

71 Yeh, "Huang Yanpei," 26, and *Shanghai Splendor*, 28.

72 Gerth, *China Made*, 348.

73 樊百川，《中国轮船航运业的兴起》；朱荫贵，《中国近代轮船航运业研究》。

74　Bergère, *Golden Age*, 3–4.

75　Ibid., 49, 243.

76　Gerth, *China Made*, 336–37. Tim Wright, "Spiritual Heritage of Chinese Capitalism."

77　Köll, *Cotton Mill to Business Empire*, 25；丁日初、杜恂诚,《虞洽卿简论》, 第145–166页。

78　Bryna Goodman, *Native Place, City, and Nation*, 168, 189, 193–94, 205–6.

79　卢国纪:《我的父亲卢作孚》, 第1–10章。

80　Bergère, *Golden Age*, 193–94。

81　卢国纪:《我的父亲卢作孚》, 第14页。

82　Bryna Goodman, *Native Place, City, and Nation*, 207–8.

83　江天凤编,《长江航运史（近代部分）》, 第220–223页；JTS-HZB, 319–321.

84　江天凤编,《长江航运史（近代部分）》, 第248–251页；JTS-HZB, 319–397；丁日初、杜恂诚,《虞洽卿简论》, 第149页；方腾,《虞洽卿论》, 第66页。

85　卢作孚,《一桩惨淡经营的事业》, 第545–548页；郑东琴:《民生公司创业阶段纪略》, 第1–3页；童少生:《民生轮船公司纪略》, 第85–87页,《回忆民生轮船公司》, 第149页；凌耀伦编,《民生公司史》, 第22–29页。

86　Shao, *Culturing Modernity*, chap. 2.

87　Ibid., 5；Köll, *Cotton Mill to Business Empire*, chap. 7.

88　方腾,《虞洽卿论》, 第66页；Negishi Tadashi, *Baiben seido no kenkyū*, 306.

89　卢作孚把他在北碚的活动描述为乡村建设运动的一部分。所谓的乡村建设运动, 是1927年后南京政府、各省政府以及半独立的军阀政府开始关注中国农村地区, 在中国各地展开的社会运动。卢作孚对北培的发展有别于诸如晏阳初在河北定县以及梁漱溟在山东邹平县开展的著名的农村建设项目。卢作孚的重点在于工业企业, 而不是农业。它与张謇的南通模式更为相似。卢作孚在自己的文章《乡村建设》中强调了通过工业、现代交通、地方防御以及改善卫生条件来建设经济的重要性（卢作孚:《乡村建设》；凌耀伦编,《民生公司史》, 第21–22页；以及刘重来:《论卢作孚乡村建设之路》, 第122–128页；Alitto, *Last Confucian*, Hayford, *To the People*）。关于张謇和卢作孚思想的初步比较, 参见:严学熙,《卢作孚和张謇》, 第112–131页。

90　郑璧成,《四川导游》。

91　Köll, *Cotton Mill to Business Empire*, 286–87；Cochran, *Encountering Chinese Networks*, 117–21.

92　Köll, *Cotton Mill to Business Empire*, 11–12.

93　Zanasi, *Saving the Nation*, 4.

94　Bergère, *Golden Age*, 49, 243.

95　Köll, *Cotton Mill to Business Empire*, 65–66.

340

96　卢作孚，《一桩惨淡经营的事业》，第 546 页。关于民生公司的早期融资和组织，参见：郑东琴，《民生公司创业阶段纪略》，第 3 页。

97　方腾，《虞洽卿论》，第 66 页；JTS-HZB, 395；江天凤编，《长江航运史（近代部分）》，第 250 页。

98　民生公司研究室档案，第 147 页，第 19 页；江天凤编，《长江航运史（近代部分）》，第 250 页；Yonesato Monkichi, *Chōkō kō'un shi*, 37–38；JTS-HZB, 397.

99　方腾，《虞洽卿论》，第 66 页。

100　江天凤编，《长江航运史（近代部分）》，第 249–251 页；丁日初、杜恂诚，《虞洽卿简论》，第 152 页。

101　方腾，《虞洽卿论》，第 67 页。

102　JTS-HZB, 395–96.

103　方腾，《虞洽卿论》，第 67 页。

104　童少生，《回忆民生轮船公司》，第 149–150 页；凌耀伦编，《民生公司史》，第 32 页。

105　卢作孚，《一桩惨淡经营的事业》，第 551–552 页。

106　航运不是张謇大生纱厂集团的中心业务，但他似乎也有着类似的扩张与债务的关系。第一次世界大战后，由于其工厂、土地复垦公司和其他地方项目过度扩张，大生纱厂集团可谓负债累累。张謇承认，为了实现自己的商业抱负，他愿意负债。最终，该企业宣告破产，其债权银行参与了它的管理（Köll, *Cotton Mill to Business Empire*, chap. 6;；Shao, *Culturing Modernity*, 202）。

107　参见：Bergère, *Capitalismes et capitalistes*, 125.

108　Rao, *Short History of Indian Shipping*, 79–86.

109　Ibid., 86, 89–90.

110　参见：Headrick, *Tentacles of Progress*, 369–71；Rao, *Short History of Indian Shipping*, 91–92.

111　Rao, *Short History of Indian Shipping*, 102–5.

112　Ibid., 118.

113　Ibid., 121.

114　Ibid., 98.

第六章　南京和重庆：国家重返航运界（1927—1937）

1　因军阀战乱而破坏修约的最具戏剧性的例子之一，是 1931 年华北两个军阀哗变，加上日本占领满洲，使南京与英国就结束治外法权的谈判戛然终止。Fung, *Diplomacy of Imperial Retreat*, 165–66, 236.

2　Fung, *Diplomacy of Imperial Retreat*, 156–64 and chap. 10.

3　Otte, "Shipping Policy, Part II," 486, 488.

4　Ibid., 487. 该组织声明反对在新的中日条约中对航行权使用"互助"一词。该条约并没有规定日本放弃在中国沿海和内陆水域航行的权利，而是将在日本水域航行的权利扩至中国船只。船东们认为这只是一个维持现状的空洞姿态，因为日本船只将继续在中国水域享有稳固的地位，而刚刚起步的中国航运业几乎没有机会涉足日本海域的贸易，因为日本公司已为其提供了良好的服务。朱汇森编，《航政史料》，第 1055–1058 页。

5　王建平，《中国航权问题》，第 105–107 页。关于虞洽卿参与上海航业公会的情况，参见：方腾，《虞洽卿论》，第 67 页；丁日初、杜恂诚，《虞洽卿简论》，第 160 页。

6　朱汇森编，《航政史料》，第 1055–1066 页；王建平，《中国航权问题》，第 106–107 页。

7　Coble, *Shanghai Capitaists*, 30；Fewsmith, *Party, State, and Local Elites*, 117.

8　朱汇森编，《航政史料》，第 1–4 页。

9　这些航运协会与政府之间的关系在清末民初不乏先例。上海航业公会是清末代表政府部门行使行政和组织职能的地方航运协会在南京十年时期的一个翻版。JTS-HZB 103–118. 关于南京十年期间国家和这类组织之间相互渗透的记录，参见：Bryna Goodman, *Native Place, City, and Nation*, 291–304.

10　HYYK 1:1 (Jul. 1930), 1.

11　HYYK 1:1 (Jul. 1930), 1:2 (Aug. 1930), 1:3 (Sep. 1930), 1:4 (Oct. 1930), 1:5 (Dec. 1930), 1:6 (Jun. 1931), 1:7 (Jul. 1931), 1:8 (Aug. 1931), 1:10 (Oct. 1931), 1:11 (Nov. 1931).

12　含有部分或全部此类观点的文章有：卢化锦，《沿岸及内河内港航行权问题》；HYYK 1:2（1930 年 8 月），第 1–5 页；HYYK 1:2 (Aug. 1930), 1–5；HYYK 1:3 (Sep. 1930), 10–16；HYYK 1:4 (Oct. 1930), 18–38；HYYK 1:4 (Oct. 1930), 39–43；HYYK 1:6 (Jun. 1931), 23–28；朱汇森编，《航政史料》，第 1058–1066 页；王建平，《中国航权问题》，第 92–95 页；Ball, Foreign Navigation, 20-21；王洸，《航业与航权》，第 176–177 页。

13　这些方案的提出，可参见：Bau, *Foreign Navigation*, 25–27；王建平，《中国航权问题》，第 96–104 页；王洸，《航业与航权》，第 135–156 页；卢化锦：《沿岸及内河内港航行权问题》；HYYK 1:3 (Sep. 1930), 10–16.

14　Stanley Wright, *Hart and the Chinese Customs*, 295–316. 19 世纪 60 年代末，成立海关海事处时，赫德建议由该机构监督航运、港口和领航事务。他认为，将这些纳入海关部门管理比设立单独的机构来处理更有效率。晚清的邮传部和北洋政府的交通部打算让它们的航运部门接管这些事务。就北洋政府而言，该计划因海关部门的强烈反对而被束之高阁。王洸，《中国水运志》，第 178 页；江天凤编，《长江航运史（近代部分）》，第 399–400 页；Chu, *China's Postal*, 113.

15　Brunero, *Britain's Imperial Cornerstone*, 98–99.

16　王洸，《中国水运志》，第 279 页；江天凤编，《长江航运史（近代部分）》，第 406–407 页。

17　Bau, *Foreign Navigation*, 28.

18　Ibid., 28–29.

19　Otte, "Shipping Policy, Part II," 488, 500.

20　Ibid., 489.

21　Fung, *Diplomacy of Imperial Retreat*, 236–38.

22　有两个细小变化：一是自 1931 年 7 月起，在中国水域经营的外国航运公司必须将其船只交给航政局（而非海关部门）的中国检查员进行检验（Chu, *China's Postal*, 141–42）。二是 1929 年出台的反对执行搜查豁免原则的决定，本章后面会对此进行详细阐述。

23　Chu, *China's Postal*, 115–16, 125–26, 147.

24　本节修订自：Reinhardt, "'Decolonisation' on the Periphery."

25　Kapp, *Szechwan and the Chinese Republic*, 7.

26　Ibid., 39, 42.

27　Baumler, "Playing with Fire," 48.

28　CMC 679 (1) 32046, 9 Sep. 1925 and 10 Sep. 1925.

29　CMC 679 (1) 32046, 9 Sep. 1926.

30　Ibid. 之后对这些船只在军旗下进行贸易的不满，参见：CMC 679 (1) 32047, 22 Jan. 1927.

31　关于川江航运危机的描述，参见：《星槎周刊》，第 1 期（1930 年 6 月）：第 4–10 页，第 6 期（1930 年 7 月 5 日）：第 1–7 页；HYYK 2:5-6（1932），1–7；朱汇森编，《航政史料》，第 1058–1066 页。

32　我在英文原文中将川江航务管理处翻译成 Upper Yangzi Navigation Bureau，因为其所参考的英文文献都是用这一英文名称指代的（比如 JSS, CMC）。读者不应将其与国民政府的航政局混淆，因为有些文献也将航政局翻译成 navigation bureau。

33　张瑾，《权力、冲突与变革》，第 268–269 页；刘航琛，《戎幕半生》，第 174–176 页；童少生，《民生轮船公司阶段纪略》，第 85–86 页，《回忆民生轮船公司》，第 149 页。

34　凌耀伦编，《民生公司史》，第 29 页。同时参见：JSS III 2/8 Box 89, 13 Sep. 1929. 太古驻重庆的代表写道："川江航务管理处原有的士兵衣衫褴褛、军容不整，卢作孚用他在龙湾塘附近学校里严守秩序的学员替换了他们。这些学员无疑为港口的纪律制定了新的标准。"

35　凌耀伦编，《民生公司史》，第 27–28 页；卢国纪，《我的父亲卢作孚》，第 100 页；卢作孚，《一桩惨淡经营的事业》，第 548 页。该程序的详细说明参见：《星槎周刊》第 6 期（1930 年 7 月 5 日），第 19–23 页。

36　HYYK 2:5-6（1932），6;《星槎周刊》第 6 期（1930 年 7 月 5 日），第 6–7 页。

37　《星槎周刊》第 6 期（1930 年 7 月 5 日），第 23–27 页。

38　卢国纪，《我的父亲卢作孚》，第 94 页。

39　CMC 679 (1) 32047, 8 Feb. 1927, 18 Apr. 1927, 7 Sep. 1927.

40　刘航琛,《戎幕半生》, 第 177 页。

41　凌耀伦编,《民生公司史》, 第 31 页。

42　一项始于 1929 年 5 月的调查称, 万县惨案没有得到解决是其原因, 但英国公司怀疑, 这项调查得到了川江货运公会的支持, 目的是为了减少中国公司面临的来自英国公司联运系统的激烈竞争。JSS III 2/8 Box 89 1929, 10 May 1929, 17 May 1929, 24 May 1929, 12 Jul. 1929.

43　1929 年, 刘湘已将 1925 年和 1926 年动员码头工人进行抵制的工人组织者驱逐, 但工人们对这些抗议战术还是很熟悉的, 因为 1929 年之后, 中国航运企业组织的抵制活动仍 在 持续。Kapp, *Szechwan and the Chinese Republic*, 78–80; Remer, *Study of Chinese Boycotts*, 98, 100; JSS III 2/8 Box 89 1929, 10 May 1929, 17 May 1929. 关于不断发生的抵制运动的动员力量, 参见: Gerth, *China Made*, 168.

44　《重庆商务日报》1929 年 8 月 9 日, 第 1 页。

45　JSS III 2/8 Box 89 1929, 12 Sep. 1929.

46　PRO-FO 228/4012, 18 Mar. 1928 (Lampson to Foreign Office); 228/4224, 4 Apr. 1930 (Chongqing Consul to Lampson); 228/3833, 15 Jun. 1928 (Lampson to Hankou Consul); 228/4012 21 Jan. 1929, 18 Mar. 1929.

47　PRO-FO 228/4012, 22 Jan. 1929, 13 May 1929 (Lampson to Foreign Office).

48　PRO-FO 228/4224, 1 Jan. 1930 (British Legation to consuls). 不执行搜查豁免原则的决定与英国 1926 年后对中国民族主义的总体政策是一致的: 放弃次要的条约权利和特权, 保护更重要的条约权利和特权, 比如英国公民的治外法权。伴随这一政策而来的是, 英国商业公司必须与当地妥协, 而不是依赖领事和炮舰执行他们的条约权利。参见: Fung, *Diplomacy of Imperial Retreat*, 8; Osterhammel, "China, " 655.

49　陈锦帆,《川江烟毒走私见闻》, 第 565 页。

50　《星槎周刊》第 8 期（1930 年 7 月 19 日）, 第 5–7 页。

51　《星槎周刊》第 23 期（1930 年 11 月 1 日）, 第 8–11 页。

52　卢作孚,《一桩惨淡经营的事业》, 第 548 页。

53　JSS III 2/8 Box 89 1929, 13 Sep. 1929.

54　Ibid.

55　HYYK 2:5 (1932), 6.

56　王建平,《中国航权问题》, 第 11–115 页; 同时参见一篇刊印在 1929 年 8 月 16 日出版的《大中华日报》的文章翻译, 该翻译稿件保存在 :JSS III 2/8 Box 89 1929, 13 Sep. 1929.

57　朱汇森编,《航政史料》, 第 1058–1066 页。

58　《星槎周刊》第 7 期（1930 年 7 月 12 日）, 第 12 页。

59　关于川江航务管理处与南京国民政府交通部的通信互动, 参见:《星槎周刊》第 1 期

（1930 年 6 月 1 日），第 17–19 页；第 21 期（1930 年 10 月 18 日），第 6–7 页；第 22 期
（1930 年 10 月 25 日），第 5–6 页；第 29 期（1930 年 11 月 13 日），第 4–6 页；第 40 期
（1931 年 3 月 14 日），第 1–2 页；第 41 期（1931 年 3 月 21 日），第 1–2 页；第 42 期（1931
年 3 月 28 日），第 1–5 页；第 43 期（1931 年 4 月 4 日），第 1–4 页。《星槎周刊》还发
表了涉及国家收回航权问题的具体文章，比如：第 16 期（1930 年 9 月 13 日），第 4–6 页；
第 21 期（1930 年 10 月 18 日），第 15–18 页；第 37 期（1931 年 2 月 14 日），第 6–8 页；
第 44 期（1931 年 4 月 11 日），第 16–21 页。其中许多文章可能是从其他期刊转载的。

60　CMC 679 (1), 32051, 22 Apr. 1931, 28 Oct. 1931.

61　CMC 679 (1), 32050, 27 Jun. 1930.

62　CMC 679 (1), 32051, 24 Sep. 1931 and 4 Apr. 1934.

63　陈锦帆，《川江烟毒走私见闻》，第 558 页。交通部下属的航政局与监管航运的地方机
构在四川省和湖北省其他地方也发生过冲突。这些地方机构是为了地方财政的利益而设
立的，其职能往往与海关部门或航政局重叠：登记船只、签发许可证、裁决航运纠纷、
维持安全标准。参见：江天凤编，《长江航运史（近代部分）》，第 402–405 页。

64　Kapp, *Szechwan and the Chinese Republic*, 82–83, 133.

65　卢作孚，《一桩惨淡经营的事业》，第 549 页。

66　童少生，《回忆民生轮船公司》，第 149–150 页；凌耀伦编，《民生公司史》，第 32 页。

67　凌耀伦编，《民生公司史》，第 29 页，第 37–38 页。

68　Ibid., 32–33.

69　Ibid., 33–35.

70　Ibid., 33–34, 50.

71　Ibid., 34–37, 59–63.

72　Ibid., 43, 45–46.

73　Ibid., 48–50, 56.

74　Kapp, *Szechwan and the Chinese Republic*, 96.

75　张守广编，《卢作孚年谱长编》上册，第 419 页，第 442–444 页，第 499 页；江天凤编，
《长江航运史（近代部分）》，第 341–342 页。

76　凌耀伦编，《民生公司史》，第 83 页。张瑾认为，民生公司的股份分配得足够广泛，从
而使得第二十一军及其行政官员没能获得该公司的控股权（《权力、冲突与变革》，第
274–275 页）。1933 年至 1934 年，民生公司与宋子文的中国建设银公司达成协议，宋
子文及其岳父成为民生公司董事会成员。宋子文公司计划在重庆和成都之间修建一条铁
路，用新轮船将建筑材料运到上游。为了不让这一新吨位进入上游航线，民生公司同意
低价运输铁路物资和工作人员，中国建设银公司为民生公司提供 160 万元贷款，用于建
造新船（凌耀伦编，《民生公司史》，第 38–39 页）。

77　凌耀伦编，《民生公司史》，第 82–85 页，第 101–103 页。任何拥有 11 股以上的人，每拥有超过 11 股的 2 股，就会得到 1 股投票权；任何拥有 30 股以上的人，只允许拥有 20 股投票权。郑东琴从 1930 年至 1949 年一直担任民生公司董事长一职，但他在民生公司的股份只有 7 股。

78　从 1932 年开始，轮船招商局每年亏损达 125 万元，被迫将其部分财产抵押以换取经营费用。在北伐战争期间，它忍受了强征和现金捐助的要求。Chu, *China's Postal*, 123–24；江天凤编，《长江航运史（近代部分）》，第 335 页。

79　Fewsmith, *Party, State, and Local Elites*, 118–19；Coble, *Shanghai Capital ists*, 32–33；江天凤编，《长江航运史（近代部分）》，第 329 页；招商局清查整理委员会的报告发表于 1927 年：张人杰，《国民政府清查整理招商局委员会报告书》。

80　江天凤编，《长江航运史（近代部分）》，第 331–332 页；朱荫贵，《中国近代轮船航运业研究》，第 44 页；张后铨主编，《招商局史：近代部分》，第 380–384 页。《招商局总管理处汇报》记录了赵铁桥的改革措施。赵铁桥的调查揭开了招商局腐败案件，这些案件被称为"三大案"，其中之一便与李国杰在招商局直属的积余产业公司所扮演的角色有关。因为赵铁桥的调查，李国杰在积余公司的职务被罢免，积余正式并入轮船招商局（李孤帆，《招商局三大案》）。

81　朱荫贵，《中国近代轮船航运业研究》，第 41 页；Chu, *China's Postal*, 125；张后铨主编，《招商局史：近代部分》，第 403–408 页。

82　比如：王洸，《航业与航权》，第 140–143 页，第 147–150 页；王建平，《中国航权问题》，第 100–103 页，第 119 页。

83　Chu, *China's Postal*, 126；Cochran, *Encountering Chinese Networks*, 150–51.

84　江天凤编，《长江航运史（近代部分）》，第 333–335 页；张后铨主编，《招商局史：近代部分》，第 408–413 页。

85　朱荫贵，《中国近代轮船航运业研究》，第 44 页；Chu, *China's Postal*, 127.

86　江天凤编，《长江航运史（近代部分）》，第 335–336 页。

87　Ibid., 336–37；张后铨主编，《招商局史：近代部分》，第 414–426 页。

88　张仲礼、陈曾年、姚欣荣，《太古集团在旧中国》，第 191 页。

89　HYYK 3:10（Feb. 1936），15；江天凤编，《长江航运史（近代部分）》，第 336–337 页。

90　HYYK 3:10 (Feb. 1936), 15.

91　HYYK 3:2 (Jun. 1935)，5–7.

92　Ibid., 6–11。

93　HYYK 3:10（Feb. 1936），13.

94　Ibid.；HYYK 3:3(Jul. 1935), 1–2.

95　Zhang, Chen, and Yao, *Swire Group*, 191–94；《航业年鉴》（1935 年），第 13 页；JMA J

18/49, 26 Jul. 1935. 怡和洋行信件中记载，即便是"三公司"也很难遵守他们在 1933 年达成的协议。怡和与太古考虑私下合并他们的业务，并进一步降低费率，迫使中国和日本的公司达成协议（JMA J18/48, 29 Jun. 1933, 29 Jul. 1933, 13 Dec. 1933）。

96 Chu, *China's Postal*, 140.

97 Ibid., 140；HYYK 4:6（Jan. 1937），6.

98 Zhang, Chen, and Yao, *Swire Group*, 254–78, 284–86.

99 王洸，《中国航业史》，第 82–83 页；凌耀伦编，《民生公司史》，第 402–426 页。

100 Rao, *Short History of Indian Shipping*, 94.

101 Ibid., 150–52.

102 王洸，《中国航业史》，第 82–83 页；凌耀伦编，《民生公司史》，第 402–426 页。

第七章 "新轮船"：社会空间的转型（1925－1937）

1 朱自清，《海行杂记》，第 104 页。

2 Ibid., 104.

3 Bau, *Foreign Navigation*, 28–29；王建平，《中国航权问题》，第 101 页；王洸，《航业与航权》，第 139–140 页。

4 Chu, *China's Postal*, 145. 吴淞商船专科学校的创办，其实是停办后复校。吴淞商船专科学校是早期共和政府于 1912 年兴办的。

5 《交通部统计年报 1930》，第 267–268 页；王洸，《航业与航权》，第 140 页。

6 CMC 679/21057, 5 Mar. 1918.

7 《交通部统计年报 1930》，第 272 页，《1931》，第 280 页，《1932》，第 326 页，《1934》，第 324–325 页；Chu, *China's Postal*, 146.

8 HYYK 2:1 (1 Mar. 1934), 1–18; HYYK 2:12 (1 Sep. 1934), 27–51.

9 《交通部统计年报 1934》，第 329 页。

10 江天凤编，《长江航运史（近代部分）》，第 333–334 页；张后铨主编，《招商局史：近代部分》，第 353–354 页，第 408–413 页，第 446 页。王建平在《中国航权问题》第 101 页处曾提及该学校，但据说该学校仅提供非常基础的教育和培训。

11 《航业年鉴》（1936），第 69–82 页。

12 Zhaoshang ju dang'an, 468/403，1936；HYYK 4:1 (Aug. 1936), 1–12.

13 PRO-FO 228/3834, 1 May 1928, 9 May 1928.

14 PRO-FO 228/4225, 4 Apr. 1930.

15 PRO-FO 228/4225, 2 Dec. 1930.

16 HYYK 4:1 (Aug. 193), 1–12;《航业年鉴》（1936 年），第 69–82 页。

17 凌耀伦编，《民生公司史》，第 116–117 页；卢作孚，《一桩惨淡经营的事业》，第

552–553 页。一份 1937 年有关民生公司的纪念刊列出了该公司雇用的一名意大利人和一名英国人名单，但没有具体说明他们在公司从事何种工作。《民生实业公司十一周年纪念刊》，第 174 页。

18　《航业年鉴》(1936)，第 62–82 页。

19　卢作孚，《一桩惨淡经营的事业》，第 552–553 页；凌耀伦编，《民生公司史》，第 116–117 页。

20　HYYK 3:10 (15 Feb. 1936), 11–16, 16.

21　JSS III 2 Box 87, 4 Nov. 1927.

22　Bickers, *Britain in China*, 177–88.

23　HYYK 4:1 (Aug. 1936), 1–12.

24　《交通部统计年报 1934》，第 327–329 页。

25　Chamberlain, *Foreign Flags*, 20.

26　PRO- FO 228/4226, 25 Jun. 1930.

27　Ristaino, "Russian Diaspora Community," 192–210.

28　Chesneaux, *Chinese Labor Movement*, 122.

29　Ibid., 180–84, 194；Ming K. Chan, "Labor and Empire".

30　JSS III 11 Aug. 1922, 1 Sep. 1922, 25 Jun. 1923；Chesneaux, *Chinese Labor Movement*, 180–84.

31　Broeze, "Muscles of Empire," 48–58；Balachandran, "International Maritime Labor Market," 94–95.

32　Susan Mann Jones, "Ningpo *pang*," 86；JSS III 2/16 Box 97, 13 Apr. 1934.

33　HYYK 2:11 (Mar. 1934), 1–18; HYYK 2:12 (Sep. 1934), 27–51.

34　本节的早期版本参见：Reinhardt, "Lu Zuofu and the Teaboy."

35　沙为楷：《中国买办制》，第 29 页；公司收到很多关于买办伪造收益的投诉，其中大多数都表明船长知道并可能参与了这种行为。JSS I 13 May 1874, 5 Oct. 1910.

36　Cook, *Lion and the Dragon*, 133.

37　《申报》的社论文章早在 19 世纪 70 年代就对茶房的行为提出了批评，如 1873 年 11 月 5 日出版的《申报》。

38　《新世界》第 2 期（1932 年 8 月 20 日），第 18–32 页。

39.　Cook, *Lion and the Dragon,* 132; HYYK 1:4 (1 Oct. 1930), 1–14.

40　Cook, *Lion and the Dragon,* 132; HYYK 1:4 (1 Oct. 1930), 1–14.。

41　PRO- FO 228/4012, 22 Jan. 1929, 13 May 1929.

42　JSS III 18 Dec. 1936.

43　JSS III 24 Oct. 1930, 9 Dec. 1932；Swire Group Archives, C-5-8-10, 13 Nov. 1931；江天凤编，《长江航运史（近代部分）》，第 333–334 页；张后铨主编，《招商局史：近代部分》，

第 408–413 页。

44　JSS Misc. 1 Jul. 1933.

45　JSS III 9 Dec. 1932.

46　JSS III 19 Dec. 1932.

47　JSS Misc. 30 Mar. 1933.

48　JSS III 19 Dec. 1932.

49　JSS III 17 Feb. 1933.

50　JSS Misc. 30 Mar. 1933。JSS Misc. 1 Aug. 1933.

51　JSS III 13 Jul. 1933；JSS Misc. 1 Aug. 1933.

52　JSS III 8 Aug. 1933.

53　JSS III 13 Jul. 1933.

54　JSS III 1 Sep. 1933, 16 Sep. 1933.

55　JSS III 13 Apr. 1934.

56　Chūgoku tsūshinsha, *Baiben seido*, 34；江永生，《日清汽船株式会社概况》，第 24–25 页；《新世界》第 2 期（1932 年 8 月 20 日）。日清的买办不用将客运业务的收入来支付货运业务的花费，因此他们并没有将茶房当成一个收入来源。该公司也没出现船上茶房数量过多的问题。日清船上茶房没有工资，但他们可以免费用餐，不准索要小费。关于怡和的劳工纠纷，参见：JMA J18/47, 7 Jun. 1933, 13 Jun. 1933, 19 Jun. 1933, 29 Jun. 1933；J18/48, 13 Jul. 1933.

57　JSS Misc. 15 Nov. 1933.

58　JSS III 13 Apr. 1934.

59　关于刘鸿生的改革，参见：朱荫贵，《中国近代轮船航运业研究》，第 46 页；张后铨主编，《招商局史：近代部分》，第 410–411 页；江天凤编，《长江航运史（近代部分）》，第 333–334 页。

60　JSS III 1 Sep. 1933；JSS III 24 Aug. 1934.

61　JSS III 1 Sep. 1933.

62　《新世界》第 47 期（1934 年 6 月 1 日）。

63　凌耀伦编，《民生公司史》，第 97 页。

64　卢作孚，《一桩惨淡经营的事业》，第 552 页。

65　同上；《民生实业公司十一周年纪念刊》，第 99–100 页。

66　卢作孚，《在民生公司八周年纪念大会上的开会词》，第 253 页。

67　高家龙如此解释公司等级："清晰的部门边界、干净的权利界限、详细的报告机制和正规的负责程序。" Cochran, *Encountering Chinese Networks*, 2. 凌耀伦编，《民生公司史》，第 98 页，第 103–110 页。

68　卢作孚，《在民生公司八周年纪念大会上的开会词》，第 253 页。

69　《新世界》第 51 期（1934 年 8 月 1 日）。

70　《新世界》第 22 期（1933 年 5 月 16 日）。

71　《民生实业公司十一周年纪念刊》，第 195–230 页。

72　Ibid., 111, 116。

73　凌耀伦编，《民生公司史》，第 119 页。

74　《民生实业公司十一周年纪念刊》，第 101–102 页。

75　卢作孚，《告茶房》，第 235–236 页。

76　凌耀伦编，《民生公司史》，第 138–140 页。

77　《新世界》第 51 期（1934 年 8 月 1 日）；《民生实业公司十一周年纪念刊》，第 101 页。

78　Torrible, *Yangtze Reminiscences*, 16；"民生"这个名字通常的罗马化写法是 Ming Sung。

79　HYYK 3:1 (1 May 1935), 7–8.

80　Cochran, *Encountering Chinese Networks*, 82–85；Duus, Myers, and Peattie, *Japanese Informal Empire in China*, 8；Bickers, *Britain in China*, 183. 早在 19、20 世纪之交，一些日本公司就试图换掉买办，但他们发现这种改变需要付出很大代价，十分困难（Tōa Dōbun Shoin, *Shina keizai zensho*, vol. 2, 370–81）。

81　Kapp, *Szechwan and the Chinese Republic*, 78–80.

82　Dirlik, "Ideological Foundations," 945–46.

83　Fitzgerald, *Awakening China*, 105.

84　《新运导报》第 4 期和第 5 期（1937 年 4 月），第 68–81 页；张守广编，《卢作孚年谱长编》上册，第 499 页。

85　《航业年鉴》（1935 年），第 8–10 页。

86　HYYK 3:2 (Jun. 1935), 8.

87　JSS III 21 Jun. 1935, 28 Jun. 1935；HYYK 3:3 (15 Jul. 1935), 13.

88　Chu, China's Postal, 135.

89　HYYK 3:5 (Sep. 1935), 1–3.

90　Ibid.

91　JSS III 16 Oct. 1936，同时参见：Chu, *China's Postal*, 135–36.

92　Chu, *China's Postal*, 135–36.

93　Ibid., 133–34；朱慧森编，《航政史料》，第 771–779 页。

94　Zhaoshang ju dang'an，468/403.

95　朱汇森编，《航政史料》，第 769–771 页。

96　Ibid., 790–99.

97　《新运导报》第 4–5 期（1937 年 4 月），第 68–81 页。

98 JSS III 21 Jun. 1935, 28 Jun. 1935.

99 JSS III 23 Apr. 1937；JSS Misc. 25 Feb. 1938；JSS III 26 Aug. 1938；Torrible, *Yangtze Reminiscences*, 19.

100 轮船招商总局,《旅航之友》,第 25—26 页。

101 JSS III 30 Aug. 1929.

102 《旅行杂志》1931 年, 1932 年。

103 《旅行杂志》(1932 年 5 月), 第 25–26 页。

104 Ibid.

105 JSS III 11 Jan. 1929.

106 Ibid.

107 卢作孚,《一桩惨淡经营的事业》, 第 545 页。

108 卢作孚,《东北游记》, 第 108 页。卢作孚的儿子卢国纪在回忆录《我的父亲卢作孚》(1984) 中描述了卢作孚 1914 年走出四川前往上海的第一次旅行。与当时的其他回忆录一样, 卢作孚的外省之旅被描述为他民族主义觉醒的重要时刻: 他也不喜欢把最好的旅行条件和服务只留给外国人和最富有的中国人的做法。此外, 这本回忆录还描述了卢作孚在抵达时, 遇到"华人与狗不得入内"的标语时的愤怒 (卢国纪,《我的父亲卢作孚》, 第 22 页)。

109 卢作孚,《东北游记》, 引自凌耀伦编《民生公司史》, 第 40 页。

110 《新世界》第 17 期 (1933 年 3 月 3 日), 第 1–3 页。

111 民生实业股份有限公司,《乘客须知》;《新世界》第 54 期 (1934 年 9 月 16 日), 第 12–15 页。

112 《新世界》第 17 期 (1933 年 3 月 3 日), 第 1–3 页。

113 民生实业股份有限公司,《乘客须知》, 第 1–20 页。

114 《新世界》第 17 期 (1933 年 3 月 3 日), 第 1–3 页。

115 郑壁成,《四川导游》, 第 3–4 页。

116 《新世界》第 61 期 (1935 年 1 月 1 日), 第 2–5 页。

117 许多游客是应民生公司的邀请或支持卢作孚重建努力参观北碚的。《旅行杂志》7:3(1933 年 3 月), 第 17–22 页; 贺伯辛,《八省旅行见闻录》, 第 8–10 页; 陈友琴,《川游漫记》, 第 12 页; 黄炎培,《蜀道》, 第 6–7 页; 胡先骕,《蜀游杂感》, 第 1–4 页。

118 童少生,《回忆民生轮船公司》, 第 154 页。

119 《新世界》第 54 期 (1934 年 9 月 16 日), 第 12–15 页。

120 《新世界》第 17 期 (1933 年 3 月 3 日), 第 1–3 页。

121 民生实业股份有限公司,《乘客须知》, 第 1–20 页。

122 卢作孚,《告茶房》, 第 235–236 页。

123 凌耀伦编，《民生公司史》，第 41 页。

124 《新世界》第 29 期（1933 年 9 月 1 日），第 21–25 页。

125 Foucault, "Of Other Spaces, " 3.

126 《民生实业公司十一周年纪念刊》，第 102 页。

127 比如《大学》，被摘录于：Chan Wing- tsit, *Sourcebook in Chinese Philosophy,* 85.

128 卢作孚，《超个人成功的事业》，第 412 页。

129 凌耀伦编，《民生公司史》，第 142 页，第 153 页。

130 同上，第 124–125 页。

131 童少生，《回忆民生轮船公司》，第 152 页。

132 卢作孚，《社会生活与集团生活》，第 311 页。

133 《新世界》第 51 期（1934 年 8 月 1 日）。

134 凌耀伦编，《民生公司史》，第 142 页，第 153 页。

135 《新世界》（1937 年 1 月 5 日），第 14–16 页；凌耀伦编，《民生公司史》，第 151 页。

136 Yeh, "Huang Yanpei, " 35–36；卢国纪，《我的父亲卢作孚》，第 26 页，第 45 页。

137 Culp, *Articulating Citizenship*, 163–64.

138 Fitzgerald, *Awakening China*, 78–79.

139 1938 年，卢作孚在重庆被蒋介石任命为交通部次长后，才正式加入国民党（《新民报（重庆）》，1938 年 6 月 27 日）。

140 Bergère, *Golden Age*, 209–13.

141 Morgan, "Scientific Management in China."。荣氏申新第三纺织厂、康源罐头厂、永泰缫丝厂、上海华盛电气公司、商务印书馆等都曾尝试过科学管理原则。在国民政府工商部长孔祥熙的领导下，中国科学管理协会作为研究和活动团体成立，其成员包括刘鸿生和荣宗敬。

351

142 Frazier, *Making of the Chinese Industrial Workplace*, 27–28, 57–59；Cochran, *Encountering Chinese Networks*, 70–116, 132–33. 同时参见：Yeh, "Corporate Space, Communal Time, " and Bergère, *Capitalismes et capitaliste*s, 115–17.

143 Yeh, *Shanghai Splendor*, 94–98.

144 Ibid., 99. 同见：Luaud Perry, *Danwei,* and Bian, *Making of the State Enterprise System.*

145 Yeh, *Shanghai Splendor*, 82, 86.

146 Bergère, *Capitalismes et capitalistes*, 117.

147 在企业的政治和道德方面，与卢作孚和民生公司最接近的是东亚公司的宋传典和宋棐卿父子。Sheehan, *Industrial Eden.*

148 卢作孚，《中国的根本问题是人的训练》，第 294–298 页。

149 卢作孚，《告茶房》，第 235–236 页。

结语　航运网络的去殖民化（1937－1956）

1　Howlett, "'Decolonisation' in China, " 224.

2　Coble, *China's Capitalists*, 54. JSS 8 April（1938），其中一段《朝日新闻》的资料对这家"大公司"的计划进行了描述。

3　JSS 31 Dec. 1937；JMA 18/51 14 Jan. 1938.

4　JSS 1 Oct. 1937, 15 Oct. 1937, 12 Nov. 1937.

5　JSS 8 Apr. 1938, 20 May 1938, 15 Jul. 1938, 26 Aug. 1938.

6　Zhang, Chen, and Yao, *Swire Group,* 203.

7　王洸，《中国航运史》，第 68 页。

8　Ibid., 68–69；JSS 12 Nov. 1937.

9　丁日初、杜恂诚，《虞洽卿简论》，第 164–165 页；王洸，《中国航业史》，第 69 页；王洸，《中国水运志》，第 60 页。

10　凌耀伦编，《民生公司史》，第 174 页。

11　Ibid., 189–201.

12　王洸，《中国航业史》，第 69–70 页；王洸，《中国水运志》，第 60–61 页；江天凤编，《长江航运史（近代部分）》，第 483–491 页；T. H. Sun, "Lu Tso- fu."

13　凌耀伦编，《民生公司史》，第 202–203 页。

14　同上，第 250–252 页，第 271 页。

15　卢作孚，《论中国战后建设》。

16　王洸，《中国航业史》，第 82 页。

17　黄绍洲，《招商局与民生公司的明争暗斗》，第 272–273 页。

18　Zhang, Chen, and Yao, *Swire Group,*255.

19　Ibid.,250–52,271.

20　凌耀伦、熊甫编，《卢作孚文集》（增订本），第 514 页。

21　张仲礼、陈曾年、姚欣荣，《太古集团在旧中国》，第 254–278 页，第 284–286 页。

22　王洸，《中国航业史》，第 82–83 页；凌耀伦编，《民生公司史》，第 402–426 页。

23　Dooley, " *Great Leap Outward,*" 56.

24　Vogel,*One Step Ahead in China*,130–33.

25　Dooley, " *Great Leap Outward*," 58,72.

26　Ibid.,57.

参考文献

外文文献

Adas, Michael. *Machines as the Measure of Men: Science, Technology, and Ideologies of Western Dominance.* Ithaca, NY: Cornell University Press, 1989.

Alitto, Guy S. *The Last Confucian: Liang Shu-ming and the Chinese Dilemma of Modernity.* 2nd ed. Berkeley: University of California Press, 1986.

Balachandran, G. "Conflicts in the International Maritime Labour Market: British and India Seamen, Employers, and the State, 1890–1939." *Indian Economic and Social History Review* 39:1 (2002): 71–100.

——. "Recruitment and Control of Indian Seamen: Calcutta, 1880–1935." *International Journal of Maritime History* 9:1 (June 1997): 1–18.

Ballhatchet, Kenneth. *Race, Sex, and Class under the Raj: Imperial Attitudes and Policies and their Critics, 1793–1905.* London: Weidenfeld and Nicolson, 1980.

Banno, Masataka. *China and the West, 1858–1861: The Origins of the Tsungli Yamen.* Cambridge, MA: Harvard University Press, 1964.

Barlow, Tani E. "Colonialism's Career in Postwar China Studies." In *Formations of Colonial Modernity in East Asia*, ed. Tani E. Barlow, 373–411. Durham, NC: Duke University Press, 1997.

Bau, Mingchien Joshua. *Foreign Navigation in Chinese Waters.* Shanghai: China Institute of Pacific Relations, 1931.

Baumler, Alan. "Playing with Fire: The Nationalist Government and Popular AntiOpium Agitation in

1927–1928." *Republican China* 21:1 (Nov. 1995): 43–91.

Bergère, Marie Claire. *Capitalismes et capitalistes en Chine: Des origines a nos jours* [Capitalisms and Capitalists in China: Origins to Today]. Paris: Perrin, 2007.

——. *The Golden Age of the Chinese Bourgeoisie.* Trans. Janet Lloyd. Cambridge: Cambridge University Press, 1989.

Bernstein, Henry T. *Steamboats on the Ganges: An Exploration in the History of India's Modernization through Science and Technology.* Bombay: Orient Longmans, 1960.

Bian, Morris L. *The Making of the State Enterprise System in Modern China: The Dynamics of Institutional Change.* Cambridge, MA: Harvard University Press, 2005.

Bickers, Robert. "Britain and China, and India." In *Britain and China*, ed. Bickers and Howlett, 58–83.

——. *Britain in China: Community, Culture, and Colonialism, 1900–1949.* Manchester: Manchester University Press, 1999.

——. "'Good Work for China in Every Possible Direction': The Foreign Inspectorate of the Chinese Maritime Customs, 1854–1950." In *Twentieth Century Colonialism and China*, ed. Goodman and Goodman, 25–36.

Bickers, Robert, and Christian Henriot, eds. *New Frontiers: Imperialism's New Communities in East Asia, 1842–1953.* Manchester: Manchester University Press, 2000.

Bickers, Robert, and Jonathan J. Howlett, eds. *Britain and China, 1840–1970: Empire, Finance, and War.* Abingdon, Oxon: Routledge, 2016.

Bickers, Robert, and Isabella Jackson, eds. *Treaty Ports in Modern China: Law, Land, and Power.* Abingdon, Oxon: Routledge, 2016.

Bickers, Robert, and Jeffrey Wasserstrom. "Shanghai's 'Dogs and Chinese Not Admitted' Sign: Legend, History, and Contemporary Symbol." *China Quarterly* (Jun. 1995): 444–66.

Biggerstaff, Knight. "The Secret Correspondence of 1867–8: Views of Leading Chinese Statesmen Regarding the Further Opening of China to Western Influence." *Journal of Modern History* 22:2 (June 1950): 122–36.

Bird, Isabella. *The Yangtze Valley and Beyond.* London: John Murray, 1899.

Blake, George. *B.I. Centenary.* London: Collins, 1956.

Blakiston, Thomas W. *Five Months on the Yang-tsze; with a Narrative of the Exploration of its Upper Waters, and Notices of the Present Rebellions in China.* London: John Murray, 1862.

Blue, A. D. "European Navigation on the Yangtse." *Journal of the Hong Kong Branch of the Royal Asiatic Society* 3 (1963): 107–30.

——. "Land and River Routes to Western China." *Journal of the Hong Kong Branch of the Royal*

Asiatic Society 16 (1976): 162–78.

Broeze, Frank. "The Muscles of Empire—Indian Seamen and the Raj, 1919–1939." *Indian Economic and Social History Review* 18:1 (1981): 43–67.

——. "Underdevelopment and Dependency: Maritime India under the Raj." *Modern Asian Studies* 18:3 (May 1984): 429–57.

Brunero, Donna. *Britain's Imperial Cornerstone in China: The Maritime Customs Service, 1854– 1949.* New York: Routledge, 2006.

Bun, Kwan Man. "Mapping the Hinterland: Treaty Ports and Regional Analysis in Modern China." In *Remapping China: Fissures in Historical Terrain*, ed. Gail Hershatter et al., 181–93. Stanford, CA: Stanford University Press, 1996.

Cafruny, Alan W. *Ruling the Waves: The Political Economy of International Shipping.* Berkeley: University of California Press, 1987.

Carlson, Ellsworth C. *The Kaiping Mines, 1877–1912.* 2nd ed. Cambridge, MA: East Asian Research Center, Harvard University, 1971.

Cassel, Pär Kristoffer. *Grounds of Judgment: Extraterritoriality and Imperial Power in Nineteenth-Century China and Japan.* Oxford: Oxford University Press, 2012.

Chamberlain, J. P. *Foreign Flags in China's Internal Navigation.* New York: American Council, Institute of Pacific Relations, 1931.

Chan, Ming K. "Labor and Empire: The Chinese Labor Movement in the Canton Delta, 1895–1927." Ph.D. diss., Stanford University, 1975.

Chan, Wing-tsit. *A Sourcebook in Chinese Philosophy.* Princeton, NJ: Princeton University Press, 1963.

Chesneaux, Jean. *The Chinese Labor Movement, 1919–1927.* Trans. H. M. Wright. Stanford, CA: Stanford University Press, 1968.

China, Imperial Maritime Customs. *Decennial Reports on Trade, Navigation, Industries, etc. of the Ports open to Foreign Commerce in China.* Shanghai: Inspectorate of Customs, Statistical Department, 1882–1931.

——. *Reports on Trade at the Treaty Ports in China. 1861–1875.* Shanghai: Imperial Maritime Customs Statistical Department, 1861–75.

Chow, Rey. *Writing Diaspora: Tactics of Intervention in Contemporary Cultural Studies.* Bloomington: University of Indiana Press, 1993.

Chu, Chia-hua. *China's Postal and Other Communications Services.* London: Kegan Paul, 1937.

Chūgoku tsūshinsha (China News Agency). *Botsuraku ni chokumen seru baiben seido* (The Comprador System Facing Collapse). N.p., 1936.

Coble, Parks M. *China's Capitalists in Japan's New Order: The Occupied Lower Yangzi, 1937–1945*. Berkeley: University of California Press, 2003.

——. *The Shanghai Capitalists and the Nationalist Government, 1927–1937*. Cambridge, MA: Council on East Asian Studies, Harvard University, 1980.

Cochran, Sherman. *Big Business in China: Sino-Foreign Rivalry in the Cigarette Industry, 1890–1930*. Cambridge, MA: Harvard University Press, 1980.

——. *Encountering Chinese Networks: Western, Japanese, and Chinese Corporations in China, 1880–1937*. Berkeley: University of California Press, 2000.

Cohen, Paul A. *Discovering History in China: American Historical Writing on the Recent Chinese Past*. New York: Columbia University Press, 1984.

Cook, Christopher. *The Lion and the Dragon: British Voices from the China Coast*. London: Elm Tree Books, 1985.

Cooper, Frederick. *Colonialism in Question: Theory, Knowledge, History*. Berkeley: University of California Press, 2005.

Cooper, Thomas T. *Travels of a Pioneer of Commerce in Pigtail and Petticoats: or, an Overland Journey from China Towards India*. 1871. Reprint, New York: Arno Press, 1967.

Culp, Robert. *Articulating Citizenship: Civic Education and Student Politics in Southeastern China, 1912–1940*. Cambridge, MA: Harvard University Asia Center, 2007.

Dean, Britten. *China and Great Britain: The Diplomacy of Commercial Relations, 1860–1864*. Cambridge, MA: East Asian Research Center, Harvard University, 1974.

DesForges, Roger V. *Hsi-liang and the Chinese National Revolution*. New Haven, CT: Yale University Press, 1973.

Dick, H. W., and S. A. Kentwell. *Beancaker to Boxboat: Steamship Companies in Chinese Waters*. Canberra: Nautical Association of Australia, 1988.

Dirlik, Arif. "The Ideological Foundations of the New Life Movement: A Study in Counterrevolution." *Journal of Asian Studies* 34:4 (Aug. 1975): 945–80.

——. *Revolution and History: The Origins of Marxist Historiography in China, 1919–1937*. Berkeley: University of California Press, 1978.

Dooley, Howard J. "The Great Leap Outward: China's Maritime Renaissance." *Journal of East Asian Affairs* 26:1 (Spring/Summer 2012): 53–76.

Duara, Prasenjit. *Rescuing History from the Nation: Questioning Narratives of Modern China*. Chicago: University of Chicago Press, 1995. Duus, Peter, Ramon H. Myers, and Mark R. Peattie, eds. The Japanese Informal Empire in China, 1895–1937. Princeton, NJ: Princeton University Press, 1989.

Elvin, Mark, and William Skinner, eds. *The Chinese City between Two Worlds.* Stanford, CA: Stanford University Press, 1974.

Esherick, Joseph. *Reform and Revolution in China: The 1911 Revolution in Hunan and Hubei.* Berkeley: University of California Press, 1976.

Fairbank, John King. *Trade and Diplomacy on the China Coast: The Opening of the Treaty Ports, 1842–1854.* Cambridge, MA: Harvard University Press, 1953.

Faure, David. *China and Capitalism: A History of Business Enterprise in Modern China.* Hong Kong: Hong Kong University Press, 2006.

Feuerwerker, Albert. *China's Early Industrialization: Sheng Hsuan-huai and Mandarin Enterprise.* Cambridge, MA: Harvard University Press, 1958.

———. *The Chinese Economy, 1870–1949.* Ann Arbor: Center for Chinese Studies, University of Michigan, 1995.

———. "The Foreign Presence in China." In *Cambridge History of China, Volume 12: Republican China, 1912–1949, Part I*, 128–207. Cambridge: Cambridge University Press, 1983.

Fewsmith, Joseph. *Party, State, and Local Elites in Republican China: Merchant Organizations and Politics in Shanghai, 1890–1930.* Honolulu: University of Hawaii Press, 1985.

Fitkin, Gretchen Mae. *The Great River: The Story of a Voyage on the Yangtze Kiang.* Shanghai: North China Daily News and Herald (Kelly and Walsh), 1922.

Fitzgerald, John. *Awakening China: Politics, Culture, and Class in the Nationalist Revolution.* Stanford, CA: Stanford University Press, 1996.

Fogel, Joshua A. *The Literature of Travel in the Japanese Rediscovery of China, 1862–1945.* Stanford, CA: Stanford University Press, 1996.

Foreign Office Correspondence. Public Record Office. Kew Gardens, UK.

Foucault, Michel. "Governmentality." In *Essential Works of Foucault 1954–1984: Power, Volume 3*, ed. James D. Faubion, 201–22. New York: New Press, 1994.

———. "Of Other Spaces" (1967): Heterotopias. http://foucault.info/documents/heteroTopia/foucault.heteroTopia.en.html.

Fox, Stephen. *The Ocean Railway: Isambard Kingdom Brunel, Samuel Cunard, and the Revolutionary World of the Great Atlantic Steamships.* London: Harper Perennial, 2003.

Frazier, Mark W. *The Making of the Chinese Industrial Workplace: State, Revolution, and Labor Management.* Cambridge: Cambridge University Press, 2002.

Fung, Edmund S. K. *The Diplomacy of Imperial Retreat: Britain's South China Policy, 1924–1931.* Hong Kong: Oxford University Press, 1991.

Gaimushō [Japanese Foreign Ministry] Archives. Tokyo, Japan.

Gallagher, John, and Ronald Robinson. "The Imperialism of Free Trade." *Economic History Review* 6:1 (Aug. 1953): 1–15.

Gandhi, Mohandas K. "Letter to Secretary, Passengers' Grievances Committee, Rangoon (July 25, 1917)." *The Collected Works of Mahatma Gandhi*, vol. 15, 474–76. Delhi: Publications Division, Ministry of Information and Broadcasting, Government of India, 1958–.

Geil, William Edgar. A *Yankee on the Yangtze*. New York: Armstrong and Son, 1904.

Gerth, Karl. *China Made: Consumer Culture and the Creation of the Nation*. Cambridge, MA: Harvard University Asia Center, 2003.

Gill, Captain William. *The River of Golden Sand: Being the Narrative of a Journey through China and Eastern Tibet to Burmah*. London: John Murray, 1883.

Goodman, Bryna. "Improvisations on a Semicolonial Theme, or How to Read a Celebration of Transnational Urban Community." *Journal of Asian Studies* 59:4 (Nov. 2000): 889–926.

——. *Native Place, City, and Nation: Regional Networks and Identities in Shanghai, 1853–1937*. Berkeley: University of California Press, 1995.

Goodman, Bryna, and David S. G. Goodman, eds. *Twentieth Century Colonialism and China: Localities, the Everyday, and the World*. Abingdon, Oxon: Routledge, 2012.

Graham, Gerald S. "The Ascendancy of the Sailing Ship, 1850–85." *Economic History Review* New Series 9:1 (1956): 74–88. Greenberg, Michael. *British Trade and the Opening of China, 1800–42*. Cambridge: Cambridge University Press, 1951.

Grover, David. *American Merchant Ships on the Yangtze, 1920–1941*. Westport, CT: Praeger, 1992.

Hall, B. Foster. *The Chinese Maritime Customs: An International Service, 1854–1950*. Greenwich: National Maritime Museum, 1977.

Han Suyin. *The Crippled Tree*. New York: Putnam's Sons, 1965.

Hao, Yen-p'ing. *The Commercial Revolution in Nineteenth-Century China: The Rise of Sino-Western Mercantile Capitalism*. Berkeley: University of California Press, 1986.

——. *The Comprador in Nineteenth Century China: A Bridge Between East and West*. Cambridge, MA: Harvard University Press, 1970.

Hao, Yen-p'ing, and Erh-min Wang. "Changing Chinese Views of Western Relations, 1840–1895." In *Cambridge History of China, Volume 11: Late Ch'ing, 1800–1911, Part 2*, ed. John K. Fairbank and K. C. Liu, 142–201. Cambridge: Cambridge University Press, 1978.

Harcourt, Freda. "British Oceanic Mail Contracts in the Age of Steam, 1838–1914." In *The World of Shipping*, ed. David M. Williams, 33–50. Aldershot: Ashgate, 1997.

Haviland, Edward Kenneth. "American Steam Navigation in China, 1845–1878." Parts I– Ⅶ *American Neptune*; Part I 16:3 (Jul. 1956): 157–79; Part II 16:4 (Oct. 1956): 243– 69; Part III

17:1 (Jan. 1957): 38–64; Part IV 17:2 (Apr. 1957): 134–51; Part V 17:3 (Jul. 1957): 212–30; Part VI 17:4 (Oct. 1957): 298–314; Part VII 18:1 (Jan.1958): 59–65.

Hayford, Charles. *To the People: James Yen and Village China*. New York: Columbia University Press, 1990.

Headrick, Daniel. *The Tentacles of Progress: Technology Transfer in the Age of Imperialism, 1850–1940*. New York: Oxford University Press, 1988.

Hershatter, Gail. "The Subaltern Talks Back: Reflections on Subaltern Theory and Chinese History." *positions* 1:1 (1993): 103–30.

——. *The Workers of Tianjin, 1900–1949*. Stanford, CA: Stanford University Press, 1986.

Hevia, James L. *English Lessons: The Pedagogy of Imperialism in Nineteenth-Century China*. Durham, NC: Duke University Press, 2003.

Hinton, Harold C. *The Grain Tribute System of China, 1845–1911*. Cambridge, MA: Harvard University Press, 1956.

Hobson, J. A. *Imperialism, A Study*. London: J. Nisbet, 1902.

Honig, Emily. *Creating Chinese Ethnicity: Subei People in Shanghai, 1850–1980*. New Haven, CT: Yale University Press, 1992.

——. *Sisters and Strangers: Women in the Shanghai Cotton Mills, 1919–1949*. Stanford, CA: Stanford University Press, 1986.

Howarth, David, and Stephen Howarth. *The Story of P&O: The Peninsular and Oriental Steam Navigation Company*. London: Weidenfeld and Nicolson, 1986.

Howlett, Jonathan J. " 'Decolonisation' in China, 1949–1959." In *Britain and China, 1840–1970*, ed. Bickers and Howlett, 222–41.

Hunter, Louis C. *Steamboats on the Western Rivers: An Economic and Technological History*. New York: Dover, 1949, 1993.

Hyde, Francis E. *Far Eastern Trade, 1860–1914*. London: A. and C. Black, 1973.

Irish University Press Area Studies Series of British Parliamentary Papers: China. Shannon: Irish University Press, 1971.

Jardine, Matheson & Company Archives. Cambridge University. Cambridge.

Jardine, Matheson & Company. *The China Shipping Manual*. Shanghai: Willow Pattern Press, 1937.

John Swire & Sons Archives. School of Oriental and African Studies. London.

John Swire & Sons Archives. Swire House, London.

Jones, Francis. "The German Challenge to British Shipping, 1885–1914." *Mariner's Mirror* 76:2 (1990): 151–67.

Jones, Geoffrey. *Merchants to Multinationals: British Trading Companies in the Nineteenth and*

Twentieth Centuries. Oxford: Oxford University Press, 2000.

Jones, Susan Mann. "The Ningbo *pang* and Financial Power at Shanghai." In *The Chinese City between Two Worlds*, ed. Elvin and Skinner, 73–96.

Kapp, Robert A. *Szechwan and the Chinese Republic: Provincial Militarism and Central Power, 1911–1938*. New Haven, CT: Yale University Press, 1973.

Keswick, Maggie, ed. *The Thistle and the Jade: A Celebration of 150 Years of Jardine, Matheson, and Co.* Octopus Books, 1982.

Kirby, William C. "China Unincorporated: Company Law and Business Enterprise in Twentieth-Century China." *Journal of Asian Studies* 54:1 (Feb. 1995): 43–64.

——. "Engineering China: Birth of the Developmental State, 1928–1937." In *Becoming Chinese: Passages to Modernity and Beyond*, ed. Wen-hsin Yeh, 137–60. Berkeley: University of California Press, 2001.

Knollys, Major Henry. *English Life in China*. London: Smith, Elder, 1885.

Kokaze Hidemasa. *Teikokushugi ka no Nihon kai'un* (Japanese Shipping under Imperialism). Tokyo: Yamagawa, 1995.

Köll, Elisabeth. *From Cotton Mill to Business Empire: The Emergence of Regional Enterprises in Modern China*. Cambridge, MA: Harvard University Asia Center, 2003.

Kuo, Ting-yee, and Kwang-ching Liu. "Self-Strengthening: The Pursuit of Western Technology." In the *Cambridge History of China. Volume 10: Late Ch'ing, Part I*, 491–542. Cambridge: Cambridge University Press, 1978.

Lai, Chi-kong. "Li Hung-chang and Modern Enterprise: The China Merchants' Company, 1872–1885." In *Li Hung-chang and China's Early Modernization*, ed. Samuel C. Chu and Kwang-ching Liu. Armonk, NY: M.E. Sharpe, 1994.

Le Fevour, Edward. *Western Enterprise in Late Ch'ing China: A Selective Survey of Jardine, Matheson & Company's Operations, 1842–1895*. Cambridge, MA: East Asian Resource Center, Harvard University, 1968.

Lenin, V. I. *Imperialism: The Highest Stage of Capitalism*. New York: International, 1939.

Li Boyuan. *Modern Times: A Brief History of Enlightenment* (1905). Trans. Douglas Lancashire. Hong Kong: Research Center for Translation, Chinese University of Hong Kong, 1996.

Li, Yi. *Chinese Bureaucratic Culture and its Influence on the Nineteenth-Century Steamship Operation, 1864–1885: The Bureau for Recruiting Merchants*. Lewiston, NY: Edwin Mellen Press, 2001.

Little, Archibald. *Through the Yang-tse Gorges or Trade and Travel in Western China*. London: Sampson Low, Marston, Searle, & Rivington, 1888.

Liu, Kwang-Ching. *Anglo-American Steamship Rivalry in China, 1862–1874*. Cambridge, MA: Harvard University Press, 1962.

——. "British-Chinese Steamship Rivalry in China, 1873–85." In *The Economic Development of China and Japan*, ed. C. D. Cowan, 49–78. New York: Praeger, 1964.

——. "Steamship Enterprise in Nineteenth-Century China." *Journal of Asian Studies* 18:4 (Nov. 1959): 435–55.

Liu, Lydia H. *The Clash of Empires: The Invention of China in Modern World Making*. Cambridge, MA: Harvard University Press, 2004.

Liu T'ieh-yun. *The Travels of Lao Can*. Trans. Harold Shadick. New York: Columbia University Press, 1990.

Lockwood, Stephen C. *Augustine Heard and Company, 1858–1862: American Merchants in China*. Cambridge, MA: East Asian Research Center, Harvard University, 1971.

Lu, Xiaobo, and Elizabeth Perry, eds. *Danwei: The Changing Chinese Workplace in Historical and Comparative Perspective*. Armonk, NY: M. E. Sharpe, 1997.

Marriner, Sheila, and Francis E. Hyde. *The Senior John Samuel Swire: Management in Far Eastern Shipping Trades*. Liverpool: Liverpool University Press, 1967.

Meng Yue. *Shanghai and the Edges of Empires*. Minneapolis: University of Minnesota Press, 2006.

Michie, Alexander. *The Englishman in China during the Victorian Era, as Illustrated in the Career of Sir Rutherford Alcock*. Reprint: Taipei, Ch'eng-wen, 1966.

Mittler, Barbara. *A Newspaper for China? Power, Identity, and Change in Shanghai's News Media, 1872–1912*. Cambridge, MA: Harvard University Asia Center, 2004.

Morgan, Stephen L. "Scientific Management in China, 1910–1930s." University of Melbourne Department of Management Working Paper Series 2003/10012.

Morse, Hosea Ballou. H.B. Morse Papers. MS Chinese 3.1 Transcript of Letter Books. Houghton Library, Harvard University.

——. *The Gilds of China: With an Account of the Gild-Merchant or Co-hong of Canton*. 1909. Taipei: Chengwen, 1966.

——. *The International Relations of the Chinese Empire*. New York: Paragon Books, 1960.

Motono, Eiichi. "The 'Traffic Revolution': Remaking the Export Sales System in China, 1866–1875." *Modern China* 12:1 (Jan. 1986): 75–102.

Munro, J. Forbes. *Maritime Enterprise and Empire: Sir William Mackinnon and his Business Network, 1823–93*. Woodbridge UK: Boydell Press, 2003.

Murphey, Rhoads. "The Treaty Ports and China's Modernization." In *The Chinese City between Two Worlds*, ed. Elvin and Skinner, 17–72.

Nagoya shōgyō kaigisho (Nagoya Commercial Association). *Shinkoku shinkai kōjō shōgyō shisatsu hōkokushō* (Report of an Inspection of the Commerce of the Newly Opened Ports of China). Nagoya: Nagoya shōgyō kaigisho, 1896.

Nakano Kozan. *Shina tairiku ōdan yū shoku zasso* (Notes of a Trip across the Chinese Mainland to Sichuan). Tokyo: Rokumeikan, 1913.

Nayar, Baldev Raj. *The State and Market in India's Shipping: Nationalism, Globalization, and Marginalization*. New Delhi: Manohar, 1996.

Negishi Tadashi. *Baiben seido no kenkyū* (A Study of the Comprador System). Tokyo: Nihon toshō kabushiki kaisha, 1948.

Nisshin Kisen Kabushiki Kaisha (Japan-China Steamship Company). *Kankō jijō* (Conditions in Hankou). Tokyo: Nisshin Kisen Kabushiki Kaisha, 1914.

———. *Nisshin Kisen Kabushiki Kaisha sanjū nenshi oyobi tsuiho* (The Thirty-Year History of the Nisshin Kisen Kaisha and Addenda). Tokyo: Nisshin Kisen Kabushiki Kaisha, 1941.

North China Daily News. Shanghai, 1864–1945.

North China Herald. Shanghai, 1870–1941.

Ōsaka Shōsen Kabushiki Kaisha (Osaka Commercial Shipping Company). *Shinkoku Chōkō unsōgyō genkō* (Conditions in China's Yangzi River Shipping Business). Ōsaka: Ōsaka Shōsen Kaisha, 1900.

Osterhammel, Jurgen. "Britain and China, 1842–1914." *The Oxford History of the British Empire. Volume III: The Nineteenth Century*, ed. Andrew Porter. Oxford: Oxford University Press, 1999.

———. "British Business in China, 1860s–1950s." In *British Business in Asia since 1860*, ed. R. P. T. Davenport-Hines and Geoffrey Jones. Cambridge: Cambridge University Press, 1989.

———. "China." In *The Oxford History of the British Empire. Volume IV: The Twentieth Century*, ed. Judith M. Brown and William Roger Louis. Oxford: Oxford University Press, 1999.

———. *Colonialism: A Theoretical Overview*. Translated by Shelly L. Frisch. Princeton, NJ: Markus Wiener, 1997.

———. "Semi-Colonialism and Informal Empire in Twentieth-Century China: Towards a Framework of Analysis." In *Imperialism and After: Continuities and Discontinuities*, ed. Wolfgang J. Mommsen and Jurgen Osterhammel, 290–314. London: Allen and Unwin, 1986.

Otte, Friedrich. "Shipping Policy in China, Part I." *Chinese Economic Journal* 8:4 (Apr. 1931): 346–58.

———. "Shipping Policy in China, Part II." *Chinese Economic Journal* 8:5 (May 1931): 486–501.

Peattie, Mark R. "Japanese Treaty Port Settlements in China, 1895–1937." In *The Japanese Informal*

Empire in China, 1895–1937, ed. Duus, Myers, and Peattie, 166–209.

Pelcovits, Nathan. *Old China Hands and the Foreign Office.* New York: King's Crown Press, 1948.

Percival, William Spencer. *The Land of the Dragon: My Boating and Shooting Excursions to the Gorges of the Upper Yangtze.* London: Hurst and Blackett, 1889.

Perry, Elizabeth J. *Shanghai on Strike: The Politics of Chinese Labor.* Stanford, CA: Stanford University Press, 1993.

Pomeranz, Kenneth. *The Making of a Hinterland: State, Society, and Economy in Inland North China, 1853–1937.* Berkeley: University of California Press, 1993.

Pope, Andrew. "British Steamshipping and the Indian Coastal Trade." *Indian Economic and Social History Review* 32:1 (Jan. 1995): 1–21.

Pye, Lucien. "How China's Nationalism Was Shanghaied." *Australian Journal of Chinese Affairs* 29 (Jan. 1993).

Rankin, Mary Backus. *Elite Activism and Political Transformation in China: Zhejiang Province 1865–1911.* Stanford, CA: Stanford University Press, 1986.

——. "Nationalistic Contestation and Mobilization Politics: Practice and Rhetoric of Railway Rights Recovery at the End of the Qing." *Modern China* 28:3 (July 2002): 315–61.

Rao, T. S. Sanjeeva. *A Short History of Modern Indian Shipping.* Bombay: Popular Prakashan, 1965.

Rawlinson, John L. *China's Struggle for Naval Development, 1839–1895.* Cambridge, MA: Harvard University Press, 1967.

Rawski, Thomas G. *Economic Growth in Prewar China.* Berkeley: University of California Press, 1989.

Ray, Rajat K. "Asian Capital in the Age of European Domination: The Rise of the Bazaar, 1800–1914." *Modern Asian Studies* 29:3 (1995): 449–554.

——. *Entrepreneurship and Industry in India, 1800–1947.* Delhi: Oxford University Press, 1992.

Reinhardt, Anne. " 'Decolonisation' on the Periphery: Liu Xiang and Shipping Rights Recovery at Chongqing, 1926–38." *Journal of Imperial and Commonwealth History* 36:2 (June 2008): 259–74.

——. "Lu Zuofu and the Teaboy: The Impact of the Minsheng Company's Management Practices on Yangzi River Shipping Companies, 1930–37." In *Guojia Hanghai* [National Maritime Research], ed. Shanghai Zhongguo hanghai bowuguan, 12. Shanghai: Shanghai guji chuban she, 2015.

——. "Treaty Ports as Shipping Infrastructure." In *Treaty Ports in Modern China*, ed. Bickers and Jackson, 101–20.

Remer, C. F. *Study of Chinese Boycotts: With Special Reference to their Economic Effectiveness.* Taipei: Ch'eng-wen, 1966.

Reynolds, Douglas R. "Training Young China Hands: Tōa Dōbun Shoin and Its Precursors, 1886–1945." In *The Japanese Informal Empire in China, 1895–1937,* ed. Duus, Myers, and Peattie, 210–71.

Ristaino, Marcia R. "The Russian Diaspora Community in Shanghai." In *New Frontiers,* ed. Bickers and Henriot, 192–210.

Robinson, Ronald. "Non-European Foundations of European Imperialism: Sketch for a Theory of Collaboration." In *Imperialism: The Robinson and Gallagher Controversy,* ed. William Roger Louis. New York: New Viewpoints, 1976.

Rogaski, Ruth. *Hygienic Modernity: Meanings of Health and Disease in Treaty Port China.* Berkeley: University of California Press, 2004.

Sasaki Masaya, ed. *Shimmatsu no haigai undō: shiryō hen* (The Anti-Foreign Movement at the end of the Qing: Volume of Historical Materials). Tokyo: Iwanando shōten, 1970.

Shanghai Tōa Dōbun Shoin (Shanghai East Asia Common Culture Academy). *Shinkoku shōgyō kanshū oyobi kinyū jijō* (Chinese Commercial Customs and Financial Conditions). Shanghai: Tōa Dōbun Shoin, 1904.

Shao, Qin. *Culturing Modernity: The Nantong Model, 1890–1930.* Stanford, CA: Stanford University Press, 2003.

——. "Space, Time, and Politics in Early Twentieth Century Nantong." *Modern China* 23 (Jan. 1997): 99–129.

Sheehan, Brett. *Industrial Eden: A Chinese Capitalist Vision.* Cambridge, MA: Harvard University Press, 2015.

Shih, Shu-mei. *The Lure of the Modern: Writing Modernism in Semicolonial China.* Berkeley: University of California Press, 2001.

Smith, Paul J. "Commerce, Agriculture, and Core Formation in the Upper Yangzi, 2 A.D. to 1948." *Late Imperial China* 9:1 (June 1988): 1–78.

Stoler, Ann Laura. *Carnal Knowledge and Imperial Power: Race and the Intimate in Colonial Rule.* Berkeley: University of California Press, 2002.

Stoler, Ann Laura, Carole McGranahan, and Peter C. Perdue, eds. *Imperial Formations.* Santa Fe, NM: School for Advanced Research Press; Oxford: James Currey, 2007.

Sun, T. H. "Lu Tso-fu and His Yangtze Fleet." Reprinted in Anthony Kubek, *The Amerasia Papers: A Clue to the Catastrophe of China,* vol. II, 1176–83. Washington: U.S. Government Print Office, 1970–.

Sun Yatsen. *San Min Chu I: The Three Principles of the People* (English edition). Taipei: China Publishing, 1963.

Swire Group Archives. Institute for Business History. Shanghai Academy of Social Sciences. Shanghai, China.

Tajima Shigeji. *Yōsukō kisengyō chōsa hōkoku* (Report on a Survey of the Yangzi River Steam Shipping Business). [Tokyo], 1906.

Tan Shi-hua (Deng Xihua). *A Chinese Testament: The Autobiography of Tan Shi-hua.* Trans. Sergei Tretiakov. New York: Simon and Schuster, 1934.

Thampi, Madhavi. *Indians in China, 1800–1949.* New Delhi: Manohar, 2005.

Tōa Dōbunkai (East Asia Common Culture Association). *Shina shōbetsu zenshi* (Gazetteer of China's Provinces). Tokyo: Tōa Dōbunkai, 1917–20.

Tōa Dōbun Shoin (East Asia Common Culture Academy). *Shina keizai zensho* [Compendium of China's Economy]. Tokyo: Tōa Dōbunkai, 1907–8.

——. *Fūsan ushuku* (It Will Be Advantageous to Cross the Big Stream). Shanghai: Tōa Dōbun Shoin, 1917.

——. *Kinsei gyokushin* (Knowledge and Virtue Fully Endowed). Shanghai: Tōa Dōbun Shoin, 1923.

——. *Kohan sōtei* (Solitary Sailboat with Cloven Feet). Shanghai: Tōa Dōbun Shoin, 1913.

——. *Koketsu ryūgan* (Tiger's Den, Dragon's Jaws). Shanghai: Tōa Dōbun Shoin, 1922.

——. *Moku'u shippū* (Hardships amid Wind and Rain). Shanghai: Tōa Dōbun Shoin, 1914.

——. *Sokuseki: Dai ryokō kinenshi* (Footprints: Commemorative Chronicle of the Big Trip). Shanghai: Tōa Dōbun Shoin, 1930.

Torrible, Graham. *Yangtsze Reminiscences: Some Notes and Recollections of Service with the China Navigation Company, Ltd., 1925–1939.* London: John Swire and Sons, 1975; 1990.

Van Slyke, Lyman P. *Yangtze: Nature, History, and the River.* Reading, MA: AddisonWesley, 1988.

Vogel, Ezra F. *One Step Ahead in China: Guangdong under Reform.* Cambridge, MA: Harvard University Press, 1989.

Waley-Cohen, Joanna. *The Sextants of Beijing: Global Currents in Chinese History.* New York: Norton, 1999. Wang, Zheng. *Never Forget National Humiliation: Historical Memory in Chinese Politics and Foreign Relations.* New York: Columbia University Press, 2012.

Wasserstrom, Jeffery N. *Global Shanghai, 1850–2010: A History in Fragments.* Abingdon, UK: Routledge, 2009.

Woodhead, H. G. W. *The Yangtsze and its Problems.* Shanghai: Mercury Press, 1931.

Wray, William D. "Japan's Big-Three Service Enterprises in China, 1896–1936." In *The Japanese Informal Empire in China*, ed. Duus, Myers, and Peattie, 31–64.

———. *Mitsubishi and the N.Y.K. 1870–1914.* Cambridge, MA: Harvard East Asian Monographs, 1984.

Wright, Mary C. *The Last Stand of Chinese Conservatism: The T'ung-chih Restoration, 1862–1874.* Stanford, CA: Stanford University Press, 1957.

Wright, Stanley F. *China's Struggle for Tariff Autonomy, 1843–1938.* 1938. Reprint, Taipei: Ch'eng-wen, 1966.

———. *Hart and the Chinese Customs.* Belfast: Wm. Mullan and Son, 1950. Wright, Tim. *Coal Mining in China's Economy and Society, 1895–1937.* Cambridge: Cambridge University Press, 1984.

———. "The Spiritual Heritage of Chinese Capitalism: Recent Trends in the Historiography of Chinese Enterprise Management." In *Using the Past to Serve the Present: Historiography and Politics of Contemporary China*, ed. Jonathan Unger. Armonk, NY: M. E. Sharpe, 1993.

Wu, Guo. *Zheng Guanying: Merchant Reformer of Late Qing China and His Influence on Economics, Politics, and Society.* Amherst, NY: Cambria Press, 2010.

Wyman, Judith. "The Ambiguities of Chinese Antiforeignism: Chongqing: 1870–1900." *Late Imperial China* 18:2 (Dec. 1997): 86–122.

Ye Xiaoqing. *The Dianshizhai Pictorial: Shanghai Urban Life, 1884–1898.* Ann Arbor: Center for Chinese Studies, 2003.

———. "Shanghai before Nationalism." *East Asian History* 3 (June 1992): 33–52.

Yeh, Wen-hsin. "Corporate Space, Communal Time: Everyday Life in Shanghai's Bank of China." *American Historical Review* 100:1 (Feb. 1995): 97–124.

———. "Huang Yanpei and the Chinese Society for Vocational Education in Shanghai Networking." In *At the Crossroads of Empires: Middlemen, Social Networks, and State-Building in Republican Shanghai*, ed. Nara Dillon and Jean C. Oi, 25–44. Stanford, CA: Stanford University Press, 2008.

———. *Shanghai Splendor: Economic Sentiments and the Making of Modern China, 1843–1949.* Berkeley: University of California Press, 2007.

Yonesato Monkichi. *Chōkō kō'un shi* (History of Yangzi River Shipping). N.p., 1927. Yung Wing. *My Life in China and America.* New York: Holt, 1909.

Zanasi, Margherita. *Saving the Nation: Economic Modernity in Republican China.* Chicago: University of Chicago Press, 2006.

中文文献

专著

赵必振译:《最近长江之大事》,出版者不详,1903 年。

郑国翰:《蜀程日记》,上海:上海图书馆,1915 年。

舒新城:《蜀游心影》,上海:中华书局,1924 年。

沙为楷:《中国买办制》,上海:商务印书馆,1927 年。

卢化锦:《沿岸及内河内港航行权问题》,载《东方杂志》1929 年第 26 卷第 16 号,第 23–35 页。

王洸:《航业与航权》,上海:学术研究会,1930 年。

——《中国航业》,上海:商务印书馆,1933 年。

——《中国航业史》,台北:海运出版社,1955 年。

——《中国水运志》,台北:中华大典编印会,1966 年。

王建平:《中国航权问题》,上海:大东书局,1931 年。

李孤帆:《招商局三大案》,上海:现代书局,1933 年。

陈友琴:《川游漫记》,上海:中华书局,1934 年。

郑璧成:《四川导游》,重庆:中国旅行社,1935 年。

贺伯辛:《八省旅行见闻录》,重庆:开明书店,1935 年。

胡先骕:《蜀游杂感》,出版地不详:民福公司,出版时间不详。

黄炎培:《蜀道》,上海:开明书店,1936 年。

《民生实业公司十一周年纪念刊》,重庆:民生公司,约 1937 年。

邓少琴:《近代川江航运简史》,重庆:重庆地方史资料组,1940 年。

方腾:《虞洽卿论》,载《杂志》第 12 卷第 2–4 期(1943–1944)。

《国营招商局七十五周年纪念刊》,俞大维序,1947 年。

王亚南:《中国半封建半殖民地经济形态研究》,北京:人民出版社,1957 年。

吴趼人:《二十年目睹之怪现状》,上海:上海文化出版社,1957 年。

童少生:《民生轮船公司纪略》,"重庆文史资料"第 10 辑,重庆,1963 年。

——《回忆民生轮船公司》,"重庆文史资料"第 17 辑,重庆,出版时间不详。

汪敬虞:《十九世纪外国侵华企业中的华商附股活动》,载《历史研究》1965 年第 4 期,第 39–74 页。

吕实强:《中国早期的轮船经营》,台北:"中央研究院"近代史研究所,1976 年。

刘航琛:《戎幕半生》,台北:文海出版社,1978 年

丁日初、杜恂诚:《虞洽卿简论》,载《历史研究》1981 年第 3 期,第 145–166 页。

江永生:《日清汽船株式会社概况》,《文史资料选辑》第 49 辑,1981 年。

郑观应:《盛世危言》(1890),载夏东元编《郑观应集》,上海:上海人民出版社,1982 年。

郑东琴:《民生公司创业阶段纪略》,"重庆工商史料"第 2 辑,1983 年。

隗瀛涛、周勇:《重庆开埠史》,重庆:重庆出版社,1983 年、1997 年。

中国海员工会全国委员会编:《中国海员工人运动大事年谱》,出版者不详,1984 年。

樊百川:《中国轮船航运业的兴起》,成都:四川人民出版社,1985 年。

张后铨主编:《招商局史:近代部分》,北京:人民交通出版社,1988 年。

朱自清:《海行杂记》,载《朱自清全集》,南京:江苏教育出版社,1988 年。

葛元煦:《沪游杂记》,上海:上海古籍出版社,1989 年。

凌耀伦编:《民生公司史》,北京:人民交通出版社,1990 年。

黎志刚:《轮船招商局经营管理问题,1872—1901》,载《"中央研究院"近代史研究所集刊》
　　1990 年第 19 期,第 67–105 页

张仲礼、陈曾年、姚欣荣:《太古集团在旧中国》,上海:上海人民出版社,1991 年。

郭沫若:《初出夔门》,载《郭沫若全集》,北京:科学出版社,1992 年。

江天凤编:《长江航运史(近代部分)》,北京:人民交通出版社,1992 年。

卢国纪:《我的父亲卢作孚》,成都:四川人民出版社,1993 年。

朱荫贵:《国家干预经济与中日近代化》,北京:东方出版社,1994 年。

——《中国近代轮船航运业研究》,台中:高文出版社,2006 年。

严学熙:《卢作孚和张謇:近代中国两位杰出的爱国者》,载杨光彦、刘重来主编《卢作孚与
　　中国现代化研究》,重庆:西南师范大学出版社,1995 年。

陈锦帆:《川江烟毒走私见闻》,载《四川文史资料集粹》第 6 卷,成都:四川人民出版社,
　　1996 年。

刘重来:《论卢作孚乡村建设之路》,载《西南师范大学学报》(哲学社会科学版)1998 年第 4
　　期,第 122–128 页。

戚其章:《晚晴海军兴衰史》,北京:人民出版社,1998 年。

凌耀伦、熊甫编:《卢作孚文集》,北京:北京大学出版社,1999 年。

——《卢作孚文集》(增订本),北京:北京大学出版社,2012 年。

卢作孚:《乡村建设》(1930),载凌耀伦、熊甫编《卢作孚文集》,第 86–101 页。

——《东北游记》,重庆:川江航务管理处,1930 年、1931 年。

——《告茶房》(1933),载凌耀伦、熊甫编《卢作孚文集》,第 235–236 页。

——《在民生公司八周年纪念大会上的开会词》(1933),载凌耀伦、熊甫编《卢作孚文集》,
　　第 252–258 页。

——《社会生活与集团生活》(1934),载凌耀伦、熊甫编《卢作孚文集》,第 308–311 页。

——《中国的根本问题是人的训练》(1934),载凌耀伦、熊甫编《卢作孚文集》,第 294–298 页。

——《超个人成功的事业，超赚钱主义的生意》（1936），载凌耀伦、熊甫编《卢作孚文集》，第411–413页．

——《一桩惨淡经营的事业——民生实业公司》（1943），载凌耀伦、熊甫编《卢作孚文集》，第544–569页。

——《论中国战后建设》（1946），载凌耀伦、熊甫编《卢作孚文集》，第598–626页。

黄绍洲：《招商局与民生公司的明争暗斗》，载周永林、凌耀伦主编《卢作孚追思录》，重庆：重庆出版社2001年，第269–276页。

杨天宏：《口岸开放与社会变革——近代中国自开商埠研究》，北京：中华书局，2002年。

张瑾：《权力、冲突与变革——1926—1937重庆城市现代化研究》，重庆：重庆出版社，2003年。

陈潮：《从齐价合同看轮船招商局与外国资本的关系》，载易惠莉等编《招商局与近代中国研究》，北京：中国社会科学出版社，2005年，第625–650页。

张守广编：《卢作孚年谱长编》（全两册），北京：中国社会科学出版社，2014年。

史料

《湖北交涉署交涉节要》，出版者不详，1916年。

上海商业储蓄银行旅行部编：《游船须知》，上海，1924年。

《国民政府清查整理招商局委员会报告书》，南京：出版者不详，1927年。

轮船招商局：《乘客便览》，上海：轮船招商局，1929年。

——《旅航之友》，上海：轮船招商局，1928年。

——《招商局总管理处汇报》，上海：轮船招商局，1929年。

中国交通部交通史编纂委员会：《交通史·航政编》，南京：出版者不详，1931年。

——《交通部统计年报1930》，南京：出版社不详，1930–1934年。

民生实业股份有限公司：《乘客须知》，重庆：民生公司，1936年。

"中央研究院"近代史研究所编：《海防档（甲）：购买船炮》（二），台北："中央研究院"近代史研究所，1957年。

中国史学会主编：《洋务运动》（六），上海：上海人民出版社，1961年。

聂宝璋编：《中国近代航运史资料·第一辑（1840—1895）》（全两册），上海：上海人民出版社，1983年。

朱汇森：《航政史料》，台北："国史馆"，1989年。

《筹办夷务始末（同治朝）》1930年影印版，《续修四库全书》418–421册，上海：上海古籍出版社，1995年。

聂宝璋、朱荫贵编：《中国近代航运史资料·第二辑（1895—1927）》（全两册），北京：中国社会科学出版社，2002年。

档案

清宫档案，台北"故宫博物院"图书馆藏，台北。

海关档案，中国第二历史档案馆藏，南京。

交通部档案，中国第二历史档案馆藏，南京。

招商局轮船股份有限公司档案（1872-1949），中国第二历史档案馆藏，南京。

民生公司研究室档案，民生公司藏，重庆。

清外务部档案，"中央研究院"近代历史所藏，台北。

总理衙门档案，"中央研究院"近代史研究所藏，台北。

期刊

《申报》，上海，1872-1949 年。

《点石斋画报》，广州：广州人民出版社，1983 年。

《同文沪报随报》，上海：同文沪报社，约 1900-1906 年（东京东洋文库副本）。

《旅行杂志》，上海：中国旅行社，1927–1952 年。

《重庆商务日报》，1929 年。

《航声》，上海，1930 年。

《星槎周刊》，重庆：川江航务管理处，1930-1931 年。

《航业月刊》，上海，1930–1937 年。

《新世界》，重庆：民生实业公司，1932-1937 年。

《航业年鉴》，上海，1935–1936 年。

《新运导报》，南京：新生活运动促进总会，1937 年。

《新民报》，重庆，1938 年。

索 引

（索引中页码为英文原书页码，即本书页边码）

Alcock Convention　《阿礼国条约》　44

Alcock, Rutherford　阿礼国　21, 40, 42, 44, 47

Asiatic Petroleum Company　亚细亚火油公司　193

Augustine Heard & Company　琼记洋行　66

Austrian Lloyd Company　奥地利劳埃德公司　131

Bank of China　中国银行　291–92

Barlow, Tani　白露　4

Beibei　北碚　208, 209, 283, 340n89, 350n117

Beijing-Hankou Railway　京汉铁路　118

Beiyang regime/government　北洋政府　180–81, 187, 192, 201, 211, 223, 228, 257, 336n1, 338n32, 342n14

Bergère, Marie Claire　白吉尔　188, 204, 209, 292

Bickers, Robert　毕可思　19, 157, 161, 335n99

Bird, Isabella　伊莎贝拉·伯德　155, 170

Blakiston, Thomas　白拉克斯顿　46–47

Bombay Steam Navigation Company　孟买轮船公司　130

Boxer Rebellion　义和团运动　52, 53, 126, 336n1

British India Steam Navigation Company　英印轮船公司　60–61, 82, 90–92, 130–31, 176, 214, 298, 326n89

brokers　经纪人　77, 80, 100, 138, 143–44, 148, 262

Brothers and Elders Society (Gelaohui)　哥老会　103

Bruce, Frederick　卜鲁斯　29, 30, 31–32

bureaucratic capital/ist　官僚资本 / 家　204–5, 243

Burmese Bengal Steamship Company　缅甸孟加拉轮船公司　131

Butterfield & Swire　太古洋行　7–76, 82, 91–92, 106, 107, 137, 161, 325n36

Cai Pei　蔡培　221

Cai Zengji　蔡增基　246, 277

Canton 广州 24, 26, 32, 37, 45, 46, 54, 59, 65, 73, 80, 84, 99, 101, 162, 185, 190, 224, 258, 331n23

另见 Seamen's Union, Canton branch

Canton system 广州体系 24, 65

chartered junks 沙船租用制度 50

Chefoo Convention 《烟台条约》(1876) 48–50, 59, 112

Chen Chao 陈潮 104

Chen Qimei 陈其美 206

Chen Yüchang 陈裕昌 66, 68

Cheong Wan (and Cheong Wan case) 张运（及张运案）162–64, 166–67

China Association 中国协会 52

China Coast Steam Navigation Company 华海轮船公司 68, 71, 81, 85, 86

China Hands 中国通 4, 9, 12–13, 15, 22, 34, 39–40, 42–46, 48, 49, 51, 54–55, 61–62, 64–65, 74, 77–85, 87, 89–90, 92–93, 95–96, 98–102, 104–13, 119, 123–30, 132, 136–48, 157, 165, 167–68, 172, 178, 180, 182–3, 186–87, 190, 192, 196, 199–203, 214, 218, 224–25, 234–35, 242–43, 245–49, 257–59, 263, 266–69, 276–79, 286, 296–97, 301, 303–5,306

China Navigation Company 太古轮船公司 12–13, 64, 74, 75–77, 81, 84–87, 92, 95, 98–101, 105–7, 118–19, 122–23, 136–37, 140, 144, 154, 156–58, 162–65, 168, 175, 184, 189, 192–93, 197, 199–202, 233, 248, 266–69, 278–81, 301, 305, 327n31, 338n47, 346n95

Chongqing 重庆 18, 46–51, 112, 114, 161, 177, 186, 192–94, 197, 208, 211–12, 218, 226–34, 235–39, 241–42, 244, 250, 270–71, 274, 281, 285, 300–303, 305

Chuanjiang Steamship Company 川江轮船公司 185–86, 193

Civil War (Chinese) 解放战争（中国）299, 305

Clyde River shipbuilding 克莱德河造船厂 92, 109

coasting trade 沿海贸易 22, 25–30, 32, 58, 63, 295

Cochran, Sherman 高家龙 135–36, 348n67

Collaboration 合作 9–15, 23, 32, 51, 55–56,58, 62, 64–65, 69–71, 89–90,94–96, 104–13, 124, 129, 147, 179–80, 195, 199, 203, 213, 254, 286, 296, 316n27

collaborative mechanism 合作机制 参见 collaboration

commercial warfare (shangzhan) 商战 78, 324n45

communications revolution 通信革命 64, 71–73, 74, 91–92, 298

Compagnie Asiatique de Navigation 法园东方轮船公司 118, 119, 122, 184, 329n84

comprador capital/ist 买办资本/家 204–5

compradors 买办 9, 10, 15–16, 66, 68, 71, 79–80, 100, 136, 138–40, 143, 152–55, 161, 173–76, 230, 255, 264–71, 274, 276–78, 280, 285–87, 301, 316n27, 336n124

另见 Chen Yüchang, Ho Tung, Tang Tingshu, Xu Run, Yu Xiaqing, Zheng Guanying

Cooper, Frederick 弗雷德里克·库珀 6

Cooper, Thomas T. 托马斯·T.库珀 46–47

cooperative policy 合作政策 39, 44, 45

Cunard, Samuel (and Cunard Line) 塞缪尔·

卡纳德（及冠达邮轮公司） 164–65

Cunningham, Edward 金能亨 66–67

Customs, Domestic 常关 25, 28–29, 34, 38, 47, 53, 171

Customs, Maritime 海关 12, 25–26, 28–29, 32–33, 34, 38, 48, 50, 53–55, 78–79, 127, 180, 196, 223–25, 227–28, 230, 235–37, 258, 299

Dada Shipping Group 大达航业集团 190–91, 194, 204, 206–7, 210, 247, 277, 301, 304

Dagong bao 《大公报》 242, 292

Daito Kisen Kaisha 大东汽船株式会社 117

Dasheng Cotton Mill 大生纱厂 191, 206

Datong Steamship Company 大通轮船公司 277

Deng Xihua (Tan Shi– hua) 邓惜华 177

Dent & Company 宝顺洋行 79, 140

Dianshizhai Pictorial 《点石斋画报》 174

Dollar Line 多纳轮船公司 189, 190, 193

Douglass, Frederick 弗雷德里克·道格拉斯 164–65

Du Yuesheng 杜月笙 243

East India Company 东印度公司 60, 65, 322n146, 326n88

Elgin, Lord (James Bruce) 额尔金公爵（詹姆斯·卜鲁斯） 26, 29, 30, 31, 32

extraterritoriality 治外法权 2, 38, 43, 53, 56, 147, 173–74, 180, 182, 195–98, 213, 219, 221, 224, 227, 229, 335n120, 343–44n9

Fan Baichuan 樊百川 104

Far East Conference 远东班轮公会 97, 98, 114, 326n3

Feuerwerker, Albert 费维恺 136

Fitzgerald, John 费约翰 16, 160

Forbes, F. B. 福士 68

Forbes, Paul Siemen 保罗·西蒙·福士 76

Foucault, Michel 米歇尔·福柯 1, 135, 178, 287

Four Companies 四公司 123, 135, 140, 141, 200

Fu Xiao'an 傅筱庵 201, 245

Fuzhou 福州 26, 59, 68, 82, 87, 99, 101

Fuzhou Shipyard 福州船政局 45, 74, 77, 109, 332n35

Gandhi, Mohandas K. 甘地 176, 215, 297

Glen Line 格林邮船公司 86, 326n3

Glover & Company 轧拉佛洋行 66, 68

Golden Age of the Chinese Bourgeoisie 中国资产阶级的黄金时代 188, 190, 191, 192, 194

Goodman, Bryna 顾德曼 5

Grand Canal 大运河 54, 73

Great Britain 英国 32, 39, 42, 44, 47, 50–2, 114, 119, 232, 259, 198, 297

Guangzhao huiguan 广肇会馆 80

Guo Rudong 郭汝栋 229

Hamburg-Amerika Line 亨宝船行 117, 122

Han Suyin 韩素音 161

Hangzhou 杭州 40, 52, 54, 115, 117, 125, 184

Hankou 汉口 30–31, 35, 46 54, 65, 67, 73, 76, 99, 100, 102, 112, 114, 116, 118–119, 122–23, 125, 150, 152, 185, 189, 192, 201, 224, 235, 258

Hankou-Canton Railway　粤汉铁路　118,
　127

Hanyang Ironworks (later Hanyeping Coal and
　Iron Corporation)　汉阳铁厂（后合并为汉
　冶萍煤铁厂矿公司）　127

Hao Yen-p'ing　郝延平　139

Hart, Robert　赫德　28, 53, 318n21, 318n46

He Beiheng　何北衡　234, 235, 243

Headrick, Daniel　丹尼尔·海德里克　90

Hechuan　合川　194, 206, 207, 208, 210, 238

Heterotopia　异托邦　135, 287

Hevia, James　何伟亚　5–6, 19

Hirachand, Walchand　瓦尔昌德·希拉昌
　德　214

Ho Tung (Robert)　何东　139

Holt, Alfred (and Holt family)　阿尔弗雷德·
　霍尔特（及霍尔特家族）　72, 75, 76, 95,
　98, 107, 137

Hong'an Steamship Company　鸿安轮船公
　司　100–101, 122, 191–92, 200–202, 204,
　211, 233, 241–242, 247–48, 268, 338n31–32

Hong Kong　香港　65, 82, 86, 99, 106–7,
　122, 139, 162–63, 251, 262, 300–301, 305,
　306

Hong Kong, Canton, and Macao Steamboat
　Company　省港澳轮船公司　122

Hope, James　何伯　30, 32

Hope-Parkes Regulations　何伯和巴夏礼的暂
　行条例　31

Huang Yanpei　黄炎培　290

Hubei Coal Mining Company　湖北广济兴国
　煤矿　79

Hunter, Louis　路易斯·亨特　134

Imperial Bank of China　中国通商银行　127

India　印度　5–7,19, 46, 59–62, 82, 90–92,
　110, 116, 130–32, 148, 214–16,
　251–52, 262, 296–99, 322n146

Indian National Congress　印度国大党　215

Indo–China Steam Navigation Company　怡
　和轮船公司　12, 49, 64, 74, 85–89, 95,
　99–101, 105, 107, 118–19, 123, 136–37,
　157–58, 189, 192–93, 197, 199–202, 228,
　248–49, 268, 280–81, 301, 305, 346n95

inland navigation　内河航行　42–44, 51–55,
　125, 127, 187, 221, 224

interior (neidi)　内地　45–46, 48, 51, 53, 54, 56

Japan, Ministry of Communications　日本交
　通省　121, 137

Jardine, Matheson & Company　怡和洋行　39,
　49, 64–66, 68, 71, 74, 79–82, 84–89, 91–92,
　107, 137, 139, 140, 200, 305

Jialing Gorges Defense Bureau　嘉陵江三峡
　峡防团务局　208

Jialing River　嘉陵江　194, 207, 208, 229,
　283

Jiang Jieshi　蒋介石　19, 262, 245, 264, 275,
　224, 226, 236, 242, 211, 220–21, 244, 302,
　305, 350n139

Jiangnan Arsenal　江南机器制造总局　45,
　74, 77, 109

Jiangnan Dock and Engineering Works　江南
　造船所　109

Jiujiang　九江　30, 31, 35, 54, 103, 119

John Chinaman discourse/stereotype　"中国
　佬"观点 / 刻板印象　160, 167, 264, 275,
　278, 293

John Swire & Sons　太古集团　75, 76, 98, 200, 324n36

Kaiping Mines　开平煤矿　79, 109, 328n51
Kapp, Robert　柯白　236
Keswick, William　克锡　86
Köll, Elisabeth　柯丽莎　209
Kōnan Kisen Kaisha　湖南汽船株式会社　116, 119

Lang, William　威廉·兰格　76
Li Boyuan　李伯元　159
Li Hongzhang　李鸿章　27, 34, 40–41, 69, 71, 74, 78–80, 82–3, 90, 84, 104, 108, 109, 111, 127–28, 137, 183
lijin tax　厘金　31, 34, 38, 41, 47, 50, 53, 82, 127
liner shipping　班轮航运　35, 60, 67, 94–95, 97–98, 114
Little, Archibald　阿绮波德·立德　49–50, 321n107–8, 337n14
Liu Bingzhang　刘秉璋　50
Liu Hongsheng　刘鸿生　246–48, 274, 277, 350–51n141, 268–69, 275
Liu, Kwang-ching (K.- C.)　刘广京　105
Liu, Lydia H.　刘禾　44
Liu Mingchuan　刘铭传　83
Liu Tieyun　刘铁云　1
Liu Wenhui　刘文辉　229, 243
Liu Xiang　刘湘　18, 194, 211–12, 218, 226–31, 234–39, 242–44, 250, 274
London and Glasgow Shipping and Engineering Company　伦敦和格拉斯哥航运工程公司　86

Longshan　龙山　191, 207, 209
Lu Zuofu　卢作孚　18, 194, 204–5, 207–13, 225, 229–34, 237–44, 251, 254, 260, 270–75, 278, 281–83, 287–97, 302–6

MacDonald, Claude　窦纳乐　53
MacGregor, James　詹姆斯·麦格雷果　86
MacGregor, Gow & Holland　怡泰洋行　86
Mackay Treaty (1902)　《中英商约》(1902)　53
Mackenzie & Company　麦肯齐公司　193, 197
Mackinnon, Mackenzie & Company　铁行轮船公司　91–92
Mao Zedong　毛泽东　1
Margary, A. R. (Margary Incident)　马嘉理（马嘉理案）　47–48, 336n1
May Fourth Movement　五四运动　261
May Thirtieth Incident/Movement　五卅惨案／运动　197, 198, 201–2, 231, 261
McBain & Company　麦克贝恩轮船公司　100, 116, 119, 327n31
Messageries Imperiales / Maritimes　法国邮船公司　72, 97, 114
Michie, Alexander　宓吉　31
Minsheng Industrial Compan　民生实业公司　18, 194, 204, 206, 207–9, 210–12, 218, 229, 234, 237–44, 250–51, 254–56, 260, 263–64, 269–78, 274–75, 279, 281–97, 305–6, 302–5, 345n76
Mitsubishi　三菱　115, 146
Mixed Court　会审公廨　195, 206
Morris, Lewis & Company　马立师行　66
Morse, H. B.　马士　173
Mukden Incident　“九一八”事变　224

Murphey, Rhoads　罗兹·墨菲　16

Nakano Kozan　中野孤山　170

Nanjing (port)　南京（港）　102, 206–7, 217, 300

Nantong　南通　206–8, 209, 340n

national capital/ist　民族资本/家　182, 203–5, 209–10, 212, 214, 225, 242

national policy company (kokusaku kaisha)　国策会社　121

National Products Movement　国货运动　198–99

Nationalist government/Nanjing Regime　国民政府/南京政府　17–8, 145, 181, 187, 211, 213, 214, 217–27, 231, 234–37, 243, 245–50, 254–55, 257–60, 278–79

Nayar, Baldev Raj　巴尔德夫·拉杰·纳亚尔　92–93

Netherlands Bank　荷兰银行　184, 206, 211

New Life Movement　"新生活运动"　19, 242, 246, 255, 264–65, 269, 275–78, 297

New Policies　新政　53, 55, 214, 257

New World　《新世界》　272, 282–83, 285, 289, 293, 303

1911 Revolution　辛亥革命　206

Ningbo　宁波　26, 68, 81, 87, 99, 101, 118, 143, 184–85, 191, 207, 211, 253, 262, 276

Ning–Shao Steamship Company　宁绍轮船公司　184–85, 191, 206, 192, 200–202, 207, 247, 249

Nippon Yūsen Kaisha　日本邮船株式会社　115–16, 118–19, 122, 131, 189, 300, 329n95

Nisshin Kisen Kaisha　日清汽船株式会社　96, 115, 121–25, 136–38, 157, 165–66, 189,

192–93, 196–97, 199–203, 228, 230, 241, 248, 260, 268, 300, 329n95, 348n56, 348n56

Niuzhuang　牛庄　82, 85, 86, 87

North China Herald　《北华捷报》　31, 37, 39, 40, 42, 62–64, 80, 82, 100, 118

North China Steamer Company　北清轮船公司　68, 79

North German Lloyd Line　北德劳埃德轮船公司　117, 119, 329n76, 338n32

Northern Expedition　北伐战争　196, 197, 217, 226

Ocean Steamship Company　远洋轮船公司　75, 77, 95, 98, 107, 326n3

official supervision and merchant management (guandu shangban)　官督商办　79, 128, 186

Opium War, First　第一次鸦片战争　2, 21, 65

Opium War, Second　第二次鸦片战争　8, 11, 21, 26, 27, 29, 318–19n46

Osaka Shōsen Kaisha　大阪商船株式会社　116–17, 119, 122, 189, 300, 329n95

Pacific Mail Company　太平洋邮船公司　189

Parkes, Harry　巴夏礼　30, 32

Parsis　帕西人　90, 163, 326n88

Peattie, Mark　马克·皮迪　166

Peking Convention　《北京条约》　26, 317n15

Pelcovits, Nathan　南森·伯尔考维茨　39

Peninsular & Oriental Company　半岛东方轮船公司　61, 72, 77, 107, 130, 326n3, 333n63

People's Republic of China　中华人民共和国　7, 19, 20, 204, 219, 250–52, 292, 299–

300, 305–6

Pillai, V. O. Chidambaram　V. O. 奇丹巴拉姆·
皮莱　131

Pingxiang Coal Mines　萍乡煤矿　127

Plant, Cornell　薄蓝田　51, 337n14

ports of call　停靠口岸　48

principle of immunity from search　搜查豁免原
则　195–96, 198, 227, 230–32, 237, 343n48

Qing Dynasty　清王朝　35, 41, 43, 45, 54,
73, 74, 77, 78, 79, 80, 82, 83, 109, 110, 112,
126, 128, 144, 184, 223, 257, 342n14
另见 Zongli yamen

Qiying　耆英　25

Ray, Rajat K.　拉雅·K. 雷　132

Regulations for Chinese Owners and Charterers
of Steamships (1867)　《华商买用洋商火轮
夹板等项船只章程》(1867)　34, 69

Reid, Thomas　托马斯·里德　86

Renhe Insurance Company　仁和保险公司
108, 145, 332n31

Revolutionary Alliance　同盟会　206

Rickmers Line　瑞克麦斯轮船公司　117

Robinson, Ronald　罗纳德·罗宾逊　10

Rong Zongjing (and Rong brothers enterprises)　荣
宗敬（和荣氏兄弟企业）　209, 291, 350–
51n14

Ronglu　荣禄　128

Rubbatino Company (Navigazione Generale
Italiana)　意大利航运总公司 131

Rural Reconstruction Movement　乡村建设运
动　291, 340n89

Russell & Company　旗昌洋行　65, 66–68,

70–71, 76, 84, 105, 111

Russians, mariners　苏联船员　259, 261,
281–82

Salt Administration　盐税　12

Sanbei Shipping Group　三北航运集团　191–
94, 200–204, 207, 210–12, 242, 247–48,
259, 262, 268, 301–2, 338n31

sand boats (shachuan)　沙船　35

Scindia Steam Navigation Company　辛迪亚
轮船运输公司　214–15, 251

Scott, John (and Scott family)　约翰·斯科特
（及斯科特家族）　76, 137

scramble for concessions　瓜分狂潮　51–52, 56

Seamen's Union　海员工会　262, 266–69,
276, 278, 304

semi-colonialism　半殖民主义　3–9, 10–
11, 15–16, 19–20, 22, 56, 58, 60,
62, 94–95, 104, 113, 129–30, 133–34,
160, 166, 168, 176, 178–80, 213–14,
252, 292, 295, 296, 298–99, 306

Shah Line　沙阿航运公司　131

Shanghai　上海　26, 30–33, 35, 37, 40, 46,
49, 52, 54, 59, 63, 65, 68, 72, 73, 76, 80–82,
87, 99–101, 115–18, 122–23, 125, 143, 150,
152, 157, 161, 177, 184–85, 191–92, 201,
206–8, 212, 224, 237, 239, 242, 253, 276,
285, 301–3
另见 Seamen's Union, Shanghai branch

Shanghai Cotton Cloth Mill　上海机器织布
局　79, 109

Shanghai General Chamber of Commerce　上
海总商会　123, 202

Shanghai Public Garden/ "No Dogs and Chinese

Allowed"sign 上海公共花园 / "华人与狗不得入内"的牌子 15, 167, 177, 334n80

Shanghai Shipping Association 上海航业公会 219–20, 223, 234, 242, 247–48, 262, 304, 341n9

Shanghai Steam Navigation Company 旗昌轮船公司 66–68, 70–73, 75–77, 79–85, 87, 98, 103, 105

Shantou 汕头 73, 82, 85, 86, 87, 100

Shao Qin 邵勤 208

share affiliation (fugu) 附股 69–71, 89, 90, 325–26n86

Shashi 沙市 48, 115

Shen bao 《申报》 153, 170, 172, 186, 255

Sheng Xuanhuai 盛宣怀 79, 80, 83, 106, 111–12, 126–28

Shih, Shu-mei 史书美 5

shipping autonomy 航运自治 17–18, 20, 183, 187, 213, 215–19, 222, 238, 245, 249–51, 256–59, 299–300, 303–6

shipping conference 班轮公会 12–13, 15, 17, 65, 87, 89–90, 92, 94–119, 122–29, 131, 134–35, 140, 147–48, 167, 178, 181–82, 184–85, 187, 189–92, 194, 199–203, 213–15

Shipping Monthly 《航业月刊》 220–23, 225, 244, 249, 263

shipping nationalism 航运民族主义 16–19, 179–82, 187, 203, 213–14, 216–17, 245, 252, 259, 303

shipping rights recovery 收回航权 17–18, 181, 183–87, 213, 217–27, 234–36, 244–46, 257, 303

Sichuan Province 四川 18, 46–47, 49, 50–51, 73, 102, 112, 184–85, 194, 206–7, 209, 227–28, 235–36, 238–39, 241, 243, 283–84, 286

Sichuan Railway 四川铁路 184

Siming Gongsuo 四明公所 184, 206

Sino-French War 中法战争 108, 111

Sino-Japanese War, Second 抗日侵华战争 13, 19, 20, 96, 219, 245, 249, 300

"Six Companies" rate agreement "六公司"价格协议 202, 248

Song Ziwen 宋子文 221, 239, 243, 269, 345n76

South Manchurian Railway Company 南满洲铁道株式会社 121

Standard Oil Company 标准石油公司 189, 193, 331n13

steamship network 航运网络 3, 8–9, 11–12, 22–23, 27, 32–33, 35–38, 44, 45, 48–51, 53, 55–56, 58–62, 64, 78, 85, 89, 96, 98, 104, 107, 110, 113–14, 116, 118, 124, 181, 187–88, 209, 295–96, 300

Stoler, Ann Laura 安·劳拉·斯托勒 161

Suez Canal 苏伊士运河 64, 72, 91, 97

Sun Chuanfang 孙传芳 245

Sun Yatsen: national economy 孙中山 1, 4, 206, 209, 288, 291, 293, 297

Suzhou 苏州 40, 52, 54, 115, 117, 125

Swadeshi Movement "斯瓦德希运动" 131

Swadeshi Steam Navigation Company 斯瓦德希航运公司 131

Swire, John Samuel 约翰·萨缪尔·施怀雅 75, 94–95, 98, 101, 129

Swire, William Hudson 威廉·哈德逊·施怀雅 76

taboo (boycott) "罢运"（抵制） 103, 123, 196, 327n31

Taikoo Sugar 太古糖业 106, 107

Taiping Rebellion and suppression 太平天国运动和镇压 24, 27, 29, 31, 40–42, 45, 67

Tang Tingshu 唐廷枢 68, 71, 79–81, 84, 104, 106, 108–9, 111, 137, 139–140, 145

Tata, J. N. J. N. 塔塔 130–31

Taylor, Frederick 弗雷德里克·泰勒 291

Teaboys 茶房 174, 265–66, 264, 269, 271–74, 283–86, 287, 293, 264–65, 269, 275–78;

teaboy crisis 茶房危机 255, 263–78, 280, 286, 348n56, 153–54, 175, 211, 268

Three Companies 三公司 65, 87, 89, 92, 94–96, 98–103, 105–6, 110, 113–15, 117–18, 122, 123–24, 129, 182, 199–203, 325n85

Three Gorges/Yangzi gorges 三峡 / 长江三峡 47, 50, 112, 283, 302

Tianjin 天津 35, 37, 68, 73, 81, 82, 87, 99, 100, 109, 115, 116, 224, 258, 331n23 另见 Treaty of Tianjin

Tianjin Massacre (1870) 天津教案（1870） 44, 45

Tōa Dobun Shoin 东亚同文书院 165, 166, 167, 334n93

Tōa Kaiun Kaisha 东亚海运会社 300

Todd, Finlay & Co. 托德芬得利公司 130

Tongmao Ironworks 同茂铁厂 108

Treaty of Nanjing 《南京条约》 23–24, 26, 27, 221

Treaty of Shimonoseki 《马关条约》 52, 115

Treaty of Tianjin 《天津条约》 8, 11, 20, 26–33, 40, 42–46, 56, 80, 174, 179, 300, 317n15, 321n100

Treaty of Wangxia 《望厦条约》 24

Treaty of Whampoa 《黄埔条约》 24

treaty ports 通商口岸 2–3, 8, 15, 22, 25–27, 29–35, 37, 39–42, 43–44, 46, 48, 51, 53–56, 58–59, 61, 63, 65–69, 75, 77, 82, 85–86, 89–90, 94–95, 99–100, 102, 107, 112, 115–16, 136–38, 143, 178, 182, 194, 205, 207, 209, 212, 295, 299

treaty system 条约体系 2, 3, 6, 8, 11–12, 20, 22, 23, 27, 29, 32, 35, 38, 41–43, 46, 48, 51–52, 55–56, 58–59, 61–63, 65, 89, 104, 113, 179–80, 195, 213, 227, 237, 296, 295, 300

Turner, Morrison & Co 特纳莫里森公司 130

Union Franco-Chinoise de Navigation 法中联合航运公司 193

Union Steam Navigation Company 公正轮船公司 68, 75

Upper Yangzi Navigation Bureau 川江航务管理处 229–37, 238, 343n32

Upper Yangzi shipping route 长江上游航线 18, 47, 49–51, 52, 102, 112–13, 115, 118, 146, 185–86, 193, 192–94, 197, 202, 207, 211–12, 218, 226, 228–29, 233–42, 244, 260, 269–70, 282–83, 300–302

Wade, Thomas 威妥玛 47–48

Walsham, John 华尔身 49–50

Wang Jingwei 汪精卫 209, 302

Wang Wenshao 王文韶 128

Wanxian 万县 55, 197, 233

Wanxian Incident 万县惨案 197, 231

Warlord Era 军阀割据时期 11, 179, 188,

195, 196, 336n1

West River 珠江 54, 56, 186

Western Affairs (yangwu) 洋务 27, 38, 44–45, 64, 74, 78, 320n86

Wilson, Woodrow 伍德罗·威尔逊 186

World War I 第一次世界大战 92, 131–32, 180–81, 186–88, 190–91, 194, 196, 199, 210, 213, 221, 247, 298

World War II (see also Second Sino-Japanese War) 第二次世界大战（同时参见抗日战争） 9, 65, 92, 203, 211, 250–51, 299

Wu Jianren, Strange Events Witnessed over Twenty Years 吴趼人《二十年目睹之怪现状》 171

Wu Tingfang 伍廷芳 163

Wuhu 芜湖 48, 59, 102

Wusong Merchant Marine Academy/ College 吴淞商船专科学校 224, 248, 258–60, 332n36, 346n4

Xiliang 锡良 185

Xu Run 徐润 79–81, 106, 111, 104, 108, 128, 137, 140, 145

Yang Hu 杨虎 262–63, 267–68, 275, 278

Yang Sen 杨森 197, 228, 243

Yangtze Steam Navigation Company 扬子轮船公司 85, 86

Yangzi Regulations (1861) 《长江各口通商暂行章程》（1861） 28–32, 37, 40

Yangzi River 长江 8, 12, 17, 22, 28–32, 35, 46–48, 59, 63, 65, 67–68, 72, 75–76, 81, 87, 94, 99–101, 103, 107, 112, 114, 116–23, 125, 129, 143–45, 149, 154, 171, 175, 189–92,

194, 195, 197, 202, 206, 208, 210, 242, 248, 262, 266–67, 303, 305, 307

Yeh Wen-hsin 叶文心 291–92

Yichang 宜昌 47–51, 103, 112, 114, 116–17, 119, 123, 125, 186, 192, 211–12, 226, 228, 233, 239, 241–42, 289, 302

Yixin (Prince Gong) 奕䜣（恭亲王） 27, 29

Yu Xiaqing 虞洽卿 139, 184–85, 191–92, 201–7, 210–13, 220, 225, 247–48, 262, 268, 275, 301–2, 338n32

Yuan Shikai 袁世凯 128, 179, 186, 316n27

Yülu 裕禄 128

Zeng Guofan 曾国藩 27, 74, 78

Zhang Jian 张謇 191–92, 204–10, 213, 340n89, 341n106

Zhang Zhidong 张之洞 50, 205

Zhao Erfeng 赵尔丰 185

Zhang Gongquan 张公权 291–92

Zhejiang Railway 浙江铁路 127, 184

Zheng Guanying 郑观应 145, 168, 324n45

Zhenjiang 镇江 30–31, 33, 54, 59, 119, 191, 206–7

Zhou Enlai 周恩来 251, 305

Zhu Qi'ang 朱其昂 79

Zhu Ziqing 朱自清 253–54, 256, 263, 264, 274, 293

Zongli yamen 总理衙门 22, 27–31, 33–35, 37–38, 41, 43–45, 47–48, 51, 53, 63, 112–13

Zuo Zongtang 左宗棠 27

图书在版编目（CIP）数据

大船航向：近代中国的航运、主权和民族建构：
1860-1937 /（美）罗安妮（Anne Reinhardt）著；王果，
高领亚译 . -- 北京：社会科学文献出版社，2021.8
　　书名原文：Navigating Semi-Colonialism:
Shipping，Sovereignty，and Nation-Building in
China，1860-1937
　　ISBN 978-7-5201-8062-7

　　Ⅰ . ①大… 　Ⅱ . ①罗… ②王… ③高… 　Ⅲ . ①航运 -
交通运输史 - 中国 - 1860-1937 　Ⅳ . ① F552.9

中国版本图书馆 CIP 数据核字（2021）第 146754 号

大船航向

近代中国的航运、主权和民族建构（1860—1937）

著　　者 /〔美〕罗安妮（Anne Reinhardt）
译　　者 / 王　果　高领亚

出 版 人 / 王利民
责任编辑 / 王　雪　杨　轩

出　　版 / 社会科学文献出版社（010）59367069
　　　　　　地址：北京市北三环中路甲 29 号院华龙大厦　邮编：100029
　　　　　　网址：www.ssap.com.cn
发　　行 / 市场营销中心（010）59367081　59367083
印　　装 / 三河市东方印刷有限公司

规　　格 / 开　本：889mm×1194mm 1/32
　　　　　　印　张：12.25　字　数：294 千字
版　　次 / 2021 年 8 月第 1 版　2021 年 8 月第 1 次印刷
书　　号 / ISBN 978-7-5201-8062-7
著作权合同
登 记 号 / 图字01-2018-7139号
审 图 号 / GS（2021）1895 号
定　　价 / 98.00 元

本书如有印装质量问题，请与读者服务中心（010-59367028）联系